2021年江西省基础教育研究课题

课题名称：高中生整本书项目研读指导研究——以《论语》为例

课题编号：XYYW2021—333

论语赏读

邬有祥 著

江苏大学出版社
JIANGSU UNIVERSITY PRESS
镇江

图书在版编目(CIP)数据

论语赏读/邬有祥著. -- 镇江：江苏大学出版社，2022.12
ISBN 978-7-5684-1953-6

Ⅰ.①论… Ⅱ.①邬… Ⅲ.①儒家②《论语》－通俗读物 Ⅳ.①B222.2-49

中国版本图书馆 CIP 数据核字(2022)第 255126 号

论语赏读
Lunyu Shangdu

著　　者/邬有祥
责任编辑/宋燕敏
出版发行/江苏大学出版社
地　　址/江苏省镇江市京口区学府路 301 号(邮编：212013)
电　　话/0511-84446464(传真)
网　　址/http://press.ujs.edu.cn
排　　版/镇江文苑制版印刷有限责任公司
印　　刷/江苏凤凰数码印务有限公司
开　　本/718 mm×1 000 mm　1/16
印　　张/26.25
字　　数/460 千字
版　　次/2022 年 12 月第 1 版
印　　次/2022 年 12 月第 1 次印刷
书　　号/ISBN 978-7-5684-1953-6
定　　价/68.00 元

如有印装质量问题请与本社营销部联系(电话：0511-84440882)

前言

习近平总书记指出，“文化是一个国家、一个民族的灵魂”，“没有高度的文化自信，没有文化的繁荣兴盛，就没有中华民族伟大复兴”，“如果不珍惜自己的思想文化，丢掉了思想文化这个灵魂，这个国家、这个民族是立不起来的”。中华优秀传统文化源远流长、博大精深，是中华民族的精神瑰宝，是中华民族文化认同、民族认同、国家认同的坚实基础。《论语》是中华优秀传统文化的重要源头，学习《论语》等经典是了解、认同中华文化的最佳路径。《论语》就像一座宝藏，读者深入其中，便可全方位地了解早期儒家先贤对仁、义、礼、智、信的真知灼见，领悟孝、悌、忠、恕文化深刻的道德内涵，走进那个循循善诱、诲人不倦的孔子的鲜活教育方式，领略言语大师子贡捍卫、赞美先生时的激情飞扬……

《普通高中语文课程标准》（2017 年版）（以下简称新课标）指出，语文学科核心素养之一“是学生在语文学习中获得的语言知识与语言能力，思维方法与思维品质，情感、态度与价值观的综合体现”。语文阅读应让学生在主动积极的思维和情感活动中，加深理解和体验，有所感悟和思考，受到情感熏陶，获得思想启迪，享受审美乐趣。这种阅读的文本正是本书要体现的重要内容，它可以让读者练就扎实的文言功底，并获得独特的思维训练与阅读体验。

新课标还指出，“整本书阅读与研讨”学习任务群旨在引导学生通过对整本书的阅读，拓展阅读视界，建构阅读经验，形成适合自己的读书方法，提升阅读鉴赏能力，养成良好的阅读习惯，促进学生对中华优秀传统文化的深入学习和思考，形成正确的世界观、人生观和价值观。

本书针对学生“学习任务群”的探究性学习，暗设了多个不同的阅读维度，对《论语》进行了较为深入的研读，既有利于指导学生写作，也能够为学生“学习任务群”专题探讨提供可借鉴的材料，对初、高中生《论语》整本书学习有较好的指导作用，是中学生课外“整本书阅读”的理想读本。

全书包括“提要”“原文”“注释”“译文”“赏读”五个部分。“提要”重在明确全书主旨，为阅读提供路径。“原文”采用通行版本，标点规范，存疑处给予标注。“注释”与“译文”主要参照杨伯峻的《论语译注》及钱穆的《论语新解》相关内容，注重直译，链接了必要的文言语法及相关文化常识。“赏读”是本书亮点，以文解文，依据文本语言、情景、思想、人物特点各有侧重：或结合当前，挖掘其现实意义；或融入故事，激活文本，引发历史思考；或对争议内容阐述个人看法；或对文字精微细腻之处做个性化赏析。“赏读”的目的在于引导读者在全面了解《论语》的基础上，深刻体会孔子的为人处世之道、有教无类与因材施教的教育思想、对事物的个性化思考与深度思辨及微言大义的语言风格，吸收中华优秀传统文化之精华，增强文化认同与文化自信。

如何阅读此书？阅读，不必认同作者观点，但前提是要读出文本观点，由此方可指摘其论述的不足或谬误，摘取其中的某点看法或启示。

读者如果只想把本书作为文言基础读物，那么不妨认真阅读原文及注释，对照原文自我翻译，再比对译文，分析并指出各自优劣，也可有目的地从“注释”与“赏读”的相关内容中积累一些文化常识，或者查找相关资料，尝试写作读书笔记；若有较好的文言功底，则可对照《论语》不同读本，查证对比相关古籍或资料，就《论语》相关存疑或争议内容做深度分析，或就《论语》文本的某个话题或观点对整本书进行深层次、系统性研读，发他人所未见，表他人所未得。这也是笔者写作本书的另一初衷。

邬有祥

2022 年 8 月

目录

上编

下编

上编

学而篇第一

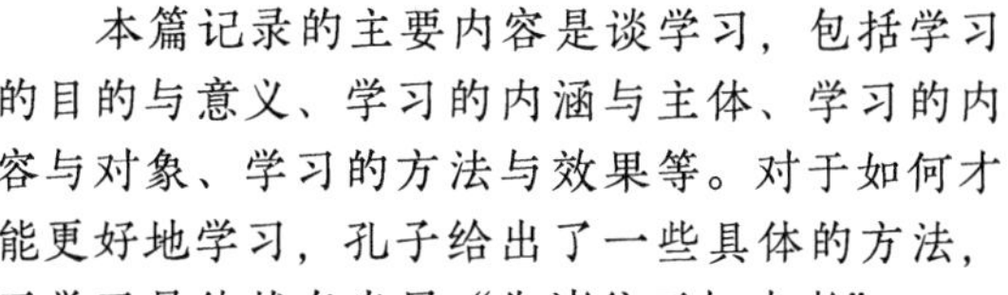

本篇记录的主要内容是谈学习，包括学习的目的与意义、学习的内涵与主体、学习的内容与对象、学习的方法与效果等。对于如何才能更好地学习，孔子给出了一些具体的方法，而学习最佳状态当属“告诸往而知来者”。

1·1　子[(1)]曰：“学而时[(2)]习[(3)]之，不亦说[(4)]乎？有朋[(5)]自远方来，不亦乐乎？人不知[(6)]，而不愠[(7)]，不亦君子[(8)]乎？”

【注释】

（1）子——《论语》中“子曰”的“子”一般都指孔子，偶尔也称“夫子”；孔子的弟子中唯有子、曾子二人称“子”，闵子、冉子称“子”仅一处。（2）时——作副词，修饰“习”，相当于《孟子·梁惠王上》“斧斤以时入山林”中的“以时”，即到了一定的时间段、在适当的时候或按一定的时间。（3）习——“习”除有“温习”之意外，在古书中还有“实习、演习”之意，如《礼记·射义》的“习礼乐”“习射”。“孔子去曹适宋，与弟子习礼大树下”（《史记·孔子世家》）中的“习”字，更有“演习、操练”之意。像礼（包括各种仪节）、乐（音乐）、射（射箭）、御（驾车）这些活动，非演习、实习不可。所以，此“习”释为“实习”较妥。（4）说——通“悦”，高兴、愉快。（5）有朋——古本有作“友朋”的。旧注说：“同门曰朋。”清代宋翔凤《朴学斋札记》说，这里的“朋”字即指“弟子”，就是《史记·孔子世家》的“故孔子不仕，退而修《诗》《书》《礼》《乐》，弟子弥众，至自远方”。（6）人不知——句中“知”后没有宾语，人家不知道什么呢？当时有说话的语境，不需要说出便能了解，后人则有各种理解。有人说，此句是接上一句说的，“从远方来的朋友向我求教，我告诉他，他还不懂，我却不怨恨”。这样，“人不知”是“人家不知道（我所讲述的）”了。但一般还是理解为“我”好，即“知”的对象为“人”而非“事”，也就是“人不了解我这个人”，这样与下文的“愠”衔接更自然。另外，读者亦可用“君子病无能焉，不病人之不己知也”（15·19）的“知”做参照。（7）愠——怨恨。（8）君子——《论语》中的“君子”，有时指

有德者，有时指有位者，此处语境为人的行为，应指有德者，且已化为动词。

【译文】

孔子说："学了东西，然后按一定的时间去实习它，不也高兴吗？有志同道合的人从远处来访，不也快乐吗？人家不了解（我），（我）却并不生怨，不也算得上君子吗？"

【赏读】

"孔子，圣之时者也"（《孟子》），即孔子审时度势，"时止则止，时行则行"（《周易》）。本章"时"之含义，当时一定有孔子说话的语境，而读者的理解是"按时"还是"时常"，抑或"适时"，必然与其自身的阅读体验及学养相关。有同门自远方来研修学问，孔子自然"乐"于切磋，这既利于王道的传播，也能带来新的信息。教学相长，乐在其中矣！他人"不了解自己"，或者"不了解自己的学问"，抑或"学问交流不下去"，也只是暂时的，时间可以化解困惑，何"愠"之有？人在交流过程中是相互长进的，谁领悟在先、长进在先，怎能确定？子贡与子夏神一般的领悟连孔子都惊讶，所以他感叹："不患人之不己知，患不知人也。"（1·16）"互乡难与言，童子见，门人惑。子曰：'与其进也，不与其退也，唯何甚？'"（7·29）此话里就能读出孔子"不愠"的理由。

庄子说"吾生也有涯，而知也无涯"，唯有对学问不断地修炼，才会有点真正属于自己的东西。王国维曾对做学问的三重境界用了古诗词加以描述：探索时，是"昨夜西风凋碧树，独上高楼，望尽天涯路"（晏殊《蝶恋花·槛菊愁烟兰泣露》）般地苦苦找寻方向与目标；奋斗过程中，有"衣带渐宽终不悔，为伊消得人憔悴"（柳永《蝶恋花·伫倚危楼风细细》）的辛劳与坚忍；获取成果时，有"蓦然回首，那人却在灯火阑珊处"（辛弃疾《青玉案·元夕》）的顿悟与惊喜。而孔子这三句话，意义非凡，为其一生"学问"之总结，被安放于《论语》之首。人，一生求学三个阶段也有三大境界：年轻时，孜孜以求；成长过程中，教学相长；知命之年，内修弥深。王国维是大学问家，在求学问道上找到三个点，线性而诗意地描述了人生学问之境界。孔子是圣人，用人一生之维度，立体而哲理性地感悟出人生之大学问。总之，师圣孔子以其独特的修养与人格魅力，以现身说法的方式告诫弟子，并以此自勉。

1·2　有子[1]曰："其为人也孝弟[2]，而好犯[3]上者，鲜矣；不好犯上，而好作乱者，未之有也[4]。君子务本，本立而道生。孝弟也者，其为仁之本[5]与[6]！"

【注释】

(1) 有子——姓有，名若，字子有，为孔子弟子。(2) 孝弟——孝，顺从善事父母；弟，同悌，敬重善事兄长。(3) 犯——抵触，违反，冒犯。(4) 未之有也——即"未有之也"，否定句代词宾语前置句。(5) 孝弟也者，其为仁之本——"仁"是孔子的一种最高道德称谓。有人说，这"仁"字就是"人"字，古书中两字有很多写混了的。(6) 与——同"欤"。

【译文】

有子说："（一个人）他做人，孝敬父母，敬重兄长，却喜欢冒犯上级，（这种人）很少啊；不喜欢触犯上级，却喜欢背叛造反，（从来就）没有过这样的人。君子致力于做人的根本，基础树立了，'道'就会（自然）产生。孝顺父母，敬爱兄长，这就是人成为'仁人'的基础吧！"

【赏读】

孝悌以仁为本。仁从何来？孟子言人有仁义礼智"四端"，如种子胚芽与生俱来。仁义显得抽象，但孝悌相对具体。孝悌于人之内心是一种修炼，让人变得温情、友善、仁慈；孝悌于人之行为是一种人际关系的外化，让人变得有礼、有节、有序。

为何孝悌是立人之基础？君子立人，首先是修身、齐家，处理好自身在家庭的位置与关系，对长辈孝顺与敬重，对同辈尊重与关爱，对晚辈慈爱与培育。再把这三点推及社会，明确处理各种人际关系的原则。一个人如此，一个家庭如此，一个家族乃至一个民族如此，那么，整个社会的基础就和谐稳定。今天，我们可以给传统的孝悌之义赋予新内涵，同样能在建设和谐有序的文明社会中发挥作用。

1·3　子曰："巧言令色[1]，鲜矣仁！"

【注释】

(1) 巧言令色——朱熹《注》云："好其言，善其色，致饰于外，务以说人。"

【译文】

孔子说："花言巧语，伪善的面貌，（这种人）'仁德'就很少了！"

【赏读】

巧言令色是外在表象，多含伪善，言语与神情做到内外一致才是真诚。一个人如果只是注重话讲得好听与表情和颜悦色，以“巧”来刻意取悦对自己有利的人，这种“和善”就变了味、变了质，人就容易误入不仁的歧途。在现实生活中，我们并不反对人与人交往的和颜悦色，而是反对其背后夹带着精致的利己主义。

1·4 曾子(1)曰：“吾日三省(2)吾身——为人谋而不忠乎？与朋友交而不信(3)乎？传(4)不习(5)乎？”

【注释】

(1) 曾子——名参，字子舆，为孔子弟子。(2) 日三省——日，每天，名词作状语；省，自我检查，反省，内省；“三省”的“三”此处有多次、反复义。此外，古代在有动作性的动词前加数字，数字一般表示动作的频率。(3) 信——诚。(4) 传——作名词，意为老师的传授。依《师说》之言，传就是传道、授业、解惑之内容，可分为二：师传之于己的，己传之于人的。(5) 习——习跟“学而时习之”的“习”相同。

【译文】

曾子说：“我每天多次反省自己：我替别人办事，有没有尽心竭力呢？跟朋友交往，是不是诚实守信呢？传授给他人的学业，自己有没有进行温习、演练过呢？”

【赏读】

曾子为何强调这三件事、为什么必须多次反省？应该说，这三件事是人们每天可能碰到或正在做的事：为他人做事，其实也是在为自己做事，即工作；与人交往，人生活于社会，就必须跟人打交道，即社交；向他人学习，自我学习，自我充实，或传授学问与技能，从而不断提升自身能力与修养，即学习。总之，做事需要反省，为人处世需要反省，学习需要反省。

一个人真正做到自我反省并不容易，而要反省得深刻就更难。有时反省是一个极其痛苦的过程，这犹如揭开自己身上正在愈合的伤疤去换药。最好的反省是一种“涅槃”，因为只有彻底反省，才能把包裹在愈合表象下潜伏于肌体内的病毒根除，虽然这种“痛苦”不言而喻。

反省是独思之仁，但人又要慎独。然而，慎独并非不能独，而是要抓住“独”的机会，见平时所未见，听平时所未听，想平时所未想，让自己通过反省变得深刻，而不是固守偏见。要能审慎地记录下难得的隐微之闪念，犹如独自进入大山的人，总能感悟到别样的天籁。而那些被称为社会良心的智者，通过“三省”努力提升自我修行，对社会事件要有明确的价值判断，发出正确的声音。否则，如果把“毒瘤”误认为“桃花”与“奶酪”，就会酿成社会悲剧。

1·5 子曰：“道[(1)]千乘之国[(2)]，敬事[(3)]而信，节用而爱人[(4)]，使民以时[(5)]。”

【注释】

(1) 道——治理。(2) 千乘之国——乘（shèng），古代用四匹马拉着的兵车。千乘之国，在孔子之时已不算大国。(3) 敬事——敬，一般用于表示工作态度，因之常和“事”字连用，如“事君，敬其事而后其食”（15·38）。(4) 爱人——古代“人”有广狭两义。广义的“人”指一切人群，狭义的“人”只指士大夫以上各阶层的人。“大人”与“小人”就是从社会等级而言的。此处“人”与“民”对应，为狭义。

【译文】

孔子说：“治理具有一千辆兵车规模的国家，就要严肃认真地对待工作，并且诚实守信；要节约用度，并且爱护官吏；要按照农业生产季节役使百姓（不能耽误农事）。”

【赏读】

治理一个国家，需要认真工作、诚实守信、节约用度、爱护官民、重视生产等，但以上所有做法都要落实到“信”上。民无信不立，国无信恒亡。立国的法宝就是信。要使国家稳固，强化人与人之间各种社会关系的结点就必须落实到“信”上。“信”是人们社会关系的黏合剂，也是社会大厦的墙基。人与人之间关系的“信”，既要靠政府行政管理机制对秩序的维护，也要靠个人内在的自修自律。而政府与个人之间的“信”，则重在依托为政者的仁与信。以外物的约束与内在的自律形成合力，给个人与政府双重支撑，社会就会稳定。总之，依靠外在的社会制度与法律的约束或处罚，以奖励守信者与惩处失信者的方式形成一个良性的外在激励或约束机制，加之于个人对特有民族文化信仰的坚守，从而构成一个稳定和谐的诚信社会。

1·6　子曰："弟子[1]，入[2]则孝，出[2]则悌，谨[3]而信，泛爱众，而亲仁[4]。行有余力，则以学文。"

【注释】

(1) 弟子——有两种含义：一是指年纪幼小的人，一是指学生。从语境看，对话的对象应为社会上一般的少年或年轻人。(2) 入、出——不同的语境，词义有所不同，但二字一般都有相对应的关系。《礼记·内则》："由命士以上，父子皆异宫。"则知这里的"弟子"是指"命士"(古代称授有爵命的士) 以上的人物而言。可推文中"入"是"入父宫"，"出"是"出己宫"。宫，房屋内室。(3) 谨——寡言为谨。"谨"字有"言"，口为祸福之门，言语的谨慎尤为重要。(4) 仁——仁人，与"井有仁焉"(6·26) 的"仁"义同。

【译文】

孔子说："后生小子，在家里父母面前，就要孝顺父母；离开家出行在外，便应敬爱兄长；(为人处世需) 寡言少语，(说出来的) 要诚实可信；要博爱大众，并且亲近有仁德的人。这样身体力行之后，还有剩余力量，就可用 (它) 来学习文献。"

【赏读】

孔子极为看重伦理之礼，强调内外有别、长幼有序。人们为人处世之规则，不过是在礼的基础上的演绎与延伸。人的行为规范，要从小培养。常言，在家靠父母，外出靠朋友。为人处世的学习，从待家人始，要学会孝顺，学会敬重，学会感恩。

人在社会上行事，首先要谨言慎行，诚实友爱，唯有如此，事才能办，才能好办。其次要见贤思齐，榜样的力量是无穷的，影响是润物无声的。人的一生，也许就因一人一事而改变。人修身养性，发展事业，需要有引路人。这个引路人有个重要的特征，那就是心中有爱！他，可以是身边的，也可以是遥远的；可以是当代的，也可以是古代的；可以是现实中的，也可以是文学中的。

1·7　子夏[1]曰："贤贤易色[2]；事父母，能竭其力；事君，能致[3]其身；与朋友交，言而有信[4]。虽曰未学，吾必谓之学矣。"

【注释】

(1) 子夏——卜商，字子夏，为孔子弟子。(2) 贤贤易色——第一个"贤"为动词，尊敬、尊重；第二个"贤"为名词，贤能、才德，此处为“贤人”。易，动词，改变或轻视。“贤贤易色”语境应指某种人事关系，从行文逻辑上看，可看成夫妻关系，此语可释为“待妻要敬重贤惠、轻视容貌”。(3) 致——把……送到，或委弃、献纳，转译为“豁出生命”较合适。(4) 四句分说夫妻、父子、君臣、朋友四伦，强调学习德行的重要性。

【译文】

子夏说：“（对待妻子）看重品德贤惠，轻视容貌娇美；服侍父母双亲，要能竭尽自己的能力；侍奉君上，要能豁出自身生命；跟朋友交往，说话要诚实守信。（这种人）虽然他自谦说没学习过，但我一定说他学习过了。”

【赏读】

一个男人，从待身边的妻子开始就该慎重。天天跟你在一起的人，对自己的影响是渐进而深远的。诸葛亮要成就一番大业，迎娶黄月英，就是看重她的才学。

一个人学得怎样，不是看他说些什么，而是看他能做什么。比如看他在家待妻子、事双亲，在外侍君王、交朋友。看他做得怎样，自然可以看出学了什么、学得如何。依照孔子的观点，学习不单指经典文献上的学问，还包括现实生活里的学问。环境的润物无声，确实会让人感觉不到做人、行事之学问是从哪里、从什么时候、向谁学到的。但人无时无刻不在学习，因此人的生活环境与交往对象很重要！

1·8　子曰：“君子(1)不重，则不威；学则不固。主忠信(2)。无友不如己者(3)。过，则勿惮改。”

【注释】

(1) 君子——从文意上看，君子作全句主语。(2) 主忠信——主，意动用法，以……为主。“主忠信，徙义，崇德也”（12·10），可见，忠信是道德。“忠”重在待遇他人的行为要求，是外向的；“信”重在对自身的行为要求，是内向的。(3) 无友不如己者——古今人对此句有不少争议，存在不同解释。无，通“毋”，不要；友，意动用法，以……为友。从上句看，孔子是从德的角度来做选择，这与“三人行，必有我师焉”（7·22）并不矛盾。

【译文】

孔子说：“君子，如果不庄重，就没有威严；即使学了，所学的也得

不到巩固。要以忠、信两种道德为主。不要跟不如自己的人交朋友。犯了过错，就不要怕改正。”

【赏读】

“重”，是持重，是深刻，是无欲。“威”，是威严，是敬畏。人不自重，何来威严？“固”，此处有“固陋、固执”之义，犹如“奢则不孙，俭则固。与其不孙也，宁固”（7·36）之“固”。那么，“学则不固”就是学方能变通，学方能领悟，人自然不会“固陋”。如果再以“不重”来承接下文“即使学了，所学的也不会得以巩固”，那就是心沉不下来，学得不扎实，“学”与“行”就不在一条道上。也就是说，人的学习态度最终会影响学的结果与人的行为。

“无友不如己者”，这“不如己”不一定指在学问上的，更多的应是在志向、志趣方面不像自己或道德追求上不如自己的人。孔子说过：“三人行，必有我师焉：择其善者而从之，其不善者而改之。”（7·22）可见，孔子认为可以作为“师”的人是很多的，就算对方差得一无是处，也不妨把他作为一面镜子，“见不贤而内自省也”（4·17）。何况君子还可“举直错诸枉，能使枉者直”（12·22）。所以，从直觉理解，泛泛而谈的“不如己”不合乎孔子的本意。那孔子在此究竟想表达什么呢？关键还是要揣摩孔子对“不如己”具体是指代哪些方面的内容。依据上文，这个“不如”不是才学方面的“不如”，而应是“忠信”上的“不如”，因为孔子很看重“忠信”“仁德”。有仁德之心的君子，才学不够可以学习，犯了错误可以改。如果一个人无忠信之德、仁义之心，那么威严又从何而来、学又有何用？君子当然要慎友之！孔子此处的“友”应有其深层的内涵，更偏重“忠信”“德之有无”之“友”，而非一般意义上的可以向他“学习”的人。总之，人需要向他人学习，但交友要慎。

1·9　曾子曰：“慎终[1]，追远[2]，民德归厚矣。”

【注释】

（1）慎终——郑玄《注》：“老死曰终。”可见“终”是指父母死亡，属丧礼。慎终的内容，刘宝楠《论语正义》引《檀弓》曾子的话意思是附身（装殓）、附棺（埋葬）的事必诚必信，不要有后悔。若送死之礼有所不尽，将无可追悔，故当慎。（2）追远——追，追思；远，形容词活用为名词，即远代的祖先。追远属祭礼，即祭祀尽其敬。

【译文】

曾子说："谨慎地对待父母的终老问题，追念远代祖先的德行，老百姓的品德就会自然归于忠厚实在了。"

【赏读】

丧、祭之礼能尽其哀与诚，使人的道德日益淳厚，社会风化日益淳朴，这是儒学重视社会教化与孝道的具体表现。依照南怀瑾先生《论语别裁》里的话，这里的译文过于狭窄，如果把"慎终""追远"用于人做事，就是要我们既要慎重看到结果，更要去追溯开头为什么要做、过程是怎么回事，那么，如果人人做事都能善始善终，社会就会和谐厚德。

如果我们把对先辈先烈的追溯推及国君与权臣呢？对一些生前弄权谋利者，是不是可以对其进行遗产清算与名声定位来个"追远"，让后人懂得作恶的不利局面？让人们记住历史的教训，认清民族历史中那些昏君、乱臣与暴民，使他们永远被刻在历史的耻辱柱上。

1·10　子禽[(1)]问于子贡[(2)]曰："夫子[(3)]至于是邦也，必闻其政，求之与？抑与之与？"子贡曰："夫子温、良、恭、俭、让以得之。夫子之求之也，其诸异乎人之求之与[(4)]？"

【注释】

(1) 子禽——陈亢，字子禽，即原亢。从《子张篇》所载看来，子禽恐怕不是孔子的学生。(2) 子贡——端木赐，字子贡，为孔子弟子。(3) 夫子——古代的一种敬称，凡是做过大夫的人，都可取得这一敬称。孔子曾为鲁国司寇，所以学生称他为夫子，后来因此沿袭以称呼老师。(4) 其诸异乎人之求之与——洪颐煊《读书丛录》云："《公羊》桓六年《传》：'其诸以病桓与？'……'其诸'是齐鲁间语。""其诸"用来表示不肯定的语气。黄家岱《嫥艺轩杂著》说"其诸"意为"或者"，大致得之。另外，句中多处"之"的用法不尽相同。"人之求之"与"夫子之求之"句式相同，前一个"之"为主谓间取独标志，后一个"之"为代词，指代那个国家的政事。

【译文】

子禽向子贡问道："孔老夫子一到某个国家，必然听得到它的政事，这是求来的还是别人自动告诉他的呢？"子贡道："他老人家依靠温和、善良、严肃、节制、谦逊来获得这些。他老人家获得这些政事的方法，或许跟别人获得这些政事的方法有所不同吧？"

【赏读】

孔子不是千里眼，也不是顺风耳，但他每到一个地方都会细听并观察当地人的言行，与之有所交流。孔子的品德所外化出来的“温、良、恭、俭、让”使当地的人愿意跟他交流。于是，他对这个地方的政事就会有个基本的了解。子贡说得对，孔子获取的所有信息，都源于他的用心、他的人格魅力与智慧，源于他严肃认真的态度与谦逊诚实的品德。所有这些，难道不值得那些故步自封的人们反思吗？

1·11　子曰：“父在，观其(1)志；父没，观其行；三年(2)无改于父之道(3)，可谓孝矣。”

【注释】

(1) 其——他的，此处指儿子。(2) 三年——经常只表示一种很长的期间，指多年。(3) 道——无论好坏、善恶做法都可以叫作道，但更多时候指向积极意义，表示善的、好的事情或做法。据文意可指其父（一般意义上的普通人）在世为人行事的方式方法，即处世之道。

【译文】

孔子说：“（一个人）若他父亲健在，（因他无权独立行动）就要观察他的志向；等他父亲去世，就要考察他的行为；（若是他）对他父亲做得好的那部分（能够）长期地不去改变，就可以称得上做到孝了。”

【赏读】

观察一个人在“父在与不在”时的行为是否有差异，就可看出此人的“孝与否”。父母在，不远游；父在，重要参与；父不在，首先是接过担子往前走，是领会父辈的精神实质，而不是捧着僵硬的教条。

1·12　有子曰：“礼之用，和(1)为贵。先王之道，斯为美；小大由之。有所不行(2)，知和而和，不以礼节之，亦不可行也。”

【注释】

(1) 和——《礼记·中庸》：“喜怒哀乐之未发谓之中，发而皆中节谓之和。”杨树达《论语疏证》说：“事之中节者皆谓之和，不独喜怒哀乐之发一事也。《说文解字》云：‘龢，调也。’‘盉，调味也。’乐调谓之龢，味调谓之盉，事之调适者谓之和，其义一也。和，今言适合，言恰当，言恰到好处。”(2) 有所不行——皇侃《论语义疏》（以下简称

《义疏》）把这句属上，全文便如此读："礼之用，和为贵。先王之道，斯为美。小大由之，有所不行……"他把"和"解为音乐，说："此以下明人君行化必礼乐相须……变乐言和，见乐功也……小大由之有所不行者，言每事小大皆用礼，而不以乐和之，则其政有所不行也。"此句读法值得考虑，但把"和"释为音乐，而且认为"小大由之"的"之"是指"礼"而言，都觉牵强。以"和"为"调和、恰当"，"之"代指"和"更妥。

【译文】

有子说："礼的作用，以遇事都做得恰当为可贵。过去圣明君王治理国家的制度办法，可贵之处就在这里；（他们）小事大事知道怎么以礼做得恰当就算可以。但是，如果遇到行不通的地方，便为了恰当而求恰当，不用一定的规矩制度来节制这些做法，那也是不可行的。"

【赏读】

"和"，为中庸、和谐。做事情，就会有更多的人与事相联系，如果每个人的每件事都要达到个体最佳状态，并以此为做事的出发点，那一定会因为冲突而没有结果。这里就需要有个"恰当"的点——整件事的效益最大化，即实现和为贵。这就像一个企业要把握好员工、企业、社会三者利益的平衡，从而实现企业的最佳效益——员工利益、企业利润与社会效益三者的最大化。

"和"，即和而不同，求同存异。"和"就是各派间利益的相互妥协，相关者为达到某种共同利益的平衡而放弃各自局部利益。"和"的前提是不能一家独大，各成员都有话语权与相应的权重，方能达成利益最大化。因此，"和为贵"很重要。那如何才能达到这种"和"态呢？只有礼让和节制。妥协是礼让的核心，相互的妥协方可达成和谐。从本质上讲，礼让就是让步，让步就是妥协，但又不是无原则、无节制的退让。"和"是目的，"礼"是凭借或工具，"节"是调整控制的方法，而"节"又要有"度"，节度即双方妥协执行的具体的标准与规则。

当今社会依法治国，但一些民间纠纷的调解就需要"礼"与"法"的双重因素，这对社会和谐起到了很好的调节作用。"刑法"是冷的，"理法"是硬的，"礼法"则是热的。对多数人而言，遇事想要的帮助当属有"温度与情怀"的关爱。"礼法"从情出发，需自我约束；"理法"从智出发，应依理接受；"刑法"却从身出发，要外力控制。社会上那些喜欢打"擦边球"、钻法律空子的人，多半是他们内心的"恶"在作怪，心中没有"礼法"的束缚，外力一松弛，心中的"恶魔"就会蹦出来。因此，社会要与这些人"和"的话，首先还得让他们心中有"礼

法”才行，而完全依赖于法律，特别是依赖于刑法的“为和而和”，效果就不一定好。近年来，临界成年的未成年人犯罪的增多给社会发出了警示：普法重要，传统礼法教育同样重要！

1·13　有子曰：“信近于义，言可复[(1)]也。恭近于礼，远[(2)]耻辱也。因[(3)]不失其亲，亦可宗[(4)]也。”

【注释】

(1) 言可复——在古书中，“复言”多有实践诺言义。(2) 远——使动用法，使……远离，避免。(3) 因——依靠，凭借。(4) 宗——主，使动用法，使……为榜样或尊崇、效法。

【译文】

有子说：“所守的约言符合道义，说出的话才可以兑现。态度容貌庄矜合乎礼，就会让羞辱远离自己。依靠而不脱离自己的亲族，也可把他作为效法对象。”

【赏读】

孔子“言忠信”。正常情况下，言行要慎始而后善终，但有过于与卫夫人南子见面之事及“背信违约”于蒲人之事。前者出于实现自己在卫的政治目的而屈从于南子在卫地位不得已而为之，后者是处于不利形势下的“胁迫之言”，一行一言，并非出于孔子本心。总之，“信言”要合乎义，不义之事不要去承诺，如果被胁迫承诺了什么，那就不要也不应去兑现。孔子的做法，对人如何应对被胁迫后应允下不能兑现的承诺有很好的指导。

“恭”要有度，失度就会辛劳，甚至带来耻辱。这个“度”可用“礼”来量化，行为合乎礼节即可，而礼要因对象、场合而行。办事要依靠亲宗或关系密切的人，依靠在正道上的人才好。如果靠歪门邪道来获得利益或升迁，进而又成为他人的依靠，那就会有不正常的依附关系。总之，一个人，依靠人际关系，又不失于义礼地融入社会，以自身实力发展自己才是正道；如果自身才力不足，只是一味地迎合权贵，除了给自己带来羞辱，还有可能被利用，往往没有好的结局。

1·14　子曰：“君子[(1)]食无求饱，居无求安，敏于事而慎于言，就有道而正[(2)]焉，可谓好学也已。”

【注释】

(1) 君子——《论语》里的“君子”，一指有位的人，一指有德的人，但有时很难分辨。此处大概指有德者。(2) 正——作动词或使动用法，匡正、端正或使……端正。

【译文】

孔子说：“君子，吃食不要求饱足，居住不追求安逸，对工作需要勤快，说话要求谨慎，到有道的人那里去匡正自己。这样，才可以称得上好学了。”

【赏读】

此章前部分强调人来到世间就是来做事、为社会做贡献的，而不是来吃饭、享受的，即人不是为吃饭而活着的，活着的意义在于行事与“知道”，也表明学习不讲物质条件。由此，我们可以更深刻地理解孔子为什么会说“朝闻道，夕死可矣”（4·8），为什么会赞赏“一箪食，一瓢饮，在陋巷”（6·11）的颜回。如果社会一味地强调人为财死，那人就失去了活着的意义。既然人活着要做事、闻道，那么如何去做呢？首先就是学，“读万卷书”是学，“行万里路”是学，拜师当然也是学。人既要学做学问，也要学做人。那如何学呢？一是做事要“敏”，即勤快；二是说话要“慎”，即谨慎；三是行为要正，即学习要跟对“有道”之人。孔子在此主要强调好学的品格：物质享受上的低标准，道德追求上的高标准，为人处世上的严要求，然后就是找到学习的好对象。

1·15　子贡曰：“贫而无谄，富而无骄，何如[(1)]？”子曰：“可也；未若贫而乐[(2)]，富而好礼者也。”

子贡曰：“《诗》云：‘如切如磋，如琢如磨[(3)]’，其斯之谓与？”子曰：“赐[(4)]也，始可与言《诗》已矣，告诸往而知来者[(5)]。”

【注释】

(1) 何如——怎么样。(2) 贫而乐——皇侃《义疏》“乐”下有“道”字。郑玄《注》云：“乐谓志于道，不以贫为忧苦。”(3) 如切如磋，如琢如磨——两语见于《诗经·卫风·淇奥篇》。(4) 赐——子贡名。孔子对学生称名。(5) 告诸往而知来者——诸，兼词，同“之于”，此处同“之以”；往，过往，过去的事，这里譬为已知的事；来者，未来的人或事，这里譬为未知的事。

【译文】

子贡说："贫穷时而不去巴结奉承，富裕时却不骄傲自大，怎么样?"孔子说："可以了；（但是还）不如虽然贫穷却乐于求道，即使富有也能谦虚好礼呀!"

子贡说："《诗经》上说：'要像对待骨、角、象牙、玉石一样，先开料，再糙锉，细刻，然后打磨'，说的就是这个意思吧?"孔子道："赐呀，现在可以同你讨论《诗经》了，把已知的事告诉给你，你就能有所发挥，推知出新东西了。"

【赏读】

贫与富，只表明物质财富的多少，而物质财富的拥有不只与机遇及才智有关，还与人的追求有关，有的还与上辈的积累有关。贫穷并不说明贫者才智低下或时运不济，也有可能是因为他把主要精力用于个人的修炼与学问上，而放弃对财富的追求，颜回如此，原宪如此，孔子也如此。有的人，即使物质生活清贫，但因其有着充实而高尚的精神作支撑，也不羡媚权财，因而能自得其乐。而富者如果是取之有道，还乐于低调施舍，做到物质精神双丰收，不失为精彩人生。

人本来就有境界的不同，而且不同领域或不同生活层面的人需求也不一样。物质财富可能转瞬即逝，但人的精神财富可以长久，并且还能分享。子贡聪慧，他获取财富的方法比别人多。当然，他也知道像颜回那样的人是不屑于物欲的。子贡能够领悟，更能够延伸——"告诸往而知来者"。因此，孔子可谓循循善诱，提醒子贡要由"不骄"转向"好礼"，引导他不断提升品德修养。在孔子看来，财如果取之有"道"，持之有"度"，用之有"礼"，人就是高尚的。

与颜回相比，现实世界人们可能更崇尚子贡的生活方式，在求财与乐道间找到平衡。而少数歌星、影星、网络红人及腐败的官员，对物质财富的追求几乎到了疯狂的地步，手段恶劣令人发指，而且炫得庸俗，用得奢靡，看不到一点"道"的影子。当然，安贫乐道者，现实中大有人在，只是不为时人所推崇；富而好礼者，现实中也不乏其人，只是他们跟那些摆阔的掠夺者在暗中较劲罢了。

1·16　子曰："不患人之不己知(1)，患不知人也(2)。"

【注释】

(1) 不患人之不己知——此句是以主谓结构（人之不己知）作主句

宾语的否定句，而“人之不己知”的“谓宾”部分又是一个“否定句代词作宾语，宾语前置”的结构。(2) 患不知人也——此句应是“患己之不知人也”的省略。

【译文】

孔子说：“不用担心他人不了解自己，更应忧虑（自己）不了解他人。”

【赏读】

这是对本篇首章“人不知，而不愠”的照应，更是对它的提升，让人对全篇产生无穷的回味。人，不用担心他人不了解自己，而要担心自己不了解他人，更应担心自己不了解自己。俗话说，“当局者迷，旁观者清”，有时读懂自己比读懂他人更难。自己不了解别人，有时还是由于自己不了解自己，因为人不知自己是什么，想要什么，在干什么，也就不知道自己要从哪些方面去了解他人。现实社会也有一些人过着一种盲从的生活，甚至有的人一直生活在自媒体制造的“偶像”里，成了“不了解自己”的圈粉。他们从不正视自己与实现，成了一根纯粹的芦苇。

人的生命价值在于自我实现。他人不懂自己是一时的，总有了解自己的时候，现在没人懂自己，以后也许会有人懂。如果“我”能了解对方，“见贤思齐焉，见不贤而内自省也”（4·17），那就一定会有进步。孔子之所以能够“知其不可而为之”，就是因为他知己，知命，知力，知人，而不去过多地关注他人了解不了解自己，从而成为圣人！

为政篇第二

本篇共 24 章，主要记录了孔子谈如何“为政”与“学习”，具体言及了什么人可以为政，以及为政的方式、方法或形态等。首章讲为政以“德”，形成凝聚力，进而强调为政者要不断学习，努力提升自身修养、丰富自身阅历，在不同的人生阶段达到相应的人生高度，塑造出君子（上位者）形象。全篇明确为政最重要的方法就是以孝、信立人，以孝治天下，以德、礼规范人们的行为，最终达到人人服从、天下和谐之景象。在孔子看来，为政有广义与狭义之分，君子不直接参与治政管理，而以自身的思想或言行去引领社会，也是一种为政方式。

2·1　子曰：“为政以德，譬如北辰[(1)]居其所而众星共[(2)]之。”

【注释】

(1) 北辰——指北极星，古人谓之天之中心。(2) 共——同拱，环抱、环绕。

【译文】

孔子说：“用道德来治理国政，（自己就）好像北极星一般，处在它应处的位置上，并让别的星辰都环绕着它。”

【赏读】

以德行事，以理服人，人皆敬仰之；为政以德，“先天下之忧而忧，后天下之乐而乐”（范仲淹《岳阳楼记》），何人不会仰视？君子“夫唯不争，故天下莫能与之争”（《老子》），他就是太阳，是北极星。德，循道于心，行道于人、社会、自然。为政以德，就是施政以人（仁）道，即为政者按照人所期待的去做，如此方能发现能人，任用能人，容纳能人，也能仁爱穷者，帮助弱者，引导愚者，为政者自然会成为社会关系的结点与中心，成为全社会的主心骨。

2·2　子曰：“《诗》三百[(1)]，一言以蔽之[(2)]，曰：‘思无邪[(3)]。’”

【注释】

(1) 诗三百——《诗经》实有 305 篇，“三百”只举其整数。

(2) 一言以蔽之——概括成一句话；“以”与“一以贯之”中的“以”同义；蔽，总括，概括。(3) 思无邪——语出《诗经·鲁颂·駉篇》，孔子借此评论所有诗篇。“思”在《駉篇》中是无义语首词，孔子引用它在此有“思想”意。“无邪”，有释为“真诚、纯正、正直”，就《诗经》内容而言，兴、观、群、怨皆真言直语，为人之真性情而已。

【译文】

孔子说：“《诗经》三百篇，用一句话来概括它，就是‘思想纯正’。”

【赏读】

如果读者能积极地去读《诗经》，那么其中任何一首对读者都有益。人为自然之物，好诗是人对世间万事万物的真实描述或真情表达，是人感于生活、发乎内心的抒发，是人们用文字刻录下来的心声。读《诗经》犹如欣赏一位纯净的仙女，不去亵渎她的圣洁，上天就会让她给你送上美妙的感受。用孔子的话讲，就是“思无邪”——“诗”给读者的一切都是纯正美好的。正如子贡对“如切如磋，如琢如磨”的研读，他领悟出人生是可以不断雕琢的、境界是有层次的。读《诗经》是如此，读《红楼梦》是如此，读世间生活万象也是如此！总之，感受人生，不只在乎感受生活如何待你，更在乎你如何感悟生活！

2·3 子曰：“道之以政[(1)]，齐之以刑，民免[(2)]而无耻；道之以德，齐之以礼，有耻且格[(3)]。”

【注释】

(1) 道之以政——“道”释为“治理”可通，但从“政”与“刑”对应“政策性法规”与“惩戒性法律”来看，理解为“引导”更妥。“之”代指“民”。(2) 免——先秦古书若单用“免”，可理解为“免罪、免刑、免罚、免祸”意。(3) 格——此字意义本来就多，可解为“来、至、正、恪、敬”等。《礼记·缁衣篇》：“夫民，教之以德，齐之以礼，则民有格心；教之以政，齐之以刑，则民有遁心。”此处“格心”和“遁心”相对成文。遁，逃避；格，来，亲近，归服，向往。

【译文】

孔子说：“用政法来引导他们，拿刑罚来整顿他们，百姓只是暂时免于罪过，却没有了廉耻之心；如果用道德来引导他们，拿礼教来约束他们，（百姓）不但会有廉耻之心，而且会诚心归服，走向他们该走

的道。”

【赏读】

以政、以刑与以德、以礼来治国为政，最根本的是理念上的区别。而从治理具体的人而言，则是对其“外治”还是使之“内修”的问题。军事上要提高战斗力，必要时，管理方式是“外治”（刑）胜于“内修”（德），但在做学问、搞科研，以及处理社会内部矛盾上，治理方式恐怕“内修”要胜于“外治”。从时间上看，短期“外治”胜于“内修”，长期则“内修”优于“外治”。因此，急功近利的为政者喜欢“外治”。应该说，德化、礼治是孔子的为政思想，也是政治家理想的治政理念，“以德治国”有其现实意义。

一般而言，社会动荡时期“政、刑”效率要高，和平年代“德、礼”更为和谐、久远。比如，军队讲秩序与纪律，打仗就是霸道，必须强硬有力；音乐要求和谐、优美，演奏和谐就是王道，必须自然流畅。正常情况下，为政应两者兼施，只是不同阶段有所侧重。人身不能捆得太紧，心又不能有太多的放任，张弛有度才和谐完美。现实中，礼治上的以德服人、以礼待人跟法治上的以理服人、以法治人，两者不只是治政方式的不同，而是有本质上的区别。为政的最高境界应该是以法、德、礼相融而治。

2·4　子曰：“吾十有(1)五而志于学，三十而立(2)，四十而不惑，五十而知天命，六十而耳顺(3)，七十而从心所欲，不踰矩(4)。”

【注释】

(1) 有——通“又”。(2) 立——站立，站得住，站得稳。(3) 耳顺——这两个字很难讲，大致可以理解为什么都听得进、听得惯，什么听了都能辨别出是怎么回事。(4) 从心所欲，不踰矩——从，有的作“纵”，皇侃《义疏》也读为“纵”，释为放纵。柳宗元《与杨晦之书》说“孔子七十而纵心”，不但“从”字写作“纵”，而且以“心”字绝句，“所欲”属下读。“七十而纵心，所欲不踰矩。”但“纵”字古人多用于贬义，如《左传·昭公十年》“我实纵欲”，柳读难从。“从”理解为“随从”似更妥。

【译文】

孔子说：“我十五岁，就在学问上立下志向；三十岁，（懂礼仪）说话做事就都牢靠稳妥；四十岁，（掌握了各种知识）不致迷惑；五十岁，得知天命；六十岁，什么话都听得进、听得惯，也能明辨言语真假、话中是非；到了七十岁，便能随心所欲，（任何念头）都不会越出规矩。”

【赏读】

志于学的“志”是行动的目标。孔子十五岁就把做学问作为他一生为之践行的目标。人，不学则不懂，不懂则不立。立是什么？立应在路上，人要知道从哪儿来、往哪儿去，做任何事都要有分寸、有把握，这样才能稳得住。而这一切都源于学，因为人非生而知之者。那立之后要不要学？同样要学，只有不断地学，才可能一步步走向通达，做到不惑、知命、耳顺、从心所欲。那是不是人到了那个年龄段就会自然而然有那个阶段的人生境界？我看未必。有些人恐怕一辈子也等不来，唯有学，才会水到渠成。至于学什么，孔子反复强调不只是学经典文献，也包括游历天下、拜师学艺与学做人等。有人做一辈子学问，不会做人，也立不起，难知命，更谈不上随心所欲。

情感可以让人迷失方向，知识可以让人产生认知偏差，这就是惑；掌握的学问不够全面，不能对他人的学说有明晰的了解，难以做出准确的判断，这就是惑。人的心智达到做事而不为难所困、不为情所惑，知其“为”与“不为”、“善为”与“不为”的状态，就是不惑。孔子为何认为人到四十岁可以不惑？人到四十岁，大多有了一定的经历，一切都能看个清楚明白，冷静已替代了意气与冲动，理智已战胜了感性与浮躁，知其然并知其所以然，自然不惑。

天命，是上天对人的安排，是人一生应尽的道义与职责，人自己无法改变。孔子不是宿命论者，但他“知其不可而为之”，认为自己该做的事都要尽力去做，而且认为是上天的安排。比如，他顶着压力与卫夫人（南子）见面，但还是被她当作花瓶而蒙羞。他认为碰壁实为“天意”。经过宋国时，宋国的司马桓魋知道后要拔树杀他，他并不惧怕，反而说：“天生德于予，桓魋其如予何？”（7·23）孔子讲天命，并非人们所谓的命中注定而无所作为。他懂得真正的天命是“不可”之后而坚定地努力“为之”，是对现世“不可为”而后世“可”而能“为”的守望。在中华民族伟大复兴的征程中，这种“知天命”的精神正是当代青年所必需的。

很多人明知“不可”，却还会发出“如果人生可以重来”之叹。换个角度来想，如果我们把感叹于人生的理解传递给他人或后人，让他人或后人得以借鉴，不也很有意义吗？从社会发展角度看，人在生命终结前，总会想为后人、为社会留下点什么，哪些是值得留下的？思考并回

答好它，也许就懂得了人生真谛。人到了五十岁，开始有了生命价值体验的自觉，而之前的所有只不过是更多地在认知这个世界。

人到六十岁，步入老年。曾经奋斗过、努力过的自己，再回首，什么事都清清楚楚摆在那里。看到后来者的言行，更能审视过去的自己。惯看风云，一切都变得自然，经过耳朵的都是天籁。人已化为自然的分子，没有任何的不适，“耳得之而为声，目遇之而成色”（苏轼《赤壁赋》），岂有不顺之理？

人到七十岁古来稀，活到这个年纪的人，除了经历丰富，人生的境界也更高。人之所以可以“从心所欲”，就是懂得“有所为”“有所不为”的进退真谛。一旦人由必然王国走向自由王国，完全掌握了规矩，规矩就不再是约束，而是一种艺术！这就犹如摸透了魔方游戏规则的玩家，魔方已让他超越了思索与苦恼，完全变成了一种快乐与享受。

2·5　孟懿子(1)问孝。子曰：“无违(2)。”

樊迟(3)御，子告之曰：“孟孙问孝于我，我对曰，无违。”樊迟曰：“何谓也？”子曰：“生，事之以礼(4)；死，葬之以礼，祭之以礼。”

【注释】

(1) 孟懿子——鲁国的大夫，三家之一，姓仲孙，名何忌，“懿”为其谥号。其父是孟僖子仲孙貜（jué）。《左传·昭公七年》说，孟僖子将死，遗嘱要他向孔子学礼。后孔子为鲁司寇，主持堕三家之都，何忌首抗命，故后人不列何忌为孔门弟子。(2) 无违——违，违礼。孔子教以无违，盖欲其善体父命，卒成父志。(3) 樊迟——名须，字子迟，为孔子弟子。(4) 生，事之以礼——生，在生的时候或活着的时候。无违父命为孝，此特为何忌言之。父不一定都是贤者，那么从父未必就是孝；而自己一定要以合礼的方式去侍奉父母，这样对父母就是至敬，就是孝。这才是真正的“无违以礼，能以礼事亲”之孝。古代的礼仪有一定的差等，天子、诸侯、大夫、士、庶人各不相同。鲁国的三家是大夫，不但有时用鲁公（诸侯）之礼，甚至有时用天子之礼。这种行为当时叫作“僭”，是孔子最痛心的。孔子这几句答语，或许是针对“三桓”僭越这一现象而发。在此，孔子是想借樊迟之口转告何忌。

【译文】

孟懿子（向孔子）问孝道。孔子说：“不要违背（礼节）。”

不久，樊迟替孔子赶车子，孔子便告诉他说：“孟孙向我问孝道，我

答复（他）说，不要违背（礼节）。”樊迟道：“这是什么意思？”孔子道：“（父母）健在的时候，依规定的礼节侍奉他们；去世了，按规定的礼节安葬他们，按照规定的礼节祭祀他们。”

【赏读】

孔子与孟懿子的对话可谓“别有用心”。鲁三家大夫权力倾国，行礼僭越，让孔子痛心疾首。现在孟懿子问上门来，怎能不借此拷问！他多么希望孟懿子能醒悟改过：谁是社会秩序的最大破坏者？谁有能力破坏？谁有能力阻止？不孝，就是违逆，就是违背天伦。孔子告诉孟懿子不要违礼，从家到国，一言双关，意味深长。在孔子看来，最有权威的三家（桓）依礼而行，才是鲁国恢复周礼的关键。至于孔子给樊迟的回答，对现代的人们更是一种鞭策：感恩双亲，生要敬养，死应缅怀。

2·6 孟武伯[1]问孝。子曰：“父母唯其[2]疾之忧。”

【注释】

（1）孟武伯——仲孙彘，孟懿子之子。武，其谥号。（2）其——他的、他们的。但这里所指代的是父母还是儿女呢？便有两说。王充《论衡·问孔篇》说：“武伯善忧父母，故曰，唯其疾之忧。”《淮南子·说林训》说：“忧父之疾者子，治之者医。”高诱《淮南子注》云：“父母唯其疾之忧，故曰忧之者子。”可见王充、高诱都以为“其”字是指代父母而言。马融却说：“言孝子不妄为非，唯疾病然后使父母忧。”把“其”字代孝子。

【译文】

孟武伯（向孔子）请教孝道。孔子说：“做父母的，只是忧愁孝子的疾病。”

【赏读】

句中“其”字究竟是指代“父母”，还是指代“子女”？从语境看，此乃孟武伯之问。一般而言，孔子习惯于针对问话作答。此时，推断是孟武伯的父母生病还是孟武伯本人不舒服，“其”指代谁就很清楚了。依语境看，此时孟懿子生病的可能性大，何况孟武伯是来向孔子请教孝的。当然，从孝本身看，儿女做到孝顺最好的状态不就是让父母放心、高兴吗？但让父母放心不下、高兴不了的病，并不是儿女自己能控制得了的。也就是说，孝顺的儿女除了自己生病之外，不会有任何事让父母担心。但儿女真的生病了，会让做父母的担心起来，做儿女的自然又有

不孝之处。

从“父母唯其疾之忧”的句式来看，断句不同，对它的理解会有差别。比如断成“父母，唯其疾之忧”（“唯……”是“之……”为前置句，即忧其疾），“其”即父母，（子女）忧其病。但如果从问话的语境来看，答语就应是“（孝为）父母唯其疾之忧”，是不是可以理解为“孝是父母忧其（子女）疾”，其他的不用其忧（因其子女都做得好）。从表意上看，第一种理解较为恰当，但显得浅显；第二种理解把孝义蕴含的东西挖掘了出来。

另外，古语中还有“丁忧”“丁父忧”“丁母忧”之词，以此推断“唯其疾之忧”为“忧父母之疾”是有道理的，感觉“其”指代父母更说得通。忧父母之疾是为孝，也许正是当时孔子要对父亲正在生病的孟武伯的回答，因为现身说法是孔子答语的一大特征。讲孝，为何又会谈到忧病呢？孔子讲孝敬重现实，既然自己的父母年纪大或有病，那现在你要尽的孝，就是要把父母的身体放在心上，忧其病。

什么是孝？在中国传统文化里，孝就是想父母所想、忧父母所忧；把父母想得到的给他们，父母不想看到的不发生在自己或父母身上；遵从父母但又不能过于阿谀曲从；让自己成为父母的骄傲，光宗耀祖，成为父母的延续。司马迁之所以如此以不孝之身忍辱负重，其实亦有很重的孝的因素在，因为编著《史记》是他父亲最大的遗愿。

“不孝有三，无后为大”，后句的内涵是指子女延续祖辈的生命、传承上代的遗志、实现父母的夙愿就是大孝，但如果连接班的人都没有了，那又如何谈孝？进入现代社会，对于孝文化，我们可以批判地吸取其积极的因素。

2·7　子游[(1)]问孝。子曰：“今之孝者，是谓能养[(2)]。至于犬马，皆能有养[(3)]；不敬，何以别乎[(4)]？”

【注释】

（1）子游——言偃，字子游，为孔子弟子。（2）养——语境义只为物质上的“供养”，而非真正意义上的“赡养”。（3）至于犬马，皆能有养——至于，为话题转换，译为“谈到”“讲到”。“犬马皆能有养”，此句因对其语法结构理解不同而有多种解释。大致可分：那种养，是犬马皆可得到的养；犬马般地养；犬马也能养它们的“父母”。一句话，孝不是那种只给父母饭吃的赡养，译为第二种讲法就是“这样说的话，犬马也能让人养活呀”。言外之意就是说，这不过是把父母当犬马一样养着罢了。(4) 何以别乎——何以，即以何，用什么、拿什么；别，作动词，区别开来。

【译文】

子游问孝道。孔子说：“现在的所谓孝，说的就是能够养活爹娘便行了。(这种所谓的赡养) 对于狗马来说都能够得到饲养呀；若不存心严肃地孝顺父母，(那养活爹娘和饲养狗马) 还能拿什么去区分呢?”

【赏读】

孔子此处对子游讲的孝，不是以一个“养”字了得，更多的是在强调“养”中要有“敬”。如果只是给父母必需的口粮，那何异于“嗟来之食”与“犬马之养”？父母又哪里咽得下去？也许孔子讲此话之时，考虑到子游来自南方。“父母在，不远游。”他想告诫子游，给父母饭吃算不上孝，父母身边还有许多需要子女尽孝的地方。观照当今社会现状，如果以此“孝”为标准，又有多少儿女在行“犬马之养”！

人与动物的区别就在于探求生命的真谛，否则就有愧于自然万物为人类文明发展做出的牺牲，有愧于人作为“万物之灵长”的称谓。现实生活中，有人可以花成千甚至上万的钱财豢养宠物，却不愿为父母多分摊一点赡养费；可以一整晚泡在卡拉 OK 包厢纵情欢歌，却不愿在父母身边多停留半刻。“孝”字似乎跟这类人绝缘！也许在这个高度发达的社会，人的物欲太多，本应安放精神之所让物质给塞满了。有人为了工作，可以把年迈的父母接来，让他们代劳自己接送上学的儿女；有人为了工作，忍心把最需要关心照顾的父母送进公寓或让他们留守空巢！在此，我们有无必要对文明做一番深度的思考？在现代化的进程中，孝一定要丢弃吗？在快速发展的今天，人要等一等自己的灵魂！

2·8　子夏问孝。子曰：“色难(1)。有事，弟子(2)服其劳；有酒食，先生馔(3)，曾(4)是以为孝乎?”

【注释】

(1) 色难——此言有两说。一说，儿子侍奉父母时要和颜悦色难。《礼记·祭义篇》说：“孝子之有深爱者，必有和气；有和气者，必有愉色；有愉色者，必有婉容。”此色为孝子之色。一说，难以承望侍奉父母的容色。戴圣的《礼记·曲礼上》(《小戴礼记》) 有云：“视于无形，听于无声。”能在无形无声中体会出父母之意，始为孝。此色为父母之色。

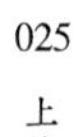

（2）弟子、先生——刘台拱《论语骈枝》云：“《论语》言‘弟子’者七，其二皆年幼者，其五谓门人。言‘先生’者二，皆谓年长者。”马融说：“先生谓父兄也。”（3）馔——吃喝。《鲁论》作“馂”。馂，食余也。（4）曾——副词，竟，表反诘。

【译文】

子夏问孝道。孔子道：“儿子在父母前经常有愉悦的容色，是件难事。（家里）有事情，年轻人就去效劳；有酒有肴，让年长的人先吃喝，竟凭此就认为是（这就是）孝吗？”

【赏读】

子夏是孔子弟子中才气过人、悟性极高且注重细节者。孔子对他讲话，说出来的都是面上的、次要的，其他的都要靠子夏自己去领悟。给长辈以好吃好喝的物质生活条件，要不要？要。但仅此而已并不够。前章孔子对子游讲，孝就是要常回家看看，因为子游在外游学。现在孔子对子夏又提新要求，孝不仅要常回家看看，还要和颜悦色、敬重父母，让他们心情舒畅、精神愉悦。根据语境，孔子讲的“这些”“为长者做事，给长者饭食”只是基础，更强调在长者面前要“和颜悦色”。在此提醒做子女的：长辈的精神需求，比单纯的物质满足更重要。

笔者认为，孝是感恩的外化，孝的最高境界就是礼义于所有为人类生存而奉献过的大自然中的一切生灵。凡孝悌者，除了孝顺父母、尊敬兄长，还要有敬畏自然之心，感恩于自然，以愉悦美好之心去感受自然。人最崇高的孝，就是要对社会有贡献，活出自己的人生价值，实现父母的期待，回馈大自然的恩赐。

2·9　子曰：“吾与回[1]言终日，不违，如愚。退而省其私[2]，亦足以发，回也不愚。”

【注释】

（1）回——颜回，字子渊，为孔子弟子。（2）退而省其私——朱熹的《论语集注》（以下简称《集注》）以为孔子退而省颜回之私，“则见其日用动静语默之间，皆足以发明夫子之道”。用颜回的实践来证明他能发挥孔子之道，说得通；如果理解成“暗中观察颜回的个人行为”也有道理。

【译文】

孔子说：“我跟颜回讲学，（他）一整天都不质疑我，像个蠢人。

（等他）退回去，察省他的个人想法，也能够（对我所讲之学加以很好地）发挥，（可见）颜回并非真的愚蠢。"

【赏读】

孔子对颜回几乎只有赞美，也许是孔子对刚入门学习的颜回担心之后的释然。大智若愚，智在自省与发挥，愚在"不违"。"不违"为孝，颜回之"愚"，实为孝。孔子以为颜回不愚，是观察到颜回终日对师"不违"，而于己"内省"。因此，孔子感觉颜回一定会有突出的表现，如果颜回要发话，那就是创见。孔子对弟子乐闻其言，但更乐意观其行，"退而省其私"也就是一件很自然的事了。孔子认为颜回智不在"言"，在孔子看来，颜回那份默契是对先生超越表象的入骨的孝。

2·10　子曰："视其所以[(1)]，观其所由[(2)]，察其所安[(3)]。人焉廋哉[(4)]？人焉廋哉？"

【注释】

（1）所以——以，用，因，与。如果解释为"用"，便和下句"所由"有语义重复；如果解释为"因"，可理解为观察他做事的动因或根据；如果解释为"与"，则和"而谁以易之"（18·6）的"以"同义，即观察他跟谁在一起。从观察外在到分析内因的逻辑上看，后一种更妥。有人说"以，犹为也"。"视其所以"即《大戴礼记·文王官人篇》中的"考其所为"，也通。（2）所由——由，由此行。"小大由之"（1·12）、"行不由径"（6·14）、"民可使由之"（8·9）中的"由"都作此解。"所由"是指所从由的道路，用……方式或方法。（3）所安——安，就是孔子对宰予说的"女安，则为之"（17·21）的"安"，安定，安乐。一个人未尝不做错一两件事，如果因此心有不安，仍不失为好人。（4）人焉廋哉——焉，何处，哪里；廋，隐藏，藏匿。《史记·魏世家》述说李克的观人方法是"居视其所亲，富视其所与，达视其所举，穷视其所不为，贫视其所不取"。话虽说得具体，却无此深刻。孔子虽话语抽象，但背后给人更多的思考。

【译文】

孔子说："（考查一个人）看他所结交的朋友（或做事的动机）；观察他为达到一定目的所采用的方式方法；了解他的心情，安于什么，不安于什么。那么，这个人哪里隐藏得住呢？这个人哪里隐藏得住呢？"

【赏读】

李克"居视其所亲，富视其所与，达视其所举，穷视其所不为，贫视其所不取"的观人方法很好，而孔子察人就到了极致。看一个人，从"视"到"观"再到"察"，可谓透过现象看本质。其一，看他结交一些什么朋友。他们是趣味相投，还是另有所图？他们形成一个什么样的人际网？其二，看他在做什么、如何做。他为达到目的运用的手段与方法如何？是否会为了自身利益而不择手段去损害他人？其三，看他喜欢什么、不喜欢什么；看他做错了事会不会心安；看他在得到不该得到的权利时是不是感觉理所当然。人们可以从外围的各个角度去考查他一番，逐渐深入这个人的本质，那他还能隐藏得住什么？

2·11　子曰："温故而知新[(1)]，可以为师矣。"

【注释】

(1) 温故而知新——温，慢火曰温，温犹习也。故、新：一说，旧所闻、昔所知为故，今所得、新所悟为新；一说，故如故事、典故。六经皆述古昔，称先王。知所谓通其大义，以斟酌后世之制作，如汉代诸儒之所为。皇侃《义疏》说，"温故"就是"月无忘其所能"，"知新"就是"日知其所亡"(19·5)。

【译文】

孔子说："（一个人）在温习旧有知识的同时，能有新体会、新发现，（人们）就可以把他当作老师了。"

【赏读】

知新，既可以是领悟出之前不懂的文意或方法，也可以是对前人或他人的观点、方法有新认识、新看法。前者是由不懂到懂的认知过程，后者则是从少到多、从无到有或从低层次到高层次的认知过程。"知新"的人，不仅学问多，而且学问新，特别是做学问，要思维活、方法新。"知新"，可以是"日知其所亡"，这个"亡"既可以是"丢"字，也可以是"无"字，即"温故"才会发现自己已经忘了的东西，或者发现以前没有理解的东西，抑或知道自己的不足在哪儿，并且由此去拓宽领域，从而有更广、更深层次的理解。这样的"温故"是一种高层次的反思与升华，何乐而不为呢？

"温故而知新"，说明"温故"之后有了新的方法、新的路径、新的体悟。所有这些，当然可以给自己和他人引出一条新路来。道之所存，师之所存。其实，人有了新方法、新思路、新观点，与他人分享是一种快乐，而这种分享与不同的学者之间构成了一种亦师亦友的关系，从而达到能学能教、教学合一、教学相长之效。这样的学，既是一种方法，也是一种态度，更是一种境界。

2·12　子曰："君子不器[1]。"

【注释】

(1) 君子不器——器，各适其用而不能相通，即专才，如今之专家学者；不器，即不专限于一才一技之长，犹今之通才。古代人的知识范围较窄，孔子认为人应该无所不通。

【译文】

孔子说："君子不像器具一般（只有某种特定的用途）。"

【赏读】

君子要以仁德为君王行"王道"，仁礼天下。君子应该是通才，是德才兼备的领导者。君子不器，言外之意即普通人可以是器，而君子就不能像器一样只有特定的功能。孔子对子贡说："女，器也""瑚琏也"(5·4)。说明孔子对君子有更高的标准、更严的要求。

人与一般动物的根本区别在于人有"主观能动性"。人作为"器"，有别于一般器物而有其特定用途，即超出一般器物的"能动性"。越有能力的人，能动的层次就越高。孔子说子贡是一种"器"，不过是"宗庙里盛黍稷的瑚琏"。也就是说，子贡称不上仁人君子，但是个国之栋梁。比如，齐相田常伐鲁，"子贡一出，存鲁，乱齐，破吴，强晋而霸越。子贡一使，使势相破，十年之中，五国各有变"(《史记·仲尼弟子列传》)。当然，孔子虽夸子贡能耐大，但再好的"瑚琏"也是器，他遗憾于子贡在仁德上的不足。孔子为政有原则，有底线。也许他认为子贡太会做生意，也很会替他的君主打理，但容易忘记王道。其实，子贡出使五国的一番作为就有战国张仪的影子。也许孔子在告诫子贡：凭你的智慧能耐，还是在仁德上多下些功夫吧，否则即使有"一桃杀三士"的智能，也只算是"瑚琏之器"罢了。事实上，子贡之后在仁德修养上确实有进步。

2·13　子贡问君子[1]。子曰："先行其言[2]而后从之。"

【注释】

(1) 君子——作动词，即“如何称得上君子或如何成为君子”。(2) 先行其言——先行于其言。

【译文】

子贡问人怎样才能做个君子。孔子道：“（君子就是要）在你说出话前先做，（等先实行了）然后再说出来。”

【赏读】

子贡为“孔门十哲”之一。孔子回答子贡针对的是什么呢？我想，子贡能说会道，但“说得好不如做得好”，孔子提醒他还是要在做实事上多下功夫。

在孔子看来，只说不做磨嘴皮子令人生厌；说了就去做，让人看到，终归有个评判。如果做了再说，甚至做了也不说，那才叫君子。君子用心做事，做一个仁慈的人，做一个用心中之“德”去压碎心中的“私利”、用“善良”去包裹“名声”的仁义之人。

2·14　子曰：“君子周而不比(1)，小人比而不周。”

【注释】

(1) 周而不比——周，以忠信而聚集，即以道义来团结人；比，因私利而结党，只是以暂时共同利害而互相勾结。

【译文】

孔子说：“君子团结在一起，而不去相互勾结；小人朋比为奸，而不是团结在一起。”

【赏读】

周，讲的是沟通，求的是和谐，以忠信仁义为纽带；比，行的是勾结，求的是私欲，以结党营私为手段。君子间的关系是大众化、阳光化、重视社会效益的，君子考虑的是社会和谐与民生福祉；而小人间的关系是狭隘的小集团、派系间的权力与利益关系，小人看重的是个人私利，他们勾结在一起的目的就是攫取私利。

天下为公，泛爱众生，以广大公众的权利作为行动的出发点是君子行事的根本，因此君子坦荡荡。孔子说“君子和而不同，小人同而不和”（13·23），君子与小人行为的表象“貌似”，实则迥异，特别是行事的目的与路径不同。这就如“我为人人”与“人人为我”，语序不同，动机与行为就有质的区别。

2·15　子曰："学而不思则罔[(1)]，思而不学则殆[(2)]。"

【注释】

(1) 罔——一为迷惘义，只向外学习，不反思于心，必迷惘而无所得；一为诬罔义，"学而不思"不经精思，不深辨其真义所在，就容易受欺骗，以非为是。(2) 殆——有两义。"多见阙殆"(2·18)的"殆"当"疑惑"解(此说本王引之《经义述闻》)；"今之从政者殆而"(18·5)的"殆"当"危险、陷入困境"解。

【译文】

孔子说："只是读书学习，而不去思考，就会受欺骗；只是空想，却不去读书学习，就会疑惑缺乏信心。"

【赏读】

学习不仅仅在于积累，更在于发现。人如果把自己变成知识的保管员，那只是死读书、背结论。学习，不论是阅读经典，还是在生活中学习，只有思考、过滤，经过加工、消化与吸收，才会沉淀为自己的学问。学与思的关系，应是一种相互促进、共同螺旋式上升的关系，而在学与思的过程中，要重视人的能动性。

学习，如果不能在原有的台阶上攀得更高、看得更远，那人的眼前的困惑就会增多。人学习的动因之一就是解惑。如何解惑？尽信书不如无书。书只是一级台阶、一条路径、一种提示，而人更多的是要通过自身的思考，结合实践来学，惑才有解的可能。

学，除了求学问，就是实践。当然，如果在实践中不加思考，人就会碰壁，困惑也会增多，也就很难做下去。因此，我们既要带着问题学，也要带着思考学。这样，才会学得有效，学得通透，才会在学中有所进步，有所创见。人，只有学习思考有深度，学问才会有厚度，思想才会有高度。反之，如果不学、不看、不做，只是一味地思考，人就只能站在原有的"井"里看问题，留给自己的只有更多的困惑，问题得不到解决，自信心受到打击，也难免误入歧途。解惑的最佳角度就是高屋建瓴，而学习与实践是提升自身台阶的最好也是唯一途径。

2·16　子曰："攻[(1)]乎异端[(2)]，斯[(3)]害也已[(4)]。"

【注释】

(1) 攻——专攻，谓专于一事一端用力。《论语》共用四次"攻"字，如"小子鸣鼓而攻之"(11·17)、"攻其恶，无攻人之恶"(12·

21）的三个"攻"字都当"攻击"解，这里也应取此义。(2) 异端——一事必有两端，若专就此端言，则彼端成为异端，反之亦然。孔子之时，自然还没有诸子百家，因之很难译为"不同的学说"，但和孔子相异的主张、言论未必没有，所以译为"不正确的议论"。但孔子平日之学，常举两端，如言仁常兼言礼，或兼言知。又如言质与文、学与思，此皆兼举两端，即《中庸》所谓执其两端。执其两道，则自见有中道。中道在全体中见仅治一端，则偏而不中矣。因此，钱穆先生把"攻乎异端"释为"专向反对的一端用力"。(3) 斯——这或那。(4) 已——止。

【译文】

孔子说："对（那）不正确的言论加以批判，这个祸害呀，就被消灭了。"

【赏读】

针对此则文字，钱穆先生与李泽厚先生各有不同的解读。此"攻"为"打击"异端，但学术同样需要有"攻"的态度，因为只有"互相争辩"，才能使各自的观点更清晰，才能明辨是非。其实，即使有些算是"异端"的东西，也可以在"攻"中相互吸收，化为己用。批判是学习交流的必要态度与手段，何况任何一套理论自有它的体系，必有其可取的东西。事实上，自孔儒发端，到战国百家争鸣，各学派相互影响与吸收，荀子时的儒学就吸收了其他学派的东西。

其实，打击"异端"可能会强大某一学派、"纯洁"某一派学说，但也可能孤立某一学派、毁灭某一派学说。对于学说，"攻"的限度只能是批判，而不是剿灭，何况"攻"的异端还不一定就是邪说。因此，百家争鸣才是学说纯正强大、推陈出新的最佳学术氛围。从历史角度看，被打压的学说多半与主流学说不一致，要么是超前的思想理念，要么是落后的复古主张。这可以称为"异端"，但不一定就是邪说。其实，历史上任何领域的新学说都是从"异端"开始，并在被打压的过程中成长的，等到变得强大成熟后进入主流学说，它又可能成为新"异端"的对手。比如，在科技飞速发展的今天，科学工作者在专攻自身学业的基础上，对相对边缘的交叉学科的广泛接触与了解，就不能等同于走异端，这可以算是对专攻学术部分的重要补充。

总之，单就学术思想而言，批判与接纳的结合才是对待"异端"最科学的态度。历史上有多少曾经的异端最终转为正统，又有多少正统变革之后成了异端！从某种意义上讲，社会对学术思想接纳的维度，决定了这个社会新理论、新技术、新思想的高度。

2·17　子曰："由[1]！诲女知之乎！知之为知之，不知为不知，是知也[2]。"

【注释】

(1) 由——仲由，字子路，又字季路，为孔子弟子。(2) 是知也——《荀子·子道篇》也记载了这一段话，但比这详细。其中有两句："言要则知，行至则仁。"因之读"知"为"智"。

【译文】

孔子说："仲由呀！教给你（对待）知（或不知）的正确态度吧！知道就是知道，不知道就是不知道，这才是聪明智慧。"

【赏读】

知，知晓或智慧。知晓，即懂得。这个懂，既包括知其然，也包括知其所以然，还包括由已知而知新，甚或包括知道自己为什么不知道，此为"真知"。由此可知，"不知"除了不知道事物本身，还包括不知道"为什么"、不知道"为什么不知"或"假"知道"为什么"和"为什么不知"。犹如听到"打雷"，有人以为雷神发威就要"下雨"，此为"假知"。有些事，由"不知"到"知"不是一个简单的认知过程，而是一个渐进的、复杂的认知过程。这就犹如人类从"地心说"到"日心说"再到"宇宙爆炸说"的认知一样。要做到认清自己的"不知"，不只是个态度问题，还是个实践问题，更是个智慧问题。为什么孔子会说正确地对待"知与不知"是一种智慧呢？这不仅是求学问的精神，还是做人为政的艺术。

人的"知"，有一个由不知到知、由知之甚少到知之较多、由假知到真知的过程，并且这个过程是循环往复、螺旋式上升的。在这个过程中，由于每个人生活环境的差异，包括年龄、家庭背景、教育状况、经历、职业、社会地位等的不同，人的"知"与"不知"的对象、范围和程度就有较大的差异。只有真正的知者，才能感知"知"与"不知"这个动态的边界。

如何对待"知"与"不知"？如何实现由"不知"到"知"？这既可以看出一个人对"知"的态度，也可以看出一个人对"知"的智慧，孔子在对待鬼神的问题上就是如此。"子不语怪，力，乱，神。"（7·21）孔子主张敬鬼神而远之。一个人对"知"与"不知"的态度，会影响这个人学问的深度与成就的高度；甚至可以说，一个为政集体对"知"与"不知"的态度，可能决定着一个王朝盛衰的历史跨度。唐朝

前期统治者对“知”与“不知”就有良好的态度，他们海纳百川，包容未知的世界，成就了大唐盛世；明朝有郑和下西洋的航海技术，只是想向世界证明自己的实力，却没有拥抱海洋的胸怀，面对未知世界没有去努力了解它的勇气与决心，错失了中国走向世界的机遇。

2·18　子张(1)学干禄(2)。子曰："多闻阙疑，慎言其余(3)，则寡尤；多见阙殆(4)，慎行其余，则寡悔(5)。言寡尤，行寡悔，禄在其中矣。"

【注释】

(1) 子张——颛孙师，字子张，为孔子弟子。(2) 干禄——干，求也；禄，旧时官吏的俸给。干禄，即求仕。(3) 慎言其余——应为“慎言于其余”，即对其余不疑的部分要谨慎地说出。(4) 阙殆——和“阙疑”同义。疑与殆同义。阙，空，作使动。(5) 寡悔——寡，作使动，使……减少。

【译文】

子张（向孔子）学求官职得俸禄的方法。孔子说："多听，有怀疑的地方加以保留；其余足以自信的部分，要谨慎地说出，就能使错误减少。多看，把有困惑的地方加以保留；其余足以自信的部分，要谨慎地做，就能使懊悔减少。言语上让过失减少，行动上让懊悔减少，（官职）俸禄就在这里面了。"

【赏读】

孔子言辞可谓言此及彼，循循善诱，思路缜密，极富逻辑。人对于所见所闻，需多存疑、多思考、多批判，然后慎言慎行，这样就会减少困惑、少出差错；加上前提是多闻多见，有了数量上的保证，而且从质量上过滤过，就不会有大问题。说的话，做的事，也能经得起检验。多听、多看、慎言、慎行，说话、做事犯错会相对减少，自然不会做出过于鲁莽或出格的事。

一个人看问题，如果能做到多角度去思考，以批判的眼光去看待，以谦虚的态度去接受，以踏实的作风去实践，以冷静的反思去总结，得出的结论就会比较正确，自己的观点就可能更接近真实。但是，当自己所持观点与社会主流意识不合时，观点越接近真实，个人风险与对社会的贡献可能都会增大。只不过，一个是个人风险，一个是社会风险。这时，人就要做出一个价值判断来决定自己的言行，即如何引领社会。从人类发展角度看，无论是在自然学科领域，还是在社会学、政治学乃至哲学领域，如果确实觉得真理掌握在自己手中，到了有必要说、有必要做的时候，还是不要过于顾及个人风险，也许因你的言行，国家与民族甚或人类的历史将前进一大步。

2·19　哀公[(1)]问曰："何为则民服？"孔子对曰[(2)]："举直错诸枉[(3)]，则民服；举枉错诸直，则民不服。"

【注释】

(1) 哀公——鲁君，姓姬，名蒋，定公之子，继定公而即位，在位二十七年（前494—约前468）。"哀"是谥号。(2) 孔子对曰——《论语》的行文体例是，臣下对答君上的询问一定用"对曰"以示尊君之意。这里孔子答复鲁君之问，所以用"孔子对曰"。(3) 错诸枉——错，放置。枉、直，借代修辞性质，形容词活用为名词，分别代指"邪曲之人"与"正直之人"。诸，兼词。

【译文】

鲁哀公询问（孔子）道："要做些什么事，才可使百姓服从呢？"孔子答道："（如果）推荐提拔正直的人并把他们放在邪曲的人之上，那么百姓就服从了；（若是）提拔任用邪曲的人并把他们放在正直的人之上，那么百姓就不会服从。"

【赏读】

哀公问的是治民，为何孔子的答复却是治吏？首先，问话者是治国之君；其次，这是孔子对一个为政不太合格但又想有所作为的国君的忠告或建议；再其次，依孔子习惯有针对性地答复，恐怕是在暗示鲁国当时的政治环境、政坛风气已恶到民怨民怒的"不服"地步。治民在于治吏，治政在于治德。治吏，国君就要重视用人，用对人而后才是具体的事务与政策的制定，最后达到民服。同为治政，哀公看到的是"标"，孔子看到的是"本"。

"举直错诸枉"，"直"犹如曲木上的绳墨，因为"直"吏有突出的人格魅力。"直"是工具，是制裁"枉"的神器，但需要有德之人来使用或控制，否则利器也会伤人，治政就可能出现重大失误。"直"者愤世嫉俗，往往为"过"而无"不及"，且本身非大智却多勇，有人指点用在火候上方显神威。因此，国君的为政智慧尤为重要。一句话，贤德之君以耿直之士来匡正邪曲之人，扶正社会秩序，达到社会和谐稳定的

目的，民众自然拥戴之。反之，昏君专用奸佞来残害忠良，压榨百姓而胡作非为，那只会自取灭亡。

2·20　季康子[(1)]问："使民敬、忠以[(2)]劝，如之何？"子曰："临之以庄[(3)]，则敬；孝慈，则忠；举善而教不能，则劝。"

【注释】

(1) 季康子——季孙肥，鲁哀公时正卿，当时政治上最有权力的人。"康"为其谥号。(2) 以——与"和""而"同，可译为并。(3) 临之以庄——上对下为临。庄，恭庄严肃。

【译文】

季康子（向孔子）问道："要使百姓严肃认真，尽心竭力并互相勉励，那应该怎么办？"孔子说："你以严肃认真的态度对待百姓，（百姓）也就会以严肃认真的态度对待你的政令；你孝顺父母，慈爱幼小，他们也就会对你尽心竭力；你提拔好人，教育能力弱的人，他们也就会劝勉了。"

【赏读】

不论是君王治国，还是大臣为政，不只在于智，更在于德。厚德才能服人，让民仰视；才能看清人，让贤才各司其职、各尽其能。为政者"使民敬，忠以劝"，关键在于其自身的行为要能让百姓"敬""忠""劝"，在于其有足够的智慧贤德、仁慈孝道、能力方法令民心悦诚服，敬畏于他，忠诚于他，勤奋工作。而当为官变成一种难以正当谋求之事时，人就很容易把"为政"变成经营生意，公仆就会变成"公愤"。

2·21　或谓孔子曰："子奚不为政？"子曰："《书》云[(1)]：'孝乎惟孝，友于兄弟，施于有政[(2)]。'是亦为政，奚其为为政？[(3)]"

【注释】

(1)《书》云——以下三句是《尚书》的逸文，是孔子引用《尚书》里的相关句子。(2) 施于有政——施，延及，应用到。有，为词头。(3) 奚其为为政——孔子虽重政治，但更重人道。苟失为人之道，又何来为政可言？孔子讲话有针对性，此乃孔子当时不愿从政之微意，而言之和婉，意亦坚决。此章亦可能在定公初年，定公为逐其君兄者所立，而定公不能讨其罪，此定公为不友，即不孝。孔子引《尚书》之语，大概是微示讽切，以晓鲁人，非泛泛而谈。

【译文】

有人对孔子道："你为什么不参与政治？"孔子道："《尚书》上说：'孝呀，只有（对父母）孝顺，对兄弟友爱，把这种为政风气延伸到政治方面去。'这也就是参与政治了呀，为什么一定要做了官才算是参与政治呢？"

【赏读】

孔子想不想为政？想。五十岁之前，他是在为为政做准备，而"为政"之后，他被迫周游列国，但他还是想实现他的仁政思想，只是由于他不愿改变自己的主张、不愿突破底线而不得罢了，何况他还做过鲁国的大司寇。那在他做官之前与之后的很长时间算不算为政？

孔子的为政思想无疑是超前的。"孝乎惟孝，友于兄弟，施于有政"，他不正在向社会输出正能量吗？"是亦为政"，孔子明确这是广义的为政，或者说是思想与行为对当时政治生态产生的影响。孔子是超能的政治家与思想家！"奚其为为政？"孔子反问得多有意味，多有力度！人难道只有"在其位谋其政"才算参与政治吗？如果心在为政、行在为政、言在为政，人不就是在为政吗？如果自己的言行在不断地影响人，影响政治，影响社会，他就是在参政。以孔子的观点，"为政"应有"广义"与"狭义"之分。从孔子的为政思想看，不是说为政者就一定是政策的制定者、执行者或社会的管理者，只要对社会和治政产生了影响，就是在为政。

2·22 子曰："人而无信(1)，不知其可也。大车无輗，小车无軏(2)，其何以行之哉？"

【注释】

(1) 人而无信——这"而"字不当"如果"讲，作表"转折"更恰当。不说"人无信"，而说"人而无信"者，表示"人"表意为"做人或作为一个人"。(2) 輗、軏——輗（ní）；軏（yuè）。古代用牛力的车叫大车，用马力的车叫小车。两者都要把牲口套在车辕上。车辕前面有一道横木，就是驾牲口的地方。那横木，大车上的叫作鬲（gé，用来扼牛颈），小车上的叫作衡。鬲、衡两头都有关键（活销），輗就是鬲的关键，軏就是衡的关键。车子没有它，自然无法套住牲口，那怎么能走呢？

【译文】

孔子说："作为一个人，做人却不讲信誉，（我）不知那怎么可以。譬如大车子横木上的輗没有安装，小车子横木上的軏没有安装，那它凭什么去走呢？"

【赏读】

信是什么？信是心与心的认同，是连接人与人之间关系的纽带，是社会各种关系的结点。没有信，社会上的人就是一盘散沙。作为一个人的信用，就是做人要重然诺、守行规，说行则行，说止则止。

在社会生活中，做人不讲信用的后果就像汽车带不了车厢，拉不了货物；没了刹车，随时可能车毁人亡。一个人没了信用，在社会上就会寸步难行；一个社会没了信用，就会让人感到处处是雷区，时时要防陷阱。反之，社会有了"信"，政府就有凝聚力，国力就会强大，社会就能和谐与发展。

为政者对他人、对社会讲信、守信，就会成为一块磁铁，成为一个火车头。全社会如果人人互信，就如同钢琴演奏出的音符，和谐动听；也宛若九层的人塔，小孩可在塔尖上欢呼；亦如板桥下面的铁索（链），勇士可在江河峡谷上飞越。反之，一个人不守信，就将毁灭自身前程，乃至家族受损；一个企业不守信，不光会毁灭这企业，甚或祸及整个行业；一个政府不守信，就可能毁掉一个国家，甚至给世界带来灾难。

2·23　子张问："十世可知也(1)？"子曰："殷因于夏礼(2)，所损益，可知也；周因于殷礼，所损益，可知也。其或继周者，虽百世，可知也。"

【注释】

(1) 十世可知也——一世为代，古称三十年为一世，十世为三百年。(2) 殷因于夏礼——因，沿袭；于，介词，对、向。

【译文】

子张问："今后十代（的礼仪制度）可以预先知道吗？"孔子说："殷朝沿袭夏朝的礼仪制度，所废除与增加的，是可以考证推知的；周朝沿袭殷朝的礼仪制度，所废除与增加的，也是可以考证推知的。那么，将来有继承周朝而当政的，即使历经百代之久，还是可以预先知道的。"

【赏读】

子张问及此问题定有其困惑，或许师生正讨论着"礼"呢。子张是

不是看到春秋末期周王朝这个“烂苹果”变化得太快，甚至觉得十年后周朝所有的礼仪文化将消失殆尽？其实，任何历史时期的礼仪文化，一定会在当时的历史事件、文化著作、生活物件等诸多方面（包括遗址）留下物质或文字的痕迹。子张确实是一个思虑幽深的学者，为政理应对前代礼仪有所继承。根据孔子的回答，我们可否推知孔子是有意以周礼为基础，借恢复周礼之名，修订一套可传百世的完备礼制来配合他的王道呢？

其实，文化都有它的传承，有些东西只要经受此地文化浸泡过，任凭怎样洗刷，都会留下一些刻印在骨子里。但是，如果人们把文化的根斩断或把文化赖以生存的土壤（比如文字与生活方式）铲除，剩下的将是一个躯壳，那么消失的就不仅仅是文化本身，也包括整个民族！

2·24　子曰：“非其鬼[1]而祭[2]之，谄[3]也。见义不为，无勇也。”

【注释】

（1）鬼——古代人死了都叫“鬼”，一般指已死的祖先，但也偶有泛指。（2）祭——祭是吉祭，和凶祭的奠不同（人初死，陈设饮食以安其灵魂，叫作奠）。祭鬼的目的一般是祈福。（3）谄——谄媚，阿谀。崇德报恩，皆所当祭；求福惧祸，皆所不当祭。祭非其鬼，乃指所不当祭，此则必有谄媚之心。

【译文】

孔子说：“不是自己应该祭祀的鬼神，却去祭祀那鬼神，这是谄媚。见到自己应该挺身而出去做的事情，却袖手旁观不作为，这是没有勇气(怯懦)。”

【赏读】

“子不语怪，力，乱，神”（7·21），“敬鬼神而远之”（6·22）。对应祭祀的鬼神是出于“慎终追远”，对不应祭祀的鬼神而祭，就是别有用心。总之，贤德者，要知其可为，也知其不可为。

八佾篇第三

孔子主张礼在制度与礼节上要规范。这些礼制，主要是指人们在各种重大典礼、祭祀活动及日常工作生活中，对祭品、奏乐、列席人员、仪式程式设定的种种规定。礼的作用在于以严格的等级要求来规范人们在不同场合下的社会活动行为，从而达到维护社会秩序之目的。孔子认为周礼是当时最好的礼制，他极力主张恢复周礼，反对任何人对礼制有任何形式的僭越，主张克己复礼并明确如何学礼、守礼。他的王道把仁放在第一，但认为为政的人不懂礼就不是个合格的为政者。

3·1　孔子谓季氏[(1)]：“八佾[(2)]舞于庭，是可忍[(3)]也，孰不可忍也?”

【注释】

(1) 季氏——这季氏可能指季平子，即季孙意如。(2) 八佾——佾(yì)，古代舞蹈奏乐，八个人为一行，一行叫一佾。八佾是八行，八八六十四人，只有天子才能用。诸侯用六佾，即六行，四十八人。大夫用四佾。(3) 忍——季平子削弱鲁公室，鲁昭公不能忍，出走到齐，又到晋，终死在晋国之乾侯。季氏忍于其君，则又谁何而不可忍？是谁弑父与君，亦将忍而为之？《贾子·道术篇》：“恻隐怜人谓之慈，反慈为忍。”这“忍”正是此义，即忍心、狠心。孔子在此有指斥季氏之意。

【译文】

孔子谈到季氏，说：“用六十四人在庭院中奏乐舞蹈，这样的事他都可以狠心做出来，还有什么事不可以狠心做出来呢?”

【赏读】

礼制是维护社会秩序的重要制度，行礼是一种文化自尊、文化自觉与文化自信的外在表现。礼制对于维护整个封建秩序至关重要，孔子对破坏这种“礼”的僭越行为极度不满。礼就是秩序，秩序关乎等级，等级需要有维持等级的威仪，历代官员上朝的礼服都有其特定的标识以明确其职位与等次。如果有人恶意破坏这种秩序，那就是别有用心——至少是想改变这种现状（秩序）。

八佾之舞是君王乐舞的队列，《雍》之乐是周天子为帝庙祭祀的乐歌，谁敢冒天下之大不韪而自行演奏？这恐怕不是孔子一个人能解决的问题。此时周天子都没了应有的威严，何况作为诸侯的鲁君？周天子也不过是权臣的傀儡而已。礼乐使用的混乱，让对政治敏感的孔子很清楚这意味着什么。历史证明，社会的秩序一旦到了礼崩乐坏的时刻，变革的浪潮也即将到来。

观察历代王朝，不仅“朝廷内外”秩序要好，“宫内”没有好的秩序，王朝同样要出问题。中国历代王朝或诸侯倾覆，多半是祸起萧墙，只不过孔子生前没看到或视而不见罢了。其实，当时的卫国就是如此。

在此，孔子不仅言语上不满于权贵们“是可忍，孰不可忍”的行为，内心深处也希望鲁国能恢复原有的秩序。孔子对“复礼”还抱有一线希望，毕竟三桓（孟孙氏、叔孙氏、季孙氏）还没有完全突破底线（不像后面的晋三家）。

3·2　三家(1)者以《雍》彻(2)。子曰：“‘相(3)维(4)辟公(5)，天子穆穆’，奚取于三家之堂？”

【注释】

(1) 三家——鲁国当政的三卿，即孟孙氏、叔孙氏、季孙氏。(2) 以《雍》彻——雍，也写作“雝”，《诗经·周颂》的一篇。彻，同“撤”，祭祀毕，撤祭馔，乐人歌诗娱神。(3) 相——助祭者。(4) 维——作发语词或助词。(5) 辟公——训君，指诸侯。

【译文】

仲孙、叔孙、季孙三家，当他们祭祀祖先时候，（也用天子的礼）唱着《雍》这篇诗来撤除祭品。孔子说：“（《雍》诗上有这样的话：）‘助祭的是诸侯，天子严肃静穆地在那儿主祭。’（这两句话）取它什么意义用到三家祭祖的厅堂上呢？”

【赏读】

“相维辟公，天子穆穆。”周天子势重之时，诸侯也不过是个帮手。时过境迁，三家居然以《雍》祭祀，恐怕他们僭礼于桓公庙的祭祀是醉翁之意不在酒了！孔子因而质疑“奚取于三家之堂”。“三家”凭什么？凭“实力”。只不过当时这些大夫还有所顾忌，怕让他国有了口实，招致祸害。他们这样做，已不把鲁君放在眼里，以连越两级“行天子礼”来打破原有秩序，其目的就是证明自己的实力。他们似乎还在告诉世人：

鲁君又能把我怎样？可以说，制定、维护规矩与秩序的是权力，动摇、打破规矩与秩序靠的是实力；而权力也要用实力来展示与维护，没有实力，就要被迫放弃权力。那时的孔子是清醒的，看到了时局中“山雨欲来风满楼”的态势，只想极力主张恢复周礼来阻止这种变局。因此，他一直耿耿于怀！

3·3　子曰：“人而不仁，如礼何？人而不仁，如乐何？”

【译文】

孔子说：“做人，却不仁，会怎样来对待礼仪制度呢？做人，却不仁，会怎样来对待音乐呢？”

【赏读】

在儒家看来，仁是君子的内核，礼是君子的外现。在礼仪之邦，人们重视以仁的外化约束人之行为的礼。然而，礼一旦被仁德不厚者挣脱，其行为的破坏性就大，而要使人不脱离礼，办法就是使人仁厚。一个人如果不仁，行为就会越界，“礼”“乐”在他心目中就只是个形式。仁的有无，不在于贫富，不在于贵贱，不在于标榜或低调，而在于内心是接纳还是排斥。

礼如果只是流于形式，就会使社会变得虚伪，那礼又有何用？我们反对刻板守旧的礼，但不能不要礼。如果我们不想让礼流于形式，就要变革礼的内容，使之适合新时代、新道德与新秩序，与时代对仁的定义相适应。如果仁不厚，那么在“乐”上人同样会遇到挡不住的诱惑，靡靡之音终究会让一个社会堕落。现代社会同样需要积极向上、快乐健康的音乐来陶冶情操、凝聚人心。而人如果想守住好的礼乐，则需要仁德淳厚。

3·4　林放[(1)]问礼之本。子曰：“大哉问！礼，与其奢也，宁俭；丧，与其易[(2)]也，宁戚。”

【注释】

(1) 林放——鲁人，有人说是孔子的弟子。(2) 易——安稳、稳妥。《礼记·檀弓上》云：“子路曰：‘吾闻诸夫子：丧礼，与其哀不足而礼有余也，不若礼不足而哀有余也。”可看作对“与其易也，宁戚”最早的解释。

【译文】

林放（向孔子）问礼的本质是什么。孔子说：“你提出的问题意义重大呀！就一般礼仪而言，与其铺张浪费，宁可朴素俭约；就丧礼而言，与其礼仪形式周到，宁可过度悲哀。”

【赏读】

林放或许有鉴于当时为礼者皆务虚文而灭实质，故而向孔子问礼之本。这是个很抽象的问题，为了消除对方心中的困惑，孔子以饮食之礼、临丧之礼为例，明确礼的内在本质与外在形式的关系，强调行礼如何把握礼之两端（内与外）的轻重，做到适度。

礼的本质就是建立稳定的社会秩序。对个人而言，礼就是等级与规矩；对社会而言，礼就是制度与秩序；对事件而言，礼就是规则与程式。孔子重视礼的形式，因为礼的形式是内容存在的凭借，有了礼的形式存在，礼的内容就更重要。例如，在子贡准备放弃“告朔饩羊”时，孔子说：“赐也！尔爱其羊，我爱其礼。”（3·17）因为不要这只羊，礼的形式都找不到了，那礼又何在？而有了礼的形式，内容才是礼的本质，礼的形式与内容不符，形式的存在就没有了意义。也许，孔子在此想到大户之家在祭祀活动及婚丧嫁娶的礼仪上只讲排场而忽略了礼的根本，孔子提倡“礼度”在于到位与真诚，否则再华丽的铺张也只是一种浪费，再贵重的礼物也只是功利的本金，与礼无关。

3·5　子曰：“夷狄之有君，不如诸夏之亡也。”(1)

【注释】

(1) 夷狄有君……亡也——一说夷狄纵有国君，还不如诸夏没有国君。而杨树达《论语疏证》说，夷狄有君指楚庄王、吴王阖闾等。君是贤明之君。句意是夷狄还有贤明之君，不像中原诸国却没有。语境上讲得通，但从全篇强调礼的作用而言，前说解释更妥。亡，同“无”。

【译文】

孔子说：“文化落后的国家虽然有个君主，还不如中原各国没有君主哩。”

【赏读】

礼可以显示一个地区的文明程度。孔子以“夷狄”与“诸夏”对比，在一定程度上心中还是有中原文明的优越感。孔子周游列国，内心还是有那份文化自信在。社会可以无君，但不可以无礼。然而，无君也

就礼崩乐坏了。

国不可一日无君。“亡”不一定就真的“没有”，也可能是“名存实亡”。借助时代背景，如果依杨遇夫先生的看法，孔子则看到了实质——诸夏已倒退了。三家大夫尾大不掉，发展到可以不在乎国君感受的程度，诸侯也可以把周天子放在一边让他成为傀儡而自我主盟天下。其结局，就是摧毁旧的秩序，建立一种新秩序。孔子也许还没有新秩序的思路，或者根本就没有想过。

3·6　季氏旅[(1)]于泰山。子谓冉有[(2)]曰：“女弗能救与?”对曰：“不能。”子曰：“呜呼！曾谓泰山不如林放[(3)]乎?”

【注释】

(1) 旅——动词，祭山。在当时，只有天子和诸侯才有祭祀“名山大川”的资格。季氏只是鲁国的大夫，竟去祭祀泰山，孔子认为这是“僭礼”。(2) 冉有——冉求，字子有，又称“冉有”，为孔子弟子。(3) 林放——见“林放问礼之本。”(3·4)。

【译文】

季氏要去祭祀泰山。孔子对冉有说道：“你不能阻止（这件事）吗?”冉有答道：“不能。”孔子道：“唉！难道可以说泰山之神还不及林放（懂礼，居然接受这不合规矩的祭祀）吗?”

【赏读】

文中一个“旅”字、一个“救”字，感情色彩颇浓，也足见孔子对季氏此行的排斥程度。孔子因其个人的力量无法阻止社会礼崩乐坏的进程，于是培养学生一同来阻止，但就如冉有这样的学生，也无法按照先生的思想行事，而是选择自我保全。然而，即使冉有真的去劝阻季氏，又能阻止得了吗?

孔子也许会想到“泰山”不会接受这种野心家的朝圣，但他更知道季氏祭祀泰山背后的意图。此话该是孔子在告诉那些“僭礼”的佞臣：泰山不会佑护他们。

其实，僭越之臣起初的表现与忠臣的表现让人难以分辨，也许当初他们根本就没有想到以后会怎样。当他们功大权重时，内心那个恶魔就会冒出，而当他们获取的权力可以改写历史之后，魔鬼就变成了神灵。从春秋诸侯争霸，到曹操挟天子以令诸侯；从赵匡胤黄袍加身，到燕王朱棣弑侄夺位，中国历史上此类事件何其多！成王败寇与实用主义的历史观确实让人难辨是非，这就难怪圣明的孔子远在这些事件之前就发出过这般无奈的感叹。

3·7 子曰："君子无所争。必也射乎！揖让而升[1]，下而饮。其争也君子[2]。"

【注释】

(1) 揖让而升——揖让，双方皆举手。大射行礼于堂上，以二人为一耦，由阶升堂，必先相互举手揖让，表示向对方敬意。较射毕，互揖下堂。(2) 其争也君子——这是讲古代射礼。登堂而射，射后计算谁中靶多，中靶少的被罚饮酒。

【译文】

孔子说："君子没有什么可争的事情。(如果) 一定要 (有所争)，就是比箭吧，(但是当射箭的时候，还要) 相互作揖然后才登堂；(射箭完毕) 走下堂来，然后 (作揖) 举杯对饮。那样一种竞赛，人还是很有君子风度。"

【赏读】

君子相争不相斗，争的是一个理字、一个真相、一个明白而已，而不在名利。其实，这种争就是一种"辩论"或"切磋"。真理愈辩愈明，比较才能明白是非，而不是小人般的明争暗斗。君子之争，友谊第一，共同进步。争，是良性的共同进步，是相互欣赏，是一个褒义词；斗，是恶性的杀气腾腾，是相互倾轧，是一个贬义词。争，有礼有节、谦让尚贤，是君子风范，常常双方受益；斗，暗算耍奸、功利凶险，是小人做派，往往两败俱伤。人一争气，就会成熟有出息；人一斗气，就会伤心受煎熬。争字后面加"斗"字，总会让人感到一种压力、一份沉重。那种"敢同恶鬼争高下，不向霸王让分寸"(陈明远) 的言语，豪情万丈，但显得"斗劲十足"，多少带有几分"杀气"，对敌人宣战可以，但对竞争对手就不如君子风度来得恰到好处。

3·8 子夏问曰："'巧笑倩[1]兮，美目盼[2]兮，素以为绚[3]兮。'何谓也？"子曰："绘事后素。"

曰："礼后[4]乎？"子曰："起[5]予者商也！始可与言《诗》已矣。"

【注释】

(1) 倩——面颊长得好，人笑起来好看。(2) 盼——眼神清澈、黑白分明。(3) 绚——有文采。(4) 礼后——“礼”在什么之后原文没说出。根据儒家的若干文献，译文加上“仁义”较为合适。(5) 起——启发、诱导。

【译文】

子夏问（孔子）道：“‘有酒窝的脸笑得真好看呀，黑白分明的眼睛流转得真动人呀，洁白底子上的色彩画得真绚丽呀。’（这几句诗）说的是什么意思?”孔子道：“先打好白色底子，然后画上美丽的花朵。”子夏道：“那么，礼乐的产生也应在（仁义的）后面吧?”孔子道：“卜商呀，你才是能启发我的人呀！现在可以同你讨论《诗经》了。”

【赏读】

子夏被定为“孔门四科”之“文学”当之无愧。读诗与谈话能有如此领悟，那是一种境界。这才叫由此及彼，由表及里，从自然到社会的哲学的深入思考。师生借《诗》之语探讨“礼必有本”，明确仁与礼的关系，强调礼源于内心之仁。子夏的话如拨动琴弦般对孔子产生了瞬间的触动！思考有深度，思想才会有高度。事实上，最触动人的灵魂的东西就是那些直白而鲜活的言语所透露的质朴与深邃。子夏能从“诗”的意义引申到孔子思想最本质的“仁礼”之意，读《诗》已读到精华。在此，孔子对子夏“起予者”的感叹，明显强于对子贡“告诸往而知来者”的评价。

人要成为君子，首先要真，即淳朴自然，如璞；然后才是修身学习，雕琢成玉。也就是说，君子要成就人生，一要提升自身品德，修炼好底子；二要增长自己的学问，丰富自己的经历，为社会建立功业，两者不可或缺。一张白纸，可以绘出美丽的图画，但一张又脏又破的纸，什么也不能画。然而，就算有一张白纸，没有丰富的学问，没有参与社会生活的多姿多彩，又能画些什么？总之，一个优秀的人生“画者”，既要有赤子之心（或叫理想主义），又要有绚丽的色彩，即对生活和生命的丰富而真切的体验或透彻的感悟。创作，不过是用笔把自己对生命的感悟借助色彩纯真地附着在那张洁白的纸上而已！

3·9 子曰：“夏礼，吾能言之，杞[1]不足征也；殷礼，吾能言之，宋[2]不足征也。文献[3]不足故也。足，则吾能征之矣。”

【注释】

(1) 杞——国名，夏禹的后代。(2) 宋——国名，商汤的后代，故城在今河南商丘市南。周之封建，兴灭国，继绝世，故封夏、殷二代之后于杞、宋。(3) 文献——《论语》的“文献”包括历代的历史文件和当时的贤者两项（朱熹《论语集注》云：“文，典籍也；献，贤也。”）。

【译文】

孔子说：“夏代的礼，我能说得出来，它的后代杞国不足以作证；殷代的礼，我能说出来，它的后代宋国不足以作证。这是他们的历史文件和贤者不够的缘故。若有足够的文件和贤者，我就可以拿来证明夏、殷之礼了。”

【赏读】

“孔子博学深思，好古敏求，据所见闻，以会通之于历史演变之全进程。上溯尧、舜，下穷周代，举一反三，推一合十，验之于当前之人事，证之以心理之同然。”（钱穆）应该说，孔子在齐、鲁看过足量的经典，也接触了诸如老聃般的贤能。因此，他对夏、殷之礼总体上是清楚的。但是，要想从他们的后人那里去找到一些有力的印证并非易事，也许这正是他着力恢复周礼的动因之一。文字的真实记录很重要，但文字要做到真实记录又非常难！凡事因果互见，论述一件事总可以从前往后找到事实的蛛丝马迹。然而，后人演绎历史往往又会鱼目混珠，披沙拣金也绝非易事。因此，孔子才会发出如此感慨。

3·10　子曰：“禘(1)自既灌(2)而往者，吾不欲观之矣。”

【注释】

(1) 禘——又称吉禘。周制，旧天子丧，新天子奉其神入庙，必先大祭于太庙，上至始祖，下至历代之祖，皆合祭，谓之禘。此为古代一种极为隆重的大祭之礼，只有天子才能举行。不过周成王曾因为周公旦对周朝有过莫大的功勋，特许他举行禘祭。以后鲁国之君都沿此惯例，“僭”用这一禘礼，因此孔子不想看。(2) 灌——本作“祼”，又作“盥”，酌酒浇地，古代祭祀中的一个仪式。古代祭祀，用活人以代受祭者，这活人便叫“尸”。尸一般用幼小的男女。第一次献酒给尸，使他（她）闻到“郁鬯”（一种配合香料煮成的酒，煮香草为郁，和黍酿酒，其气芬芳；鬯，chàng）的香气，叫作祼。

【译文】

孔子说："褅祭的礼，从第一次献酒以后，我就不想看了。"

【赏读】

孔子"不欲观"，其实是不屑，因为鲁君行这种禘祭之礼是僭越(祭天子礼于诸侯就是违礼)，此语可谓辞缓意峻。虽然孔子也明白此禘祭为天子允许鲁君之行为，但行礼僭越就破坏了周的礼制，而且往往是别有用心之举，自然为孔子所不容。孔子对此以如此理性冷静之态度，以"不欲观"来表达出自己的厌恶，也显现出孔子维护礼制的灵活与原则，并非一味地"复古"。复"礼"只是他的思想与精髓，而复的并非"周礼"的全部。

3·11　或问褅之说。子曰："不知也[1]；知其说者之于天下也，其如示诸[2]斯乎！"指其掌。

【注释】

(1) 不知也——禘是天子之礼，鲁国举行此礼，在孔子看来是完全不应该的。但他又不想说得太明、太透，只好说"不欲观"，"不知也"，甚至说"如果有懂得的人，他对于治理天下是好像把东西放在手掌上一样的容易"。(2) 示诸——示，假借字，同"置"，摆、放；或曰同"视"，犹言"了如指掌"；或示，给……看，呈现。诸，兼词。

【译文】

有人（向孔子）请教关于褅祭的理论。孔子说："我不知道；知道那个理论的人对于治理天下，会好像把东西摆在这里一样容易吧！"一面说，一面指着手掌。

【赏读】

这个"不知道"是孔子对鲁君禘祭的讳言，也是孔子对家大夫祭祀活动僭越的不认同。一个推崇周礼、主张以礼治天下的人，绝非真的不知道。孔子说不知，不仅为鲁君讳，也实有难言之处。这一举动应与他尊崇礼（秩序）的思想是一致的，但由此又让我们看到一个矛盾的孔子。他不是真"不知"礼，甚至以"如果有懂得的人，他对于治理天下是好像把东西放在手掌上一样的容易"暗示自己的能力，但他"不在其位，不谋其政"（8·14）。然而，就算"在其位"，孔子又怎能奈何得了那些权臣？

3·12 祭如在，祭[1]神如神在。子曰："吾不与祭，如不祭[2]。"

【注释】

（1）祭——前一个祭，指祭祖先；后一个祭，祭神，即祭天地之神。（2）吾不与祭，如不祭——与，参与；如不祭，即"犹如没有祭祀"。

【译文】

（孔子）祭祀祖先的时候，便好像祖先真在那里；祭神的时候，便好像神真在那里。孔子又说："我若是不能亲自参加祭祀，是不会请别人代理的。"

【赏读】

"祭如在"，心诚则灵。如果你以为"祖先"不在那里，祭又何必？如果神在而你不在，别人替你祭，代祭又有何用？祭祀，心诚身到，远比身不在物在要好，所以最重要的礼就得亲身而为、诚心而为。在现实生活中，很多事物到与身到差异甚大，也有人为了避免"不诚"的尴尬请人代礼，其实这就是一种回避。果真如此，又何必送它？

3·13 王孙贾[1]问曰："与其媚于奥，宁媚于灶[2]，何谓也？"子曰："不然，获罪于天，无所祷也。"[3]

【注释】

（1）王孙贾——卫灵公的大臣。（2）与其媚于奥，宁媚于灶——两句疑是当时俗语。屋内西南角叫奥，此一屋之所尊；做饭的设备叫灶。古人以为两处都有神，因而祭它们。（3）王孙贾和孔子的问答用的都是比喻，他们的正意何在，我们只能揣想。有人说，奥是一室之主，比喻卫君，又在室内，也可以比喻卫灵公的宠姬南子；灶则是王孙贾自比。这是王孙贾暗示孔子，"你与其巴结卫公或者南子，不如巴结我"。因此，孔子答复他："我若做了坏事，巴结谁也没用；若没做坏事，谁都不用巴结。"有人说，王孙贾或因孔子曾见南子，疑孔子欲因南子求仁，故隐喻借援于宫闱（门槛，借指内室），不如求合于外朝。此乃王孙贾代孔子谋，非欲请孔子之媚于己。又有人说，这不是王孙贾暗示孔子的话，而是请教孔子的话。奥指卫君，灶指南子、弥子瑕，位职虽低，却有权有势。意思是说："有人告诉我，与其巴结国君，不如巴结有势力的左右像南子、弥子瑕。你以为怎样？"孔子却告诉他："这话不对，得罪了上天，那无所用其祈祷，巴结谁都不行。"后一说更近情理，因为作为一个大学问家被请进卫都，虽未得重用，也不至于巴结王孙贾，倒是有他有

求于孔子的可能。

【译文】

王孙贾问（孔子）道："'与其巴结房屋里西南角的奥神，宁可巴结灶神'，这话说的是什么意思呀？"孔子道："不对，（若是）得罪了上天，祈祷哪个神也没用。"

【赏读】

奥，屋内西南角，为室内最尊贵之处。灶是人做饭必备之处，并且灶神可以直接把这户人家的德行反映给天帝。奥神最尊，但灶神最现实。人们常言：县官不如现管。明理人一听就知道王孙贾话里有话，但孔子知天命，求人不如求己，求己在于积德。上天不让孔子在卫国有所作为，自己再祈祷也无用，那还巴结人干吗？就孔子对神鬼敬而远之的态度，即便祭，他也只在乎"诚"字，但他更相信天命。在此，孔子更多的是要表达他为人与求仕的底线，以及自身的操守和自信。孔子的言行启迪我们，真诚与自身的才学，才是获取信任和实现自身抱负的路径。

世俗现实的王孙贾与超凡脱俗的孔子的对话，凸显了两者境界的悬殊。"心诚"无私欲，谁都不要媚，媚权有利，媚神无功。君子自重，人做天看，心诚则灵。皇天不负有心人，不为个人而为众生，天神自然佑之。人，生而平等，只有尊重，没有媚俗，只有交流，没有奉迎，此乃君子之风。总之，王孙贾传给人的是压抑与愤懑，而孔子带给人的是舒坦与自在。

3·14　子曰："周监于二代(1)，郁郁乎文哉(2)！吾从周。"

【注释】

(1) 周监于二代——监，犹言视，一说通"鉴"，参照、比照义；二代，夏、商。(2) 郁郁乎文哉——郁郁，文之盛状；文，指礼乐制度，又称文章。此为主谓倒装。

【译文】

孔子说："周朝的礼仪制度是参照夏商两代的礼仪制度制定的，多么丰富多彩呀！我尊崇周朝的礼制。"

【赏读】

孔子崇尚周礼，这应与他深入其中有关，也与他所处的年代有关，更与周礼对夏商二代礼制的继承与创新有关。他崇尚周礼的大气，但尊崇并非说他不主张改革。其实，孔子在礼仪上讲求节俭，反对奢靡的祭祀，极力主张革除商代活人祭祀的陋习。

孔子讲求与时俱进，绝非一般意义上的复古者。他对礼本身并非刻板死守，而是依照标准有所取舍。例如，“颜渊问为邦。子曰：‘行夏之时，乘殷之辂，服周之冕，乐则《韶》《舞》。’”（15·11）孔子尊崇的是周礼那套完备而丰富的礼制，并非只看重它表面的形式。

3·15　子入太庙[1]，每事问。或曰：“孰谓鄹人之子[2]知礼乎？入太庙，每事问。”子闻之，曰：“是礼也。”

【注释】

（1）太庙——古代开国之君叫太祖，太祖之庙便叫作太庙。周公旦是鲁国最初受封之君，因此这太庙就是周公的庙。（2）鄹人之子——鄹（zōu），又作“郰”（又通“陬”），地名。《史记·孔子世家》：“孔子生鲁昌平乡郰邑。”有人说，此地就是今天的山东省曲阜市东南十里的西邹集。“鄹人”指孔子父亲叔梁纥。叔梁纥曾经做过鄹大夫，古代常把某地的大夫称为某人，这里也把鄹大夫叔梁纥称为“鄹人”。鄹人之子，不仅指明其为少年，也有轻视之意在。

【译文】

孔子到了周公庙，每件事情都发问。有人便说：“谁说叔梁纥的那个儿子懂得礼呢？（他）到了太庙，每件事都要（向别人）请教。”孔子听到了这话，便道：“这正是礼呀。”

【赏读】

在祖庙里，礼不能有半点含糊，孔子每事问，并非明知故问、假做谦逊，而是希望有所验证。他要谨慎而真诚地对待重大事件，哪怕是其中的细节。事实上，太庙里的礼器与仪文，孔子并非不知，而是多属僭越，有的陈设不当。孔子知其非礼而不欲明斥。这样“每事问”里又有委婉而深刻的讽刺与抗议。这既是对周礼的敬重，也是对僭越的不满。孔子不是不知礼，这正是他知礼而问、别有深意的智慧。

3·16　子曰：“射不主皮[1]，为[2]力不同科[3]，古之道也。”

【注释】

（1）射不主皮——“皮”代表箭靶子。古代箭靶子叫侯，有用布做的，也有用皮做的。主，作意动，以……为主。当中画着各种猛兽或者别的东西，最中心的又叫作“正”或者“鹄”。中心画有五彩、画兽为

正，画熊或虎或豹或鹄。在这里的射是演习礼乐的射，因此以中不中为主。礼射用皮侯而不用革，因不以穿破皮侯与否为主。(2) 为——因为，由于。(3) 同科——同等，等同于。

【译文】

孔子说："比射艺，不一定要以射穿箭靶子为主要目的，因为（各人的）气力大小不一样，这是古人比箭的规矩。"

【赏读】

这里比箭不是比气力，而是比技艺，就如敲锣，要敲得轻重有度、和谐悠扬才好。凡事不能只看结果，甚至只看部分结果，而要看到事件的全过程及运用的手段。有人看事过于功利，一看结果就忙下结论，往往会出问题。国际体育赛事中的假球与兴奋剂事件屡禁不止，追名逐利让多少人疯狂，也让多少不洁的灵魂掉入恶的泥沼。其实，用心做事、诚信做人比什么都重要。做事做人，勿丢根本，竞争更多的是比德，过程与结果要以德来衡量。古人比技比艺，实为尚德。没有仁德在，竞技就会尚力，走向霸道。

3·17　子贡欲去(1)告朔之饩羊(2)。子曰："赐也！尔爱(3)其羊，我爱其礼。"

【注释】

(1) 去——使动用法，去掉、不用，或使……去掉。(2) 告朔之饩羊——告（gù）；朔，农历每月的第一天，即初一；饩（xì），活着的牲口。饩羊，用来祭祀的活羊。凡祭品中的牲口，系养曰牢，杀而未烹曰饩，烹而熟之曰飨。"告朔饩羊"，古代的一种制度。每年秋冬之交，周天子把第二年的历书颁给诸侯。这历书包括那年有无闰月，每月初一是哪一天，因此叫"颁告朔"。诸侯接受了这一历书，藏于祖庙。每逢初一，便牵一只活羊来杀，祭于祖庙，然后回到朝廷听政。这祭庙叫作告朔，听政叫作视朔或者听朔。此时，每月初一，鲁君不但不亲临祖庙，而且也不听政，只是杀一只羊"虚应故事"罢了。所以子贡认为不必留此形式，不如干脆连羊也不杀。孔子却认为尽管这是残存的形式，也比什么都不留要好。(3) 爱——可惜。

【译文】

子贡要把鲁国每月初一告祭祖庙的那只活羊去而不用。孔子道："赐呀，你可惜那只羊，我可惜那种礼。"

【赏读】

孔子有“吾不与祭，如不祭”（3·12）之语，可以推知孔子对鲁君如此“虚祭”肯定不满。子贡想干脆把“羊祭”省掉，意思是这种虚祭已无价值，似乎与孔子的“如不祭”差不多，但那就连最后的一点形式都没了。皮之不存，毛将焉附？这自然让重视周礼的孔子更不满意。子贡看到的是物，孔子想到的是礼，这看似与孔子的节用观相矛盾，但它恰恰说明了孔子对礼的重视。礼，有总比没有好，哪怕是残存的礼，还是有恢复的可能的。此祭，在子贡眼里是一种浪费，但对孔子而言，意义已超出了“节用”的范畴，保留了有羊的“祭”，就保住了“礼”的更多内涵。孔子批评子贡用经济学的头脑去想政治学的问题。

在文化传承的各个阶段，由于各自喜好与取舍不同，为政者往往会有意无意地把文化中一些实质性的东西丢掉。但是，文化只要有一丝残存，也许一场甘霖就会让枯木逢春。我们存留它，就可能留住了一片文化绿洲。在孔子看来，那个残存的礼的根就是那只用来祭祀的羊。孔子以复礼的心回答子贡：应该把错误纠正过来，而不是错上加错。

如今，由于物欲化和功利化的影响，部分国人的精神世界几乎成了文化沙漠。新时期，为了实现中华民族伟大复兴，让中华优秀传统文化经典滋润老根生发新芽，就显得尤为可贵与紧迫！

3·18　子曰：“事君尽礼，人以为谄也。”

【译文】

孔子说：“服侍君主，一切依照做臣子的礼节去做，别人却认为他是在谄媚呢。”

【赏读】

人与人之间的交流得以顺利，往往要以必要的礼节为前提。礼有一定的等级，有一定的仪式，不同的场合、不同的对象、不同的事务，礼的形式也不尽相同。一种行为，是被看成必要的礼还是被看作令人生厌的“谄”，主要看行礼者的“心”是诚心，还是别有用心。作为崇尚礼仪的孔子，给鲁君行礼肯定是周全的，那么为什么别人会认为他“谄”呢？应该是他人对鲁君不很尽礼而依附三家，孔子则是出于复礼而为之。

3·19　定公(1)问：“君使臣，臣事君，如之何？”孔子对曰：“君使臣以礼，臣事君以忠。”

【注释】

(1) 定公——鲁君，名宋，哀公之父，昭公之弟，继昭公而立，在位十五年（前509—前495）。“定”是谥号。

【译文】

鲁定公问（孔子）：“君主任用臣子，臣子服侍君主，各自应该怎么做合适？”孔子答道：“君主应该依礼任用臣子，臣子应该用忠心服侍君主。”

【赏读】

定公的问话上下等级感强，有强烈的压抑感。经孔子正名，君能“使臣以礼”，臣要“事君以忠”，“使”中有礼、“事”中有忠，君臣间行事就是正道，也有了人情味与使命感，温度与分量就都上来了。如果两者是不真诚的合作而各怀心事，那不过是貌合神离各取所需，就必然产生危机。君使臣非礼，或臣事君非忠，那是相互利用的小人做派。孔子就是在提醒定公，要察觉并消除这种不良的君臣关系，建立合乎礼制的君臣关系。

3·20　子曰：“《关雎》(1)，乐而不淫(2)，哀而不伤。”

【注释】

(1)《关雎》——《诗经》首篇。但这篇诗并没有悲哀的情调，因此刘台拱的《论语骈枝》说：“《诗》有《关雎》，《乐》亦有《关雎》，此章据《乐》言之。古之乐章皆三篇为一……盖乐而不淫者，《关雎》《葛覃》也；哀而不伤者，《卷耳》也。”(2) 淫——多，古人凡过分以至失当的地步皆谓淫，如言淫祀、淫雨。

【译文】

孔子说：“《关雎》这诗，快乐却不放荡，哀婉而不痛苦。”

【赏读】

“哀乐者，人心之正，乐天爱人之与悲天悯人，皆人心之最高境界，亦相通而合一。”孔子“举《关雎》之诗以指点人心哀乐之正，读者当就《关雎》本诗实例，善为体会，又贵能就己心哀乐深切体之。”（钱穆）乐而有度，才是乐；否则，会乐极生悲。万事皆有度。度，即恰到好处，如蒙娜丽莎的微笑，给人的是无限美感。哀，是事物与人生令人沮丧的地方，或发生了不愿发生的事件。人生十有八九不如意，生老病死亦不可违。人，哀吟是难免的，何况哀吟本身也可以让人的情感得以宣泄。

再说，乐与哀本身也是生活的常态，是人性情感上的一对孪生姊妹。人，乐哀之间就有了人生的体验与生活的多彩，更何况乐哀本身也会发生在转念之间。如今，我们很难在生活的“诗”里找到没有铜臭味的缠绵与心灵独守的哀婉，金钱几乎吞噬了生活中所有的诗句！我们的生活的“诗”里几乎读不到《关雎》里的那种幽怨与缠绵，也读不到《氓》中的那种伤痛与决绝，几乎都成了为利的喧闹。

3·21　哀公问社[(1)]于宰我[(2)]。宰我对曰：“夏后氏以松，殷人以柏，周人以栗，曰，使民战栗。”子闻之，曰：“成事不说，遂事不谏，既往不咎。”

【注释】

(1) 社——土神叫社，不过哀公所问的社，从宰我的答话中可以推知是指“社主”。古人立国必立社，用来祭祀土地神。古代祭祀土神，要替他立一个木制的牌位，这牌位叫主，而认为这一木主，便是神灵之所凭依。如果国家有对外战争，还必须载这一木主而行。另说，立社必树，把所宜之木为社主。亦有不为社主，而即祀其树以为神之所凭依者。(2) 宰我——姬姓，宰氏，名予，字子我，为孔子弟子。

【译文】

鲁哀公向宰我询问，作社主用什么木。宰我答道：“夏代用松木，殷代用柏木，周代用栗木，意思是‘使百姓战战栗栗’。”孔子听到了宰我这样的答语，（责备他）说：“已经做了的事，不便再解释什么了（解释起来更尴尬）；已经完成的事，不能再挽回改变什么了（木已成舟）；已经过去的事，不便再追究了（追究下去，于国于君有害无益）。”

【赏读】

“夏、商、周三代所树木及所为社主各不相同。夏居河东，其野宜松。殷居亳，其野宜柏。周居丰镐，其野宜栗。此皆苍老坚久之材，故树以为社。”（钱穆）宰予也许说得不对，说的却是大实话。但这是在尽忠劝谏鲁君，还是在嘲弄挖苦式微的周王朝？依据孔子“君使臣以礼，臣事君以忠”（3·19）分析，哀公向宰予征询意见，按礼他当然应表忠心。周以“栗木”作社主，宰我认为“周人以栗”虽然“非礼”以民，但对三桓而言，他们不尽忠在前，鲁君能给点颜色也可以。何况周文王的礼制还有值得肯定的地方。

但孔子以为，对前人或君上的过失或非礼，不能过于指责而再行“非礼”之实。因而，孔子委婉地回避了“栗木”这个在周礼中被宰我诠释为非礼的成分，而突出批评宰我对鲁哀公回答问题言行上的不敬与非礼，并且表明过去了的事就不要再提。这也是孔子依礼对上位的人事不作评价（讳言）的一贯做法。宰我以直言与好辩出名，孔子比较讨厌他这种“过度”的非礼之言，因为孔子主张“慎言”，讲求为尊者讳。比如，孔子回答“陈司败问昭公知礼乎”时，就说“知礼”而已。孔子并不是不知“君取于吴，为同姓，谓之吴孟子”一事，只是要维护鲁君的尊严而不便明说罢了。

3·22　子曰：“管仲之器(1)小哉！”

或曰：“管仲俭乎？”曰：“管氏有三归(2)，官事不摄(3)，焉得俭？”

“然则管仲知礼乎？”曰：“邦君树塞门(4)，管氏亦树塞门。邦君为两君之好(5)，有反坫(6)，管氏亦有反坫。管氏而(7)知礼，孰不知礼？”

【注释】

(1) 管仲——春秋时齐国人，名夷吾，做了齐桓公的宰相，使齐桓公称霸诸侯。器，器量，器度。(2) 三归——市租。郭嵩焘《养知书屋文集》卷一《释三归》云：“是所谓三归者，市租之常例之归之公者也。桓公既霸，遂以赏管仲。”(3) 摄——兼职。(4) 树塞门——树，动词，立。塞门，用以间隔内外视线的一种东西，形式和作用可以同今天的照壁相比。古礼，天子诸侯于门外立屏，以别内外，而管仲亦如此，可见管仲之骄僭不逊，器小易溢。(5) 好——友好。(6) 反坫——坫，用以放置器物的设备，用土筑成，形似土堆，筑于两楹（厅堂前部东西各有一柱）之间。古礼，两君相宴，主酌酒进宾，宾在筵前受爵，饮毕，置处爵于坫上。此反坫仅天子与诸侯得有之。(7) 而——假如，假若。

【译文】

孔子说：“管仲的器量狭小得很呀！”

有人便问：“管仲应很节俭吧？”孔子道：“他收取了人民的大量的市租，他手下的人员，（一人一职）从不兼差，哪能说节俭呢？”

那人又问：“这样的话，那么管仲应懂礼节吧？”孔子又道：“国君宫殿门前，立了一个塞门；管府前也立了个塞门；国君为两国友好而设宴招待外国的君主，在堂上有放置酒杯的（设备）土几，管府里也有这样的（设备）土几。假若管仲懂得礼节的话，那还有谁不懂得礼节呢？”

【赏读】

孔子在此为何对管子的评价如此“恶劣”（他处，比如在成就齐桓公的霸业上多有称颂）？可能缘由有二：一是管仲与孔子同为人臣，身份平等，没有避讳的必要；二是孔子对管仲的这两点做法极为不满，尤其是“非礼”的第二点，是孔子所不能容忍的，虽然孔子在其他方面认可管仲。那么，管仲有这么大的缺点，齐桓公为何还重用他？因为管仲有过人的才干：有全天下的战略眼光，让齐桓公称霸诸侯。有雄心的君主，往往怕能臣爱财，何况当时管仲还有个好兄弟鲍叔牙极力帮助他。

孔子对管仲的评价自有他的理由。就当时形势而言，我们也许会想：管仲成就了齐君的霸业，孔子为何说人家小器呢？但从更长远的角度看，齐国的霸业存在多久？为何管仲不能让齐桓公变成另一个“周文王”？为什么管仲没给齐桓公举荐贤能，而只是告诉他不要亲近而不是去帮助他锄掉那三个佞臣？孔子并非否定管子的才智，但对其品行是不满和否定的，以至连称呼都改为“管氏”。这种称谓恐怕已有了相当的理性评价，可见此语重在指出管子的不足：器量太小，不俭，无礼，不是个君子。在孔子看来，管子犯规如季氏。也许，孔子本身在此就是借管仲影射三桓。

3·23　子语(1)鲁大师(2)乐，曰：“乐其可知也：始作，翕如(3)也；从(4)之，纯如也，皦(5)如也，绎如也，以成。”

【注释】

(1) 语——告诉。(2) 大师——大（tài）；大师，乐官之长。(3) 翕如——翕，合；翕如，谓钟声已起，闻声皆翕然振奋。(4) 从——纵。钟声既作，八音齐奏，乐声自然放开。(5) 皦——清楚明白。其时，人声器声，在一片纯和中，高下清浊，金、革、土、匏各种音节均可分辨清晰。

【译文】

孔子把演奏音乐的道理告诉给鲁国的太师，说道：“音乐演奏的全部进程，那是可以晓得的：开始演奏，翕翕地热烈振作的样子；继续下去，纯纯地和谐统一，皦皦地清晰明亮，绎绎地连绵不绝，以此然后音乐便完成了。”

【赏读】

孔子在齐闻《韶》，三月不知肉味，曰：“不图为乐之至于斯也。”（7·14）孔子对音乐的感悟可谓天才级，他超越了对音乐的一般喜爱与理解，而是对音乐有深刻的领悟，并且能把对音乐的理解上升到哲学层

面，到了一般音乐艺人难以企及的高度。这就犹如柳永的词之于苏轼的词，个人情感世界再大也不能概括社会的全部。孔子把音乐作为社会仁礼、治政的重要内容，特别重视音乐也就不足为奇了。

孔子谈音乐，视听艺术的描述让他把音乐描绘得十分准确生动，可谓绘声绘色。音乐和谐，是一个整体的和谐，但不同阶段有各自的不同。音乐，如同喷涌的岩泉，穿过山涧溪流，注入湖泊江海，以流畅的衔接构成完美的乐章；如同十五的月亮，从初升东山的喧闹，到皓月当空的皎洁，再到清晖午夜的冷艳，雅致得让人感觉它超出了清冷与深远，直至渐隐的月色与新涌的朝霞交相辉映、浑然天成；如同一注新茶，浓香烈艳之后，演绎出纯净悠远之淡雅，乃至追寻余味的幽思，余韵袅袅而回味无穷，令人心旷神怡。孔子让我们以音乐之美去领悟君子的“和而不同”，去憧憬现实万千世界的大同。

孔子认为音乐往往是与礼政融为一体的。孔子谈音乐可谓醉翁之意不在酒，而在于他的仁礼治政世界。他想以润物无声的方式，以礼乐的和谐，让世人同在一个和谐而美妙的世界里生活。他甚至可以把一个王朝从开创到强盛而延续的整个历史发展过程融入音乐的全部乐章，这恐怕是一般音乐人难以达到的境界。这是一种多么幸福美好的憧憬！

其实，人们完全可以放下手中的活，拿点时间来思考：少一些物质的欲望，多一份心灵的愉悦，让世界变得温情、纯净、和谐而美好。笔者以为，要达到这样的和谐，为政者与百姓必须有价值观的认同，这样才能完成社会关系的完全融合。这就如同对音乐的理解，指挥、领唱与合唱者要达到高度的一致。如果这里面存有一点点不和谐的声音，音乐就不会美妙动人。大自然的造化，一般是流线型、有节律的变化，人为的东西往往就有“人拙”的因子在，也许“无为而治”就是最好的政治，但人与人之间是千差万别的，关键是各色人都要站准位置，才可能合唱出和谐优美的歌声。至少，我们要朝着这个方向努力才对。唯有如此，才能人尽其才，各得其所。

3·24　仪封人(1)请见(2)，曰：“君子之至于斯也，吾未尝不得见也。”从(3)者见之(4)。出曰：“二三子，何患于丧(4)乎？天下之无道也久矣，天将以夫子为木铎(5)。”

【注释】

(1) 仪封人——仪，地名，卫邑。封人，官名，大概是典守边疆的官。(2) 请见、见之——请见（xiàn），请求接见；见（xiàn）之，使孔子接见了他。(3) 从——随行。(4) 丧——失掉官位，孔子弃鲁司寇职而往卫。(5) 木铎——铜质木舌的铃子。古代公家有事宣布便摇此铃，召集大家来听事。

【译文】

仪这个地方的边防官请求（孔子）接见（他），说道："有道德学问的人到了这个地方，我从来没有不跟他见面的。"孔子的随行学生请求孔子接见了他。他告辞出来后，（对孔子的学生）说："你们这些人对先生没有官位担忧什么呀？天下黑暗的日子太久了，上天会把你们的夫子当作木铎（来传道于天下呀）！"

【赏读】

一个边地官员称孔子为"君子"，说明孔子已声名远扬，能传到边远的地方来，足见孔子的影响之大，特别是他与孔子交谈后，认为"天将以夫子为木铎"。仪封人真乃高见！孔子的仁政思想是高远的，他已看到了人类社会的终极：所有的冲突不是靠局部的争斗霸业、野蛮兼并来消解的，而要以礼、乐、仁、信、忠、义来调和，达到一统之大同，使用"王道"才是解决世事的根本。孔子不是一个夸夸其谈的政治理论家，而是一个政治思想的践行者。即使面对当时不合时宜的政治环境，他还是乐此不疲，"知其不可而为之"，这是一种多么难能可贵的品质。孔子所开创的儒学在中华大地至今保持其显学的地位，也足以显示这"木铎"坚实久远，"铎声"洪亮悠扬。

3·25　子谓《韶》[1]，"尽美矣，又尽善也[2]"。谓《武》[3]，"尽美矣，未尽善也"。

【注释】

(1)《韶》——又作《磬》或《招》，舜时的乐曲名。(2) 美、善——"美"可能指声音表层，如乐之音调，舞之阵容之类；"善"可能指声音的内蕴，如乐、舞中所蕴含的意义等。舜的天子之位是因文德受尧"禅让"而来，故孔子认为"尽善"。周武王的天子之位是借武力讨伐商纣而得，尽管是正义战，依孔子意，却"未尽善"。(3)《武》——周武王时乐曲名。

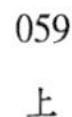

【译文】

孔子谈到《韶》，说："美极了，而且好极了。"谈到《武》，说：

"美极了，却还不够好。"

【赏读】

孔子对《韶》与《武》的评价，既让人感受到了音乐本身给人的美感与独特的艺术体验，又让人体悟到了音乐背后的意蕴。美，有形式之美，也有内容之美。音乐声音优美、旋律和谐是美，但其思想情感的表达如果有违礼义而不尽善的话，在孔子看来，也是难以完全接受，就不能算是"完美"的音乐。

同为美的形式，却有"尽善"与"不尽善"之分。在孔子看来，《武》的不善之处在于"尚武"，即使是以正义之名，也不是上上之策；威武有力量之美，有镇邪之美，但也有"不善"的暴力成分在，有令人屈服于力量的压迫因素在。这里虽然没有否定武王的意味，但在孔子看来，这终归不是令人满意的音乐。

从抗战时期的号角《义勇军进行曲》《黄河大合唱》《毕业歌》等抗战歌曲，到20世纪八九十年代的《一无所有》《新长征路上的摇滚》等摇滚乐，以及港台歌手的《我的中国心》《故乡的云》等新时代的旋律，传达出一个时代人民的抗争、思考、困苦与呐喊，或一个历史阶段民众的苦闷、思索、追求进步与对灵魂回归的呼唤，或游子回家与对民族认同的强烈抒怀。

音乐可以是天使，也可能成魔鬼，把一个人涂成什么颜色，把一个人带进怎样的精神王国，可能只需要一个转念！孔子对音乐的理解给我们留下了太多的思考！孔子谈论乐舞让我们分辨出乐舞色彩的差异，感受到乐舞的凝聚力与战斗力，看到了乐舞的道德力量。

3·26　子曰："居上不宽，为礼不敬，临丧不哀，吾何以观之哉?"

【译文】

孔子说："居于统治地位而不宽宏大量，行礼的时候不严肃认真，参加丧礼的时候不悲哀，（这种样子）我还要拿什么来察能看他呢?"

【赏读】

如此情状的背后往往是社会的功利与人性的冷漠，特别是到了孔子所处的那个"礼崩乐坏"的时代。为政者一旦落入如此境地，情何以堪？孔子的反问，是对当时上层社会风气的强烈不满。我们当然也可以想象到孔子为官又何以能行得通、走得远。在其位谋其政，如果政界普遍不仁，为政者又总是"越轨"，礼如同虚设，那么"仁慈"者又能去哪里为政？

里仁篇第四

孔子论学、论政，皆重礼乐，而仁乃礼乐之本。礼应时而变，而仁则古今相通。“八佾”（礼）之后，突出“仁”则顺理成章。本篇强调仁是个人思想言行的内核。为人处世必须重视个人对道的追求与道德修养；讲求对自身的约束、反思与对他人的礼让、忠恕。本篇指出义与利是区别君子与小人的重要标准，为人之道就是依义而行，有礼有度。篇内还列举了孝敬父母的种种表现。全篇明确了儒家仁、德、义、礼、孝等若干重要概念、原则和理论，对后世儒学发展影响重大，也是学习《论语》以下各篇的基础。

4·1　子曰：“里[1]仁为美。择不处[2]仁，焉得知[3]？”

【注释】

（1）里——作动词，居住。（2）处——居住。（3）知——通“智”，作动词，算得上智或称得上智。

【译文】

孔子说：“居住在有仁德的地方，才是美好的。选择没有仁德的住处，哪里能算聪明呀？”

【赏读】

人应择“仁”而居，否则，不智。这里的“居”实为人的生活环境。我们对这个“居”要拓展性地去领悟，不要局限在具体居住的环境上，生活、学习、工作乃至社会文化的时代背景都是可以思考的范围。人对从生活习惯、兴趣爱好、工作态度到思想境界、理想追求，从天然宁静的自然环境到朋友圈的良师益友，以及人与人之间和谐的社会环境等各方面，做出有益于身心的选择，都需要大智慧。有选择，就得有判断；有判断，就得有标准。这个标准就是“仁”。如果处在“不仁”的环境中，你想要去做仁事，那实在是件艰难而痛苦的事。做与不做，你都会有一种从肉体到精神的苦痛，直到你身心疲惫。

因此，选择适合你生活、学习、工作的环境，是你身心健康的重要保证。处于非仁的环境，当你强大到可以改变“局部世界”的时候，你才有可能以“仁”的方式去改变它。孔子算足够强大，有时还得躲避恶

的环境，并发出感叹。依照孔子积极入世的观点，成长中的人“择善为邻”“择仁而居”才是正确的选择。孟母这样做了，三迁而居仁里，成就了一个“亚圣”。历代帝王为太子择师皆重仁德、重贤能，就是出于对一个王朝未来命运的考虑。

当然，不同的人境况不尽相同。在一个道德沦丧、礼崩乐坏的时代，有人成了暴徒，有人成了伪君子，更多的人成为受害者，但肯定也有少数如孔子般的智者能把垃圾当肥料，在逆境中成才，如同淤泥中的荷莲。那不是“不仁”的奇迹，而是“仁”者经过恶之锤炼后的坚韧。

4·2　子曰：“不仁者不可以久处约[1]，不可以长处乐。仁者安仁，知者利仁。”

【注释】

(1) 约——穷困。

【译文】

孔子说：“不仁的人，不可以长久地处在穷困之中，也不可以长久地居于安乐之中。有仁德的人，安心在仁德之中；聪明的人，懂得心中有仁会给他带来长远而巨大的好处。”

【赏读】

仁者，安于仁；智者，利于仁。仁者、智者，由于仁在心中久远，有了定力，就不会为环境所左右；而不仁者、不智者，不可以长久处于困穷之中，不可长久处于安乐之中，那是由于不仁者、不智者对外在环境难以控制。孔子在此明确了“仁”的重要，而“约”与“乐”也就成了检验一个人是否为“仁”的“试剂”。也就是说，只有真正的君子，才可以处于特别窘迫或特别安逸的境况而不堕落。对于一个还未达到仁者境界的人而言，“处约”或“处乐”都不利于其成长，因为心不能择仁而处，则约与乐皆不可安。只有仁像一粒种子扎在这个人的内心，他才不论处于何种境况都能逐渐成长。

“穷”则思变。智者、贤者会勤奋努力，知命而为；恶者、愚者却会迫不及待，不择手段，奋力一搏。现实中，很多罪犯就是在受到他人侵害之后，由于缺乏仁心以“恶”来报复社会，或者在走投无路时跟随他人走向犯罪，结果他们从一个弱者或受害者最终成了罪犯。悲剧的阿Q，人们对他除了悲悯，更多的是厌恶与憎恨，原因之一就是他内心没有“仁”在。然而现实也有这样一些人，他们一旦发迹，往往就会忘乎所以，狂妄自大，胡作非为。他们以为有钱、有权、有名，没有他们不敢做、不能做或做不了的事。他们境遇太顺，心中无仁，乐中无忧，无法把控自己，以致常常不能善终，落得个悲惨结局。

大凡仁者，无论处于“约”或“乐”的境遇，都能把控自己，架起生命的支点，把握人生的方向，找准人生的跳板，实现人生的大跨越。如中国现当代社会知识分子的“良心”——巴金先生，困境中不害人，乐境中不压人，在被压迫中抗争，在苦乐中忧患，在悲怜中忏悔，但从不诉苦，这就是“仁者”的表现。事实上，好的种子放在烂泥中与放在沃土中一样地茁壮成长。只要下种的地方不是铁板一块，它就能抓住机遇，即使烂泥也能被它改造成“仁”的沃土，因为它顽强的生命力会给自己足够的能量与耐力。它也会在那些阻挡它生命之路的“巨石”中找寻裂缝，给自己开拓一条生命的通道，而这粒种子的内核就是“仁”。事实上，在春秋末期，孔子的仁政思想的生存空间就很小，而他就是一个在“穷困”的石岩上寻找裂缝的人。他的儒学种子就是经过千百年来的甘霖滋润，最终成长为一棵参天大树的。

4·3　子曰：“唯仁者能好人，能恶人。”

【译文】

孔子说：“只有仁人，才能够喜爱某人，厌恶某人。”

【赏读】

为何只有仁人才能“好”人、“恶”人呢？这里就有很深的意蕴。在孔子看来，“能”是关键，有人喜欢或厌恶某人，但不会说出来或表现出来，因为他内心“私心”大于“仁心”。而人一旦有了私心杂念，就会顾虑重重，看人就会偏差。“好”人与“恶”人，是仁者善的两面，而“仁”本身又是“善人”与“恶人”的分水岭。仁者心安于仁，与人为善，但也疾恶如仇，自然立场鲜明。“恶人”的特征就是自私、凶残，以及对他人与社会表现出极度的“忍”与“狠”。仁者，内心充满怜悯与善良，天然地“恶”恶人。

仁者爱人，能“好”人，也能“恶”人，是从爱、从利他与公益出发；而不仁者，是从自身与私利出发。可以说，行为动机是明辨行为者是否为仁者的重要因素。然而，现实中很多人却会把“好”己与“恶”己作为评判好人与坏人的标准，以为“爱我”的人才够朋友，才是好人。其实，这只是狭隘的好人，即“对我好”的人。认真一想，以此作

为评判标准者，恐怕其本人就是一个非“仁”的利己主义者。好人，爱他人，也爱自己与亲朋，但他的爱只落在“仁”上。仁者能“好”人，也能“恶”人，但“好”人、“恶”人的人不一定就是仁者，因为这里还有一个“好”什么人、“恶”什么人的问题，以及“好”与“恶”的动因在哪。“好”人与“恶”人的最高境界是什么？依孔子的观点就是能“举直错诸枉，能使枉者直”（12·22），即一个真正的仁者，可以通过自身的言行让周围的人变得有仁心。

4·4　子曰：“苟志于仁矣，无恶也。”

【译文】

孔子说：“假如（人）在实行仁德上有所志向了，（追求心中有仁）总没有坏处。”

【赏读】

此“恶”，除表示“坏处”外，如承上章“能恶人”，“无恶”有不厌恶人之意，即使对方是一个令人厌恶的人，也不厌恶他，这就是仁者的境界。仁者有颗善心，对可恶之人，只“恶”其事、其为，而怜其人，以达到让恶人向善之目的。一个君王，要求天下人为仁，自己却草菅人命，是不是恶？要求全天下的女人都坚守妇道，自己却三宫六院，还不时地抢占民女，是不是恶？号召子民忠于王朝、敬爱君王，自己却把国库当作自己的钱包，还鱼肉百姓，是不是恶？因此，一个王朝只有君王仁，才有可能天下归仁；只有当全天下的人心中逐渐有仁，这个社会才会走向大同。

4·5　子曰：“富与贵，是人之所欲也；不以其道得之，不处也。贫与贱，是人之所恶也；不以其道得之[(1)]，不去也。君子去仁，恶乎[(2)]成名？君子无终食之间违[(3)]仁，造次必于是，颠沛必于是。”

【注释】

（1）贫与贱……不以其道得之——“富与贵”可以说“得之”，“贫与贱”却不是人人想“得之”的。那么这个“得之”就可以理解为“满足心意”“实现愿望”。（2）恶乎——恶，何处；乎，同“于”。恶乎，即于何处或从哪里。（3）违——离开，和“弃而违之”（5·19）的“违”同义。

【译文】

孔子说："发大财与做大官，这是人人都想得到的；如果不用（获取富贵的）正当的途径而得到它，（君子）就不能安心接受。贫穷和低贱，这是人人所厌恶的；如果不用（摆脱它的）正当方法来满足心愿（抛弃了它），那么君子就不会去摆脱它。君子抛弃了仁德，还能从哪里成就他的声名呢？君子不会在吃完一餐饭的时间内就离开仁德，在仓促匆忙的时候一定与仁德同在，在颠沛流离的时候也一定与仁德同在。"

【赏读】

君子之于"仁"，什么时候都不会丢，即"无终食之间违仁"，"仓促"与"困顿"中不会丢掉"仁"。这与"不仁者"不能"久处约""长处乐"（4·2）对比鲜明。

君子爱财，取之有道。不是用正道获得的财，财有何用，用可心安？小人爱财，见利忘义。尊贵的地位，令人敬仰，靠自己能力得到他人的拥戴，名正言顺，自有一番作为，何乐而不为？人，如果没有仁，为功名而不择手段，甚或给他人与社会带来祸害，到头来就只会落得个令人唾弃的结局，哪里还有功名在？

4·6　子曰："我未见好仁者，恶不仁者。好仁者，无以尚[(1)]之；恶不仁者，其为仁矣[(2)]，不使不仁者加乎其身。有能一日用其力于仁矣乎？我未见力不足者。盖[(3)]有之矣，我未之见[(4)]也。"

【注释】

（1）尚——超过之意。（2）矣——表示停顿。（3）盖——表推测。（4）未之见——未见之。

【译文】

孔子说："我不曾见到过爱好仁德的人和厌恶不仁德的人。爱好仁德的人，那是再好不过的了；厌恶不仁德的人，他行仁德，就不想让不仁德的东西附加在自己身上。（因此，这两种人都是真正的仁人。）有谁能在某一天使用他的力量在仁德上呢？我没见过有哪个力量不够的。大概有这样的人吧，只是我不曾见到过他们罢了。"

【赏读】

好仁者，如颜回，可以安贫乐道；仁道之外的任何东西都可以放弃，如孔子"朝闻道，夕死可矣"（4·8）；恶不仁者，如孟子，即使是面对国君，也不留情面，放言"望之不似人君"（《孟子见梁襄王》）。这些行

为，人人有能力做到却难做到。如果人“恶”不仁者能跟“恶”贫穷一样，那么社会的“仁义”之风肯定就好。人“恶”不仁，是不希望“不仁”加在自己身上，但为了名利，有些人会视“不仁”而不见，其实这“不仁”就已附在他自己身上了。

在孔子看来，人本来有能力加仁于自身，说不能，其实是不愿做。孔子讲“未见力不足者”，至少是认可人是有能力施行“仁”的。孔子周游列国，就是认为各诸侯国君是可以施行仁政的，只是他们没有完全接受仁政思想，不想施仁而已。孔子在此思考人们对“仁”的态度及在“好仁”与“恶不仁”上的差异。人们的内心是非常微妙的。假如人在“仁”的态度上把好仁当作做好事，把“不仁”当作做坏事，就明显可以看出两者的差别。人都讨厌做坏事，必须拒绝做“恶人”，但不可以指望人人都成为圣人。从逻辑上讲，仁与不仁是一对矛盾，“好仁”与“恶不仁”的本质一致，两者都是“仁人”，但“恶不仁”就露出了锋芒，处世会更难。

真正的好仁者是不会标榜自己的，他们心中的理念是建德若偷，从良心上为之。仁者爱人，不仁者自然也会成为仁者“爱”的对象，只是爱的方式可能是帮助，甚至“恶”也是其中的一种方式。好仁，是“质”的定性，而非“量”的形式，“仁心”才是“好”根基。孔子用一个“盖”字表明其不确定性，“未见”是他的高要求，“可能有”是他内心的守望。孔子一面认为人只要尽力完全可以做到仁，一面又讲没有看到完美的仁人，这最后一句与最前一句形成呼应，足见孔子对仁者要求之严，又期待社会出现真正的仁者。

4·7　子曰：“人之过也，各于其党。观过，斯知仁[(1)]矣。”

【注释】

(1) 仁——同“人”。《后汉书·吴祐传》引此文正作“人”。

【译文】

孔子说：“（人有各种不同的类型，人犯的错误也是各种各样的。）人犯错误，就会有各自不同的类型与不同的性质。仔细考察某人所犯的错误（特征），就可推知他是个什么样的人了。”

【赏读】

人的性格不同、思想观念不同，行事方式也会不同，人所处环境的差异，又会进一步放大这些不同。物以类聚，人以群分，人犯错，同样也有类的不同。君子因爱而犯错，小人因忍而犯错。这样，从一个人犯的错也可以推知他是个什么样的人，即看人犯的过错可推知其心中有无仁。“子路丧姊，期而不除，孔子非之。子路说‘由不幸寡兄弟，不忍除之’。观子路之过，而知仁在。”（《汉书·外戚传上》）有的人犯错，足见其恶与不义；有的人犯错，足见其善与仁德。因此，我们可以从做善事上去察看一个人有无仁，也可以从做错事上来判断一个人有无仁，只要透过事件的表象看清事件的实质，就能认清做这件事的人“心”——动机。

4·8　子曰：“朝闻道，夕死可矣。”

【译文】

孔子说：“（如果）早晨（能够）得知真理大道，（就是）要我当晚死去，都可以。”

【赏读】

“道”可与“生命”画等号，甚至超越生命，足见“道”对于孔子是多重要。狭义的道，即仁道，亦为人道，也是对人对己的忠恕之道；广义的道，是社会发展之大道，亦为王道与天道。孔子为道而来，为道为生。道可以成为人用来应对人生境遇的各种方式，也可以成为人对生命追求的终极。道不以人的意志而存在，但它的价值实现是以人对道的认知与实践为前提的。对孔子而言，人生的意义就是为道而活，并与道同在。

此话不是说人懂得“道”之后真的就要死去，而是强调“道”在人的生命中的分量。闻道、探道、得道、行道，那是人生最大的快乐，也是最大的成功。保有生命，岂不更能享有人生的幸福快乐？如果早晨懂得了道，就是晚上会死去，人生也没有什么遗憾。如果有人要阻止他闻道，他就可以不顾生命去争取；如果有人要阻止他依道而行，他就会用生命去捍卫，这恐怕才是孔子的本意。

4·9　子曰：“士志于道，而耻恶衣恶食者，未足与议也。”

【译文】

孔子说：“读书人，有志于探求真理，却又以自己穿破衣、吃粗粮为耻辱，这种人，（君子）不值得同他探讨真理了。”

【赏读】

志同道合者，不局限于他们对“道”的追求一致，也包括对共同生活方式的认可。现实中，好“道”者多，但如果在“恶衣恶食”的贫乏物质条件下要以生命的代价来获得“道”，人是否都能追随下去？也许只有追随下去的才是真正的求道者。追求美好事物之心，人皆有之，但如果要以损失自身生存的诸多条件为代价，有人就会退却。事实上，在社会变革大潮中，豪情万丈的践行者在困境面前分道扬镳的大有人在。

这样看来，按对“道”的追求不同，可以分出不同类群、不同层次。有的求道者，既想追求道，又想追求名利，当两者出现冲突时，会对求道做出有限的妥协，冉求算是这类人的代表。在某些时候，孔子会毫不留情地指摘他。有的求道者，既要追求道的“真”，又要获得道义上可以获取的财物，子贡算是这方面的代表。孔子不反对这种求道者，但也会批评子贡在仁上的不足。有的求道者，为追求真道，可以放弃一切财物上的获取而安贫乐道，颜渊与原思就是这样的求道者，孔子赞赏他们。

孔子真正反对的是那种想追求“道”却刻意要求位尊且又不能节俭、讲求物质奢华的投机者。“道不同，不相为谋”（15·40），而“不相为谋”的界线，不仅要看求的“道”之异同，还要看求道的态度与方式之异同。在孔子看来，“君子无终食之间违仁，造次必于是，颠沛必于是”（4·5）“不仁者，不可以久处约”（4·2），“君子忧道不忧贫”（15·32），那些“耻恶衣恶食者”是不能称为君子的，自然“未足与议也”。也就是说，孔子认为那些为了物质条件而放弃追求道的人根本不是真正的求道者，不值得与之为伍。

孔子的观点很值得当前科研工作者反思，科研工作者要有献身科学、探求真理、甘坐冷板凳的精神，要以振兴民族科技为使命，政府为科研工作者提供优厚的物质保障与良好的科研环境是必须的，但科研工作者如果以功名利禄为前提，甚至把功名利禄作为唯一的目标，就不是真正的科研者。

4·10　子曰：“君子之于天下也，无适[1]也，无莫[1]也，义之与比[2]。”

【注释】

(1) 适，莫——两字讲法很多，有的解为“亲疏厚薄”，“无适无莫”便是“情无亲疏厚薄”。有的解为“敌对与羡慕”，“无适（读为敌）无莫（读为慕）”便是“无所为仇，无所欣羡”。朱熹释为“可做”与“不可做”。(2) 比——挨着，靠近，为邻，即并列。

【译文】

孔子说：“君子对于天下的事情，没规定可以怎样干，也没规定不可以怎样干，只要跟‘义’连接在一起，与之相随就行。”

【赏读】

对“适”的解释太多，也不甚明了，鲁语有“往”义。从古义生发，“适”也有“适合，适可”之义。如果把“无莫也”理解成“无莫适也”[《论语》中就有如“何为其莫知子也”（14·35），而“毋必，毋固”（9·4）也表明两个副词可以连用］的省略，那语义是不是也能连贯起来？君子做事，没有（哪些事）适合（可以）做的，也没有（哪些事）不适合（不可以）做的。那究竟什么适合做呢？关键是适时、适地、适人的事，“即可”之事就是可做的。同样是“闻斯行诸”（11·22），孔子对子路与冉有就是两个完全不同的答复（不可与可）。一般而言，“适合的便是最好的”，这个“适合”的标准便是“仁心”，违心或不顺心去做事，事做不好，心里也难过。但君子行于天地间，该做什么，不该做什么，其标准就是“义”字，即做事要心存于义。行事向“义”看齐，向“义”靠拢。

义为道义，凡事与义沾边，按义行事即可。一般人做事道义上过得去就没有什么大问题，至少在方向上没错。那么，义究竟是什么呢？义，随着时代的变化其内容与具体形式又会有何变化？朱熹说：“义者，宜也。”只要是顺应社会发展、表现人性美德的行为，就是符合“义”的。所谓行大义，即做事要顺应社会、顺应民意、顺应自然天理。

孔子曾对子贡赎人回国不要鲁君奖金的行为表示不妥，而对子路接受被救的溺水者家属送给他一头牛的行为表示认可。孔子就是以“无适，无莫”“义之与比”的标准来评价人事，而不是以简单的情感好恶来评判子贡与子路拒或收的行为，甚至从更长远的角度去看待这件事的社会意义，从道义上明确此行为的社会效果。为什么？因为一个人以付出超出本身能力去为社会或他人做事，社会或他人不给他必要的补偿，那么类似的事情就不能够再做下去，道义上就行不通。做事不应违义，而应有利于义。现行法律上完善了受益者对见义勇受到伤害者给予必要的经济补偿的规定，以及政府成立“见义勇为基金”等，都是源于“义”的本意。

4·11 子曰："君子怀德，小人怀土[1]；君子怀刑[2]，小人怀惠。"

【注释】

(1) 土——如果解为田土，亦通。(2) 刑——古代法律制度。

【译文】

孔子说："君子心念道德，小人心念乡土；君子关注法度，小人关注恩惠。"

【赏读】

"怀"有怀抱、坚守、念想、心存、心中有之等意思。人处的社会层次不同，追求的目标不同，惦念的东西就不同，这里就有品德与格局的差异。君子行事，坚守"德"与"法度"，这是君子做人的底线思维；小人念想到的是眼前的田地、小家与好处，这是小人生存的底线思维。也就是说，君子与小人行事的区别在于君子见义、小人见利。现实中，君子按规则办事，看到的是社会公德，着眼在远处，重在义理。小人行事，首要的生存法则是有利可图，喜欢钻社会规则、法律制度的漏洞，最大限度地从中捞好处，乐意打法律的"擦边球"，只顾眼前，见利忘义。生活中判断一个人是君子还是小人，只要看他在与人的交往中的行事首选即可。

孔子在此强调君子与小人的区别，并没有否定小人之意，只是表明人的境界层次的不同。小人怀土，是小人以"土"为生。官出于民，民出于"土"。人处的社会阶层不同，境界不同，安身立命的凭借不同，价值取向就会不同，对此的评价标准也应不同。在中国古代，达官贵人除少数如范仲淹以"义田"的形式帮助家乡亲友——"平生好施与，择其亲而贫，疏而贤者，咸施之"(钱公辅《义田记》)外，更多的也不过是些回到家乡添置田地房产的俗人。以孔子的标准来衡量，他们在人格上就没有跳出"小人"的圈子，因为这种人没有从社会公德与仁义上行事，没有"兼济天下""先天下之忧而忧"的胸怀，还只是停留在一个"小我"里。

4·12 子曰："放[1]于利而行，多怨[2]。"

【注释】

(1) 放——依仿、依照。(2) 怨——心生怨恨或招人怨恨。

【译文】

孔子说："依据个人利益而行动，就会招致很多的怨恨。"

【赏读】

一个人或一个集团，如果过分强化利益目标，或把利益当成唯一目标，那么不管其表面的说辞如何漂亮，这种目标下的行为或措施必然会侵害到他人或社会大众利益。其实，做一件事，无论个人还是团体，如果过分强化结果，不注重过程，不关注大众，即使目的很好，也不过是简单的个人（或局部）利益最大化，而非社会效益最大化，这同样是有问题的。过分地强调结果，方法就会简单粗暴。评估唯结果是论，行为人就会不注重过程与手段，就会改变行为的性质，好事也会变成坏事。不同性质的东西放在一起比，就如同拿一匹马跟一头大象来比重量一样可笑，这样比出来的结果，怨恨自然就多。比如，如果人的一切行为都以钱财来衡量，那么社会出现笑贫不笑娼的现象就不足为奇了。

社会对人们行为的评判，一定要注重公正，要突出人的社会属性而非动物属性，要给人的行为划出公益与私利的界线，至少在定义的界定上必须清晰。如果个人在认知上界定不明，人的行为就可能招致私怨；如果政府文法界定不清，这个社会就会让强权得利，让投机者钻空子，就会招致公众怨愤，社会就没有公平与和谐可言。

4·13　子曰：“能以礼让为国乎？何有[(1)]？不能以礼让为国，如礼何[(2)]？”

【注释】

（1）何有——有何，有何困难。（2）如礼何——依孔子的意见，国家的礼仪必有其“以礼让为国”的本质，它是内容和形式的统一体，只是拘守那些仪节上的形式没有作用。

【译文】

孔子说：“能够用礼让来治理国家吗？这有什么困难呢？如果不能用礼让来治理国家，那又怎样来看待礼仪呢？（难道礼仅仅是个形式？）”

【赏读】

此话，孔子是在缅怀过去，也是在观照现实：往者可鉴，来者可追！

礼仪应是形式与内容的统一，以礼让治国是为政的大境界。行礼是双方的一种沟通。知礼能和，必有相让；以礼治国，上下有敬而能和。据此看，礼让能不能治国？能。难不难呢？难。难在何处？一是难在人不能脱离自然属性，如果社会教之以礼，就可以约束人对自然属性的放纵；二是难在“上下有敬”，礼是相向的，相让是礼得以延续的前提，

如果只是上对下或下向上单向有礼，不能以礼回应，其结果就难以相“和”。

“饮食男女”（《礼记·礼运》），“食色性也”（《孟子·告子上》）。人的本性，既有其自然属性，又有其社会属性。孔子本人虽然没有明确地主张人性恶或人性善，但就“性相近也，习相远也”（17·2）而言，人性的原点本身是同一的，但也承认是有差异的，只不过后天的“生活环境”与“追求方式”让这个差异放大或缩小而已。孔子主张以礼治国，就是要约束人性的“恶”，从而让社会趋于和谐。但自孔子时代至今，人性教化得如何？为什么一打开“物欲魔盒”的门锁，社会就会物欲横流？也许这足以证明人性的根本（“食色性也”）所在，同时也证明礼让教化的必要。

4·14　子曰：“不患无位，患所以立[1]。不患莫己知，求为可知也[2]。”

【注释】

(1) 患所以立——“立”和“位”古通用，这“立”字便是“不患无位”之“位”。所以，即用来……的（办法或能力）。(2) 求为可知也——为被动加省略句，即求为人所可知也。

【译文】

孔子说：“（人在社会）不担心没有职位，只担心（有没有）用来获取任职的本领；不要怕没有人了解自己，（而应努力）去追求那些足以让他人了解自己的本领。”

【赏读】

“天生我材必有用”，但“用”是有条件的，同样的能力就不一定能得到相同的职位，因为除人的才学外，每个人还有着各自的个性、品德及所处的社会背景，包括大环境的乱与治，小环境的家庭、人脉、地域、体制等。当然，如果一个社会把人的等级凝固下来，让人绝对地不能流动（子承父业分工不变），那么，处于不利阶层的精英（智者）就会形成社会的对抗力量。因此，为了消除这股潜在的有力的社会对抗力量，再专制的王朝也会给这些底下的精英留下可能的上升通道。中国古代科举制有两个明显作用：一个是禁锢或统一了人的思想意识，但有利于文化的传承与发展；另一个是打通了各阶层精英得以上升的通道，并使之为统治者服务。只要社会机制运行正常，有能力的人是不用担心没有职位的；反之，看一个社会的运行正常与否，只要看这个社会的精英上升通道是否顺畅，以及有多大的上升空间。以此推知，晋朝就是一个不太正常的社会，门阀制度几乎把下层精英上升的渠道堵死了。

人有“足”，终有立足之地。有的人之所以没有立足，或许是他还没有找准上天给的属于他的位子，或许上天还在考虑应该给他一个怎样的位子才算适合，而这两点正是人必须努力修炼自己的理由！对任何个体而言，“所以立”比位子本身重要得多。遗憾的是，现实中有些人的思维正好相反。他们往往看重职位而不去想自己的能力与品德是否与之匹配，或者看重职位上人的地位或待遇，并不考虑职位所需的能耐或职位上的人要有多少能耐及需要的付出与担当。

同样，人为什么要别人了解他？为什么担心别人不了解他？别人又为什么就一定要了解他呢？其实，当他人感觉需要他这个人或他值得别人关注时，人家自然会来关注他，了解他。那么，如何才可能引起他人的关注？不外于对他人、对社会而言，他值得他人或社会关注。

人，只不过要学会努力与等待而已！

4·15　子曰：“参乎！吾道一以贯[(1)]之。”曾子曰：“唯。”

子出，门人问曰：“何谓也？”曾子曰：“夫子之道，忠恕[(2)]而已矣。”

【注释】

(1) 贯——贯穿、统贯。(2) 忠恕——恕，孔子自己下了定义：“己所不欲，勿施于人。”忠，是恕积极的一面，即“己欲立而立人，己欲达而达人”。

【译文】

孔子说：“曾参呀！我的学说，贯穿着一个基本观念。”曾子说：“是。”

孔子走出去以后，别的学生便问曾子道：“（这话）说的是什么意思？”曾子道：“他老人家的学说，只是忠和恕罢了。”

【赏读】

曾参对孔子学说的理解，更多的是从孔子的言行去领悟，去敲定这“道”的具体内容。学“道”，唯有“一以贯之”方得真经。悟“道”的真谛在于“一以贯之”，孔子这样说，就是指自己做到言行一致、自始至终地坚持自己的观点与主张。曾子对此解释为“忠、恕”就有他个

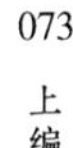

人主观的因素：一是出于对孔子日常言行的判断，二是出于对孔子学说（或孔道）的理解。那么，孔子的全部学说贯穿始终的究竟是什么？其内核应是“仁”，而“忠与恕”不过是人们在社会实践中“为仁之道”的具体表现，或者说是其内在“仁”的外化，即“仁”在现实生活的言行中对己、对人表现为“忠”与“恕”。“尽己之心以待人，谓之忠，推己之心以及人，谓之恕。”（钱穆）“忠”就是自己本想尽力得到的以同样的心去帮助别人得到，即像给自己做事一样去替他人做事；“恕”则是以宽容他人的“不利于己”行为来待人，就是“克己”，即自己不想得到的、不想做的事也不强给或要求他人，所以才有“克己复礼为仁”。总之，“仁”是内核，“忠与恕”是“仁”外化为现实行为的指导，而“礼”则是人们现实生活各领域行为的具体规范或形式。

“忠、恕”的主观认知再外化到人的行为层面，“忠”更倾向于下位对上位的行为表现要求，“恕”则倾向于上位对下位或平辈者的行为表现要求。当然，孔子可能是从更高级的层面去思考这两个字，即其上层的“仁”字。当把这两个字再“形而下”移到具体现实生活中，就个体的人而言，是否可以把“忠”理解为对自身内心信仰的坚守，把“恕”理解为对自己个人言行不足的反思？君子对自己的“忠”，并不等同于固执己见，而是困窘时的守望；对自己的“恕”，并不等同于宽容自己的过失，而是勇于改过。

4·16　子曰：“君子[(1)]喻于义，小人[(1)]喻于利。”

【注释】

(1) 君子、小人——这里的君子，是指在位者，还是指有德者，还是两者兼指？小人，是指下位者，还是指品德恶劣者？孔子原意不得而知。

【译文】

孔子说：“君子懂得的是义，小人懂得的是利。”

【赏读】

依前文“君子怀德，小人怀土”（4·11），小人并非完全指品德低下者，从后面的那句“君子怀刑，小人怀惠”来看，也不过是指那些“见识短、地位低”的人罢了。但从一个人在“义”与“利”的选择上看，还是有道德境界的高下之分。当然，这与“君子”“小人”所处的社会阶层有关。越高层，人就越会强化他们的社会属性；越底层，人就越容易显现他们的自然属性。

君子处于上位，必须懂得“义”要放首位，“利”只能在后，而且还要取之有道。君子也懂得“趋利避害”，但如果“利”有害于“义”，那就要放弃“利”，如果上位的人过于逐利，社会秩序就会混乱。而小人会把“利”放在首位，一旦看到“利”，就会抓住，因为机会对他们本来就少。但是，小人如果“见利忘义”，为利而不择手段，就会因利害义，甚至违法犯罪。

马克思讲，经济基础决定上层建筑；更早的管子说过，“仓廪实而知礼节”。因此，社会首先就要明确民众需要生存保障，即物质的利与惠，之后才是道德教化。因此，社会不能苛求下位的小人能有多高的道德境界，反而是上位的君子更要严于律己，因为他们既是道德的标杆，又有权力的便利。

4·17　子曰：“见贤思齐焉，见不贤而内自省也。”

【译文】

孔子说：“看见贤人，便应该想到向他看齐；看见不贤的人，便应该从内心自我反省（有无与他类似的毛病）。”

【赏读】

人与人相处要学会“自律”，从他人身上看优点，从自己身上找不足，别人只是你的镜子与老师。如果全天下的人都这么想，这个社会就会和谐。孔子所论话题，重视个人修身，更多的是强调自我约束与修炼。依据孔子观点，他人对自己一定会有帮助，就是参照一个不贤者也有益于人的自我反省。此话强调的是人对自身的内化——如何提升自己，即要以他人为参照（镜子），不断强化提升自我修养。这是对“三人行必有我师焉”（7·22）的内涵做了具体的阐述，即如何以人为师。

4·18　子曰：“事父母几[(1)]谏，见志不从，又敬不违[(2)]，劳[(3)]而不怨。”

【注释】

(1) 几——轻微，婉转。(2) 违——触忤，冒犯或违背。(3) 劳——忧愁。

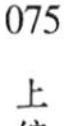

【译文】

孔子说："（子女）侍奉父母，（如果他们有不对的地方）就得轻微婉转地劝止，看到自己的心意（或表现出来的意愿却）没有被（父母）听从，仍然恭敬地不触犯他们，（看到机会再劝，这样）虽然忧劳，也不要怨恨父母。"

【赏读】

"父母"真的错了之后，晚辈该如何劝谏？这个"微劝"里更多的是孝成分。孔子曾对曾参挨打一事有过一番言论。当时，锄断瓜秧的曾参让父亲打得差点没命，却还装着没事回屋抚琴。孔子责备他那不是真孝，是害父亲于不仁，挨了两下完全可以跑掉。

我想，果真是父母错了（比如喜欢赌博），儿子在提醒无效之后，是不是可以诉之于更高层级的长辈，让他们出来提醒，批评，甚至教训一番，这样应该都有好处，特别是碰到作"恶"的父母，总不至于让晚辈束手无策吧。万一行不通，还有宗族，可以通过恰当的方式让宗族里的长者出来过问此事，是不是更有利家庭和谐？如果是现在，完全可以找政府的相关调解组织出面解决，何不任其发展？

4·19　子曰："父母在，不远游，游必有方[1]。"

【注释】

（1）方——有正当的充足理由去的地方或明确的方位与去处。

【译文】

孔子说："父母健在，不出远门；如果不得已要出远门，必须有一定方位与去处。"

【赏读】

男儿志在四方，但父母在又得尽孝，这就需要综合考虑兄弟姊妹的多少、父母年龄及身体状况。父母在可近游，还可在家做足功课为以后远游作学识、资金与人脉上的准备。如今，交通、通信发达，这个"远"字的实际内涵与古义也有变化。"远"其实是个"久远"的时空概念。有急事，要去的地方如果骑电动车能一天来回，就可以称为近；开车、坐高铁或坐飞机几小时就能到父母身边，也可以说不远。今天的人们，在学习、工作、生活中，几小时的活动范围也很正常。但这一切真的不算是个问题的话，那父母的生活起居又能天天赶过来吗？不能陪伴的近，又有多少实质的孝？就是与父母天天住在一个城里，你不去关心他们，近又有何用？

“游必有方”是孔子提出非游不可的理由，值得现代人们思考。社会人才资源要得以有效配置，社会要实现和谐稳定，那么“尽孝”的解决办法，就得个人与社会共同解决。如果社会只是一味地要求在外的人们常回家看看，甚至付诸法律，而政府不去想办法，出政策，比如取消城乡与区域二元政策，图书馆、体育馆、医保、公交服务等实施居民同等待遇，让父母到儿女这边能够长期住下来，那“孝”就难以落地生根。

4·20　子曰：“三年无改于父之道，可谓孝矣[(1)]。”

【注释】

(1) 见《学而篇第一》(1·11)。

【译文】

孔子说：“（某个人父亲去世后）若是他对他父亲的做得好的那部分，（能够）长期地不去改变，就可以称得上做到孝了。”

【赏读】

父不在，其人生积累就是一份丰厚遗产，后辈继承过来很有必要，不管是物质的还是精神的，肯定有其积极的一面。但时间在变，事情在变，环境在变，继承者要有自己的判断，该留则留，该改则改。大目标、大方向不变，但方法与手段可以变。

现代社会节奏快，人们又如何看待这个“三年不改”之孝？精神追求的“志”要不要与物质生活的快节奏变化相适应？如何继承老祖宗的精神文化遗产？上升到一个民族、一个国家，如果我们把老祖宗的本质的东西全都丢掉，民族与国家会是一种怎样的结局？比如，我们一味地强调西医的疗效而放弃中医研究，后果是什么？在中西文化交流中，一味地西化，而不去传承、弘扬中华传统文化之精华，民族复兴又从何谈起？

4·21　子曰：“父母之年，不可不知也。一则以喜，一则以惧。”

【译文】

孔子说：“父母的年纪，不可不时时记在心里：一方面因（其高寿）而让你欢喜，另一方面又因（其寿高）而让你有所恐惧。”

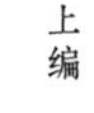

【赏读】

记住父母的年纪是儿女的必修日记。喜的是，家中有老如有一宝；忧的是，毕竟年事已高就多一份担心。在当今中国快速进入老龄化社会的过程中，我们就要多一份范仲淹式的“忧”与“乐”。社会就要把民众的“父母之年”的喜忧当成全社会的喜忧。老人并不全是社会的负担，也是社会的财富。社会既可以让老人发挥余热，给他们创造个性发展的空间，又需要发展社会公益事业，关注、关怀老人，老有所养。唯有如此，社会才会变得文明、和谐。

4·22 子曰：“古者言之不出[(1)]，耻[(2)]躬之不逮[(3)]也。”

【注释】

(1) 言之不出——不出言。(2) 耻——作意动，以……为耻。(3) 逮（dài）——及，赶上。

【译文】

孔子说：“古时候的人不轻易出口发话，是由于对自己的行动赶不上（说出去的话）会感到羞耻。”

【赏读】

说话讲求“信”，即“真”。信是凝结人与人之间社会关系的结点。信用不高，“结”就不牢固。一个人失信，就会被社会抛弃；一个社会失信，整个社会就会崩塌。人立足于社会，“信”就是立足的根基。为了稳固这个根基，人就要慎言慎行，就要行事不做不说，做好了也可不说，但说了就尽早落实，并且尽可能地做好。美好的未来不是靠吹出来的，而是靠脚踏实地用科学精神干出来的。现实中一些劳民伤财的所谓“一百年都不会落后”的形象工程，或者像领导拍脑袋盲目上马的项目，就容易像武圣关公雕像一样，落得个还未竣工就遭拆除的结局。因此，任何部门行事，如果说的事最后都要给计划目标打折扣，那“打”的就不光是自己的脸，而且会“伤”老百姓的心。

4·23 子曰：“以约[(1)]失之者鲜矣。”

【注释】

(1) 约——约束，谨言慎行，以及财用上的俭约、学问事业上的守约等。

【译文】

孔子说："因对自己节制、约束而发生过失的，（那种情况出现得）很少了。"

【赏读】

人要能自我约束，谨言慎行，要敢负责，能担当，有所为有所不为。人不可任性放纵，对自己的行为必须有所约束。而这个约束就是礼，就是社会的道德规范与法律法规。其实，人的能量犹如轮胎，要让里面存有足量的"气"，才能承受足量的压力，从而能承载足量的货物。人如果有一点能耐就泄出去，等到真有机会需要大干一番事业的时候，还是个瘪胎，那就会被时代抛弃。人的"约"就是收口收手，控制自己情绪，防止把正能量给漏掉；而"慎"则是节能与积蓄，防止无效的消耗。这样自己做的事都是正值，没有负能量来抵消，长期累积，一生的贡献就很可观。

4·24　子曰："君子欲讷于言而敏于行(1)。"

【注释】

(1) 讷于言而敏于行——讷，语言迟钝。"讷于言而敏于行"同"敏于事而慎于言"（1·14）意思一样。

【译文】

孔子说："君子在言语上要尽可能谨慎迟钝些，而在工作行动中就要勤劳敏捷些。"

【赏读】

"讷"就是说话要"三思"，即少说多做或不说只做。多听，多看，自己要说的话觉得有道理、必须说，就要考虑周全后再说；是自己要做的事，就要考虑成熟再做。"敏"就是做事要"勤快"，要做的事立即去做。接受的事能做的决不拖延；遇到问题反应迅速，解决问题讲求效率。"讷"的长处就是谨慎，从而少出漏洞，减少失误；而"敏"能锻炼人，勤奋让人变得聪明，做事更有效率。

总之，事情考虑成熟才说，说出来的就要去做；事做完了，要去总结，不要把功劳都记在自己账本上，功劳簿上要有他人的名字，要记住帮助过自己的人。天上不会掉馅饼，不勤不敏，就是"苹果"砸到头上也没用。

4·25 子曰："德不孤，必有邻。[(1)]"

【注释】

(1) 德不孤，必有邻——《易·系辞上》说："方以类聚，物以群分。"又《乾·文言》说："子曰：同声相应，同气相求。"即德不孤。邻，亲近。

【译文】

孔子说："有道德的人不会孤单，一定会有（志同道合的人来和他做）伙伴。"

【赏读】

君子有"德"，何孤之有？物以类聚，人以群分，志同则道合。再遥远、再陌生的地方，也会"偶遇"知音，何况网络天下的今天？"海内存知己，天涯若比邻"。如今，"知己"不单单可以拉近人与人之间的心距，而且还可以通过现代交通与网络让人与人的空间距离变得越来越近。

如果你感到自己孤独，那说明你的德还没有达到应有的厚度与高度。当你的德达到以"自然"为邻，以真理为邻时，你就可以站立在世界任何一个角落。一只鸟的声音，你都可以听懂，一丫树枝的摇曳你也会为之动情！你在任何地方的出现会如一片飘落的树叶那么自然，就可以像孔子周游列国那样，即使到了边远的封地也有人会称之为"木铎"。

4·26 子游曰："事君数[(1)]，斯辱矣；朋友数，斯疏矣。"

【注释】

(1) 数——密，屡屡。可译为"烦琐"。

【译文】

子游说："对待君主过于烦琐，就会招致侮辱；对待朋友过于烦琐，就反而会被疏远。"

【赏读】

多必有失，烦则生乱。历朝诸多谏议大夫就吃过这个亏。不合时宜的进谏，就可能招致辱身。江州司马白居易把自己比作歌妓，这本来没有什么见不得人的，但他以夫君与商人影射君上，那些纨绔子弟、公子哥乃至皇上看到或听到自然就不乐意。可见，他对之前遭贬没有深刻地反思！伴君如伴虎，虽然一个近臣可以炙手可热，但君王一旦变脸，后果恐怕就甚于失宠的王妃。到时候不光是"冷宫"相伴，更可能是"抄

家底”的灭族。因此，与君臣要保持必要距离。进言，更要善言，“触龙（詟）说赵太后”是个极佳的案例。言在火候，言在入心，言在引出“君王言你自己想言却不能言”，而非“你自己言君王不想言之言”。这样，既给足了君王的面子，又达到了自己的目的。

朋友间的接触，如果过于频繁或依赖到影响对方的工作与生活，那你就成了对方的累赘；过于了解对方那些本不需要或不该了解的事情，不仅难以使双方关系更好，反而使双方交往渐行渐远，这就叫“人至察则无徒”。其实，君子和而不同，保持适度距离，既可以给双方留足共有空间，也给各自留下能装不同的东西的“柜子”。任何人都是一个有个性差异的人，交友只不过是找到两人交往的最大公约数。

总之，事君与交友，要懂得适可而止，懂得双方都能接受的那个度。否则，过犹不及。

公冶长篇第五

本篇主要论及人物贤否得失，重在察看仁德外化于人事中的表现。前部分以记录孔子对其弟子及其他如孔文子、子产、晏子、臧文仲、令尹子文、陈文子等人言行的评论来表明他对仁德的思考及其评价人的标准，后部分对季文子、宁武子、伯夷、叔齐、微生高、左丘明等人的言行或处世方式做了中肯的评价。全篇还零星记录了孔子与弟子间思想上的交流，凸显了孔子有教无类、因材施教、循循善诱的教育原则、思想与方法。孔子与弟子间的对话，形象生动，朴实鲜活，意味深长，特别是孔子对人的评价把持有度、入情入理，闪烁着仁德思想的光辉，读之耐人寻味。

5·1　子谓公冶长(1)，“可妻(2)也。虽在缧绁(3)之中，非其罪也”。以其子(4)妻之。

【注释】

(1) 公冶长——公冶氏，名长，字子长、子芝，为孔子弟子。(2) 妻——作动词，做妻子，此处作“嫁给”。(3) 缧绁——缧（léi），黑色大索；绁（xiè），牵系。缧绁，拴罪人的绳索，借指监狱。(4) 子——儿女，此处指女儿。

【译文】

孔子谈到公冶长，说：“可以（把女儿）嫁给他。虽然他曾被关进监狱，但那不是他的罪过呀。”便把自己的女儿嫁给他。

【赏读】

“可”的标准是什么？如果是人，就是这个人的“人品”“德行”要好；如果是事，就是这件事的性质要好，有益于社会公德。看一个人“可”否，不能局限于眼前，更要着眼于长远，如股民选绩优股一般。

所谓“罪犯”，古代主要有四种：一类是欺君诈民、杀人越货、偷鸡摸狗等作奸犯科轻重不一的刑事犯；一类是被昏君奸臣所害敢于赴汤蹈火的忠诚的预言家或践行者；一类是与主流文化与思想意识形态或经济政策相乖逆、有离经叛道之嫌者；一类是少量的假罪犯，是受到冤枉

屈打成招，成为他人的替罪羊或渎职昏官的牺牲品，如窦娥式的冤案犯。公冶长是个老实人，坐牢是被冤枉的，当属第四类。正如他故事里讲的，能听懂鸟语有点贪心，也并非用绝技去害人，只不过被鸟所害，判官可再明察。

犯罪，时代不同，定义不同，定性标准不同，打击程度不同。前文中的第一类罪犯，单从民的角度看，老百姓对他们也是深恶痛绝的，乱时尤为突出。第二类罪犯，他们有可能是时代的先锋，历史的拓荒者，科学的探索者。他们在社会上发出不同的声音，往往成为治时之“罪犯”、乱时之英雄，甚至成为下一个时代的主宰者，曼德拉就类似这类“罪犯”。第三类罪犯，用时髦的话讲，就是“另类”。这类人有两种行径，一是如哥白尼与达尔文等，提出与主流社会意识形态产生巨大冲击力的思想或观点，不为主流社会所包容，被当局所绞杀，一般以思想家或科学家的异类出现；一是有点小聪明，不按社会规则行事，出牌不按套路，不论社会是乱还是治，都会混得还可以，但是总喜欢标新立异或钻法律的空子，“打擦边球”，一不小心就踩到红线，安徽芜湖傻子瓜子老板年广久就是这类人的代表。至于第四类罪犯，公冶长就属于此类。

对比孔子，现实中某些老翁选婿不仅看到那些纨绔子弟面前的金山、银山，更看重他们背后的靠山，便不遗余力地从中挑选，竟不知自己把女儿送进了火坑，哪有孔子这般远见！孔子以最普通、最生活化的方式启示着我们：当前的身份、财富与地位，并不是决定未来前途与命运的保证，人品才是未来的保障。

5·2　子谓南容(1)，“邦有道，不废；邦无道，免于刑戮”。以其兄之子(2)妻之。

【注释】

（1）南容——孔子学生南宫适，字子容。（2）兄之子——孔子之兄叫孟皮。这时孟皮可能已死，孔子替侄女主婚。叔梁纥先娶施氏，生九女无子，其妾生子，为孟皮；叔梁纥晚年娶颜徵在，生子孔丘，即孔子。孟皮由于先天残疾，爵位由孔子继承，按周代礼法制度，其失去爵位成为平民。孟皮至少有一子一女，子名孔忠，字子蔑，孔门七十二贤之一，此处“子”为孟皮女儿。

【译文】

孔子评价南容说，“国家政治清明，（总有官做，）不会被废弃；国

家政治黑暗，也可以避免受刑罚”。（于是）把侄女嫁给他。

【赏读】

孔子选择南容为侄女婿，是因为南容为人诚实、慎言敏行，既有经世之才，也懂得进退之道，是个盛世中有职位俸秩、乱世中能保全身家之人。把侄女嫁给他，表明孔子对南容的认可，也突出了孔子对侄女的关爱与责任感。

孔子处理女儿、侄女归属上的差异，表现出他对“理、情”轻重有别。据说孔子母子是在其父亲去世之后，连同孟皮一块被家族赶出来的，虽然兄弟性格各有不同，但他俩从困境中一同走出来，手足情分是难以割舍的。此章短短几句，一个实在、重情、稳健、果断而有远见的孔子跃然纸上。

5·3　子谓子贱[1]，“君子哉若人！鲁无君子者，斯焉取斯[2]？”

【注释】

(1) 子贱——宓不齐，字子贱，为孔子弟子。(2) 斯焉取斯——前斯指人，即子贱；后斯指君子之德。

【译文】

孔子评价宓子贱，说：“这样的人，就是君子呀！假若鲁国没有君子，（那）这种人是从哪里获得这样好的品德呢？”

【赏读】

君子志于仁，君子不党，君子怀德怀刑，君子喻于义。孔子在此对子贱大加赞赏，首肯他是个君子。君子，必有其成长的环境，必有君子之风。谦谦君子，不在乎人知与不知！君子建德若偷、润物无声；为人处世在于心，在于身，而不仅仅在于形、在于言。

孔子很少如此高规格地称赞人，甚至讲没见过君子。也许，孔子从子贱身上看到了真君子的影子，这也在向弟子表明：成为君子，重在学与行，子贱就是榜样。

5·4　子贡问曰：“赐也何如？”子曰：“女，器也。”曰：“何器也？”曰：“瑚琏[1]也。”

【注释】

(1) 瑚琏——瑚琏（hú liǎn），即簠簋（fǔ guǐ），古代祭祀时盛黍

稷的器皿，竹制，以玉饰之。夏叫“瑚”，殷叫“琏”，方形的叫簠，圆形的叫簋，相当尊贵。

【译文】

子贡问先生道：“我是一个怎样的人？”孔子道：“你就是一个有用的器皿。”子贡道：“什么器皿？”孔子道：“宗庙里盛黍稷的瑚琏呀。”

【赏读】

子贡聪慧、自信，也有些自负，听到孔子对某些弟子的评价后，认为自己会得到一个高分。那时的子贡确实有些自负，也有点着急，但之后，子贡越成熟就越谦虚，对先生也越发尊崇。

孔子对子贡寄予厚望却要求苛刻。子贡有才华，够聪慧，可成大器。孔子第一次给的答复只一个“器”字，自然让他很失落。之后，孔子总算给了他一个满意的答复——“瑚琏之器也”。在孔子看来，为人所用之“器”，即使被君王所重，立下大的功业，但要做到“乐道”如颜回，还是很困难的。孔子看重王道，觉得子贡离“道”还有相当大的距离，这点只要从“君子不器”（2·12）一语便知。子贡是个通才，孔子对他的评价也只是个“大才”，而不像对子贱“君子哉，若人”那样评价。

而在齐打压鲁的危难之际，孔子最后决定让子贡出征救鲁，足以证明孔子对他“瑚琏之器”的定位。凭其三寸不烂之舌，结果“存鲁，乱齐，破吴，强晋而霸越”。司马迁对子贡大加赞赏：“子贡一使，使势相破，十年之中，五国各有变。”（《史记·仲尼弟子列传》）

子贡擅经商、好钱财，孔子并不反对，认为“君子爱财取之有道”，而且孔子特别强调这个“道”字。卫灵公乐意给孔子开高工资，但只是把他当个花瓶（器）。这对心系王道的孔子来说就是一种羞辱，所以他选择了离开。对于子贡，孔子并不是想否定什么，而是看到他还停留在“富而无骄”的层面，引导他要有“富而好礼”的君子风度。子贡在探访清贫的原宪时就栽了个大跟头，觉悟后提升了境界，以至孔子逝后其他弟子守孝三年，唯他却独住凶庐六年，并大力宣传孔子与儒学。总之，孔子的言传身教与循循善诱让子贡实现了从器到君子的质的转变。

5·5　或曰：“雍[(1)]也仁而不佞[(2)]。”子曰：“焉用佞？御人以口给[(3)]，屡憎于人。不知其仁[(4)]，焉用佞？”

【注释】

（1）雍——冉雍，字仲弓，为孔子弟子。（2）佞——能言善说，有

口才。(3) 御人以口给——御，对付。给，足也。“口给”，犹如后来所说“言词不穷”“辩才无碍”。(4) 不知其仁——孔子说不知，不是真的不知，只是否定的另一方式。

【译文】

有人说：“冉雍这个人有仁德，却没有口才。”孔子道：“（为仁）哪里就一定要有口才呀？以强词夺理的方式与人辩驳，常常让人讨厌。（我）不了解冉雍有无仁德，但哪里就一定要有口才呀？”

【赏读】

有人说冉雍是个仁者，但对他不善口才感到遗憾。难道口才会影响到人的仁德？事实上，有些人的好口才反而招致他人厌恶，宰予就是一例。在孔子看来，冉雍不是少了什么口才，而是在仁德上还需提升！冉雍的德有目共睹，但德行要自然修炼，无需标榜，因为德一标榜就会变味。其实，有德之人，从来都是默默地做，就是被人误解也不会做任何解释。

5·6　子使漆雕开[1]仕。对曰：“吾斯之未能信[2]。”子说[3]。

【注释】

(1) 漆雕开——漆雕开（一说本名启，讳汉景帝刘启改为开），字子开，又字子若，又说作子修，为孔子弟子。(2) 吾斯之未能信——吾未能信斯。(3) 说——通“悦”。

【译文】

孔子要漆雕开去做官。他答道：“我还是不太相信（自己）有这个能耐。”孔子（听了这话）很高兴。

【赏读】

漆雕开给我们三点启示：一是人贵有自知之明。孔子给了漆雕开信心，也认可他的为政能力，但漆雕开对自己的能力做出判断，仍觉得不足——“未能信”，不是不想，而是不能。漆雕开为人诚实谦虚。二是诚实是为人之本。孔子看到学生在自己面前不开空头支票，虽然否定了自己的建议，但看到了一个诚实谦逊的漆雕开。三是功利面前要清醒。漆雕开并不因孔子的提携而欣然接受。拒绝诱惑，做个诚实谦让之人，这是漆雕开得到孔子肯定的主因。而在当今这个过度自我推销的年代，只看结果、不问手段与过程的人何其多。在尊严、权力面前，又有几人能像漆雕开这般坦诚地拒绝诱惑呢？

5·7　子曰：“道不行，乘桴[1]浮于海。从[2]我者，其由与?”子路闻之喜。子曰：“由也好勇过我，无所取材[3]。”

【注释】

(1) 桴——古代把竹子或者木头编成排当船用，大的叫筏，小的叫桴，即现在的木排。(2) 从——跟随。(3) 材——同“哉”，古字有时通用。

【译文】

孔子道：“我的主张行不通了，如果想坐个木排到海外去的话，那么，跟随我一起去的，恐怕只有仲由吧!”子路听到这话，很高兴。孔子说：“仲由这个人太好勇敢了，好勇的精神大大超过了我，(就是跟我一起去)恐怕也没有什么用得着的地方了!”

【赏读】

虽然此番对话过去了两千五百多年，但两个鲜活的人物似乎就在读者眼前。他们的苦恼与无奈、风趣与幽默、率真与委婉真真切切地让我们感受着。孔子多次领教过子路的率真，特别是在孔子见卫夫人南子之后，子路简直是出离愤怒了，根本不会去体会先生内心为了获得施政机会的苦涩与无奈，逼得先生对天发誓。孔子说：“从我者，其由与?”从表面看，似乎是孔子在肯定他，子路听了也很高兴。岂知孔子此话的前提是“道不行，乘桴浮于海”的无奈。那这种“从”，对子路而言，就是盲从，就是鲁莽！孔子在此也只是一个假设，其实不过是他处处碰壁之后的情绪宣泄，是希望有人给“知其不可而为之”的自己指出一条新路。

率直幼稚，有几分可爱，但超出了年龄段，对“信息”还是不会过滤，就会生出问题来。勇武，关键时刻可挡万敌，但没有智慧的勇武，就会被“率真”击得粉碎。镜子面前勇武的公鸡，纵使与镜里的“对手”斗得头破血流，除了可笑，只有可悲。勇武者，关键时刻，元帅可让他去做急先锋，但让他去谋划一场战役，就可能“失街亭”。人贵知人，更贵自知！

5·8　孟武伯问子路仁乎?子曰：“不知也。”又问。子曰：“由也，千乘之国，可使治其赋[1]也，不知其仁也。”

“求也何如?”子曰：“求也，千室之邑[2]，百乘之家[3]，可使为之[4]宰[5]也，不知其仁也。”

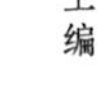

"赤也何如?"子曰:"赤也,束带[(6)]立于朝,可使与宾客[(7)]言也,不知其仁也。"

【注释】

(1) 赋——兵赋,古代的兵役制度。古代征兵员及修武备皆称赋。治赋,即治军。(2) 邑——《左传·庄公二十八年》云:"凡邑,有宗庙先王之主曰都,无曰邑。"又《公羊传·桓公元年》云:"田多邑少称田,邑多田少称邑。"可见"邑"就是古代庶民聚居之所,不过有一些田地罢了。千室之邑,时为大邑。(3) 家——古代的卿大夫由国家封以一定的地方,由他派人治理,并且收用当地的租税,这地方便叫采地或者采邑。"家"便是指这种采邑而言。(4) 之——用法同"其",他的。(5) 宰——古代一县之长叫"宰",大夫家的总管也叫"宰"。"原思为之宰"(6·5)的"宰"为"总管",而"季氏使闵子骞为费宰"(6·9)的"宰"为"县长"。(6) 束带——古人平居则缓带,低在腰间,遇有礼仪之事,则束带于胸口,高而紧。(7) 宾客——"宾""客"两字散文则通,对文有异。一般是贵客叫宾,因之天子诸侯的客人叫宾;一般客人叫客,《易经·需卦·爻辞》"有不速之客三人来"的"客"正是此意。这里"宾客"合为一词。

【译文】

孟武伯向孔子问:"子路算个有仁德的人吗?"孔子道:"不晓得。"他又问(子路是个怎样的人)。孔子道:"仲由呀,如果有一千辆兵车的国家,可以让他负责兵役和军政的工作。至于他仁德如何,我不晓得。"

(孟武伯继续)问:"冉求怎么样呢?"孔子道:"求呀,千户人口的大邑,百辆兵车的大夫封地,可以让他去当总管。至于他仁德如何,我不晓得。"

"公西赤怎样呢?"孔子道:"赤呀,国家有宾客,可以让他穿着礼服束起带来,立在朝廷之上,让他接待外宾,办理交涉事务。至于他仁德如何,我不晓得。"

【赏读】

孟武伯也许是来孔门选聘人才,自然希望孔子推荐几个优秀弟子,或者已有弟子在他那儿任职,想了解一下情况。那么,孔子答复他:一是能力强,二是各具特色,至于仁,就不好说。孔子对人的仁德评价要求极高,不会随便给弟子戴高帽。也许在孔子眼里,作为主宰鲁国的三桓家族之一的孟孙氏——孟武伯,根本就不配与自己谈仁德,这可能才是孔子回答孟武伯的真实用意。也许孔子在想，弟子是有能耐的，但他们的为政理念或方法跟自己的王道仁礼还有距离。

5·9 子谓子贡曰："女与回也孰愈[(1)]？"对曰："赐也何敢望回？回也闻一以知十[(2)]，赐也闻一以知二。"子曰："弗如也；吾与[(3)]女弗如也。"

【注释】

(1) 愈——胜、强。(2) 闻一以知十——"十"数之全，闻其一节，能推其全体。(3) 与——赞同、认可；和、与。"吾与女弗如也"，一译为我赞许汝能够自谓弗如；一译为我与汝均不如颜回。理解角度不同，结论不同。从与子夏的对话"启予者，商也"(3·8) 可推知后种理解更合适。

【译文】

孔子对子贡道："你和颜回，哪一个强些？"子贡答道："我怎么敢跟颜回相比？他呀，听到一事件的一面，就可以此推演知道事件的全部；而我呢，听到一件事，只能以此推知两件事或事件的另一面而已。"孔子道："赶不上他；我呀，跟你一样，也赶不上他。"

【赏读】

一个人聪慧可以是记忆力强，比如过目成诵；可以是综合力与领悟力强，能以"已知"推出"未知"；可以是遇事反应敏捷与发散能力强，能由此到彼，能知一而十，颜回、子夏与子贡等当属此等聪慧之人。

对于子贡的悟性，孔子非常认可。比如，子贡在问孔子"贫而无谄，富而无骄，何如"得到答复"可也；未若贫而乐，富而好礼者也"后，能领悟到"《诗》云'如切如磋，如琢如磨'，其斯之谓与？"孔子立马认可："赐也，始可与言《诗》已矣，告诸往而知来者。"(1·15) 孔子评价子贡经商："赐不受命，而货殖焉，亿则屡中。"(11·19) 子贡的才能，孔子委之"救鲁"重任就是最好的证明。司马迁对此高度评价："子贡一出，存鲁，乱齐，破吴，强晋而霸越。"(《史记·仲尼弟子列传》) 子贡的综合素质由此可见一斑。

但孔子更喜欢领悟有深度的弟子。例如，子夏能在先生言"绘事后素"后，由事及人，有了"礼后乎"(仁义) 的深度领悟。而这种深度的领悟立刻就让孔子惊呼"起予者商也"(3·8)。而颜回比子夏又更高一筹，"不迁怒，不贰过"(6·3)，领悟力有多高不用说；"回也，其心

三月不违仁”（6·7），品德多高不用说；“人不堪其忧，回也不改其乐”（6·11），对儒道的追求痴迷境界不用说；仅凭听课后做出来的事让孔子惊讶到“回也非助我者也，于吾言无所不说”（11·4）这一点就足以让子贡这个带有较强世俗观念的弟子望尘莫及。

子贡与颜回曾有过一次巅峰对决。据《史记·孔子世家》云，孔子一行被困于陈蔡之间，陷入绝粮境地。孔子问子贡：“赐，《诗》云：‘匪兕匪虎，率彼旷野。’吾道非邪？吾何为于此？”子贡曰：“夫子之道至大也，故天下莫能容夫子。夫子盖少贬焉？”……子贡出，颜回入见，孔子问之于颜回。颜回曰：“夫子之道至大，故天下莫能容。虽然，夫子推而行之，不容何病，不容然后见君子！夫道之不修也，是吾丑也。夫道既已大修而不用，是有国者之丑也。不容何病，不容然后见君子！”结果，孔子对子贡曰：“今尔不修尔道而求为容。赐，而志不远矣！”对颜回则是欣然而笑曰：“有是哉，颜氏之子！使尔多财，吾为尔宰。”同样的问题，从答案中便可知道其格局与境界。这个了不起的颜回差点要让自己的先生去帮他打工了！据此，“弗如也，吾与女，弗如也”就应是孔子的肺腑之言。这恐怕是子贡本人没法认识到的，也许这才是孔子提醒他要“富而好礼”、要向颜回学习的理由吧。

此章的师生对话，子贡虚心与自知，孔子真诚、谦逊而循循善诱。双方荡开心扉深入交流，相知相悦，如在目前。因为知人与自知都难，所以孔子才有“人不知，而不愠”（1·1）的感叹。不管子贡是自己不懂自己，不懂知识（问知），还是不懂孔子，对孔子而言，师生在问答中进入更深层次的交流，是不用也不应“愠”的，这是一种知人的境界。先生问得实在，子贡答得诚实！现代社会中的人们又有多少人认识到，做得到，反思过？

5·10　宰予昼寝。子曰：“朽木不可雕也，粪土之墙不可杇[(1)]也；于予与何诛[(2)]？”

子曰[(3)]：“始吾于人也，听其言而信其行；今吾于人也，听其言而观其行。于予与改是[(4)]。”

【注释】

（1）粪土之墙不可杇——粪土，犹秽土；杇，泥工抹墙的工具叫杇，把墙壁抹平也叫杇。译为“粉刷”。（2）何诛——诛，责备，义同“口诛笔伐”之“诛”；何诛，即诛何。（3）子曰——以下的话虽然也是针对“宰予昼寝”发出，却是孔子另一时候的言语，加“子曰”二字以示区别。(4) 是——指代上文“听其言而信其行”。

【译文】

宰予在白天睡觉。孔子说：“腐烂了的木头不可以雕刻，粪土似的墙壁不能够粉刷；对于宰予呀，我又责备他什么呢？”

孔子又说：“最初，我对人家，是听到他的话，便相信他的行为；今天，我对人家，是听到他的话，却要考察他的行为。从宰予的事件以后，我才改变对这种人言行的态度与看法。”

【赏读】

孔子“恨铁不成钢”地骂宰予是因善巧的宰予屡犯“言行不一”的错误，而孔子对他这个言语天才内心又是寄予厚望的，自然不肯原谅他白天打瞌睡的过失。当然，孔子除了愤怒，从“于予与何诛”的语气看，似乎还有放弃的念头。其实，这也只是孔子口头上的不满。从孔子“今吾于人也，听其言而观其行”来看，这个“人”字里面其实还是有“宰予”在。

宰予只是凸显了别人身上本来也有但只是偶尔出现的毛病，而孔子恐怕更多的是讨厌他那张老喜欢与先生顶撞的嘴。宰予既不是“朽木”，也不是“粪土之墙”，还是很有成就的，或许孔子在此要把宰予当成弟子的反面教材。其实，越是有潜力者，师长就越想指正他，必要的指摘何尝不是一种爱护！也许正是孔子的呵斥给宰予带来了改过自新的转机，从而有了他言语上的成就。

5·11　子曰：“吾未见刚者。”或对曰：“申枨[1]。”子曰：“枨也欲，焉得刚？”

【注释】

(1) 申枨——枨（chéng）。《史记·仲尼弟子列传》有申党，古音“党”和“枨”相近，“申枨”疑似“申党”。

【译文】

孔子道：“我没见过刚毅不屈的人。”有人答道：“申枨是这样的人。”孔子道：“申枨啦，他欲望太多，哪里还能够刚毅不屈？”

【赏读】

也许有人会说，“刚”就是铁板一块，但那只有硬而冷；也许有人会说，刚就是烈，但那就会粉身碎骨，要不怎么会有以柔克刚？真正的

“刚”是不可攻克、强大无比的。它不只在于形的高大，也不只在于质的精良，而在于内心的强大、意志的坚定、品德的高尚。一言以蔽之，那就是“忠义”下的“无欲”、“无欲”内的“忠义”，就是孟子“富贵不能淫，贫贱不能移，威武不能屈”的大丈夫。常言道：“有容乃大，无欲则刚”。人，一旦有了“私欲”，又何能“刚正”？孔子敏锐地揭示了“刚”的本质。

5·12　子贡曰：“我不欲人之加诸我也[1]，吾亦欲无加诸人。”子曰：“赐也，非尔所及也。”

【注释】

(1) 我不欲人之加诸我——此句结构复杂。“欲”的宾语是“人之加诸我”，这“之”就是主谓间取消句子独立性的标志。诸，兼词，同“之于”；加，强加，施行，凌驾，欺凌。此处有“以非义强加于人”之意。

【译文】

子贡道：“我不想别人对我强加那些（我不想要的），我也不想对他人施加那些（他人不想要的）。”孔子说：“赐呀，这不是你能做到的。”

【赏读】

子贡这话就有孔子的“己所不欲，勿施于人”之意。子贡的美好愿望与残酷的社会现实有冲突。一只快乐的小鸟在树上欢快地歌唱，无情的猎手，难道会因其美丽羽毛与动听的歌喉而放弃扣动“扳机”？子贡的这句话，是他站在自己有了一定能耐、生存得还算舒服的背景下，表达出对现状的满足与认可，也算是一种不错的处世境界。然而，当一只肥美的山羊只是一味地想着经营自我生存的草场，只是理想化地想与狼为邻的时候，我们就必须认识到羊的幼稚与单纯，就得提醒羊必须建立一个足够高且牢固的围网来保护自己。子贡“欲无加诸人”的前提是“不欲人加诸我”，那言外之意是“他人加诸我”的话，是不是就可能我要“加诸人”呢？这是不是给自己“欲加诸人”留有余地？因此，这与孔子“欲达己，先达人”的境界还是有相当大的差距的，因为子贡的话里还有较浓的“私我”在。

5·13　子贡曰：“夫子之文章[1]，可得而闻也；夫子之言性[2]与天道[3]，不可得而闻也。”

【注释】

（1）文章——这里的“文章”指有关古代文献的学问而言，在《论语》中可考见的有诗、书、史、礼等。（2）性——人的本性。对人的自然之性，孟子、荀子都有所主张，孔子只说了“性相近也，习相远也”（17・2）一句。（3）天道——古代所讲的天道，一般是指自然和人类社会吉凶祸福的关系。孔子不讲天道，对自然和人类社会的关系则取存而不论的态度。

【译文】

子贡说：“先生关于文献方面的学问，（我们）能够听到；先生对天性和天道的言论，（我们）是不可能听得到的。”

【赏读】

聆听先生教诲得有子夏般听到“绘事后素”（3・8）就能说出“礼后乎”，才算是上等的领悟。子贡聪明，才有先生此等“知之为知之，不知为不知”（2・17）之“知”。在子贡看来，先生讲文献材料里的学问，还有那些“形而下”的术艺，自己是可以领悟到的；但那些“形而上”到对人性天理抽象出来的哲学思考，先生不轻言之，自己又怎能领悟？所以聪明的子贡也有“赐也，何敢望回”（5・9）之叹。在此，子贡对孔子的学问已有深刻的领悟。

其实，人对生命与自然的领悟，不是光靠读书与浅薄的体验加上一个够聪明的大脑就能够做到，还需要那些对生命真谛不断地探索，对宇宙间万物深入思考。晚年的孔子读《易》韦编三绝，并说：“加我数年，五十以学《易》，可以无大过矣。”（7・17）可见，人只有有了足够的学问，才会有更深刻的领悟。

5・14 子路有闻，未之能行，唯恐有闻[(1)]。

【注释】

（1）有闻——这后一个“有闻”与前文不同。有，通“又”，闻，则与前“闻”义同，但词性不同。

【译文】

子路听闻一项道理，还没有能够去做这些（闻后所领悟的），只是担心又听到一项道理（后领悟到新的东西）。

【赏读】

子路这种心理很多人都有过。有闻，一定是值得学、值得做的。觉得能做好的，就做；觉得做不了或做不好的，也就不必去做。但做了的就要有所担当，要有所思、有所得。做得好不好，有现时与历史的两度评判。现时的对或不对，并不意味着就是历史的评判；但没有做，又如何能给现时与历史以思考或判断？子路有闻，为何未行？是来不及行，还是有所顾忌，还是无法行动？我们现在不得而知，但未做而又担心有新的，那就没有必要？新的还未做，又有更新的来了，也许“新”闻会给你新的启发，让你重新认识：不行者能行，行者也许不行。以上的认识必须“闻后而行”，否则着急有何用？

其实，闻与行并不矛盾，也许后面的闻可以解决前面闻后的行与不行的问题，或者能更好地解决行之后如何继续、未行又如何做出调整的问题。前面的闻，也许因后面的闻思考得更缜密、更全面，让事情做得更完美。想好了就去做，没做完也不用怕新的“闻”来，完全可以用新的“闻”来修正调整后面的“行”。其实，万事都在变化中，人本身也是在变化中闻与行。患得患失过于寻找完美，往往就会失去很多机会。

5·15　子贡问曰：“孔文子[(1)]何以谓之‘文’也？”子曰：“敏而好学，不耻下问[(2)]，是以谓之‘文’也。”

【注释】

(1) 孔文子——卫国的大夫孔圉，“文”，为其谥号。《左传》载，孔圉私德有秽，子贡疑其何以得谥为“文”，故问。(2) 不耻下问——以能问于不能，以多问于寡，皆称下问，不专指地位与年龄之高下。

【译文】

子贡问道：“孔文子凭什么被谥为‘文’？”孔子道：“（他）做事勤勉灵活，爱好学问，又不把谦虚地问及下于他的人看成羞耻之事，因此，用‘文’的谥号称呼他。”

【赏读】

不管孔文子有多少其他方面的不足，凭他的“敏而好学，不耻下问”，就够得上“文”这个谥号。孔子看到了孔文子学习的品德。古代，从名士到君王，其谥号就是世人对他生前事迹功过的定性，是世人给逝者德、能、勤、绩的综合评定。

有的人，不太在乎别人会给自己打多少分，或者怕别人会给自己打负分，往往生前利用手中的权力或财富给自己立传、打高分，有时还强行要别人给自己打高分，似乎就有了历史的定论。最典型的就是明朝的魏忠贤，同党给他立了生祠，似乎未盖棺就已定论，但他的生祠最终还是灰飞烟灭。其实，与其如此弄虚作假、掩盖历史，给自己的遗像涂脂抹粉，不如生前对自己的过失深刻地反思与忏悔，尽可能地补救，也许历史还会给自己一些机会。

5·16　子谓子产[(1)]："有君子之道四焉：其行己也恭，其事上也敬，其养民也惠，其使民也义。"

【注释】

(1) 子产——公孙侨，字子产，郑穆公之孙，为春秋时郑国的贤相，在郑简公、郑定公之时执政二十二年。其时，晋楚争强、战争不息。郑国地处冲要，而周旋于此两大强国之间，子产却能不低声下气，也不妄自尊大，使国家得到尊敬和安全，为古代中国的一位杰出的政治家和外交家。

【译文】

孔子评论子产，说："他有四种合乎君子之道的行为：他对自己的言谈举止及容颜仪态要求庄严恭敬，他在事奉君上方面负责、认真、严谨，他教养民众并以恩惠施之，他役使百姓合乎法度、道义。"

【赏读】

子产为古代贤臣，也是今天为政者的标杆。作为相国，为人、为臣、为政，能做到如此恰到好处，确实了不起。人，立足于社会，就是社会人，那么在社会各行各业、各个阶层，自然会有其相应的角色需要去承担，也会遇上各色各样的人。如何恰如其分地处理好各项事务和人际关系，足以显示出一个人的智慧、能力与品格。

好人，不等于老好人，真正的好人应是让恶人恐惧，让对手佩服，让弱者感激，让强者支持，让民众拥戴的智者与贤者，而非"乡愿"式的"老油条"。子产是个贤相，也是个仁人君子。孔子欣赏他是源于对其仁政思想及在大国之间斡旋所体现的外交智慧的高度认可，也是出于孔子自身政治抱负的期待与遗憾。

5·17　子曰："晏平仲[(1)]善与人交，久而敬之[(2)]。"

【注释】

(1) 晏平仲——齐国的贤大夫，名婴。(2) 久而敬之——《魏著作

郎韩显宗墓志》有“善与人交，人亦久而敬焉”，即本《论语》，义与别本《论语》作“久而人敬之”者相合。故以“之”字指晏平仲自己。

【译文】

孔子说：“晏平仲善于和别人交往，交往越久，（别人）越发恭敬他。”

【赏读】

常言道，“路遥知马力，日久见人心”，人交往久了，自然能看出这个人的心是否真诚、善良。他人对晏子“久而敬之”，那是因为晏子对人怀有敬意，以其人格魅力感召对方。

一个人，如果能让人感到亲切，说明他平易近人、看重情义，愿意与人交心；如果受人尊敬，说明他重视仁礼，有仁义之心，能礼贤下士；如果令人仰慕，说明他富有智慧，深谋远虑，人不可及；如果使人畏惧，说明他自有威仪，庄重严肃，不可冒犯。“善”与人交往，礼仪是主要的，但理解人，平等待人，乐于助人，无私公正，有学问又充满智慧等，也是人们乐意跟他相处的重要原因。

“敬之”是果，善与人交流是因，而因的根本就是内心的“四端”——仁、义、礼、智。晏子与人的交往必须以诚相待，但对有意冒犯他的人，特别是在有损于人格、国格的事上绝不会让步。他将“以其人之道还治其人之身”的特有智慧反击对方，从而让对方有所敬畏。

5·18 子曰：“臧文仲(1)居蔡(2)，山节藻棁(3)，何如其知(4)也？”

【注释】

(1) 臧文仲——鲁国的大夫臧孙辰。(2) 居蔡——古代人把大乌龟叫作“蔡”。《淮南子·说山训》说：“大蔡神龟，出于沟壑。”高诱《注》说：“大蔡，元龟之所出地名，因名其龟为大蔡，臧文仲所居蔡是也。”古代人迷信卜筮，卜卦用龟，筮用蓍草。用龟，认为越大越灵。蔡便是这种大龟。臧文仲宝藏着它，使它住在讲究的地方。居，使动用法，使之居住，或藏。(3) 山节藻棁——节，屋中柱上斗栱，刻山于节，所以叫“山节”；棁，梁上短柱。藻，小草名，画藻于棁，所以叫“藻棁”。(4) 知——同“智”。

【译文】

孔子说：“臧文仲盖了一间屋给一种叫蔡的大乌龟住，这间屋有雕刻着像山一样的斗栱和画着藻草的梁上短柱，（装饰得像宗庙一般）这个人的智慧怎么这样呢？”

【赏读】

常言“心诚则灵”，但里面夹杂着过多的私心，又怎能诚心？如果心存杂念而祈求神灵还能灵验，那岂不是神灵也有杂念？因此，臧文仲的行为是否为“知”，还得看他的动机，看他是否心“诚”而又“纯”。如此豪华的待遇，说明臧文仲是有所期待的。

孔子对臧文仲是感叹还是质疑？应该还是质疑的成分多。在孔子看来，为政在于仁，为人在于义，为臣在于忠，为民在于信。难道他靠供奉一只大乌龟就可以解决这一切？孔子曾回答王孙贾：“不然；获罪于天，无所祷也。”（3·13）同理，与其重视一只神龟，不如重能举贤，何必把一个贤能的柳下惠压在下面，不与之立？他这算贤，还是算智？作为鲁国的大夫，如此奢华，这样的头可带吗？孔子话说得委婉，但态度鲜明。

5·19　子张问曰：“令尹子文[(1)]三仕[(2)]为令尹，无喜色；三已之，无愠色。旧令尹之政，必以告新令尹。何如？”子曰：“忠矣。”曰：“仁矣乎？”曰：“未知[(3)]；——焉得仁？”

“崔子弑齐君[(4)]，陈文子[(5)]有马十乘[(6)]，弃而违之[(7)]。至于他邦，则曰：‘犹吾大夫崔子也。’违之。之一邦，则又曰：‘犹吾大夫崔子也。’违之。何如？”子曰：“清矣[(8)]。”曰：“仁矣乎？”曰：“未知；——焉得仁？”

【注释】

（1）令尹子文——楚国的宰相称令尹。子文即斗谷於菟，身世传奇。《国语·楚语下》说：“昔子文三舍令尹，无一日之积。”（2）三仕——“三仕”和“三已”的“三”不一定是实数，可能只是表示那事情的次数之多。（3）未知——不是真的“不知”，只是否定的另一方式，孔子停了一下，又说“焉得仁”，因此用破折号表示。（4）崔子弑齐君——崔子，齐国的大夫崔杼；齐君，齐庄公，名光。弑，古代在下位的人杀掉在上位的人叫作弑。“崔子弑齐君”的事见《左传·襄公二十五年》。（5）陈文子——也是齐国的大夫，名须无。可是《左传》没有记载他离开的事，却记载了他以后在齐国的行为很多，可能是一度离开，最终回到了本国。（6）有马十乘——时贵族以四马驾一车。十乘，有马四十匹。盖下大夫之禄，故无力讨贼。（7）弃而违之——违，离去。弃

其禄而去。(8) 清矣——陈文子弃其禄位如敝屣，洒然一身，三去乱邦，心无窒碍，宜若可称为清。

【译文】

子张问道："楚国的令尹子文三次出任令尹，没见他有高兴的神情；三次被罢免，没见他有怨恨的神色。(每次交接班时) 他一定会把之前自己的一切政令告诉新任职的令尹。这个人怎么样?"孔子道："可算尽忠 (于国家) 了。"子张道："算不算个仁人呢?"孔子道："就此事只算忠，对这个人我不完全了解；——哪里称得上仁呢?"

子张又问："崔杼无理地杀掉齐庄公，陈文子有四十匹马，全部抛弃了，离开齐国。到了另一个国家，他说道：'这里的执政者像我们的大夫崔子一样。'又离开了这个国家。又到了一国，就又说道：'(这里的执政者) 还是同我们的崔子差不多。'于是又离开此地。这个人怎么样?"孔子道："清白得很啊。"子张道："算不算是仁人呢?"孔子道："只知此事为清而已，若问其人我不太了解；——这哪里算得上仁呢?"

【赏读】

毫无疑问，令尹子文是个有头等才华的贤臣。官做到这个份上也相当难得，除了不喜忧于形色，还有就是多次交接班要做到他这种仔细的程度真不容易。孔子给他的总评突出一个"忠"字：忠于国君，忠于职守，忠于自己的内心。这是他的官品，也是他的人品。但是，孔子的答语出于礼，对上位或同位者的看法，持肯定态度时比较明确，做否定时则较隐晦，而对同位者一些不能接受的行为或观点就明确些，所以当问其仁否，就给子张明确的答复。

为何孔子称令尹子文"忠"与陈文子"清"后，又来个"焉得仁"呢？在孔子看来，仁才是为政者的最高境界。仁，有时并非自己做得如何，而是在直面"非仁"时要做到挺身而出，以直报怨，杀身成仁。令尹子文做的只是一个公职人员职守范围内的事，即忠于职守。他的行为属于"在其位，谋其政"，并非突出"仁"字。陈文子算是表明自身清白，与"非仁"做了一种切割，这也是做人的本分。仁者的做法就是干预、打击"非仁"，做到当仁不让、见义勇为才对。

如果社会的道德只是标为"害人之心不可有"的明哲保身，那么这个社会就不健康，这只是社会道德底线，而人的动物本性很容易冲破底线。如果正气不足以压倒邪气，社会道德就会坍塌——取乎其"中"实得其"下"，现实就会有更多的"防人之心不可无"之忧，每个人天天都害怕别人动了自己的奶酪。如此社会环境，人哪能活得自在？当你每天都生活在一个人人在犯罪边缘行走的社会环境里，会是一种怎样的感受与痛苦？因此，真正的仁人君子就要“举直错诸枉，能使枉者直”（12·22）。

5·20　季文子[1]三思[2]而后行。子闻之，曰：“再[3]，斯可矣。”

【注释】

(1) 季文子——鲁国的大夫季孙行父，其谥为“文”，历仕鲁国文公、宣公、成公、襄公诸代。孔子生于襄公二十二年（前551），文子死在襄公五年（？—前568）。孔子说这话的时候，文子死了很久了。(2) 三思——这个“三”字，不是具体的“三”，而应有“多次、反复”之意。(3) 再——每事没必要三思，二思就够了。宦懋庸《论语稽》说，“文子生平盖祸福利害之计太明，故其美恶两不相掩，皆三思之病也。其思之至三者，特以世故太深，过为谨慎；然其流弊将至利害徇一己之私矣”云云。

【译文】

季文子每件事考虑多次才行动。孔子听到了，说：“想两次也就可以了。”

【赏读】

孔子主张谨言慎行，但为何对季文子说“再，斯可矣”呢？因为季文子办事太多虑、太精明，而且多从功利上而非从仁义上考量。办事过于谨慎，畏手畏脚，就会延误良机，结果就会不尽如人意。但我们也不可否定“三思而后行”，倒可以考虑“三思”“再思”可以出新意。凡事，要因时、因地、因事、因人而异，面对重大的事情，急躁的人就得三思。孔子说：“求也退，故进之；由也兼人，故退之。”（11·22）同一事，对冉有与子路的建议就不一样，即因人而异。孔子说“再，斯可矣”是针对季文子做事而言，即遇事太慎重的人要学会看得开与放得下。“事有贵于刚决，多思转多私，无足称。”（钱穆）孔子对人与事的判断，并不是一把死尺子，而是把握尺子的核心——“仁”。孔子主张做事要“当仁不让”，在大是大非面前可以“杀身成仁”，来不得半点迟疑。

5·21　子曰：“宁武子[1]，邦有道，则知；邦无道，则愚[2]。其知可及也，其愚不可及也。”

【注释】

(1) 宁武子——卫国大夫，姓宁，名俞，谥“武”。(2) 愚——孔安国以为这“愚”是“佯愚似实”，故译为“装傻”，又说宁武子忠，谓之愚，乃其韬晦沉冥，不自曝其贤知，存身以求济大事。

【译文】

孔子说：“宁武子在国家太平时期，便聪明；在国家昏暗时期，便装傻。他那聪明，别人可以赶得上；那装傻，别人就不可能赶得上了。”

【赏读】

邦有道，社会和谐，人尽其能。能人只需多干事、多做贡献，聪明才智尽可发挥。聪明勤奋者，和谐社会能给他们各种机会。邦无道，社会环境恶劣，人想要做自己该做并能做的事，而且要能做得顺心满意，就很不容易，特别是想做到“以无为而有为”，进而做到“免于刑戮”，那是常人不可企及的，甚至连智者也难以游刃有余。邦无道，你想做却无法做，自然会生出不遇之感。这时，智者就退而韬光养晦，甚至以愚弱的面目出现，以达到保全自己、等待机会之目的。宁武子能做到要愚则愚，此为大智，这比季文子三思而后行的“精致主义”做法高明得多。孔子讲“其愚不可及也”就是一种赞赏。

小聪明者，如杨修泄漏曹营军机，干预家政，只会引火烧身；大智慧者，如应对秦军入侵郑国的牛贩子弦高，则能保家卫国；而大智若愚者，如钓者姜太公，静待时机成就一番伟业。生活中也常听“吃亏是福”，其实这“福”就是人处于不利窘境时以“愚”之形式的智慧表达。“吃亏”是舍弃，那“平安”就是福报。

5·22　子在陈[(1)]，曰：“归与[(2)]！归与！吾党之小子狂简，斐然成章，不知所以裁之[(3)]。”

【注释】

(1) 陈——国名，周武王灭殷以后，求得舜的后代叫妫满的封于陈。都宛丘，今河南周口市淮阳区。春秋末为楚所灭。(2) 归与——《史记》：“鲁使使召冉求，求将行，孔子说：‘鲁人召求，将大用之。’是日，孔子有归与之叹。”(3) 不知所以裁之——《史记·孔子世家》作“吾不知所以裁之”。裁，剪裁，可译为“指导”；所以，以……方法。

【译文】

孔子在陈国，说：“回去吧！回去吧！我们乡里的弟子们志向高大得很，文采飞扬（都值得期待），我真的不知道用什么样的方法来指导他们了。”

【赏读】

孔子在陈也许水土不服，也许陈地学风不浓，文化渊源及厚度跟鲁国有较大的差异，在卫也没有等到合适的平台。孔子周游列国，本意传道施政，结果不尽如人意。总之，如果一路春风得意，那他又何必归去？当然，主要原因是孔子得到了鲁君召唤，学生要接他回国。毕竟他在外漂泊了十几年且年近古稀，特别是看到弟子们被召入各地为政，而且有几个还干出了一番政绩，高兴之余，思归自然情切意浓，何况稳定的生活环境也有利于自己做学问。

孔子的学问根植于厚重的历史文化土壤，凭借他的勤奋与智慧并广泛涉猎各种经典文献，再加之以周游列国对世事的洞察，使他对仁道有了更深刻的感悟。在孔子看来，“可教”孺子恐怕都在“吾党”了，而“不知所以裁之”之言更多地表达了他的兴奋。那些在鲁地的后生个个志向高远，聪明又有悟性，各有各的才华，很值得孔子去栽培、修剪一番，这自然会让孔子有使命感与成就感，而且还有一份后继有人的踏实。以孟子的话说就是孔子心头有种“得天下英才而教育之”（《孟子·尽心上》）的满足与愉悦。

5·23　子曰：“伯夷、叔齐(1)不念旧恶(2)，怨是用希(3)。”

【注释】

(1) 伯夷、叔齐——孤竹君的两个儿子，在父死后，互相让位，都逃到周文王那里。周武王起兵讨伐商纣，他们拦住车马劝阻。周朝统一天下，他们以吃食周朝的粮食为耻，饿死于首阳山。(2) 恶——嫌隙，仇恨。(3) 怨是用希——是用，因此。

【译文】

孔子说：“伯夷、叔齐这两兄弟不记念过去的仇恨，别人对他们的怨恨因此就很少。”

【赏读】

伯夷、叔齐的性格：一是让，二是忠。他俩行的是君臣之义、君臣之礼；尽的是事君之忠、兄弟之亲。匿于首阳山，采薇而食，饿死也不食周食，这是人尽皆知的事。然而，兄弟俩宽大为怀，不与人交恶，不记人仇怨，得到他人的敬重，这些都让孔子看重。也许孔子在想，回到

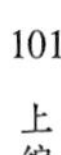

鲁国也要化解之前的各种恩怨。比如，自己杀掉少正卯，被季孙氏排挤出来，周游列国与各类人产生过一些误会与摩擦。还有，如何看待诸侯内部的父子、兄弟、君臣之间为争权夺利与相互倾轧？孔子赞赏伯夷、叔齐，就是为人设立标杆。

5·24　子曰："孰谓微生高[(1)]直？或乞醯[(2)]焉[(3)]，乞诸其邻而与之。"

【注释】

(1) 微生高——《庄子》《战国策》诸书载有尾生高守信的故事，说这人和一位女子相约，在桥梁之下见面。时候到，女子不来，他却老等，水涨了都不走，终于淹死。微、尾，古音相近，字通，很多人认为微生高就是尾生高。(2) 醯（xī）——醋。(3) 焉——兼词，于此，译为"向他"。

【译文】

孔子说："谁说微生高这个人直爽？有人向他讨点醋，（他不说自己没有）却向他的邻人讨一点再转给人家。"

【赏读】

文中提到的这件事，微生高确实不是很"诚实"，毕竟他没有陈清事实——只是爽快答应，却没有道出实情。但我们也不能由此就以为他是为了博得什么"好人"称誉而以他人之物成全自身之美。我们无法推断他的动机，自然不可妄论。是不是他怕把没有醋的事实说出后，对方会认为自己不愿"给"？是不是借过之后，他自己会设法以其他的方式把醋还给邻居或向邻居说明原委？或许他以为让"乞者"知道了，对方反而不好意思麻烦他，或许乞者根本"借不到"邻居的东西，抑或"乞者"根本就不会要邻居的东西，甚至是当那个讨醋的人向他讨醋的时候，他想都没想就答应借给对方，结果发现家里没有醋而向邻居转讨，这只不过是一次意外罢了。

我们知道孔子讲话的针对性比较强，既然孔子讲出这个话来，应该是有理由的。估计这应是微生高的常态，孔子只是举个典型事例加以说明。在送给邻居醋的"当时"，微生高可以当面跟他说明"我是从邻居那里讨来给你的"，除非此人坚决不要邻居的东西。

当然，由此便得出微生高如何的"奸"，也不能令人信服。就事而论，这不过是让他的"直"字打了折扣。孔子此话也是针对有人讲到微生高“直”而言的，并没有过多说他是如何的“奸”，只想说明人们对微生高的评价言过其实。事实上，孔子对上位人物的评价从来就没“直”过，对上位者的错误也是“讳莫如深”，因为有个“礼”挡在前面。

5·25　子曰：“巧言、令色、足恭[1]，左丘明[2]耻之，丘亦耻之。匿怨而友其人，左丘明耻之，丘亦耻之。”

【注释】

(1) 足恭——一说，足，过义；以为未足，添而足，实已过分。一说，足恭，即从两足行动上悦人。《小戴礼记·表记》云：“君子不失足于人，不失色于人，不失口于人。”(2) 左丘明——此人应与孔子同时甚或较早于孔子（因为孔子这段言语把左丘明放在自己之前，而且引以自重），不会是《左传》或《国语》的作者左丘明。

【译文】

孔子说：“花言巧语，伪善的脸色，搬动双脚，扮成恭敬的样子来取悦于人，左丘明对这种态度感到可耻，我也认为这样可耻。内心藏着怨恨，（表面上）却仍同他友好，左丘明认为这种行为是可耻的，我也认为这样做可耻。”

【赏读】

孔子赞同左丘明的观点，以“巧言、令色、足恭”为耻。待人接物礼数有度，谁不知“过犹不及”(11·16)，物极必反？我想，这过度的行为自然让人感觉动机不纯。假如这些过度的表演真的不带“动机”，除了失去自身的尊严与人格，让对方更多的是不适，那又何苦这般难为自己？假如所有的这些带有目的，则又近乎邪恶，岂不是不打自招？如此这般，不管是上司或是嘉宾，作为公正的受礼者，如此场景又情何以堪？除非上司本来就是个指鹿为马的弄权者，正想找下属开心，或者检查一下走卒的忠诚度，出于某种满足感，才有可能接受这种谁都看不起的拙劣的表演。而现实中某些人“匿怨而友”的行为后面，就可能别有用心，绝非和而不同、求同存异的“将相之交”。人与人之间，只有化怨为友，方可获得双赢并和谐发展。

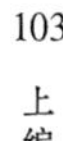

5·26　颜渊季路侍[1]。子曰：“盍[2]各言尔志？”

子路曰：“愿车马衣轻（轻字当删）裘与朋友共敝之而无憾。[3]”

颜渊曰："愿无伐善，无施(4)劳。"

子路曰："愿闻子之志。"

子曰："老者安之，朋友信之，少者怀之(5)。"

【注释】

(1) 侍——《论语》有时用一"侍"字，有时用"侍侧"两字，有时用"侍坐"两字。若单用"侍"字，便是孔子坐着，弟子站着。若用"侍坐"，便是孔子和弟子都坐着。至于"侍侧"，则或坐或立，不加肯定。(2) 盍——"何不"的合音字。(3) 愿车马衣轻裘与朋友共敝之而无憾——这句的"轻"字是后人加上去的。详见刘宝楠《论语正义》。此句有两种读法。一种从"共"字断句，把"共"字作谓词，"共"后作省略"之"解，即全句为"愿（以）车马衣裘与朋友共（之），敝之而无憾"。一种作一句读，"共"字看作副词，修饰"敝"字。两种理解意义并无鲜明的区别，且"敝"词是使动用法。(4) 施——《礼记·祭统》注云："施，犹著也。"即"表白"。(5) 信之、怀之——可以把"信"和"怀"同"安"一样看作使动用法。

【译文】

孔子坐着，颜渊、季路两人站在孔子身边。孔子道："何不各人说说自己的志向？"

子路道："愿意把我的车马裘衣跟朋友共同使用，而让这些东西给用坏了，我也就没有什么憾恨了。"

颜渊道："愿意不夸耀自己的好处，不表白自己的功劳。"

子路向孔子道："希望听到您的志向。"

孔子道："（通过我的行为）我愿意老者使他安逸，朋友使他信任我，年轻人使他怀念我。"

【赏读】

子路率直，把眼前的物质世界放在第一，并提出与朋友分享，但他的分享是有前提的。第一，子路是要在自身物质产品相当丰富的基础上，才去与其他人分享他的财富与快乐，并享受由此带来的快乐。第二，子路与人分享，显示了其价值存在，在子路的价值观里，其精神生活层面的快乐是与其物质层面挂钩的。子路把追求物质财富放在一个很重要的位置，如果要他去搞行政，会比较重视物质生产。因此，子路为政会得到基层百姓的认可。

颜回内敛，他更重视对自身的严要求，重视自我批判，强调自我精神世界的品质。“克己”不但“克”到了超低的物质生活水平，就连精神世界这一领域都“克”得如此低调。孔子主张“君子爱财，取之有道”，颜回没有物质欲望，连精神上那份别人对他的赞赏都不愿意接受！

孔子关注的是如何把个人生活放在整个社会活动中去思考自身的价值，看重的是个人的社会属性。“和谐”源于社会各阶层人们之间的角色转换与责任担当。这里就有孔子的社会秩序观，这里面有礼、孝，有忠、信，有仁、义，有慈、爱。孔子要通过现实物质世界的行为去影响这个社会各阶层各方面的人们，编织一个仁爱和谐的社会。这句话是仁爱天下的孔子的最好注脚，也是他以天下为己任的圣人情怀之表白。

三人都讲了真话，表达了各自的志向与追求，也让我们感知到了三层异样的人生境界。

5·27　子曰：“已矣乎，吾未见能见其过而内自讼者也(1)。”

【注释】

(1) 内自讼者——内，名词作状语；自讼，即讼自，责备自己、审判自身。

【译文】

孔子说：“算了吧，我还没有看见过能够看到他自己的过错便从内心责备自己的人啊。”

【赏读】

孔子只讲“未见”，是希望并相信应该“有”这样的人。对待“犯错”的态度有君子与小人、圣贤与庸人的区别。“君子之过也，如日月之食焉：过也，人皆见之；更也，人皆仰之。”（19·21）君子知错必改，并且知错善改！那犯错后自我责备的人该有，或者如颜回般“不迁怒，不贰过”（6·3）的人也在。也许这不过是孔子在颜回去世之后的一时感叹，或者是看到社会难以形成君子之风发出的一番感慨。

自知之明的人有，而既自知之明还能自我批判的人就少。文过饰非者有，闻过则愧者亦有，但闻过则喜且知过即改的就少，特别是当别人指摘自己的过错还能愧、能喜、能改的就真的不容易。孔子的感叹其实是一种无奈与期待！

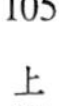

5·28　子曰：“十室之邑，必有忠信如丘者焉，不如丘之好学也。”

【译文】

孔子说："就是十户人家的地方，一定有像我孔丘这样忠心又信实的人。他们只是不像我孔丘这样喜欢学问罢了。"

【赏读】

在孔子看来，人的道德基础或起点基本相同，而差异更多的是缘于后天的学习。"玉不琢不成器，人不学不知道"，人人皆可成贤士，只要自身足够的努力。孔子以其切身体会做现身说法：好学是提升自身品德的前提。

好思、好学可以不断弥补自身的不足，修正自身的错误，改变格局，提升人品。孔子认为，人"性相近"，却"习相远"（17·2）。人，愿不愿学，学什么，如何学，这些都会让人"习性"悬殊。孔子强调学，更多的是要求人去进修仁、义、忠、信，从而知礼、有德；强调学研"六经"，但也教学生学习"六艺"，重视实践演练。其实，做学问与学技艺并不矛盾，而是可以相互促进的。技艺里面本身就有学问，而在提升自身道德境界的同时，也可努力提升自身文化技艺水平。从孔子身上，我们可以得出一个结论：好学是一个人有所成就的必由之路。

雍也篇第六

本篇内容承上继续记录孔子对弟子的德才及为政能力的评价，讨论人物得失，充满了孔子对弟子的关爱、喜悦、认可与期待。后部分记录孔子与弟子讨论人生处世的道理，话语充满了对人性、社会、生活等各方面的深刻思考，强调行正道的必要，突出人在任何时候行事，特别是在为政方面，心中要有“仁德”二字。全篇充分展示了孔子及弟子的人格魅力，把一个亲近平和、循循善诱的长者形象鲜活地展现在读者面前。

6·1　子曰：“雍也可使南面(1)。”

【注释】

(1) 南面——“面朝南”。人君听政之位。古代早就知道坐北朝南的方向是最好的，因此也以这个方向的位置最为尊贵。无论天子、诸侯、卿大夫，当他作为长官出现的时候，总是南面而坐。

【译文】

孔子说：“冉雍这个人，可以让他做一个部门或某一个地方的长官。”

【赏读】

明君要能以德任用天下之英才，有德心中才会有民，才能任用贤能，从而实现长治久安。职位越高的人驾驭能力就越要强，唯有德才兼备者方能胜任。德高的上位者，虽然可以任用贤能辅助自己，但更应该通过好学好问来提升自己。事实上，内行领导内行永远比外行领导内行来得有效。

“不拘一格用人才”是政府积极选人用人的新潮，所以在管理人才与战略布局上起重要作用的“一把手”的德就尤显重要。有些人只是天生的将才，硬要他去统帅某地，成为一方诸侯，或许如项羽一般，不一定是好事。因此，量才为用，贤德在先，德才兼备，仍是考察、选拔、任用干部的重要标准。

6·2　仲弓问子桑伯子(1)。子曰："可也简(2)。"

仲弓曰："居敬而行简，以临其民，不亦可乎？居简而行简，无乃大简乎(3)？"子曰："雍之言然。"

【注释】

(1) 子桑伯子——此人已经无可考。既称"伯子"，可能是卿大夫。(2) 可也简——为倒装句。朱熹以为"简"之所以"可"，在于"事不烦而民不扰"。(3) 无乃大简乎——"无乃……乎"为一种固定句式，不是……吗，难道（不）……吗或恐怕……吧。以仲弓的品德，口气应不会太重，理解为委婉语气较为合适。大，同"太"，表程度。

【译文】

仲弓问到子桑伯子这个人。孔子道："他简单得好。"

仲弓道："若存心严肃认真，只是以简单行之，（抓大体，不烦琐）来治理百姓，不也可以吗？若存心简单，又以简单行之，不是太简单了吗？"孔子道："你这番话说得对。"

【赏读】

孔子认可桑伯子"事不繁而不扰民"的好"简"，这种简是为政者尊重民意，把百姓利益放在首位。孔子对仲弓分析此简是"居敬而行简"大加赞赏，其理由就是执政中有"敬"。"居简而行简"则是马虎了事，存心不想做事，"简"就成了"减"字，一味地"减"到什么都不用做，这就是极不负责的懒政与不作为。真正的"简"是"简政"的极致（无为而治），该管的管好，不该管的放手。总之，"简"是管理手段而非目的，"简"掉的是实施过程中非必要的烦琐步骤，"简"掉的是给百姓的负担与麻烦，而这恰恰考量着为政者的勤政与智慧。

"敬"则是把百姓的事放在心上，放在最重要的位置上，严肃认真地去做，真正把百姓看成"衣食父母"，并以此明确行事的简与繁。用孔子的话说，就是要看这个"简"是"敬而行简"，还是"简而行简"。简，要以百姓方便为限，以老百姓满意为度。如果简到一刀切，那就是懒政，于民无益，于国有害。繁，就是把老百姓的事当自己的事，为了百姓而让自己繁：制定政策、实施方案要反复考虑推演、准确到位，做到百姓家事无小事。总之，就是通过"繁"自己达到让百姓简、行事简之效。

6·3 哀公问："弟子孰为好学？"孔子对曰："有颜回者好学，不迁怒，不贰过。不幸短命死矣，今也则亡，未闻好学者也。"

【译文】

鲁哀公问："你的学生中，谁是好学的？"孔子答道："有一个叫颜回的好学，不会把怨气撒在别人身上；也不再犯同样的过失。不幸短命死掉了，现在再没有这样的人了，也没听到过好学的人了。"

【赏读】

常言"没有最好，只有更好"，但在孔子眼里，颜回就是"学者的最好"。颜回好学，最本质的是"安贫乐道"，他全身心地做学问，从不把求学看成苦差事，也不把求学当作为官或赚钱谋生的手段。颜回"不迁怒，不贰过"，足以说明他好学反思境界之高。好学者需先修心养性，学做人，这样，在学习上遇到困难就会反问自己，少责备他人。行事上出了差错时，除了宽容理解对方，更多的是自我反思，才能做到"不迁怒"。"不贰过"则说起来容易做起来难。聪明人不是不犯错，而是不会犯同样的错，但很多"聪明"人不是过于自信或草率，就是出于贪婪犯着同样的错，甚至深陷其中。所以孔子在此发出"今也则亡，未闻好学者也"之叹就不足为怪了。

6·4 子华(1)使于齐，冉子(2)为其母请粟(3)。子曰："与之釜(4)。"

请益。曰："与之庾(5)。"

冉子与之粟五秉(6)。

子曰："赤之适齐也，乘肥马(7)，衣(8)轻裘。吾闻之也：君子周(9)急不继富。"

【注释】

(1) 子华——姓公西，名赤，字子华，为孔子弟子。(2) 冉子——《论语》中，称"子"的不过曾参、有若、闵子骞和冉有几个人，这冉子应是冉有，此章可能是冉求门人所说，故称冉子。(3) 粟——小米。一般的说法，粟是指未去壳的谷粒，去了壳就叫作米。但在古书中也有把米唤作粟的。见沈彤《〈周官〉禄田考》。(4) 釜——古代量名，容量为当时的六斗四升，约合今天的一斗二升八合。因子华家富，孔子对冉求之请还是少给了子华。(5) 庾——古代量名，容量为当时的二斗四升，约合今日的四升八合。(6) 秉——古代量名，为十六斛。五秉则是八十斛。古代以十斗为斛，所以译为八十石。南宋的贾似道才改为五斗

一斛，一石两斛，沿用到民国初年。周秦的八十斛合今天的十六石。(7) 肥马——为借代修辞，即“以肥壮马拉的车驾”。(8) 衣——穿。(9) 周——后人写作“赒”，救济。

【译文】

公西华出使去了齐国，冉有替他母亲（向孔子）请求小米。孔子道：“给他一釜吧（六斗四升）。”

冉有请求增加。孔子道：“再给他一庾吧（二斗四升）。”

冉有却给了他五秉（八十石）。

孔子道：“公西赤这次到齐国去，坐着由肥壮马拉的车驾，穿着轻暖的裘袍。我听说过：君子只做遇穷救急、雪里送炭的事，何必要锦上添花做多余的帮衬？”

【赏读】

冉有也许是公事公办，也不排除与公西赤关系亲近，想做个顺水人情，但就冉有的行事风格来看，该是因公的成分多。那孔子为何要少发公西华的补助呢？“君子周急不继富”，少发也合情合理。粮食是用来活命的，而公西华家不缺粮，又何必要“锦上添花”呢？

从孔子的言语里，我们还看到了他的宽厚，言语上真正做到“不迁怒，能容人”。他指出了对方的错误，也不是过于指责，而是以理服人，以求其“内自省”。

6·5　原思(1)为之(2)宰，与之粟九百(3)，辞。子曰：“毋！以与尔邻里乡党(4)乎！”

【注释】

(1) 原思——原宪，字子思，亦称原思，为孔子弟子。(2) 之——用法同“其”，他的，指孔子而言。此时，孔子为鲁司空或大司寇。(3) 九百——下无量词，不知是斛、是斗还是别的。依古制大夫家宰，用上士为之，当为斛。(4) 邻里乡党——都是古代地方单位的名称，五家为邻，二十五家为里，万二千五百家为乡，五百家为党。

【译文】

原思做孔子家的总管，孔子给他小米九百，他不肯接受。孔子道：“不要推辞，（如果嫌多的话）把它送给你地方上（的穷人）吧！”

【赏读】

原思不是不要工资，只是在物质财富上没有大的欲望，与子贡的财富观颇为不同。“九百”对他而言让他觉得拿多了，再加上他是在先生家做事，有一份人情在。孔子则公私分明：这工钱是论能耐与职位给的，原思家也不富裕，应当收下。如果原思自己觉得用不完或觉得多了，那可以自己处置，孔子建议他拿去帮助左邻右舍与穷人。

师生处理薪水之事出发点不同。原思没有把工资与工作挂钩，而是把工资与感情放在一起。在原思看来，职位应该跟能力与品德有关，跟钱财没有多大关系。而在孔子看来，工资应当跟工作职责与能力相关，何况粮食为其必需，接受是对自己工作的认可，处置是对财产的支配，也是对自己劳动成果的一种分享。其实，原思不像公西华那样富有，而是属于条件差的，估计孔子内心也是想帮他，多给点也有可能。另外，公西华出的是公差，而原思做的是家臣，这也足见孔子之德。孔子对冉有之请，未直言拒绝，只是委婉提醒；对原思的拒收，未责备其不当，只给他一个必须接受的理由，教导弟子可谓宽恕有加，极富人情。

不同的人对待钱财不一样，干出来的事也不一样。在此，我们清晰地看到了孔子对“取财”的“有道”与“无道”之分，同时也看到“用财”的“有道”与“无道”之别。一个为政者，把有限的财政是用来建造办公大楼，还是用来建设学校或民生工程，同样能显示为政者的厚度与温度。

6·6　子谓仲弓，曰：“犁牛(1)之子骍(2)且角(3)，虽欲勿用(4)，山川其(5)舍诸(6)？”

【注释】

(1) 犁牛——耕牛。(2) 骍——赤色，此处用作借代，即赤色的马和牛。周朝以赤色为贵，所以祭祀的时候也用赤色的牲畜。(3) 角——意思是两角长得周正。(4) 用——义同《左传》“用牲于社”之“用”，杀之以祭也。据《史记·仲尼弟子列传》说，仲弓的父亲是从事下贱工作的人，仲弓却是“可使南面”的人才，因此孔子说了这番话。古代供祭祀的牺牲不用耕牛，而且认为耕牛之子也不配作牺牲。孔子认为，耕牛所产之子如果够得上作牺牲的条件，山川之神一定会接受这种祭享。仲弓这样的人才，为什么因为他父亲“下贱”而舍弃不用呢？(5) 山川其——山川，山川之神。周礼用骍牲者三事：一祭天南郊，二宗庙，三望祀四方山川。耕牛之子骍且角，纵不用之郊庙，山川次祀宜可用。其，同“岂”。(6) 诸——兼词，同“之乎”。

【译文】

孔子谈到冉雍，说："耕牛的儿子长着赤色的毛，并有整齐的角，虽然不想用它作祭品来祭祀，山川之神难道会舍弃它吗?"

【赏读】

孔子明确为政要任人唯贤，这与他主张"先进"、从事民间私人教育相一致。孔子认为仲弓可以"使南面"，这与仲弓的贤德有关，而与其出身无关。龚自珍有诗句"我劝天公重抖擞，不拘一格降人才"，这个"不拘一格"算是孔子的人才观的发展。

孔子在中国古代官僚用人制度上打通了"私学""学而优则仕"与君子"仕而优则学"的互动互通渠道，让地位卑微而有才德者进入了国家管理层，并且强调此乃合乎天道，其历史意义巨大。当社会门阀意识盛行，底层人才流通被阻隔，进而出现"上品无寒门"的怪象时，人们尤感孔子此语之深刻。

6·7　子曰："回也，其心三月(1)不违仁，其余(2)则日月(3)至焉(4)而已矣。"

【注释】

(1) 三月——言其久。(2) 其余——别的人。(3) 日月——短时期、偶尔。(4) 至焉——至，即不违；至焉，即欲仁。

【译文】

孔子说："颜回呀，他的心长久地不会背离仁德；而别的学生，只是在短时期内心里偶尔想到一下这仁德罢了。"

【赏读】

颜回之所以能"三月不违仁"，是因其"仁"存于心，仁是他的全部，而不像其他人只是把仁作为标杆、作为手段，却另有所图。这就像一个人是把坐船当成旅行本身，还是把坐船当成实现旅行的工具，不同看法其意义就不一样。颜回是把身心放在"仁"上，处处为仁，又哪里会违仁呢，仁已融入他生活的全部。

毛泽东曾言："一个人做点好事并不难，难的是一辈子做好事。"一辈子做好事的人，决不会为"做好事"而做好事，一般情况下，别人并不知道他在做好事，他自己也根本没想要人知道。做好事已成为他的一种本能，成了他生活本身，已融入他的生命中，他根本不会想到自己是在做好事。但为了"做好事"而做好事的人，本身就做得少，因而极想

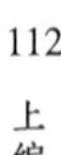

让人知道，并且生怕别人不知道，进而充分“准备”去让人知道。这样，“做好事”只不过成了他谋名逐利的手段而已。如此来看，两者的境界差别就大了，而这个差别就显现在“仁”与“利”上。孔子明确主张，真正的仁者，“其心三月不违仁”。“君子无终食之间违仁”（4·5），其根本点就是心不违仁。

6·8　季康子问：“仲由可使从政[1]也与？”子曰：“由也果，于从政乎何有[2]？”

曰：“赐也可使从政也与？”曰：“赐也达，于从政乎何有？”

曰：“求也可使从政也与？”曰：“求也艺，于从政乎何有？”

【注释】

（1）使从政——让他做大夫。（2）何有——用于反诘语气，表达不难。

【译文】

季康子问孔子：“仲由这人，可以使用他治理政事吗？”孔子道：“仲由果敢决断，他在治理政事方面，会有什么困难呢？”

又问：“端木赐可以使用他治理政事吗？”孔子道：“端木赐通情达理，让他治理政事会有什么困难呢？”

又问：“冉求可以使用他治理政事吗？”孔子道：“冉求多才多艺，让他治理政事会有什么困难呢？”

【赏读】

在孔子看来，为政必须具备足够的能耐，但他的这几个弟子，凭其才德为政一方不是问题。当然，为政也不一定要是全才，管理可分门别类，有了必要的品质，加上专长就足以独当一面。那什么才是为政的基本素养呢？孔子看重的是德，但未必要是全才。子路果敢，子贡通达，冉求多才多艺，他们都是人才。虽然他们的仁德还没有达到孔子的要求，但不能否定他们身上有诸多“仁”的元素在。

人有多大的能耐，就可以去干多大的事业。做元帅还是做将军，当军师还是当先锋，要量才为用，然后各司其职。孔子的人才观与用人观，很值得现代管理制度下的人才管理者借鉴。选才与用才，要做到德才兼备，各有侧重，然后才是人尽其才。

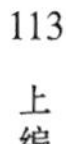
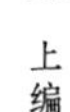

6·9　季氏使闵子骞[1]为费[2]宰。闵子骞曰：“善为我辞[3]焉！如

有复我者，则吾必在汶上[4]矣。"

【注释】

(1) 闵子骞——闵子骞，名损，字子骞，为孔子弟子。(2) 费(bì)——季氏家邑，故城在今山东费县西北二十里。季氏不臣于鲁，而其邑宰亦屡叛季氏，故欲使闵子为费宰。(3) 辞——推辞。(4) 汶上——汶，水名，即山东大汶河。桂馥《札朴》云："水以阳为北，凡言某水上者，皆谓水北。""汶上"暗指齐国之地。

【译文】

季氏叫闵子骞作他采邑费地的县长。闵子骞对来人说道："好好地替我辞掉吧！若是再有人来找我的话，那我一定逃到汶水之北去了。"

【赏读】

做不做这个县令，忠孝重德的闵损应该是考虑过的。他拒官，一是认为没有这个能力或能力有限，有自知之明的他当然不能去；二是认为季氏不值得他去尽忠，季氏本人就是一个不忠的僭越权臣，帮助无德之人就是助纣为虐。从闵损的那句决绝的话"如有复我者，则吾必在汶上矣"来看，后面的因素更多。

反观历史，无能无德而仕、助纣为虐、认贼作父者何其多。此类人只在乎私"利"，在乎私欲的满足，行事自然就没有"仁"。闵损的拒绝，其实是在保全自身的"仁"。

6·10　伯牛[1]有疾，子问之，自牖执其手[2]，曰："亡之[3]，命矣夫！斯人也而有斯疾也！斯人也而有斯疾也！"

【注释】

(1) 伯牛——冉耕，字伯牛，为孔子弟子。(2) 自牖执其手——伯牛有恶疾，不欲见人，故孔子从牖执其手。(3) 亡之——之，起协音作用。

【译文】

伯牛得了重病，孔子去探问他，从窗户里握着他的手，道："一个人就这样快没了，这是命呀！这么好的人，竟得了这样的病！这么好的人，竟得了这样的病！"

【赏读】

伯牛得了重病，孔子探望而不得，可以想见，重德的伯牛有多痛苦。但是，孔子要给他一个支撑。就在孔子把手伸进窗户的那一刻，伯牛定

能感受到那份沉甸甸的爱。一个因尊敬而痛拒先生于门外，一个因怜爱而紧握弟子之手于窗前，这该是人世间温情的一次握手吧！

6·11　子曰："贤哉，回也！一箪(1)食，一瓢饮，在陋巷(2)，人不堪其忧，回也不改其乐。贤哉，回也！"

【注释】

(1) 箪——古代盛饭的竹器，圆形。(2) 陋巷——里中道叫巷，人所居也叫巷。陋巷，陋室。

【译文】

孔子说："颜回多么贤德有修养呀！一竹筐饭，一瓜瓢水，住在偏僻的小巷子里，别人都不能忍受那穷苦的愁困，颜回，却没有改变他自有的快乐。颜回多么贤德有修养呀！"

【赏读】

安贫乐道是对颜回修身的最好概括。乐道，让颜回根本意识不到身处贫困，感觉不出苦在哪里，他的志趣已完全融入"孔氏儒道"之中。人的境界不同，对苦乐对象与程度差异的理解不尽相同。这就犹如鲁迅的《药》里的夏瑜与狱卒各自不能理解对方的"可怜"，因为两者思想没有交集。

颜回能在如此恶劣的物质环境下做学问，是何等的不易。但是，我们还可以换一个角度去思考：如果颜回把一定的时间用来改善他的物质条件，他的学问会不会做得更好些呢？颜回或许会想，再恶劣的物质条件也没有把心事用到学问之外的事情上更糟糕。也许颜回压根就没有去想他的物质生活有多贫困，他是为做学问而活。换句话说，他不是用做学问来换饭吃，而是把做学问看成事业，看成生命的唯一。假如像现代某些学者，把做学问当成获取财富或谋求权力与荣誉的手段，那么这种学问里就会充斥着铜臭味，学问也就容易变成换取金钱与权位的筹码。这就很容易理解为何如今有的院士可以贪污上千万的科研经费，或窃取他人的科研成果，或热衷于各种头衔与职权，或喜欢在各种媒体频频露脸了。把学问做到废寝忘食境界的人并不在少数，但做学问做得连孔圣人都惊叹不已，那只有颜回！

如果有较好的物质条件，颜回可能不会早逝，也就会有更大的成就。据此，社会应如何对待现代社会中像颜回这样甘于坐冷板凳的学者或科学家呢？如果社会给予他们较为充裕的物质条件和良好的医疗条件，那

应是现代“颜回们”的大幸。

6·12　冉求曰：“非不说子之道，力不足也。”子曰：“力不足者(1)，中道而废(2)。今女画(3)。”

【注释】

(1) 力不足者——者，停顿协音，兼表假设。(2) 中道而废——废，置义，如前行而人力不足，置物于中途，等有能力再前进。(3) 画——同“划”，停止。

【译文】

冉求道：“并非我不喜欢您的学说，只是我力量不够呀。”孔子道：“如果真是力量不够的话，走到半道走不动了就休息。现在你却是画条线止步不动呀。”

【赏读】

孔子之所以要“知其不可而为之”，是因为他从价值观上认为有的事值得为。做事在人，成事在天，做与不做是人生态度问题。孔子说：“有能一日用其力于仁矣乎？我未见力不足者。”（4·6）对冉求的“力不足也”，孔子是不认可的。他认为冉求不是“力不足”，而是“不为”。颜回也有“末由也已”的感叹，但颜回是感于“既竭吾才”之后的“力不从心”，是叹于孔子之道“仰之弥高，钻之弥坚”（9·11）而找不到路径。因此，孔子肯定颜回：“吾见其进也，未见其止也。”（9·21）而对冉求则评价说：“求也退，故进之。”（11·22）明确冉求的“退”有更多的主观因素。冉求行事有他的性格因素，更有他的价值观判断。从表面上看，他觉得这件事做不了，不会成功，选择放弃的成本最低，可见，冉求的功利性强。从其骨子里看，冉求可能对孔子在这个问题（要他做的这件事）上的观点不完全认同，觉得不值得做，否则就应是“力不足者，中道而废”，现在还未走，怎么就知道“力不足”呢？

假如读书人自己给自己设圈设限，止步不前，又如何去实现学无止境呢？孔子在此批评冉求追求道的不力，跟批评他不去制止季氏发动战争的性质是一样的，明确指出冉求“不为”的理由不过是托词罢了。也许冉求在人家手下吃饭，身不由己。那他为何不能像孔子那样能守住底线呢？但冉求不是子骞，更不是孔子。

6·13　子谓子夏曰：“女为君子儒(1)！无为小人儒(2)！”

【注释】

(1) 儒——儒在孔子时本属一种行业，后逐渐成为学派。同一行业的人也有人品高下、志趣大小之分。儒本求仕，稍后儒转向任教，于是儒转为师，师儒联称，遂为在乡里教道之人。故孔子为中国儒家创始人，亦中国师道之创始人。其前辈弟子大率有志用世，而后辈弟子则转重为师传道。(2) 小人儒——推孔子之所谓小人儒，不出二义：一则溺情典籍而心忘道，二则专务章句训诂而忽于义理。此谓子夏之学谨密有余而宏大不足。

【译文】

孔子对子夏道："你要去做个君子式的儒者！不要去做那小人式的儒者！"

【赏读】

孔子对子夏有过"起予者商也"（3·8）之叹。可见，孔子对子夏寄予了厚望，才会如此雕琢、警示他。子夏也不负厚望，不仅成为"孔门十哲"之一，而且开创了西河学派。

同为儒，却有大小、古今之分。大儒为心，小儒为身；古儒为己，今儒为人。大儒如大丈夫要顶天立地，与志同道合者成就梦想；小儒只是在学问上精耕细作，或凭才学寻求靠山。孔子告诫弟子学问修行要做君子儒，要有大格局。安身立命，就要安身于天下，立命于天下。学问是为天下人谋福祉的能耐，而非个人混饭吃的小伎俩。同为修学，为天下学与为稻粱谋有质的区别。

社会可以容纳"小人儒"的存在，但必须明告读书人：大学绝不是精致利己主义者的摇篮，政府也决不能成为小人儒的治政阵地。为政者有大格局，社会才会有大气象。

6·14　子游为武城[1]宰。子曰："女得人焉耳[2]乎？"曰："有澹台灭明者[3]，行不由径，非公事，未尝至于偃之室也。"

【注释】

(1) 武城——鲁国城邑，在今山东费县西南。(2) 焉耳——焉，兼词，于此；耳，尔。(3) 有澹台灭明者——澹台灭明，姓澹台，名灭明，字子羽，为孔子弟子。从子游的答语看，说这话时澹台灭明还没有向孔子受业。"有……者"的提法，表示这人是听者以前所不知道的。

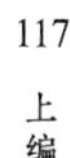

【译文】

子游做了武城县的县令。孔子道："你在这儿找到了什么人才吗？"他道："有个叫澹台灭明的人，走路从不经由小道捷径，不是办公事，从不到我的屋里来。"

【赏读】

子游选用人才的标准据此可见一斑，要不他怎么就能注意到这些并对此人印象如此深刻呢？子游以小见大，明确此人：做事讲规矩，不走捷径；办事讲原则，公私分明。

人，担任公职，很大部分时间就在为公家做事，但他有家有室。父母妻儿，亲朋故友，怎能没有私情？为官关键要做到公私分明，公私之情都要用到该用的地方。公也绝非无时空限制地铁面无私，对待下属，对待百姓，就要多几分温情。但是，如果以权谋私，徇情枉法，那就把权用错了方向。回到家里，为儿为女，为夫为妇，为父为母，理应讲求孝敬与担当、责任与温情，享受家庭的那份天伦之乐，这也是人之常情。

其实，小事情可以看出大问题，小举止可以观照大境界。子游高明，独具慧眼，从细节中看出了澹台灭明的品质。从子游的言谈中，我们还可以看出他自己想做个什么样的官，因为想做什么样的官，就会想办什么样的事、选用什么样的人，就会留心到什么样的人。反推则是，一个高官手下是些怎样的下属，就可推知这位高官有怎样的格局。

6·15　子曰："孟之反[1]不伐，奔而殿，将入门，策其马，曰'非敢后也，马不进也'。"

【注释】

(1) 孟之反——名侧。

【译文】

孔子说："孟之反不夸耀自己，（在抵御齐国的战役中）右翼的军队溃退了，他跑在队阵的最后掩护全军，将要进城门，便鞭打着马匹，并说道：'不是我敢于殿后，是马不肯快跑的缘故。'"

【赏读】

孔子为何盛赞孟之反？其"奔而殿"的背后足以看出他的责任与担当。一个军人，在战事失利面前，在生与死考验面前，把责任揽给自己，以义字当先，这需要担当与勇气，也要有"我不成仁谁成仁"的"敢于

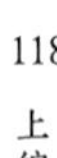

入地狱”的气概。等“将入门”时，他却说“非敢后也，马不进也”，这又是何等的低调！可以说，颜回所追求的“不伐”境界，在孟之反身上被演绎得近乎完美！孔子对他如此“功不独居，过不推诿”（《曾国藩家书》）的美德与智慧，能不大加赞赏？

人如果能把这种境界用于人际交往，人就会有一种润物无声的美德。为政者如果能把这种境界用于治国理政，哪里还会办不成事呢？

6·16　子曰：“不有[(1)]祝鮀[(2)]之佞，而[(3)]有宋朝[(4)]之美，难乎免于今之世矣。”

【注释】

（1）不有——表假设。（2）祝鮀——卫国大夫，字子鱼，有口才，《左传·定公四年》曾记载着他的外交辞令。（3）而——王引之《经义述闻》云：“而犹与也，言有祝鮀之佞与有宋朝之美也。”但杨伯峻先生终嫌“不有祝鮀之佞，与有宋朝之美”为语句不顺。（4）宋朝——宋国公子朝，出奔在卫，有美色，《左传·昭公二十年》和《左传·定公十四年》都曾记载他因为美丽而惹起乱子的事情。

【译文】

孔子说：“（一个人）假使没有祝鮀的口才，而仅有宋朝的美丽，在今天的社会里恐怕就很难避免祸害了。”

【赏读】

“祝鮀之佞”，说明他口才好；“宋朝之美”，虽非“令色”，却是真美色。祝鮀以佞谄受宠于卫灵公，宋朝以美色与南子玩暧昧。时风不佳，孔子才为之感叹。

“今之世”为孔子所处之世，实为乱世。那什么才可以帮助人在乱世避祸呢？孔子认为“美色”有可能，但亦难。西晋“掷果盈车”的潘安，算不算个案例？“娇好美色”也许得宠一时，但终归会招致祸害。能言善辩如祝鮀，却能干出事来，倒可避祸，比如之后的苏秦、张仪。然而，这只是事实，但不能代表孔子的观点。孔子本人并不喜欢巧言者，宰我就是一例。孔子应该是带着悲情说此话的，这不过是他对当时的政治生态的一种极度不满的表达罢了。

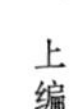

6·17　子曰：“谁能出不由户？何莫由斯道也？”

【译文】

孔子说："谁能够走出屋外，而不从房门经过呀？但为什么就没有人肯从我这条路上行走呢？"

【赏读】

"房门"是"出屋"的必经之处。孔子也许在想，那些走出大门走进仕途的为政者为什么不愿接受王道思想？特别是那些诸侯，个个都想以霸道称雄天下，为何不想以王道实现天下大同？社会动荡，国君们自然认为儒道再好也没有通过武力称霸天下重要。当时，也只有孔子的弟子们才肯经过他的这个房门走出去，但从他这里出去的也不能保证个个能行仁道呀。

其一，孔子的发问，其实是一种感叹，更是一种反思。人要出屋，自然得出"户"，但出户的方式可以不同，时间可以不同，具体的路线也可以不同，为什么就一定要走房门这条正道呢？我想，在任何人的眼里，自己开创的路都是正道，即使是从窗子里爬出去的人，也会这么认为。在谋生的人看来，成本最小、利益最大才是他选择从哪里出来的关键。孔子此话表明，仁政思想转为社会实践有着巨大的阻力。而就是由于当时诸多精英不走他面前这条路，才有了春秋战国"诸子百家争鸣"的局面。

其二，在生活中，做事要讲规矩，这个规矩就是社会秩序与规则，这是社会得以正常运行的前提。然而，现实生活中却总有一些人不按规矩行事，喜欢走捷径，爬窗户、挖地道、攀围墙。那我们又该如何看待社会的这种现象呢？鲁迅讲，"地上本没有路，走的人多了，便成了路"，当代国内外那些企业大亨几乎都是从无路走出了大路。但这里首先要有个"是非"问题，然后才是"路"的问题。为政者本身就应遵从现行制度与规则，只能做规矩里的事；老百姓则应是依据现行制度与法规，规矩里没有规定不能做的事，都可以在合乎公德的环境下试着探出一条路来，享受着探索新路的过程中带来的快乐与利益，并逐步与世人分享。只要动机与本质是善的，"路"就没有对错之分。

6·18　子曰："质胜文则野(1)，文胜质则史(2)。文质彬彬(3)，然后君子。"

【注释】

(1) 野——鄙野、粗野。《礼记》云："敬而不中礼，谓之野。"

(2) 史——家庙之祝史，掌祭祀之官及在官府掌文书者；此处译为虚饰、浮华。(3) 文质彬彬——此处形容人既文雅又朴实，后来多用来指人文雅有礼貌。“彬彬”犹班班，物相杂而适均，即文质相伴貌。

【译文】

孔子说：“朴实多于文采，就未免如一乡俗人之粗野；文采多于朴实，又如庙里的祝官未免虚浮。文采和朴实，配合适当，做到了这一点之后才是个君子。”

【赏读】

孔子反对巧言令色，认为“巧言令色，鲜矣仁”(1·3)；也反对行文言、语生硬，说“言而无文，行而不远”(《左传·襄公二十五年》)。粗俗与庸俗的语言令人生厌，妖言亦会害人不浅。文质彬彬是什么？就是做到兼顾融通。做人，质有了文，就彰显出文明与礼仪；文有了质，就透露其骨气与底色。而过于质则野，过于文则史，都不好，要文质彬彬。

称得上君子的人，如同一篇好文章，既有了内容，又有了文采，底子与面子相得益彰，即君子德才兼备。人有德无才则平庸，有才无德便奸佞。魔术以“假”为质，其“手段”就是文，所以魔术永远只是生活中的一道菜，不可能成为生活本身。质是“假”的，文的“手段”再好，终归不能把舞台表演变成现实生活。

6·19　子曰：“人之生也直[(1)]，罔[(2)]之生也幸而免[(3)]。”

【注释】

(1) 人之生也直——生，生存；也，表主谓间的停顿。(2) 罔——诬罔的人，不直的人。(3) 幸而免——不直之人得以生存，是由于他人行直道才幸而获免。

【译文】

孔子说：“人得以生存是由于正直，而不正直的人也可以生存，那是他侥幸地避免了祸害。”

【赏读】

正直、真诚者行大道、走正道，这是顺应天理。人只有遵循天理，才能走得更远；而某些不诚实者，喜欢抄小道、寻捷径，如果能免于沟壑险滩与虎狼之害的话，那只是他侥幸于正直的人帮他清除了险境。历朝历代，“罔道而能生”者之所以存在，肯定是社会出了问题，就如

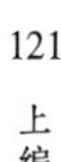

《左传》里说的“民之多幸，国之不幸”。这就犹如“碰瓷”者，他们骗到的好处是利用了社会行正道人的善良与社会仁道。

人行事，不要让“利”与“幸”迷惑了双眼、束缚了双手、拖累了双脚，人生没有捷径，只有探索与努力，走正道、大道才是根本。行罔道者难有善终，即使死了，也会被刻在耻辱柱上！

6·20　子曰：“知之者不如好之者，好之者不如乐之者。”

【译文】

孔子说：“（对于任何学问和事业）懂得它的人，不如喜爱它的人；喜爱它的人，又不如以它为乐的人。”

【赏读】

知、好、乐表面上看只是人对关注对象了解和喜好程度的不同，其实质是人的品质、志趣与人生观的不同。人“知之”“好之”“乐之”的“之”是什么？是人探求的学问、找寻的规律、追求的真谛（道）。人对学问与事业，如果只是求懂，学得太理性，学到的东西就是冷的、硬邦邦的，让人感觉不到温情。“好之”则不同，人如果对学问有了兴趣，有了热情，喜欢这门学问，潜心探求规律与领悟道理，感性的东西就会融入学问里去，对学问探究的韧性会更强，事业就会更加完美。而“乐之”是兴趣的升级，着迷就会变成痴迷，人的精气神会完全融入其中，学问与事业成了生命的一部分，这时人往往会有更大的发现。

“好之”是喜欢，是积极主动；“乐之”就不光是喜欢，更多是善于并沉迷于其中。“乐之”会全身心地投入，会忘记外物的存在，达到颜回式的安贫乐道之境界。据此，为政的最高境界就是乐道，可以让人忘了个人的一切荣辱得失而享受着为政于民、施惠于民、同乐于民的精神愉悦。

6·21　子曰：“中人以上，可以语上也；中人以下，不可[1]以语上也。”

【注释】

（1）不可——非禁止义，难为义。

【译文】

孔子说：“中等水平以上的人，可以告诉他高深学问；中等水平以下的人，不适合给他讲高深学问。”

【赏读】

孔子在对弟子进行传道授业解惑时注重因材施教，强调提升弟子举一反三的领悟力。其实，人与人之间的交流不只是声与身、言与情的交流，还是理与智的交流，即思想与智慧的交流。话不投机半句多，话题上的思想与领悟力不同，就无法继续下去。这里就有个层次差异的问题，包括知识与学问、性格与品格、阅历与领悟、见识与格局的层次等。

所谓因材施教，这个“材”既有学者层次的不同，也有研读学问深浅的不同。学问深了，对层次低的学者当然不适合，教下去只会有害无益。其实，孔子并非对“中人以下”者有什么贬损，只是强调与之“不可以语上”而已。孔子更多的还是强调交流要看对象，特别是要考虑交流对象的层次差异，何况“道不同，不相为谋”（15・40）呢？这就犹如恋爱者，对象的生活经历与个性不同、价值观不同、人生的目标不同，那恋爱如何得以继续？学问根本不在一个领域，或者不在同一层次，或者研究的兴趣不在一个方向，那话题又怎么能够讨论下去？

“中人”，就是一般意义上的普通大众。按孔子的观点，人的学问要得以提升，从学的角度看，以“毋友不如己者，过则勿惮改”（9・25）为佳，再做到学与思、学与习的结合；从教的角度看，最佳方法就是因材施教，做到“不愤不启，不悱不发”，“举一隅不以三隅反，则不复也”（7・8）。这样的话，那么大多数的“中人”就是他教授弟子的底线。

6・22　樊迟问知。子曰：“务民之义，敬鬼神而远之(1)，可谓知矣。”

问仁。曰：“仁者先难(2)而后获，可谓仁矣。”

【注释】

（1）远之——远，使动用法，即使之远离自己，也译为“疏远，不去接近”。（2）先难——孔子有答樊迟的话：“先事后得，非崇德与？”（12・21）和本章“先难后获，可谓仁矣”是一个意思，可把“难”译为“付出一定的努力”。

【译文】

樊迟问怎么样才算聪明。孔子道：“要专心致力于让老百姓走向‘义’；严肃地对待鬼神，并且尽可能地让鬼神远离自己。这就可以称得上聪明了。”

又问怎么样才叫作有仁德。孔子道：“仁德的人，要在他人前面先付出一定的努力，收获享受成果落在他人后面，就可以算是仁德了。”

【赏读】

何谓聪慧？不同的人，不同的语境，不同的话题，其言语表象是有差别的，何况孔子回答他人的问话一般都有针对性。樊迟大小算个官员，为政者何谓智，难道能投机取巧不成？智当然就是用心做事，一心为民。也就是说，在领会上级工作精神之后，为政者不要把心思全放在上司身上，不要去揣度他的心思，也不要天天围着他转，只要踏踏实实地为老百姓办事就行。如果鬼神是佑民的，你让百姓行仁义之事，乐于并安于自己做的事，就是不做鬼神想让你或想让他们做的事，鬼神同样会感激你，因为你也是在佑民；如果鬼神不佑民，你就是围着它打转，想让它去佑民，它也不会去佑民，那你围着它转又有何用？对鬼神最好的办法就是敬而远之，自己努力去为民做实事就行。

“先难而后获”，孔子知道樊迟实在，庄稼活都做得来，所以答语也来得很接地气。也就是说，作为小公务员的樊迟，要有后世范仲淹式的“先忧后乐”的思想，做到“吃苦在前，享乐在后”。

6·23　子曰：“知者乐水，仁者乐山。知者动，仁者静。知者乐，仁者寿。”

【译文】

孔子说：“聪明人乐于水，仁人乐于山。聪明人灵动，仁人沉静。聪明人快乐，仁人长寿。”

【赏读】

聪慧的人乐水，是因为水灵动、活泼、轻柔、纯净，如琴瑟相知。智者如水，聪慧的人为人处世游刃有余，遇到困难也能迎刃而解，智者的人生永远快乐。仁德之人乐山，是因为山厚重、安稳、宁静、坚定，类松柏连理。仁者乐山，暴风骤雨、电闪雷鸣也能从容应对。厚德者沉稳而处变不惊，任何时候的突发事件都不会乱阵，什么事都能处理得有条不紊。

智者行事，静观其变，尽展才华；仁者行事，稳如泰山，从容应对。真正的君子就是智仁合一、德艺双馨者。智与仁犹如一个人的左右手，不可或缺，也如山水相依，互为风景。仁是根本，厚德就会深根基；智

即巧妙，茂才则可展空间。有仁有智，人生之树就能根深叶茂、硕果累累。一个人，既要是好人，又要成能人，那么仁与智就是他的硬件。为政者仁智兼备，就能遇事如大山般的镇定，办事如流水般的灵动。

6·24 子曰："齐一变，至于鲁；鲁一变，至于道。"

【译文】

孔子说："齐国（的政治和教育）一有改革，便达到鲁国的样子；鲁国（的政治和教育）一有改革，便进而合乎大道了。"

【赏读】

这是孔子的文化自信。这个自信源于他对周礼的认同。周礼在鲁，尽在孔子掌握之中。孔子主张克己复礼，对鲁、对齐恢复礼制很有信心。在孔子看来，强大的齐比不上相对弱小的鲁。之所以如此，因为齐国有太公的遗风，也有管仲兴霸业，而且社会风气变得越发功利，那里的百姓也喜欢夸祚；而鲁国有周公、伯禽之教化，其百姓崇礼尚信，社会风气仁厚近道，两国风俗大有不同。在孔子眼里，鲁国才是未来发展的方向。

文明仁礼形态的竞争比强硬的武力竞争更能让人接受。从长远看，一个文明和谐的世界，需要有东方内敛文化的滋润，中国有这样的文化自信！这并不是说要让全世界的人完全接受东方文化，而是世界要以东方文化特别是中华文化作为世界文化的底色进行融合。中华文化中的内敛性，有水的灵动在，有新生命的柔性在，有温润的仁善包容在，有调和平衡的中庸在。而西方文化的硬伤，就在于其过分的物欲驱动、过度的竞争及极端个人主义的泛滥。虽然西方文化崇尚科学与自由，加速了改造自然与人类现代化的进程，但不断的索取同样加速了人类的消亡与地球的毁灭。因此，有机地促进中西方文化的融合，才是世界的未来。

6·25 子曰："觚(1)不觚，觚哉！觚哉！"

【注释】

(1) 觚——古代盛酒的器皿，腹部作四条棱角，足部也作四条棱角。每器容当时容量二升（或曰三升）。觚有棱角，才能叫作觚。可是做出棱角比做圆的难，孔子所见的觚可能只是一个圆形的酒器，而不是上圆下方（有四条棱角）的，但这也名为觚，因之孔子慨叹当日事物名

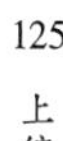

实不符，如“君不君，臣不臣，父不父，子不子”之类。另说，觚和“孤”同音，寡少的意思。只能容酒两升（或者三升）的叫觚，是叫人少饮不要沉湎之意。可能当时的觚实际容量已经大大不止此数，由此孔子发出感慨。

【译文】

孔子说：“觚不像个觚，这是觚吗！这还是觚吗！”

【赏读】

孔子是在为觚“正名”。表面上他在感叹“觚”，感叹眼前的“觚”不是人们公认的“觚”，只有“觚”名而无“觚”实；实际上，令孔子痛心的是社会的礼崩乐坏，很多礼也只是有名无实，而且很多奸佞之臣屡屡僭越礼乐，这才是孔子急迫正名的关键。

觚，不觚。孔子也许是感叹当时工匠的粗糙马虎与时人的节用，但话里是在强化“范式”与规矩。曾经的中秋饼，里面蕴含的是博大深厚的华夏文化；如今的中秋饼，里面可以藏珠宝放钻石，没了文化却增了贪欲与奢华。月饼成了“贿饼”，这岂止是月饼在变？

北宋王安石新政青苗法的实施失败说明，上面一个好的政策，层层落实下来，最后变成了的扰民伤民的枷锁。这里虽然法律条文没变，但执法的人在变，结果就出现名与实不符。制度设计上的一点漏洞，一项政策措施有一点不到位，落实下去就会人为地变形，执行起来就更是走样，结果就觚不是觚，富国之法成了伤民绳。

6·26　宰我问曰：“仁者，虽告之曰：‘井有仁[1]焉。’其从之也？”子曰：“何为其然也？君子可逝[2]也，不可陷也；可欺也，不可罔[3]也。”

【注释】

(1) 仁——仁人，和“泛爱众而亲仁”（1·6）的“仁”用法相同。此“仁”可释为人，又可译为“需要救助之人”，故曰仁。(2) 逝——“逝”与“往”有所不同，“往”而不返才为“逝”。(3) 可欺也，不可罔——欺，罔。《孟子·万章上》有这样一段话，和这一段结合，正好可以说明“欺”和“罔”的区别。那段原文：“昔者有馈生鱼于郑子产，子产使校人畜之池。校人烹之，反命曰：‘始舍之，圉圉焉；少则洋洋焉；攸然而逝。’子产曰：‘得其所哉！得其所哉！’校人出，曰：‘孰谓子产知？予既烹而食之，曰，得其所哉，得其所哉。’故君子可欺以其方，难罔以非其道。”那么，校人的欺骗子产，是“欺以其方”，而宰我的假设便是“罔以非其道”了。

【译文】

宰我问道：“有仁德的人，就是告诉他：‘井中有位仁人（掉）在里面啦。’他会跟着跳下去吗？”孔子道：“为什么你要这样做呢？君子可以叫他远远走开不再回来，却不可以陷害他；可以欺骗他，但不可以愚弄他啊。”

【赏读】

“仁者有知”但“知者未必有仁”，还可能“害仁”。宰予在诡辩中让君子处于两难中，特别是“井有仁人”还是个假前提的时候，那就是对君子“辱”字前面再加上“贼”字。

宰予的话是不是在暗示孔子曾有意接受阳货的邀请，或者警示孔子在卫国拜见南子，我们不得而知，但也值得让我们反思：假如环境险恶，因仁而让自身陷入绝境，又该如何处置呢？比如，一个“碰瓷”事件就在眼前，怎么办？车站里，那个长期伪装成残疾人的“职业乞丐”又向你伸出索取的手，给不给？我想，社会的某类人群如果借助人的善来作恶，比利用人的贪欲来行骗更可恨，因为前者对人的心理冲击远甚于后者，而且对人性的善有致命的伤害。孔子在此把这种可能当成不可能讲，也许只是不愿意面对而已。而宰予这样说，不是讲他自己会这样做，但不能排除社会上有人这样做。

对于“逝”“陷”“辱”，孔子自己都遇到过——季孙氏恨他就让他远离鲁国；司马桓魋（tuí）害他就直接砍树要压死他（7·23）（《史记·孔子世家》）；在卫国，卫灵公游街，竟然为了夫人南子与宦官雍渠把孔子冷落在车后。因此，待君子也要看是君子待君子，还是小人待君子。为什么一定要置他人于死地而后快？为什么不可以让别人看到自己的正确观点去改变他的错误观点？是不是自身缺乏自信？我想，“容忍”是世间最大的仁慈。

欺骗与愚弄是现实社会生活中经常发生的。两者的区别如同偷盗与抢劫一样明显。欺骗是让对方在不知情的背景下，甚至是表面上给对方好处，然后让人上当受骗，使自己获取不当的利益或快乐。但君子在知情后会吃一堑长一智。吃亏虽不是福，但可以长见识。然而，如果其行为换成侮辱性的愚弄，性质就变了，因为“士可杀不可辱”。也就是说，伤害君子的人已从“小偷”演变成了“抢劫犯”。现实中就有这种人，一开始干着小偷的勾当，等受害者清醒过来时，他就露出强盗的真面目，

继续着他的“抢劫”，干脆喊出“我是流氓我怕谁”的话来。宰予的话是在警示人们要小心社会的恶！

6·27　子曰：“君子博学于文，约之以礼[1]，亦可以弗畔[2]矣夫！”

【注释】

(1) 博学于文，约之以礼——文，诗书礼乐，一切典章制度、著作义理皆属文。博学始能会通，然后知其真义。礼，犹“体”，即人之行为的外在形式。人凡修身、齐家、从政、求学一切实务皆是，即人把学的东西行于实践，做到文礼合一。学者以博文达到约礼，学用结合提升君子之风。(2) 畔——同“叛”，背叛。

【译文】

孔子说：“君子广泛地学习文献，再用礼节来对自身行为加以约束，也就可能不至于离经叛道了。”

【赏读】

君子能博约并进，文礼兼修，自当不会离经叛道。博学，并非滥学，而是在博学之后加以过滤、提炼与浓缩，把学问化为思想，化为行动。这时，“礼”就有了双重作用，它既是人们学习的对象，人们又可以用它来约束自身的行为。“约”用来约什么？约博学过来的东西，还是约博学后的人？也许两者兼而有之，或许只有兼而有之，才不会背弃仁人君子的宗旨。总之，学而过滤，方得精华；为人多思，慎独、慎行，方能减少失误与过错。君子用文献让自己博学，又以“礼”来规范自己的言行，只有这样，才不会离经叛道。如果理解为以“礼”来规范人去广泛地学习文献，看自己该看的东西，有选择地接受，也不失为好的学习方法。当然，这样的人也就不会离经叛道。但被约束的最终还是人，而非文献本身。

人，如果广泛地学习历史文献，从中发见新东西，得出新思想，超越一般意义的温故知新，有个肯定之否定的突破，也合乎人的认知规律。但是这种对礼的突破岂是与孔子“复礼”主张相悖？因此，我们对待孔子的“礼约”就不能过于死板，要在先钻进孔子“复礼”的里面之后再跳出来，看清“礼”的本意。事实上，孔子创立儒学本身就是对商周文化的继承与发展，从他对诸如“禘祭”的质疑中可以看出，其实孔子对“周礼”有所扬弃，孟子、荀子也是这样发展着儒学。

6·28　子见南子[1]，子路不说。夫子矢之曰："予所否者[2]，天厌之！天厌之！"

【注释】

(1) 南子——卫灵公夫人，把持着当时卫国政治，而且有不正当的行为，名声不好。(2) 予所否者——古人誓言中皆有前用"所"字后用"者"字。"所……者"有假设语气，只用于誓词中。否，有"不合于礼，不由于道"之意。古者仕于其国，有见其小君之礼。礼，在其国，不非大夫，况于小君？若详告，言必及南子，故孔子不直答而又为之誓。此，婉转其辞使子路思而自得之。

【译文】

孔子去和南子相见，子路不高兴。孔子发誓道："假若我做错了的话，天就会嫌弃我！天就会嫌弃我！"

【赏读】

对跟南子见面一事，孔子很理性，子路则感性强烈。子路想到的是表面的男女有别，孔子行的是主宾之礼。孔子能预见南子给自己带来的负面影响，但有理由去见南子。一是南子是卫国第一夫人，而且是个实权女人；二是身正不怕影子歪，孔子明白到卫国的目的。

子路也清楚先生的目的，但太爱惜先生身上的羽毛，情感上接受不了。孔子如此激动地向率性的弟子表白，也许比冰冷生硬的说理来得更有效，何况外交礼节上还要顾及尊重对方而不言及南子呢？其实，孔子本是个性情中人，在对待伯牛生病与颜回去世两件事上有过同样言辞。事实上，孔子在卫的忍耐也有限度，妥协也是有他的考量和底线。卫灵公出游招摇过市，与南子及宦官雍渠同车，却把孔子这个饱学贤士谦谦君子当个花瓶而安坐在后面的车上。孔子为此深感屈辱，发出了"吾未见好德如好色者也"（9·18）的感叹。极度失望孔子毅然选择了离开。

6·29　子曰："中庸[1]之为德也，其至矣乎！民鲜久矣[2]。"

【注释】

(1) 中庸——这是孔子的最高道德标准中，折中，无过，也无不及，调和；庸，平常，孔子拈出这两个字，就表示他的最高道德标准其实就是折中、平常的东西，也即作为一般人所易具的民德。(2) 民鲜久矣——这"民"字不完全指老百姓，因以"大家"译之。鲜，少、缺少。孔子在此感叹于风俗之败坏。

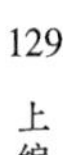

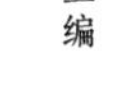

【译文】

孔子说："中庸这种道德，可算是最高的了，但大家缺少这种德已经很久了。"

【赏读】

在孔子眼里，中庸是为人处世的最高境界，中庸与礼乐同样重要。但现实严重缺失，因为在春秋末期，社会动荡，霸道渐起，人们急功冒进，所拥有的守不住把不稳。

"中"并非简单的折中，而是"加权"。"中"就是适度、恰当。适度有时不只是简单的适量，它还含有内在的品质。这就犹如一个人喝酒，基本的酒量加上当时的心情与酒席的氛围综合决定了他喝的这个量度。常说过犹不及，很多人以为多加把"火"总不会白加，殊不知窑里的砖烧得过度，就会烧老坯子；经济刺激过度，就会产生泡沫；真理往前再跨一小步，就成了谬误。

人与人之间的关系也讲求"适度"，太远显得生，太近显得腻。人至察则无徒，关系再好再铁，相互了解得太多太细未必就是好事。那人与人的关系保持怎样的距离才算"适度"？这要依据两人关系程度与相同趣味、认知的区域大小及各自的性格特点等情况综合决定。给他人留下空间，就是为自己留下空间。

"庸"则平常。其实很多能得以延续的东西都是常态，这就犹如有人把婚房当成热恋的地方，好像结了婚就可以天天卿卿我我，殊不知结婚却是夫妻平凡生活的开始。人就是要有平常心，要以平常态待事待人。君子处世，就是把德放在平常态的生活中，即把做好事变成一种生活常态，于无声处见境界。因此，平常非平庸，更非庸俗，犹如无为非不为，更非乱为，而是以无为达到有为。

为什么在人们的物质生活水平普遍提高的情况下，大部分人反而变得焦虑，感觉不到幸福？因为人们的精神生活境界与物质生活水平失去平衡，缺少"中庸"之德。

6·30　子贡曰："如有博施于民而能济众，何如？可谓仁乎？"子曰："何事于仁！必也圣乎[1]！尧舜[2]其犹病诸[3]！夫[4]仁者，己欲立而立人，己欲达而达人。能近取譬，可谓仁之方也已。"

【注释】

(1) 必也圣乎——圣，此处对于有德有位者而言。仁者失位，不能博施济众；有位无德，也不能博施济众。(2) 尧舜——传说中的上古两位帝王，也是孔子心目中的榜样。(3) 其犹病诸——其，语气副词，恐怕，表情态；诸，兼词，同之乎。(4) 夫——发语词。

【译文】

子贡道："假若有这么一个人，广泛地对百姓施予恩惠，并且帮助大家（生活得很好），怎么样？可以算是仁道了吗？"孔子道："这哪里仅仅是在仁道上行事！这一定是行圣德了！尧舜恐怕都还担心能否做到这一点呀！有仁德的人，就是要自己站得住，同时也让他人站得住；自己要事事行得通，同时也想让他人事事行得通。能够就眼下的事实选择例子一步步去做，这个可以算是实践仁道的方法了。"

【赏读】

首先，伟大的理想须根植于现实，伟大的事业也得从琐碎的生活小事开始。其次，立与达是人人追求的目标，但是如何实现个人的立与达，则可显出人的道德境界。孔子的"己欲立而立人，己欲达而达人"的思想给了我们一个清晰的答案。子贡设定的道德境界确实高——"博施""济众"，可谓胸怀天下，济世苍生，为大众谋福祉，这是仁人圣德之风范。孔子没有否定子贡的话，只是委婉地告诉他，要做到这些光有仁德、才能、钱财还不够，还要配位。没有名位，如何能"博施、济众"？孔子何尝不想如此，但他也只能如"木铎"般传其道而已。

述而篇第七

全篇主要记录孔子志行于道及讲学中的种种言行，以“信而好古”引发出作为师者在教与学之目的、内容、对象、理念、态度、方法等方面的一些具体实践与看法。其有教无类、诲人不倦、不愤不启、不悱不发、言传身教、现身说法的教育思想或教学方法仍有极强的现实意义，而真诚的自我评价及以其自身生活感受与弟子们进行心与心的交流几乎贯穿全篇。由此，一个循循善诱、富有真性情的师者形象不仅站在弟子面前，也呈现在后学者眼前。孔子语录大都以其朴素的生活实践明示人生的大道理，这给后学者以深刻入微的思考。

7·1　子曰：“述而不作，信而好古[1]，窃比于我老彭[2]。”

【注释】

(1) 述而不作，信而好古——述，传述旧闻。作，孔子有德无位，故只述而不作。下文中“盖有不知而作之者，我无是也”（7·28），这个“作”大概也是“不知而作”的含义。又“好古，敏以求之”（7·20），也可为这个“好古”的证明。(2) 老彭——人名。有人说是老子和彭祖两人，有人说是殷商时期的彭祖一人，又有人说孔子说“我的老彭”，其人一定和孔子相当亲密，未必是古人。

【译文】

孔子说：“只是阐述旧章而不创作，以相信的态度喜爱古代文化，我私自跟我那老彭相比。”

【赏读】

孔子“述而不作”，尊重古人文化思想的原创性，重在阐述经典、传承文化。在他看来，自己有德无位，依礼而行，致力复礼，使之趋于完善。孔子“信而好古”，阅读经典，也会有“临文嗟悼”般的感慨。

孔子对古人言辞、学说如此尊崇，也许古人言辞内涵丰富、意蕴深刻，足以引发孔子对社会各种现象的思考；也许孔子对古人言辞有了深刻的理解与发掘，创造性地读出了它的新意；也许孔子主张克己复礼，思想决定了行动，但是，他的位不足以推动这一恢复周礼的巨大行动，

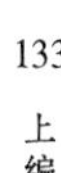

因而他必须借助古代圣贤之名。当然，他所阐发的东西一定有所过滤、有所改造，也一定会有他自己的东西。虽然孔子主张复礼，但无论如何那也只是恢复孔子心中的古礼，而未必是周礼的全部。

“信而好古”是“述而不作”的前提，但“信而好古”的背后是什么？恐怕与这个没落的贵族后代生活在文化厚实的齐鲁大地有关，也与孔子有机会接触周室大量的经典文献有关。复古主义者其实是另一类的改革家！这一点不论是在中国唐宋文学的古文运动中，还是在欧洲中世纪意大利的文艺复兴中，都可以得到证实。

7·2　子曰：“默而识[1]之，学而不厌，诲人不倦，何有于我哉[2]？”

【注释】

（1）识（zhì）——记住。（2）何有于我哉——何有，即有何，场合不同表意不同。可释为“有什么”或“不难之辞”。

【译文】

孔子说：“（把所见所闻的）默默地记住它，努力学习并且不感到厌烦，教导别人却不怠倦，（这些事情）对于我而言有哪些做到了呢？”

【赏读】

孔子不仅善学，而且善教。孔子提出的学，首先是用心学，其次是不断地学，不仅是求学问，也包括学技艺、学做人，不断提升自身修养与品德。孔子明确教要“诲人不倦”，教人的过程也是交流与学习的过程，从而才有教学相长之效。有时学习者的一个提问，也能给教者带来灵感或感悟。诲人的过程还是一个阐述思想、表达自我与提升自我的过程，并且可以在与弟子的切磋中享受快乐。比如，孔子与子贡切磋，特别是当子夏讲到“礼后乎”时，他乐得发出“起予者商也”（3·8）的感叹。如此这般教，又何来“倦”意？

7·3　子曰：“德之不修，学之不讲，闻义不能徙，不善不能改，是吾忧也。”

【译文】

孔子说：“不培养品德，不讲习学问，听到义不能迁移到自己身上，有过错的地方不能改正，这些都是我忧虑的地方啊！”

【赏读】

杜甫"穷年忧黎元"，范仲淹"先天下之忧而忧"。孔子则忧是否修"德"，是否研习学问，是否能当仁不让、闻义而动，是否改正了身上的不足，这是君子的修身之忧。我想，君子唯有从"忧身"出发，才会"忧"天下，从而实现从忧己到忧人再到忧国的升华。

如今，少数为政者本应以自身工作为忧，以集体团队为忧，以国家社会为忧，却在忧权力如何牢牢地握在自己手里，忧如何才能讨得上级欢心，忧如何才能扳倒他人……总之，他们唯己是忧，忧的是自己的"一亩三分地"，而这恰恰是国之大忧。想当年，宋高宗赵构忧的是岳家军真的把太上皇抢回来，或者让非直管的岳家军发展到自己无法控制的地步，进而保不住自己的皇位，哪里还顾得上恢复中原，一雪靖康之耻呢？孔子讲得对，要成为忧天下者，就得先忧自己有无"仁德"之心，忧自己是否研习学问、增长才干。有了这个基础，自己的操守把得住，心系于民，心系于天下，才能与民同乐、与民同忧。

7·4　子之燕居[(1)]，申申如也[(2)]，夭夭[(3)]如也。

【注释】

(1) 子之燕居——为全句主语；燕居，闲居。(2) 申申如也——申申，整齐有序，（形态上）很舒展，不拘谨；如，词尾。(3) 夭夭——（神情上）轻松、舒适。

【译文】

孔子在家闲居，很整齐舒展的样子，也有轻松和乐的神情。

【赏读】

君子居家，坦荡安居，行动自在，闲适自然，恬淡安详。孔子燕居而安，静心养性，返璞归真，此乃君子处世、应对内外之礼的表现，也是他知命不惑、行事自如的表现，还是他经历风风雨雨、周游列国感悟人生的体现，更是他超然于尘世、跃进到一种包容天地的大境界的人生表达。

7·5　子曰："甚矣吾衰也！久矣吾不复梦见周公[(1)]！"

【注释】

(1) 周公——姓姬，名旦，周文王的儿子，武王的弟弟，成王的叔

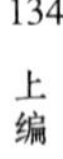

父，鲁国的始祖，又是孔子心目中最敬服的古代圣人之一。两个句子都是主谓倒装句。

【译文】

孔子说："我衰老得好厉害呀！我好长时间没再梦见周公了！"

【赏读】

提到周礼，孔子必提周公。孔子未梦见周公，难道真的是因为他衰老了？是不是他想到周公的时候不多了？是不是周公的话，他已了然于胸？是不是他思考的问题在周公那里找不到答案？是不是他对恢复周礼已经失望？也许他想到自己来日无多，还想从周公那儿获得更多而内心急切；也许这个积极的"入世者"真的累了。但我想，这应是他对王道不行的一种委婉而无奈的感叹吧。孔子"述而不作"，把周礼发掘、阐述到了极致，但时局不给他实践的机会。

7·6　子曰："志于道，据[1]于德，依于仁，游于艺[2]。"

【注释】

(1) 据——固执，坚守。道行在外，德修在己。求行道于天下，先自据守于德。(2) 游于艺——游，游泳。艺，人生所需。孔子当时有礼、乐、射、御、书、数六艺。人对六艺的学习，就像鱼在水中游，忘记自己是在水里，而有了游水自如之乐。

【译文】

孔子说："目标在'道'，根基在'德'，依靠在'仁'，而游憩在礼、乐、射、御、书、数六艺里。"

【赏读】

孔子给君子明确了一个完整的人生发展方向，只需努力践行。

"道、德、仁、艺"，这四者是人生基本面不同层次的具体表现，既有仰望星空的人生目标，又有落地生存的基本技能。它让抽象的道德接得上地气，从而让更多的人理解、认同、接受并施行。这四者，道的层面最高，为"形而上"的东西；"德"与"仁"虽然抽象，但可以从人的处世行事中表现出来，并让人感受到——"德"让人去守住道，"仁"让人去关爱人；"艺"的层面最低，最世俗，也最接地气，是维系人生命的物质保障。孔子此语，从形而上到形而下的各层面，对人生四重境界进行了由抽象到具体、由高境界的精神追求到最基本的物质生存需要的高度概括。

人生目标，立志要高远。以孔子的看法，就是要选好道，道就是天道，要“上达天”。一个人能以追求天地间的最高规律为行事准则，就是以大境界成大事。而孔子的天道接地气，他要把天道引向人道，即引到“王道、仁政”上来。人，只有立高远的目标，才会有永久的动力与精神支撑。

目标实现的根基就是德，德是人生价值目标实现的根基与轨道，是人生的大本营。人无德，追求的“天道”就不能接地气，就是缥渺于空中的楼阁。这个德就如运载火箭可以把人送入太空一样，让仁人君子“上达天”。而具有社会属性的人对道德境界的追求，又必须通过社会生活中人与人之间的关系来体现，做到“下达”。常言厚德载物，物就成了“运载火箭”的燃料，而厚德在养，积善成德，德要靠人在社会实践中积累。

仁是个人积累道德基础的凭借，也是人发散自身道德力量的手段、方式与表现。也就是说，君子的仁犹如火箭升天的燃料，其仁爱之心不断积累到可以“上达”的仁德力量。而仁又是个人的人生价值在世俗的社会关系中最能体现出来的精神层面，并且能很好地在人们的物质世界的各个层面形成广泛的联系。

艺是人的生活追求表现出来的最表层的手段、生活方式或呈现状态，是人最基础的活动体现。从这个最基础的活动体现看，虽然君子与世俗的人事（谋生）似乎没什么区别，但是生活方式能反映出君子在道、德、仁方面的本质，因此就有“生活小细节，人生大境界”一说。仁德之人也要学艺。艺除了能解决生存问题，还能让仁人君子与芸芸众生广泛接触，从而才让仁人君子有机会布施仁爱，让芸芸众生吸收仁德之能量，让人从艺的“形而下”的具体学术中不断提升，让人有了道、德、仁的升华，庖丁解牛如此，大禹治水亦如此。一个仁人君子就像一株树苗，要发展成一片森林，天就是它的志（道），要给它必要的空间；地就是它的德，让它深深地扎根泥土；阳光、雨露就是它的仁，给它不断生长的能量；春华秋实，引来鸟翔蝉鸣就是它的艺。树有了这些花果就有了生存、发展的凭借，而有了让种子发芽、小苗存活的最基本的条件，成片的森林就有希望。

总之，志是自我设定目标，德是价值实现的根基，仁是发展自我、实现自我的凭借与桥梁，艺是现时自我生存与发展的必需与保障。一个人，再伟大的人格，再崇高的思想，都蕴含于现实物质世界。人不仅要生存，而且要发展，要实现其人生价值（目标）。那么，一个人如何实现自身的人生目标呢？对此，孔子用一生为我们做了最好的诠释。现实中，很多人仅仅把艺当作自身获取外物生活必需的手段，却不知还有乐在其中的“道”可取，结果陷入一种对物质贪欲的痛苦，或因放弃“道”没有达到应有的人生高度而迷茫。

7·7 子曰：“自行束脩[(1)]以上，吾未尝无诲焉。”

【注释】

(1) 束脩——脩是干肉，又叫脯。每条脯叫一脡（挺），十脡为一束。束脩就是十条干肉，古代用来做初次拜见的礼物，但这一礼物是菲薄的。

【译文】

孔子说：“只要是主动地带着十脡以上干脯的薄礼来见面的，我从没有不教诲的。”

【赏读】

孔子不只是把教书作为谋生的手段，更重要的是把教书育人当成一生的事业。这干肉只不过是建立师生关系的引发与凭证而已，它已被孔子赋予了全新的教育思想——有教无类。

7·8 子曰：“不愤[(1)]不启，不悱[(2)]不发[(3)]。举一隅不以三隅反[(4)]，则不复也。”

【注释】

(1) 愤——心求通而未得通之意。(2) 悱——口欲言而未能言之貌。(3) 不启，不发——这是孔子自述其教学方法，必须受教者先发生困难，有求知的动机，然后去启发他。(4) 三隅反——物方者四隅，举一隅示之，当思类推其三。反，还以相证。

【译文】

孔子说：“教导学生，不到他想求明白而不得的时候，不要去开导他；不到他想说却说不出的时候，不要去启发他。教给他东方，他却不能由此推知西、南、北三方的，（这个问题）就不要再教下去了。”

【赏读】

这种教学理念与方法是孔子教学的经验之谈，教人要掌握火候，即因材施教。那么，“不愤”“不悱”的学生，他就真的不教？我看并不全

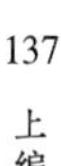
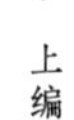

是。孔子认为，可以让学生去实践，并在实践与阅读上给他们必要指导，激发他们的求知欲、表达欲与领悟力。也就是说，教师可先做引导学生能“愤”、能“悱”之事。

孔子强调在教育教学上要理念好、方向对、方法有效，强调教学不能拔苗助长。当然，如今的教师同样不可把孔子的教学理念生硬地塞入具体教学实践中，而不加区别地以“孺子不可教也”为由放弃个别学生。

7·9　子食于有丧者之侧，未尝饱也。

【译文】

孔子在有亲属离世的人旁边吃饭，从来就没有吃饱过。

【赏读】

孔子为仁者，有恻隐之心，如此表现也是人之常情。

7·10　子于是日哭，则不歌。

【译文】

孔子在这一天哭过，就不再唱歌。

【赏读】

当天哭过而不唱歌是为情之所致。孔子性情虽乐观豁达，但绝非喜怒无常。后人有言：“男儿有泪不轻弹，只是未到伤心处！”事既然能让孔子哭，那就不是小事，伤痛也不可短时消除。

7·11　子谓颜渊曰：“用之则行，舍之则藏，惟我与尔有是夫！”

子路曰：“子行三军，则谁与(1)？”

子曰：“暴虎冯河(2)，死而无悔者，吾不与也。必也临事而惧，好谋而成者也。”

【注释】

(1) 子行三军，则谁与——行军犹言行师。《易经·谦卦·上六》云：“利用行师征邑国。”行师似有出兵之意。这种活用，一直到中古都如此。与，动词，偕同。子路好勇、直率，看见孔子夸奖颜渊，自视不如颜渊而行军乃其所长，便发此问。(2) 暴虎冯河——冯（píng）。徒手搏虎曰“暴虎”，徒足涉河曰“冯河”，此皆粗勇无谋。孔子在此设喻，指出子路的不足，而非真有其事。河，在此不一定专指黄河。

【译文】

孔子对颜渊道："用我呢，就行道于世；不用我呢，就藏道于身。只有我和你才有这个想法吧！"

子路道："先生您若有率领三军之事，将跟谁共事呀？"

孔子道："赤手空拳跟老虎搏斗，赤着脚不用船去渡河，这样死了却不后悔的人，我是不会跟他共事的。（我要找他共事的）一定是面对任务便恐惧谨慎，善于谋略而能成事的人呀！"

【赏读】

孔子赞赏颜回，是源于颜回对道的追求与孔子高度一致、对孔子思想的超常领悟及其寡言而敏行的君子品格。孔子把颜回放到与自己并行的位置上说话，大有"知我者，颜回也"之意，或许这里就暗示孔子与颜回携道而行、交接传递儒道之意。

孔子认为，"用"与"不用"不在"我"。有德无位有什么办法呢？"怨"有何用？道之"行""藏"在我，不如用时痛快地行于道，不用时便藏道于身。

孔子周游列国宣传他的王道，并不被国君看好，但孔子不气馁，选择把道藏起来。不过他是大藏，不光藏在了书里，更藏在了弟子们的心里，想不到这一藏就被历朝统治者沿"用"。虽然历朝历代的儒家篡改了孔子的诸多思想，但后学者能以其思想去践行或再传给后人，一定会有"真"的东西在。事实证明，洞窖的美酒越藏得住、藏得深，后劲就越足。

子路直率，带兵打仗是他的强项，但孔子一针见血地指出他好勇不谨慎，弄不好就会"出师未捷身先死"，所以孔子要压他。此话有些刺耳，但孔子多么希望子路能改一改他的率性好胜，多一些谨慎、智慧与谋略。他又何尝忍看子路走向一个悲剧的结局？

7·12　子曰："富而[(1)]可求也，虽执鞭之士[(2)]，吾亦为之。如不可求，从吾所好。"

【注释】

（1）而——同"如"，假设连词，但极少独立用在句首。（2）执鞭之士——根据《周礼》，有两种人拿着皮鞭：一种是古代天子及诸侯出入之时，有二至八人拿着皮鞭使行路之人让道；一种是市场的守门人，

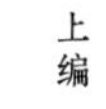

手执皮鞭来维持秩序。这里讲求财，市场是财富聚集之处，可译为“市场守门卒”。

【译文】

孔子说：“财富如果可以求得的话，即使做市场的守门卒，我也愿意干。如果不可以求得，我还是做我喜欢的事吧。”

【赏读】

财富是个人价值能力的一种体现，也是个人为社会做出贡献的一种凭证。身外之物，来得正当干净，用得有仁有义，这是君子对待财物的品德。孔子对财富追求的底线就是“可求”，即“求之有道”。换个角度看，追求财富不是孔子的唯一目标，甚至连“追求”都算不上，“道”才是他追求的根本。在他看来，财富只是生存的必需，是他做学问与修行的物质条件，而“为执鞭之士”并不影响他对道的追求，求而可得则为。从孔子为“可求之财”可以做“执鞭之士”推知，如果某位国君能给他施展王道的平台，即使平台再小，他也会干。然而，现实很残酷，因为他的为政底线与当时的国君、权臣给他的底线没有交集。

7·13　子之所慎(1)：齐(2)，战，疾(3)。

【注释】

(1) 子之所慎——之，取独标志；慎，不轻视，不怯对。所慎，为所字结构，即审慎处理之事。(2) 齐——同“斋”。古代于祭祀之前，一定先要做一番身心的清洁整理工作，这一工作便叫作“斋”或者“斋戒”。(3) 战，疾——上文说到孔子作战必求“临事而惧，好谋而成”(7·11) 的人，因为这关系到国家与个人的存亡安危；《乡党篇》里记录孔子病了，“康子馈药，拜而受之。曰：‘丘未达，不敢尝’”(10·16)。孔子不敢随便吃药，可谓谨慎。

【译文】

孔子小心慎重对待的事有三件：斋戒，战争，疾病。

【赏读】

祭祀，对祖先神明要诚心，要亲力亲为。对神灵，平时敬而远之，要去祭祀，就要诚心，祭祀前的斋戒自然要慎。古人对“战”的理解可分为两大类、四层次（上兵伐谋，其次伐交，其次伐兵，其下攻城）。伐谋与伐交为“不战”；伐兵与攻城为“慎战”。“不战而屈人之兵”是最高境界，是决战于战略上、道义上、外交上的“战斗”，而以战术为主的人与人之间的攻城略地、相互杀戮是残酷而具有毁灭性的。然而，战争又是解决不可调和矛盾的最终手段。因此，对待战争要慎之又慎。疾病会危及生命，而生命是个人实现人生价值的凭借与基础，并且生命是父母给的，必须得到尊重。人有病，必须慎重待之。

7·14　子在齐闻《韶》，三月不知肉味(1)，曰："不图为乐之至于斯(2)也。"

【注释】

(1) 三月不知肉味——另有一说，当以"闻《韶》三月"为句。此三月中常闻《韶》乐，故不知肉味。然孔子曰："发愤忘食，乐以忘忧。"此亦一种艺术心情。(2) 乐之至于斯——之，为"取独"标志；斯，一说指"齐"，谓不同音乐远至于齐。

【译文】

孔子在齐国听到《韶》的乐章，很长时间尝不出肉味，于是道："没有想到欣赏音乐竟达到了这种境界。"

【赏读】

"尽美矣，又尽善也。"(3·25) 这是孔子对舜时《韶》乐的赞美。"不知肉味"，不是说孔子没肉吃，而是说对肉不感兴趣，对肉的美味不敏感。在那个时代，竟然有比肉更能让孔子着迷的东西，以至使他达到乐以忘食、乐以忘忧的境界！这就是《韶》乐的魅力。

如果人们当时把肉当作最高的物质享受，那么，这件事就足以证明孔子能放弃它而去追求更高层次的精神享受。然而，现实中有人与之相反，为了权欲与物欲，可以放弃初心，放弃人格尊严，甚至不择手段。虽然社会不鼓励人人要去追求那种安贫乐道的生活，但我们至少可以在有了两个"面包"的时候，拿出一个去换取"鲜花"才对。

7·15　冉有曰："夫子为(1)卫君(2)乎？"子贡曰："诺；吾将问之。"

入，曰："伯夷、叔齐何人也？"曰："古之贤人也。"曰："怨乎？"曰："求仁而得仁(3)，又何怨？"

出，曰："夫子不为也。"

【注释】

(1) 为——帮助或赞成之意。(2) 卫君——指卫出公辄。辄是卫灵

公之孙，太子蒯聩之子。太子蒯聩得罪了卫灵公的夫人南子，逃到晋国。灵公死，立辄为君。晋国的赵简子又把蒯聩送回，借以侵略卫国。卫国抵御晋兵，自然也拒绝了蒯聩的回国。从蒯聩和辄是父子关系这一点看，似乎是两父子争夺卫君的位置，和伯夷、叔齐两兄弟的互相推让终于都抛弃了君位相比，恰恰成一对照。因此，下文子贡引以发问，借以试探孔子对出公辄的态度。孔子赞美伯夷、叔齐，自然就是不赞成出公辄了。

(3) 仁——安心。

【译文】

冉有道："老师会去帮助卫君吗?"子贡道："好吧；我就去问问他。"

子贡进到孔子屋里，道："伯夷、叔齐是什么样的人?"孔子道："是古代的贤人啊。"子贡道："（他们两人互相推让，都不肯做孤竹国的国君，结果都跑到国外）是不是后来又怨悔呢?"孔子道："他们求仁德，便得到了仁德，又怨悔什么呢?"

子贡出来，答复冉有说："老师不会去帮助卫君了。"

【赏读】

子贡之问可谓智者之问，而孔子之答乃圣人之答!

为什么子贡会问伯夷、叔齐的事呢?因为这两兄弟让君位而隐于野，卫出公辄与其父蒯聩的君位之战，与这两兄弟正好相反。孔子赞成伯夷、叔齐两兄弟，自然就是反对两父子的行为。子贡真的不简单，要得到答案，但又不能直接问，要的不过是自己可以做出判断的依据。

师生对话可谓心领神会、心照不宣。卫灵公去世之际，孔子选择离开了是非之地，但子路留在了卫国。卫出公八年（前485年)，孔子来到卫国，次年又返回鲁国。为什么子贡能推断孔子不会留在卫国呢?因为子贡敏锐地感受到孔子的话语里流露出他求仁的意识比求仕更强烈，孔子根本没有帮助卫出公的意思，更不会因不仕而生怨。孔子没有直接表明自己的立场，而是表达"不降其志，不辱其身，伯夷、叔齐与"(18·8)，以兄弟俩为榜样，不去卫君那儿"降其志，辱其身"，明确了自己的底线。孔子应该知道从这种国君身上得不到他希望得到的，离开卫国就成为必然。

7·16　子曰："饭疏食[1]饮水[2]，曲肱[3]而枕[4]之，乐亦在其中矣。不义而富且贵，于我如浮云。"

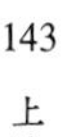

【注释】

(1) 饭疏食——饭，作动词。疏食，有两个解释：一是指粗粮，古代以稻粱为细粮，以稷为粗粮；二是指糙米。(2) 水——与“汤”相对应。汤，热水；水，冷水。(3) 曲肱——曲，作使动，使……弯曲。肱(gōng)，胳膊。(4) 枕——作意动，把……当成枕头。

【译文】

孔子说：“吃粗粮，喝冷水，弯着胳膊把它当作枕头，乐趣也在这里面找得到啊。干不正当的事而变得富有又高贵，对我而言，就如同浮云一般。”

【赏读】

孔子强调，人生追求的目标是道，获取财富的原则是“可求”，明确富与贵的前提是“义”。不义之财与不义之尊，对孔子而言如浮云般不可用、不可靠、不实在。反之，有了最基本的生存条件，哪怕是艰苦到吃粗食、喝冷水、睡硬板，只要能研求他的“大道”，就足以让他快乐。

7·17 子曰：“加[(1)]我数年，五十以学《易》[(2)]，可以无大过矣。”

【注释】

(1) 加——或作“假”。古代养老之礼，当以五十岁开始，五十岁以前未老，尚可学。(2) 《易》——古代一部用于占卜的书，其中的《卦辞》和《爻辞》是孔子以前的作品。

【译文】

孔子说：“让我多活几年，等到了五十岁时来学习《易经》，便可以没有什么大过错了。”

【赏读】

关于孔子说此话的文意及孔子说此话的时间，有诸多争议。孔子的言说本是一种假设，当然也不排除他说话时只有四十几岁，但句中说话时候的“我”已有了相当的人生感悟。那说此话时的孔子年龄到底多大？杨伯峻认为年岁应未到五十；大多数学者认为是在六十岁之前，即过了五十“知命”领悟人生的阶段；还有人认为是在六十岁之后，甚至在周游列国之后，而且对原句就容易理解。五十岁学《易》，是不是在强调学《易》需要有充分的学识与人生经验呢？从《易》的深奥的理性思辨看，应该如此。

学《易》可以“无大过”。这是强调《易》对人生（事业）有指导意义。由此，是不是可以推测孔子认为之前有“大过”？如果有，这个“大过”是不是暗示孔子走了弯路？因此他才认为，如果“五十”之后学《易》就不再会有大过了。因为孔子在五十出头就开始了长达十四年（五十四岁开始，到六十八岁回鲁）的周游列国，是不是认为他自己在刚出游时没有真正弄明白《易》是怎么回事？当然，这样理解此语的前提是他认为周游列国不成功。其实，我们可以反过来看，孔子如果没有之前的周游列国的坎坷，没有对《易》韦编三绝的痴迷，又能否领悟出人要到五十岁时学《易》才会没有大过呢？

我们是不是可以假定，孔子应是周游列国回鲁后才开始深入研究《易》的，他发现《易》的深奥及对人生的指导意义，于是发出这一感叹——如果能够让我多活几年，又让我在五十岁的时候开始研习《易》，也许就不用去周游列国，就不会形成周游“无为”的“大过”，并且在“阐述”经典上会有更大的作为！而现实情况是，孔子到了晚年，看到来日无多，意识到《易》的重要，却难有更多的成就。当然，我们不能排除之前孔子已经接触到了《易》，只是他自己认为还没有深刻领悟而已。

孔子如果没有周游列国的经历与人生感悟，对《易》又会有怎样的理解？作为圣人的孔子，他的任何一种行为、一个困局，都可以转化成一种正能量，这才是值得我们后学者思考的地方。

7·18　子所雅言[1]，《诗》、《书》，执礼，皆雅言也。

【注释】

(1) 雅言——古西周人语称“雅”，为当时中国所通行的语言。春秋时期各国语言不统一，当时较为通行的语言便是“雅言”，雅言又称正言。

【译文】

孔子在用通行语言的时候，读《诗》，读《书》，行礼，都用通行语言。

【赏读】

孔子是个文化使者，也是“普通话”的推广者。孔子周游列国，可谓是当时著名访问学者，真正做到了“读万卷书，行万里路”。读与行在地区语言上的差异，只有通过“通行语”发挥有效的沟通作用才能尽量消除，何况其弟子来自四方。孔子除《诗》《书》《礼》等外，还广泛涉猎其他经典。《诗》中有十五“国风”，孔子对其进行整理，自然接触各地语言。孔子曾对孔鲤讲“不学诗，无以言”（16·13），明确学诗可以“多识于鸟兽草木之名”，更可“兴、观、群、怨”（17·9）。

7·19　叶公[1]问孔子于子路，子路不对。子曰：“女奚不曰，其为人也，发愤忘食，乐以忘忧，不知老之将至云尔[2]。”

【注释】

（1）叶（shè）——地名，当时属楚，今河南叶县南三十里有古叶城。叶公是叶地方的县长，楚君称王，那县长便称公。此人叫沈诸梁，字子高，为楚国一位贤者。（2）云尔——云，如此；尔，同“耳”，而已。

【译文】

叶公向子路问孔子为人怎么样，子路没有回答。孔子对子路道：“你为什么不这样说，他的为人，用功便忘记吃饭，快乐便忘记忧愁，不晓得衰老就要到来，如此罢了。”

【赏读】

什么是快乐？不同的人、不同时期会有不同的答案。但有一点可以肯定，那就是做自己喜欢的事才会快乐，喜欢到了极致，快乐也会达到极致。正如孔子，当其探求思索而不得时，就会发愤，甚至到忘记吃饭的地步，一旦学有所得、思有所得，则快乐得不知疲倦，快乐得不知忧愁，甚至快乐得连时间都会忘却。

孔子嗜“王道”如命，所以他“朝闻道，夕死可矣”（4·8）。他闻道可以到忘食、忘忧、忘我的程度，而他的忘食、忘忧、忘我是在“乐道”的过程中达到的一种超然境界，如同“闻《韶》，三月不知肉味”（7·14）。所有这些，子路又哪里能体悟得到呢？

7·20　子曰：“我非生而知之者，好古，敏以求之者也。”

【译文】

孔子说：“我不是生来就拥有知识、懂得学问的人，而是爱好古代文化，勤奋敏捷地去求得学问的人。”

【赏读】

孔子讲他“非生而知之”的前提是他所积累的知识或掌握的学问已是超常的，以至被他人认为孔子就是一个“生而知之”者；孔子明确肯定自己的学问来自后天个人的努力。“好古，敏以求之”一句明确了他的学问来源及学习方法与态度。可以肯定，孔子的学问与学术思想，主要是对前人的学术总结、提升与创造性阐述。他钻研古代文献勤奋不已，他知命而为、积极入世，他安贫乐道、传播王道，这都是他出类拔萃的缘由。

7·21　子不语怪，力，乱，神。

【译文】

孔子平常不谈怪异、勇力、叛乱与鬼神。

【赏读】

孔子为何不谈怪异、勇力、叛乱、鬼神？孔子为智者，站得高。谢良佐曰：“圣人语常而不语怪，语德而不语力，语治而不语乱，语人而不语神。”（朱熹《论语集注》）依语境理解，这些事常人会谈。因为常人在生活中总会遇到自己无法理喻、无法解决的事情，处处感觉生存的无法自控，而孔子则知达天命。

7·22　子曰：“三人行，必有我师焉：择其善者而从之，其不善者而改之(1)。”

【注释】

(1) 三人行……改之——焉，兼词，于此。子贡说：“夫子焉不学？而亦何常师之有？”（19·22）。《老子》的“善人，不善人之师；不善人，善人之资”也是此意。

【译文】

孔子说：“多人在一块走路，在这群人里面便一定有可以为我所取法的人：（我）选取他的优点来学习，（看出）他的不足的地方（在自己身上也有）而加以改正。”

【赏读】

年龄或社会地位的差别，韩愈在《师说》中阐述得很清楚。既然同行有“道”在身，任何身份的人都可以把他当作自己的老师，而不必在年龄与社会层级上做过多考虑。选师的唯一条件就是“道之所存”。

此章前半句，孔子以自身的社会阅历与人的认知特点，明确指出一个人在任何地方遇上任何人，只要三五成群，他们有各自的智慧与思考，就可以相互启发与借鉴，共同学习与提升。后半句直接点明了此“师”的内涵，不仅讲明了理由，更明确了方法，眼光独到，境界高远！人不仅可以学习他人的长处，而且可以把他人的不足当镜子，警示自己，改正自身的不足。一个人即使各方面都比自己差，也可以把他当“镜子”。总之，自身思想对路，只要跟人交流合作，就会长见识、增能耐，这就叫征途处处有风景，人生事事是修行。

7·23　子曰：“天生德于予，桓魋[1]其如予何[2]？”

【注释】

（1）桓魋（tuí）——宋国的司马向魋，因是宋桓公的后代，所以又叫桓魋。（2）桓魋其如予何——《史记·孔子世家》记载：“孔子去曹，适宋，与弟子习礼大树下。宋司马桓魋欲杀孔子，拔其树。孔子去，弟子曰：‘可以速矣！’孔子曰：‘天生德于予，桓魋其如予何？’”

【译文】

孔子说：“上天让我身上有了这样的品德，那桓魋岂能把我怎样？”

【赏读】

孔子知天命，认为自己的品德是上天赐予的，自己是知命而为。如果上天还要他干下去，那桓魋又能把他怎样？这就是孔子的定力。人确实渺小，就连伟大的科学家牛顿对大自然与浩瀚的宇宙也发出感叹，以为宇宙的一切都是上天安排好的。人可以不认命，但要知命。不认命，可以“知其不可而为之”；知命，就会更有责任感与使命感，更有替天命而为的担当，就会拥有一种神圣的力量去支撑人生的事业。人知命，同样会“知其不可而为之”。由此，君子做事就会坦荡，遇事就会无畏。

7·24　子曰：“二三子以我为隐乎？吾无隐乎[1]尔。吾无[2]行而不与二三子者，是丘也。”

【注释】

（1）吾无隐乎——乎，同“于”，介词，与前一个“乎”表疑问语气不同。（2）无——是对后文“行而不与二三子者”的整体否定。

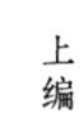

【译文】

孔子说："你们这些学生以为我有所隐瞒吗？我对你们没有隐瞒。我没有做事却不跟你们在一起的情况，这就是我孔丘啊。"

【赏读】

孔子讲这番话的语境是什么？也许是困惑的弟子面对先生"不愤""不悱"的方法的误解；也许是弟子们见到先生与凡夫俗子没有多大区别，但又确实清楚自己的老师在应对任何事件，特别是一些重大事件上又是那么有神力，感到不可思议。因此，发生陈亢问于伯鱼"子亦有异闻乎"（16·13）之事就不足为奇了。

其实，生活中的道理更需要自身去体验、思考方能感悟深刻，老师只能在弟子有了体验后点拨。这就叫"师父领进门，修行在个人"。老师没讲的都是学生听不懂的，这哪里是"有所隐瞒"呢？灌进去的都是死知识，悟出来的才叫素养。孔子并没有给颜回开小灶，只不过颜回学后会去做，日常会去琢磨，领悟得比别人深透罢了。

7·25　子以四教：文，行，忠，信。

【译文】

孔子用四个方面的内容教育学生：历代文献，社会道德与生活实践，对待他人的忠心，与人交往的真诚。

【赏读】

教，对孔子而言，除了教文献、教学问，更清晰的就是"身教重于言教"——教做人。此章明确孔子教的内容：文、行、忠、信。这里除了作为历史文化积淀的"文"需要借助典籍去研究，其他内容需要的则是身教——以先生的行为去影响弟子。行、忠、信，哪项不涉及人的活动本身？

社会生活就是一本书，孔子本人也是一本书。他除了掌握大量的周朝等历史文化经典，具备丰厚的文化素养，其思想言行就是一本厚重的书，可以供弟子不断研读且常读常新。孔子在社会实践中的品德操守都是弟子鲜活的教材。他的为人与行事所表现出来的尽心竭力，在与人交往中的真诚守信，时时刻刻、点点滴滴都影响着身边的弟子。而他们之间建立起来的忠诚互信，可以从师生间延伸到社会中人与人之间的交往。其实，先生在遭遇子路误会被责怪时的坦诚，在伯牛病重期间从窗外伸进双手那瞬间的温暖，在颜回早逝后那呼天喊地的痛苦，无不昭示着孔子品德的崇高，而所有这些都是他的身教！

7·26　子曰：“圣人，吾不得而见之矣；得见君子者，斯可矣。”

子曰：“善人，吾不得而见之矣；得见有恒[1]者，斯可矣。亡而为有，虚而为盈，约而为泰[2]，难乎有恒矣。”

【注释】

(1) 有恒——这个“恒”字和《孟子·梁惠王上》的“无恒产而有恒心”的“恒”是一个意义。(2) 泰——奢侈，奢华。与《国语·晋语》“恃其富宠，以泰于国”的“泰”同义。

【译文】

孔子说：“圣人，我不能看见了；能看见君子，就可以了。”

又说：“善人，我不能看见了，能看见有恒定操守的人，就可以了。本来没有，却装作有；本来空虚，却装作充足；本来穷困，却装出奢华，(这样的人) 便难以保持恒定的操守了。”

【赏读】

任何人都可以向身边的好人学。不见圣人，学君子；不见君子，学善人；不见善人，学恒者。“三人行，必有我师焉”(7·22)，就算遇见“不贤”这种反面教材，也没必要讨厌，不如拿来“自省”。

人学有恒，恒是什么？就是学者的定力、耐力、平常心。对于一个求学者而言，恒就是行为的稳定久远，就是好学、乐学，把学当成生活不可或缺的部分。人有了定力，生活就会变得简单，思考则会变得深刻。如果生活中一碰到困难就退缩，就觉得累，甚至感觉活不下去，说明心中无恒。行事也是如此。那些感动中国者做的事，很多人也做过一两件或一段时间，但没有坚持，原因是定力不够，少了这“恒”字。人心向善，只要有“恒”，滴水穿石，终可成为“善人”。在礼崩乐坏的当时，那些“亡而为有，虚而为盈，约而为泰”的行为让孔子看了揪心。然而，如今为了功名利禄只顾面子不要底子者也不少。他们只想一夜暴富，一步登天，哪里还有恒在?!

7·27　子钓而不纲[1]，弋[2]不射宿[3]。

【注释】

(1) 纲——网上的大绳叫纲，用它来横绝水流，再用生丝系上钓

钩，把一个个钓钩着于纲上来取鱼，这也叫纲。采用此法可以获得更多的鱼。“不纲”的“纲”作动词。(2) 弋——古人用生丝系矢而射，又系石于丝末，矢中鸟，石奋系脱，其丝缠绕鸟翼。丝谓之缴，若不施缴，射虽中，鸟或带矢而飞，坠于远处。(3) 宿——歇宿了的鸟。射宿鸟有务获掩不意之嫌，并宿鸟或伏卵育雏，故不射。

【译文】

孔子钓鱼，不用大绳横断流水来取鱼；用带生丝的箭射鸟，不射归巢的鸟。

【赏读】

杀生，是个敏感话题，也是个哲学问题。“钓”与“射”是人生存必需的渔猎活动，而“不纲”则要从更高层次去思考其行为的意义。人作为一个种群为生存去获取食物，却要做出置对方于死地的无奈与不忍的选择，这种不忍之仁就有对生存与生命之间、不同种群间的形而上的思考。“钓”是鱼愿意上钩，为人所用，那么“上钩”就有一种自愿与偶然的因素在，或者说这本身就是游戏规则或生存法则的博弈。但“纲”就有类似竭泽而渔的霸道，是强夺，这里面就有了置对方于死地的主动，且似乎含有斩尽杀绝之嫌。孔子强调“不纲”，主要在于“不忍”，至于获得持续可钓之效，那是客观事实。从人的行为动机看，钓与纲的行为有着质的区别，这就犹如骗子与抢劫犯在法律上的量刑差异。

一只落单的鸟正在寻食，它以他物为猎获的对象，同理，它也应有防备被他物猎获的警觉。而在猎手看来，它不过是一只猎物，用带生丝的箭射中的鸟飞不掉，也好找，双方不过是食物链之间的生存博弈。如果射杀一只归宿的鸟，就可能要涉及一窝鸟，甚至是一窝“羽毛未干”的雏鸟，而且它已经不在寻食，只是没有防备地归家。这犹如战场上双方正在交火，彼此厮杀，被射杀一方只是自身武艺不精；一旦成了俘虏或退出战场，处于某种休战状态，就不应该去杀害对方。由此，我们也能理解擂台上的拳击手为何能在比赛结束之后握手与拥抱。

人对生活的思考极其微妙，由于境界与层面的不同，表现出来的行为甚至会呈现不可思议的矛盾。做人能做到对猎物都如此坦荡，就有了境界，这里有自然法则在，也有人类特有的人性（仁）在。一个对猎物都不忍心的善人，还会去害人吗？同样是钓与射，君子与凡人却处于两样的境界。由此，我们可以体察现实中一些看上去相似的行为，细微的差别里却蕴含着大境界。如果推及东西方文化之差异，中华文明的内敛与仁慈较之于西方文明的物竞天择，孰优孰劣不言而喻。

7·28　子曰："盖有不知而作之者，我无是也。多闻，择其善者而从之；多见而识之；知之次也[(1)]。"

【注释】

(1) 次——《论语》的"次"一共享了八次，都当"差一等、次一等"讲。这里的"知之次也"是"学而知之者，次也"之意。

【译文】

孔子说："大概有一种自己不懂却凭空造作的人，我没有这种毛病。多多地听，选择其中好的方面加以接受；多多地看，并全记在心里。这样学来的"知"，仅次于'生而知之'。"

【赏读】

孔子否定自己是"生而知之"者，认为自己的"知"都是通过后天的勤奋学来的。孔子对"知"有他的自信与坦荡，也是他为师的本意与根据。孔子明告弟子："知"从何来，"学"是何等重要。如何学？"多闻""多见"。生活中，人"不知"是常态。既然不懂，那自己多听、多看、多做就是，没有必要总想高人一等，生怕让他人瞧不起，而去不懂装懂，凭空造作，故弄玄虚。

人，先天的机能会有一定的差异，也就是说只有鸡蛋才可能孵出小鸡，而卵石就不可能孵出鸡来；但人后天的学习也很重要，这就犹如鸡蛋没有连续吸收热量，没有得到应有的保护，也可能孵成了"卵石"。也就是说，"学"可以让凤凰蛋孵出凤凰来，但不学就会把凤凰蛋孵成麻雀或"卵石"。如何学？学习，首先要实事求是，不能不懂装懂，要把满脑子没用的假东西删除掉，挪出空间位置来。其次，多听，多看，多做，也就是"读万卷书，行万里路"。

7·29　互乡[(1)]难与言，童子见，门人惑。子曰："与[(2)]其进也，不与其退也，唯[(3)]何甚？人洁己以进，与其洁也，不保[(4)]其往也。"

【注释】

(1) 互乡——地名，其乡风俗恶，难与言善。现在已不详其所在。(2) 与——赞可、认可。(3) 唯——发语词。(4) 保——守也，老记住、死记住。

【译文】

互乡这地方的人，跟他们交流很难。一个童子得到孔子的接见，弟子们很疑惑。孔子道："我们赞成他的进步，不赞成他的退步，（这样

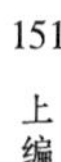
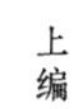

做）有什么过分吗？别人把自己弄得干干净净而来，便应当赞成他的干净，不要老记住人家的过去。”

【赏读】

“互乡”为何难与言，不外于与外界缺乏了解，或者文化生活、风俗习惯方面与其他地方存在差异。这就犹如西方国家与中东的伊斯兰国家之间有文化认同与宗教信仰上的差异，但你就不能以此居高临下去贬损对方，不去沟通，而应尊重对方，设法沟通，认可对方的进步与优点。

一个喜欢吃甜食的人，对酷爱酸醋者简直不可理解；一个只吃熟食的人，对生吃鱼片也会难以接受。人们要转变彼此的生活习惯，就如要求习惯了西餐刀叉者去使用中国筷子。“童子见”，看似偶然，其实有其必然。年轻人本身就更容易接受新事物，对方能积极主动求见，那就应尊重对方，鼓励对方才对，这何尝不是“有朋自远方来”呢？弟子困惑于先生的行为，但先生一贯坚持有教无类，不会给对方设门槛，更不可能高高在上。要“赞成”人家的进步，又何必放弃一次有意义的交流？从这里，读者看到了一个重视“复礼”者的仁爱与博大胸怀。这一观念至今没有过时，文化是多元的，对文化的差异要相互尊重与包容；既要有务实精神，着眼当前，又要肯定后进者，以发展的眼光看待未来；做人要有大胸襟，不要抓住对方曾经的缺点不放。

7·30　子曰：“仁远乎哉？我欲仁，斯仁至矣。”

【译文】

孔子道：“仁德难道离我们很远吗？我想要仁，它就来了。”

【赏读】

远近是相对但又可感的。远近，有时不是以时空来测量，而要用心来判定。孔子讲“仁”。仁在哪儿？仁在心里。仁道本出于心，但心里的仁又要表现在人的具体言行中。如果“仁”只表现在人的言语上，却不想做不去做，“仁”就与心有了距离，当然就远；如果人当仁不让，仁就贴着人的心，自然就近。“唐棣之华，偏其反而。岂不尔思？室是远而。”子曰：“未之思也，夫何远之有？”（9·31）凡事能第一时间想到仁，做任何事能从仁出发，仁就处处在身边，时时在心里，这就是近；而那些对仁视而不见、见利忘仁者，其实他们目中无仁，心中无仁，这就是远。

仁，远还是近，关键在于心中有无仁、事中有无仁。比如施舍，有的是出于仁慈，有的是出于牵制，有的是出于自身的名利，用心不同，性质各异。这里只是表象相似，而实质迥异。也就是说，生活中有的施舍其实离仁很远，甚至没有仁在。总之，一个人只要用仁心做事，仁就一直在，即仁是起点，也是终点。

7·31　陈司败[1]问昭公[2]知礼乎，孔子曰："知礼。"

孔子退，揖巫马期[3]而进之，曰："吾闻君子不党[4]，君子亦党乎？君取于吴[5]，为同姓[6]，谓之吴孟子[7]。君而知礼，孰不知礼？"

巫马期以告。子曰："丘也幸，苟有过[8]，人必知之。"

【注释】

(1) 陈司败——陈国大夫。"司败"有人说是官名，也有人说是人名。(2) 昭公——鲁昭公，名裯，襄公庶子，继襄公而为君。"昭"是谥号，陈司败之问若在昭公死后，则"昭公知礼乎"可能是原来的语言。如果他这次发问尚在昭公生时，那"昭公"字眼当是后人的记述。(3) 巫马期——巫子期，孔子弟子，尝宰单父。(4) 党——偏私、偏袒。(5) 君取于吴——取通"娶"。吴，国名。哀公时，为越王勾践所灭。(6) 为同姓——鲁为周公之后，姬姓；吴为太伯之后，也是姬姓。(7) 吴孟子——春秋时代，国君夫人的称号一般是所生长之国名加她的本姓。鲁娶于吴，这位夫人便应该称为吴姬。但"同姓不婚"是周朝的礼法，鲁君夫人的称号如果把姬字标明，便是很显明地表示出鲁君违背了"同姓不婚"的礼制，因之改称为吴孟子。孟子可能是这位夫人的字。(8) 苟有过——根据《荀子·子道篇》关于孔子的另一段故事，和《史记·仲尼弟子列传》对这一事"臣不可言君亲之恶，为讳者礼也"的解释，则孔子对鲁昭公所谓不合礼的行为不是不知，而是不说。鲁乃孔子父母之邦，昭公乃鲁之先君。孔子自无特援此事评昭公为不知礼之必要，所以孔子直接说"知礼"。此本无所谓偏私，只是对巫马期的问话，孔子不欲为昭公曲辩，亦不欲自白其为国君讳。况且陈司败存心而问，无礼在先，又何不再犯错呢？最后只得归过于自己，让陈司败去消化自己的无礼。

【译文】

陈司败向孔子问："鲁昭公懂不懂礼？"孔子道："懂礼。"

孔子走了出来，陈司败便向巫马期作了个揖。请他走近自己，然后说道："我听说君子无所偏袒，难道孔子也会偏袒吗？鲁君从吴国娶了位

夫人，吴和鲁是同姓国家，（不便叫她做吴姬）于是叫她做吴孟子。鲁君若是懂得礼，谁还不懂得礼？”

巫马期把这话转告给孔子。孔子道：“我真幸运，假若有错误，人家一定会知道。”

【赏读】

全章记述曲折、生动，简洁、精彩，足以彰显孔子的智慧与胸怀。陈司败其实是给孔子出难题，而且有意嘲讽昭公。孔子以“礼”为上，而昭公缺“礼”是事实，但孔子对国君的评价也要讲“礼”，何况在外人面前？在孔子看来，这是一种外交，哪能辱君辱国？国君违礼，但孔子自己不能再违礼去冒犯国君，更不能让对方加恶意于国君。“懂礼”自然要依“礼”行事，但为了大礼，有时就要失小礼。事实上，如果鲁君不知“礼”，那夫人为何不称“吴姬”而改为“吴孟子”呢？孔子讲“鲁君知礼”也是事实，他并没讲鲁君“取于吴”是“合乎礼”。在孔子看来，鲁君是“知礼”而“讳”礼罢了。对此，孔子只是“不便说，不能说”而已，而陈司败却明知故问，恶意刁难，那才是真的“无礼”。

当听了巫子期转告陈司败的话后，孔子感叹：“苟有过，人必知之。”庆幸自己没再犯错。“过也，人皆见之；更也，人皆仰之。”（19·21）孔子一有错，人家就说出来。错了，当然要认这个错。再者，孔子知道这件事自己本没有错，只是没有明说罢了。昭公违礼，孔子自己却不能违礼。孔子如果真的明讲昭公违礼，那他自己不就违礼了吗？那错就在自己了。大家都知道昭公违礼，况且昭公他自己也知礼而“讳”，那你陈司败为何还要犯“为君则讳”之错？何况陈司败的刁难又是错上加错了。因此，陈司败知后必自愧，反见孔子的宽大与包容。其实，现实中的交流亦如此，点到为止比说透更有效，特别是面对他人的错误，点到为止远比抖成一地鸡毛要好。

7·32 子与人歌而善，必使反之，而后和之。

【译文】

孔子同别人一道唱歌，如果唱得好，一定请他再唱一遍，然后（自己又）应和着他。

【赏读】

孔子好礼，而礼乐是相融的。唱得好，听得尽兴，说明两人有内在的融洽。“必使反之”，这对知礼的孔子而言，证明他兴趣正浓且关系非同一般。“后和之”说明孔子学研琢磨得尽情尽兴、入神入境。孔子是圣人，亦是凡人，更是个活泼快乐、真诚好学、善学乐学的性情中人！

7·33　子曰：“文，莫[1]吾犹人也。躬行君子，则吾未之有得[2]。”

【注释】

（1）文，莫——文，指文章；莫，大约。朱熹《集注》亦云，“莫，疑辞”。（2）“未之有得”即未有得之。

【译文】

孔子说：“书本上的学问，大约我同别人差不多。在生活实践中做一个君子，那我还没有实现这个目标。”

【赏读】

虚怀若谷者，从不标榜自己。孔子做得够好，但还是感到有差距，这与他为自己设定的目标与标准有关。孔子以仁、义、忠、信的标准去衡量自己的社会实践，高标准严要求下自然会觉得有较大的差距，但这既不会妨碍我们对他践行仁德的评价，也不会让人认为他在故作谦虚。事实上，越有学问的人，给自己定的目标就越高、越严，也就越感到自身的不足，但这种自我评价并不影响他人对他的评价与学习。

7·34　子曰：“若圣[1]与仁，则吾岂敢？抑为之不厌，诲人不倦，则可谓云尔已矣。”公西华曰：“正唯弟子不能学也。”

【注释】

（1）圣——《孟子·公孙丑上》载子贡对这事的看法说：“学不厌，智也；教不倦，仁也。仁且智，夫子既圣矣。”可见当时学生已把孔子看成圣人。

【译文】

孔子说道：“讲到圣和仁，那我怎么敢当？只不过自己学习上从不满足，工作上从不厌倦，教导别人也总不倦怠，就是如此做罢了。”公西华道：“这正是我们这些学生不能够学到的（东西）呀。”

【赏读】

对于圣与仁，孔子以为自己永远在路上，明确表示自己一直朝着这个方向努力，并且“为之不厌，诲人不倦”。“可谓云尔已矣”，只有乐此不疲者，才会流露这种轻淡的口吻，而公西华说“唯弟子不能学”则

指出其“恒”而“为之”的特质。“泰山不让土壤，故能成其大”（李斯《谏逐客书》），孔子把做“圣仁”之事当作一生的事业，圣人并非他人生的终极。他不但乐于如此践行，而且乐于如此诲人，以其积极的人生态度告诫人们：人，生生不息，永无止境。

7·35　子疾病[(1)]，子路请祷。子曰：“有诸？”子路对曰：“有之；《诔》[(2)]曰：‘祷尔于上下神祇[(3)]。’”子曰：“丘之祷久矣。”

【注释】

（1）疾病——“疾病”连言，是重病。（2）诔（lěi）——本作讄，祈祷文。讄，施于生者，累其功德以求福。诔，施于死者，哀其死，述行以谥之。此文中的“诔”与哀悼死者的“诔”不同。（3）祇（qí）——地神。

【译文】

孔子病重，子路请求祈祷。孔子道：“有这回事吗？”子路答道：“有的；《诔文》说过：‘替你向天神地祇祈祷’。”孔子道：“我很早就祈祷过了。”

【赏读】

这段师生对话意味深长。求神莫如求人，求人莫如求己。孔子慎病，饮食讲究，生病不乱用药。人病，医生的治疗与病人自身调养都很重要，但子路去祷告神灵并且引经据典，似有一番道理。孔子对神却是敬而远之，认为求神保佑不管用，因为自己一生做事都讲求心诚合乎神明，天天都在祷告，所以他说“丘之祷久矣”。在孔子看来，自己生病是由于身心疲惫，绝不会有什么鬼神加害于他，神祇要帮他也自然会帮，也没有必要如此临时抱佛脚。

7·36　子曰：“奢则不孙[(1)]，俭则固[(2)]。与其不孙也，宁固。”

【注释】

（1）孙——同“逊”，谦逊。（2）固——固陋，寒伧。

【译文】

孔子说：“奢华就显得骄傲，俭朴就显得寒伧。（那我）与其骄傲，宁可寒伧。”

【赏读】

不逊不好，寒伧也不好，只能二选一，孔子则选寒伧，因为“固陋病在己，不逊则陵人”（钱穆）。这并不意味着孔子喜欢寒伧。贫不好，道好，但“道”一定要跟“贫”连在一起，为了道，他可以“安贫乐道”，这就是境界。富贵不可求则不强求，所以人有时在困境中也可能落魄寒伧得似“丧家犬”。人虽不想有如此窘境，但也能够直面现实。

人的欲望，犹如一根顶着人生担子的木料，只有踏踏实实落地，方能顶住千斤重担。但是，如果稍稍抬升一点而未着地，“木料”就没有任何担当可言，而且离开地面越高，风险也就越大。“木料”如能退而落地，就算千斤重担压下来，也可稳如泰山。因此，人行事，首先要接地气，一着地，再高的理想也能如金字塔般稳固；反之，飘得太高，目标如断线的风筝，似乎人人仰之，但最终会无影无踪。孔子的选择不但可取，而且科学，很值得那些拿一份资金搞产品却用九份资金做广告的企业家反思，更值得那些喜欢讲排场、盲目攀比“高大上”的为政者反思。

7·37　子曰：“君子坦荡荡，小人长戚戚。”

【译文】

孔子说：“君子心地平坦宽广，小人却经常局促忧愁。”

【赏读】

君子处上位，境界高远，追求的是大事业，忧以天下，乐以天下；小人处下位，目光短浅，想到的都是眼前的蝇头小利，个人家庭生计便是他的全部。君子喻于义，小人喻于利，这是君子与小人行事的原则。但凡小人，眼前的东西顾及得多，个人的东西考虑得多，这既是眼界问题，也是能力问题，还有现实问题。

生存是人发展的前提，然而，孔子被迫周游列国，生存环境会好到哪里去？如果只是为了生存，他出去干什么？在家没饭吃？就算季氏逼他走，他待在卫国也是高薪。

君子看人生，看得大，看得远，不会因身边的琐细与生活的小难去浪费时间与精力，过得去的坎在君子眼里都是平的。这就犹如黄土高坡，在行人眼里是沟壑纵横，难以跨越，但在飞行员眼里，它就是一马平川，瞬间即过。颜回如果会因吃饭而发愁，还会去想山珍海味，又如何能做到安贫乐道？君子想的都是人生大事、天下大事。有天下为公的大格局，方能心底无私天地宽。一个人，如果睁开眼睛第一时间关心的是“谁动了我的奶酪”，算计着自己一亩三分地的收成，这样鸡肠小肚的人生又哪能不“长戚戚”呢？

如今，君子与小人的区分，无关乎地位的高低，无关乎财富多少，主要在于个人内在精神品德，与孔子时代的君子、小人概念有较大的差别。有的人地位再高，财富再多，也只是小人一个。不信的话，看看那些被曝光出来的违法或失德的所谓“大腕”，无论是位高权重的达官，还是万众瞩目的名嘴，抑或红得发紫的明星，落下神坛撕去面纱后，皆为小人一个！

7·38　子温而厉，威而不猛，恭而安。

【译文】

孔子温和却严肃，有威仪但不凶猛，庄严而又安详。

【赏读】

此话由表及里对孔子与人交往的印象做了高度概括。“温”是他待人接物的态度，“厉”是他为人处世的自我要求，这里有“为人”与“为己”的区别。因为心怀天下，仁义天下，所以他“温”；因为办事认真，讲求忠信，所以他“厉”；因为学问渊博，德高望重，行事磊落，所以他形象高大，身处高位就有了“威仪”。如此之人，怎么会让人感到凶悍暴戾？孔子为仁义之士、谦谦君子，所以他“恭”。他学问渊博，德艺双馨，高雅端庄，就算碰到恶意的刁难，亦能坦然处之，碰到尴尬之事，亦能幽默处置，所以常“安”。腹有诗书气自华，学问到了一定程度，仁德修炼到了一种境界，内质外现，人的“温、厉、威、恭、安”就会自然显现。

泰伯篇第八

本篇以泰伯"至德"为引发，通过孔子与曾子的言论，重在阐述圣人、君子、贤人及士子的一系列道德行为规范，强调个人修养与为政的关系，并且通过孔子对尧、舜、禹、文王、武王、周公等古圣人的不同评价，凸显尧的"唯天为大，唯尧则之"，舜、禹的"无我"，泰伯、文王的"至德"，武王的"用人"，周公的"完美礼制"。

孔子与曾子都谈到了君子、贤人、士的道德节操、责任担当等一系列规范要求，兼及对小人行径的分析，阐述为人、为政、为君重在有"君子之德"。这里既有孔子道德思想的具体内容及曾子在人生若干问题上的思考，同时也有孔子教育思想与教学方法的体现。

8·1　子曰："泰伯(1)，其可谓至德也已矣。三以天下(2)让，民无得而称焉。"

【注释】

(1) 泰伯——亦作"太伯"，周朝祖先古公亶父的长子。古公有三子，太伯、仲雍、季历。季历的儿子就是姬昌（周文王）。据传说，古公预见到姬昌的圣德，因此想打破惯例，把君位不传长子太伯，而传给幼子季历，从而传给姬昌。太伯为着实现他父亲的意愿，便偕同仲雍出走至勾吴（为吴国的始祖），终于把君位让给季历和姬昌。姬昌后来扩张国势，竟有天下的三分之二，到他儿子姬发（周武王），便灭了殷商，统一天下。(2) 天下——可能即指其当时的部落而言，也有人说，是预指以后的周部落统一了中原的天下而言。

【译文】

孔子说："泰伯，那可以说是品德极崇高了！屡次地把天下让（给季历），老百姓简直找不出恰当的词语来称赞他。"

【赏读】

孔子为何如此推崇泰伯，因为他"至德""三以天下让"。这"让"的不仅仅是个人的尊位，而且是关乎周室的发展，关乎全天下的格局。

没有泰伯的“让”，就不会有“周文王”的兴，也不会有“周武王”的统，当然也就不会有孔子所崇尚的“周礼”。

泰伯之让，善莫大焉。然而，秦始皇得天下，重臣宦官赵高以一己私利改掉遗诏逼死扶苏；汉高祖得天下，为皇子铺路铲除重臣剪灭诸王；李渊得天下，却因众子反目发生玄武之变，被逼退位；朱元璋得天下，朱棣发动“靖难之变”，建文帝下落不明，到现在还留下个大谜团；倒是大清代善（努尔哈赤次子）的“礼让”，有意成全了皇太极，从而让大清完成了努尔哈赤的夙愿，称霸中原。泰伯可谓至德！

8·2　子曰：“恭而无礼[1]则劳，慎而无礼则葸[2]，勇而无礼则乱，直而无礼则绞[3]。君子笃于亲，则民兴于仁；故旧不遗，则民不偷[4]。”

【注释】

(1) 礼——此为礼之本质。(2) 葸——胆怯，害怕。(3) 绞——尖刻刺人。(4) 偷——淡薄，指人情淡薄。

【译文】

孔子说：“注重容貌态度的端庄，却不知礼，就未免劳倦；只知谨慎，却不知礼，就流于畏葸懦弱；专凭敢作敢为的胆量，却不知礼，就会盲动闯祸；心直口快，却不知礼，就会尖刻刺人。在上位的人对待亲族用情深厚，那么老百姓就会在仁德上有所发扬；（在上位的人）不遗弃他的老同事、老朋友，那么老百姓就不至于冷淡无情。”

【赏读】

“礼”为社会教化的关键，可以提升人的修养。恭、慎、勇、直本身好不好很难说，但有“礼”才可把握好“度”。此话，孔子主要针对的是上位的君子（为政者）说的，他们对社会起引领作用。

在社会发展过程中，礼从祭祀行为规范不断演变成作为具有社会属性的组织与人的一系列各层面的道德行为规范，是人的行为的制动器，也是维护社会秩序的精神抓手。礼把人的社会行为调控到一个适度的范围，而这个度就是人无论处于怎样的社会位置、担任哪类的社会职责或者扮演何种社会角色，对待哪个阶层的人，做什么样的事，都必须在社会容忍的范围内，即礼是社会正常运行或个人行为规范的一个高度综合的调节系统。

在形形色色的人群中，在纷繁复杂的世界里，一个人让自己行为恰如其分，做到游刃有余很难。孔子做任何事都要用仁、义、礼、智、忠、信去考量一番，所以他在周游列国时，除特殊的政治因素，基本上是无阻碍通行。人，如何才能做到这些，主要在于用“心”。做同样的事，用心不同，出发点不同，效果就很不一样，这“心”主要是落在“礼”上。

中国是礼仪之邦，然而在现实生活中，“礼”已被“争斗”和“物欲”耗失殆尽，这就需要全社会去努力恢复。“君子笃于亲，则民兴于仁；故旧不遗，则民不偷。”社会风气要由政风带动。“君子之德风；小人之德草。”（12·19）下位的人向上位的人看齐，民风是政风的镜子。

8·3　曾子有疾，召门弟子曰：“启[(1)]予足！启予手！《诗》云：‘战战兢兢，如临深渊，如履[(2)]薄冰。’而今而后，吾知免夫！小子！”

【注释】

（1）启——《说文》收录有“䏿”字，云：“䏿也。”王念孙《广雅疏证》（《释诂》）说，此“启”字就是《说文》的“䏿”字。（2）履——步行。

【译文】

曾参病了，召集门下的学生，说道：“看看我的脚！看看我的手！《诗经》上说：‘小心呀！谨慎呀！好像面临着深深的水坑，好像行走在薄薄的冰面。’从今以后，我才晓得自己是可以免于祸害刑戮的了！学生们！”

【赏读】

曾子讲这番话时，估计自己的人生基本可以画上句号了。曾子是个大孝子，以为自己可以松口气，给先人一个交代，孝到最后，可见曾子一生过得何等拘谨！然而，“邦无道，免于刑戮”已是很不容易。曾子是儒家承上启下的重要人物，据说著有《大学》，写作《孝经》，况且没有曾子及其门下弟子的功劳，何来《论语》？这样看来，这个典型例子只不过是曾子“孝”礼的表象，如此“战战兢兢”，也许是他想向孔老夫子有一个好的交代吧。

其实，如果一个人的人生目标只是把父母给予的那部分发肤守住而毫无建树，又有何颜面去见先人？我们可以不去做无用的牺牲，但也不应过于拘谨而让自己窝囊一辈子；可以不必为了所谓的名利而不顾一切去拼打，但认定好的目标总该努力去实现。人，凡事三省，尊重生命是行事的前提，但有“当仁不让”“杀身成仁”“舍生取义”之事，在某个

历史的节骨眼上，挺身而出才对。

8·4　曾子有疾，孟敬子[1]问之。曾子言曰："鸟之将死，其鸣也哀；人之将死，其言也善。君子所贵乎道者三：动容貌，斯远暴慢[2]矣；正颜色，斯近信矣；出辞气，斯远鄙倍[3]矣。笾豆之事[4]，则有司[5]存。"

【注释】

(1) 孟敬子——鲁国大夫仲孙捷。(2) 暴慢——暴是粗暴无礼，慢是懈怠不敬。(3) 鄙倍——鄙，粗野鄙陋。倍，同"背"，不合理，错误。(4) 笾豆之事——笾（biān），古代的一种竹器，高脚，上面圆口，有些像碗，祭祀时用以盛果实等食品。豆，古代一种像笾一般的器皿，木料做的，有盖，用以盛有汁的食物，祭祀时也用它。这里"笾豆之事"代指礼仪中一切具体细节。(5) 有司——主管其事的小吏。

【译文】

曾参病了，孟敬子探问他。曾子说："鸟要死了，鸣声是悲哀的；人要死了，说出的话是善意的。在上位的人，在处世之道方面应重视的有这么三点：让自己的容貌变得严肃，就可以避免别人的粗暴和懈怠；使自己的脸色变得真诚纯正端庄，就容易让人相信；说话的时候，多考虑言辞、语气和声调，就可以避免鄙陋、粗野与错误。至于礼仪的细节，自有主管人员在那里会去过问。"

【赏读】

曾子首先要表明此话是"善"意的忠告。曾子明告处于上位的君子待人接物万不可板着脸，说话既要"动容"，也要"正色"；既要表现得和蔼可亲，也要表现出严肃端庄。人如果能做到神情纯正、待人真诚、谈吐雅致，就会让人愿意接近你、信任你，又不敢怠慢你。一旦需要开口，就得先打好腹稿，过滤一番，推敲一番。讲话时，注意语气、语调，做到真诚、自然，得体、大方。可见，曾子除了"孝"得出名，"礼"也守得相当周全。曾子可谓是"戴着镣铐跳舞"的高手！

8·5　曾子曰："以能问于不能，以多问于寡；有若无，实若虚，犯而不校——昔者吾友[1]尝从事于斯矣。"

【注释】

(1) 吾友——多指颜回。

【译文】

曾子说："自己有能力却能够向无能力的人请教，自己知识丰富却愿意向知识缺乏的人请教；自己有学问却像没有学问一样，自己满腹学问却像空无所有一样；别人无理欺侮我，我也不与人计较——从前我的一位朋友曾经就是这样做的了。"

【赏读】

曾子讲的如此极致品格的人是他的朋友，否则读者第一个想到的定是孔子。颜渊说："愿无伐善，无施劳。"(5·26) 即颜回"不夸，不争"。现在曾子如此赞叹，就是对他仰视，把他当作人生标杆。人若能虚怀若谷、海纳百川，就可以从"不能"中增长才干，从"知之少"中变得"知之多"，从"简单"中懂得复杂，这何止是谦逊，这就是智慧。

孔子说："有鄙夫问于我，空空如也。我叩其两端而竭焉。"(9·8) 这不就是孔子"以能问于不能，以多问于寡"吗？孔子"入太庙，每事问"(3·15)，这不就是"有若无，实若虚"吗？孔子经过宋国时，司马桓魋知道后要拔树杀他，他却说："天生德于予，桓魋其如予何？"(7·23) 这不就是"犯而不校"吗？可见孔子已把这些思想全部化入他生活的言行中。君子越有学问而虚怀若谷，就越能如海纳百川，污泥浊水甚至都能被其洗涤澄清！

人的学问源于自然，源于普通与平凡，源于最基本的生活，所以大学问家都愿意接近自然，深入民众。一个优秀的音乐家，可以从一个最普通的民歌手那里找到象牙塔里揣摩不出的音符；一个优秀的科学家，可以从一个普通人的手工活中发现科学规律；一个优秀的作家，可以从最平凡、最地道的百姓口语中吸纳最鲜活的词汇；一个优秀的哲学家，可以从纷繁复杂的生活中找到世间最简单、最朴实、最深刻、最本质的东西——真理。

8·6　曾子曰："可以托六尺之孤[(1)]，可以寄百里之命，临大节而不可夺也——君子人与？君子人也。"

【注释】

(1) 托六尺之孤——六尺，古代尺短，六尺约合今日一百三十八厘米。身长六尺的人还是小孩。托孤，谓受前君之命辅佐幼主。

【译文】

曾子说："可以把幼小的孤儿托付给他，可以把偌大的国家命脉交付给他，面临生死存亡的关头却不动摇屈服而改志变节——这种人，是君子吗？是君子呀。"

【赏读】

君子德才兼备，能顶天立地，齐家、治国、平天下；君子有强烈的责任感、使命感，有强烈的担当意识；君子是大丈夫：富贵不能淫，贫贱不能移，威武不能屈。这样的人，既可以托孤，也可以安邦；既能临危受命，也能死而后已。这种人古今有之，特别在家国羸弱之际，他们就会挺身而出，是国之脊梁！

8·7　曾子曰："士不可以不弘毅[(1)]，任重而道远。仁以为己任，不亦重乎？死而后已，不亦远乎？"

【注释】

(1) 弘毅——强毅。《说文》："弘，弓声也。"后人借"强"为之，用为"彊"义。此"弘"字即今之"强"字也。《说文》："毅，有决也。"任重须彊，不彊则力绌；致远须决，不决则志渝。

【译文】

曾子说："读书人不可以不刚强而有毅力，由于他负担沉重，路途遥远。以实现仁德于天下当作自己的责任，不也沉重吗？直到死去才罢休，不也遥远吗？"

【赏读】

什么样的人敢于担当并且能够担当？有责任感的人敢于担当，有能耐、刚强而有毅力的人能够担当。当国家和民族处于危亡时刻，他们会勇敢地站出来，鲁迅称之为"中国的脊梁"。

读书人，要成为仁人志士，就要刚强、坚毅，因为他责任重大、路途遥远。重压之下，没有强劲的筋骨与坚毅的意志，又如何能够担当？君子担当，是对芸芸众生关切的担当，是以实现仁德于天下的担当，是对一个生生不息的社会的担当，即以天下为己任。因此，仁人志士，必须形成一个有生命力与战斗力的群体，必须构成一个不断注入新鲜血液的生命体。"死而后已"是一种人生态度，是一种精神力量，是一种对生命意义的诠释，"死而后已"本身就有"知其不可而为之"的精神在。换个角度，君子生生不息，有接班人，就不怕未来不会成功。

8·8 子曰："兴于《诗》，立于礼，成于乐(1)。"

【注释】

(1) 成于乐——孔子所谓"乐"的内容和本质都离不开"礼"，因此常"礼乐"连言。"成于乐"应为"成之于乐"，"成之"为"使我成"。谁使我成？乐。

【译文】

孔子说："令我振奋精神的是《诗》，让我在社会上站住脚的是礼，使我学有所成的是音乐。"

【赏读】

史可以使人明智，诗可以使人灵动，礼可以让人懂规矩、有修养，音乐可以让人协调、和谐、健康。也可以说，诗促人勃发振奋，是人的精神力量的催化剂与发动机；礼是规范、约束人的清醒剂。诗与礼是感性与理性的一对孪生姊妹，是一个人成长的手与脚，是锤炼人生的道场。

"兴于《诗》"，读诗能令人振奋，主要还是指读诗能令人生出诸多灵感，让人感受自然的美好，激发人积极入世的热情。孔子读《诗》，读出了诗的"兴、观、群、怨"，领悟了"事父事君"之法，见识了草木虫鱼之名，看清了人生世事百态，感受到了万象更新的胜景，怎不令其振奋？

"礼乐"本有关联，有"礼"就会有社会形态上的"乐"。懂得"乐"的和谐与协调，也就懂得了"礼"在维护社会秩序上的功效。在孔子看来，"礼"对个人而言就是懂规矩、知责任，对社会而言就是有秩序、达和谐。"礼"让人立足社会，从和谐社会中找到一个属于自己的坐标，懂得人生的使命与担当。"乐"让人自身在生活工作中的社会角色转换自如，达到和谐，最大限度地实现人生价值，使每个人都能成为和谐社会的音符。

8·9 子曰："民可使由之，不可使知之(1)。"

【注释】

(1) 民……知之——这两句与"民可以乐成，不可与虑始"（《史记·滑稽列传补》所载西门豹之言，《商君列传》作"民不可与虑始，而可与乐成"）意思类同。

【译文】

孔子说："老百姓，可以使他们照着我们的道路走去，不适合使他们

知道为什么要那样做。"

【赏读】

此章曾有多种解读，除有标新立异之嫌，怕亦有附和时政之疑。笔者以为，对其解读首先要合乎语境与语法，即符合孔子的时代与孔子本人的思想和言语习惯。其次，所有解释应与孔子的言论思想保持一致，有所佐证。孔子按人的认知能力把人分为"生而知之""学而知之""困而学之""困而不学"（16·9）等不同层次。可以肯定此"民"为一般百姓，在孔子看来，"民"在认知上还有待开发，应是处于社会下位的人，而孔子在此是从一个有较高认知的决策者（为政者或君子）的角度来讲此话的。所以，读者对"民"的理解，不能用如今的民主意识去分析，应从特定的时代，放在孟子的"劳力者"的范畴去理解它。大家知道，孔子教学生"举一隅而不以三隅反，则不复也"，对弟子如此，对民又将如何？

在处理一些重大事务上，至少要分为"决策、计划"与"实施、调控"前后两大阶段，细节上的阶段就更多。如果把一群人做一件事分成决策与参与两大部分，在当时的语境中，如何解释更合乎实际情况呢？一次战役，作为普通战士，恐怕听从上级指挥，知道如何打（战术上）比知道为什么这样（战略上）打更重要吧。其实，一次战役，有些人要懂战略，有些人要懂战术，有些人只要听从指挥就行。

事实上，上层的决策，让所有的人都知道"为什么""怎么办"并不是好事，倒有泄密的可能，何况有人还难懂为什么？孙中山在《三民主义》中指出，人可分为"先知先觉、后知后觉、不知不觉"三类，而他们分别可以从事"创造发明、宣传倡导、努力实行"的社会工作。总之，不同社会时代的人都存在能力差异与分工不同，只是我们不能由此存在道义与人格上的等级歧视罢了。而当整个社会人们的政治、经济、文化素养全面上升到一个较高的层次、完全可以参与决策的时候，这种观点就显得过时了。因此，在一个全新的自由民主的文明社会里，为政者就不能再用所谓"圣人"的话来阻碍民意，开历史倒车，这才是我们要历史性地解读此语的动因。

8·10　子曰："好勇疾贫，乱也。人而不仁，疾之已甚，乱也。"

【译文】

孔子说："（一个人如果）崇尚勇敢却厌恶贫穷，是一种祸害。一个人如果不仁，痛恨得太甚，也是一种祸害。”

【赏读】

“不仁者不可以久处约”（4·2），困境折磨人，也最考验人。人如果“好勇”而“恶贫”，就会生出事端。穷则思变，为了改变现状，人就可能通过“武力”来摆脱贫困，如果再加上“好逸恶劳”，问题就会更严重，从而成为社会的祸害。有了这样的“劫富济贫”者，富人的日子就不好过，社会也不会安宁，“好勇疾贫”自然会成为社会的祸害。

人，如果不仁，痛恨又深，往往一有机会就会报复人，报复社会。就社会现实而言，仇富、仇恨社会的人一旦形成群体，一些勇而不仁者就会跳出来作乱。如果再有一些较有能耐的人出来组织这个群体，社会就会很危险。面对这种问题，唯一的办法就是对他们进行教化，提升其素质，并给予他们必要的物质帮助与精神关怀，使社会变和谐，毕竟诸多的社会资源与自然资源都应让人们共享。

历朝历代的为政者，除了教化，另一项重要改革措施就是均贫富。这样，社会就会趋于相对稳定。现代社会拥有财富人群的比例，由金字塔式结构转向“棱形”或“纺锤形”结构是一种历史趋势，因为中产阶级占据社会的大多数是社会稳定和谐发展的基础。

8·11　子曰：“如有周公之才之美，使骄且吝，其余不足观也已。”

【译文】

孔子说：“就算那人有了周公一样美妙的才能，只要他恃才凌人并且吝啬其才，其他方面也就不值得一看了。”

【赏读】

人无完人，但人一旦有了“骄且吝”，依孔子的看法，就算有周公那样美妙的才华，也不值得称道。可见，恃才傲物与吝啬其才都是孔子不能容忍的。因为人一旦恃才凌人，其为人处世就难以和谐，做事也难以跟人合作。人有才能，但过于吝啬而不愿使出能耐，事又怎能做好？仁德又会在哪里？孔子行事“知其不可而为之”，哪能容忍知其“可为”而不为？骄与吝显露其人品修养的不足，有才无德，人也难有建树。

8·12　子曰：“三年学，不至[(1)]于谷[(2)]，不易得也。”

【注释】

(1) 至——这“至”与“回也，其心三月不违仁，其余则日月至焉而已矣”(6·7) 的“至”用法相同，指意念之所至。(2) 谷——古代以谷米为俸禄，所以“谷”有“禄”义。当时士皆以学求仕。

【译文】

孔子说：“读书三年，并没有心存出仕的念头，这是不容易做到的。”

【赏读】

古人读书，似乎除了修身，就是为政，当然还有一个最基本的功能，那就是谋生。“书中自有千钟粟”，本意即此。学而优则仕，读书出来做官也属常事。孔子对学了三年却无意出仕者伸出大拇指，明确实属不易。现代学生读书，很多人恐怕不是读（大学）书几年想不想到“谷”，而是读书之前就满脑子的“谷”，甚至很多家庭就把孩子读书当成了一单“生意”。

人，要实现自己的政治抱负，就得出仕；要展示自己的才能，也可能需要出仕。而当一个人能为自己的学问投入全部的热情，即使学而有余也压根没有去想出仕，那就是一种境界。孔子周游列国的目的就是出仕，实现政治抱负，所以他本人对此也只有赞叹。颜回为了学问并发展先生的事业，就没想过要以出仕的方式来改变自己贫困的生活现状，而是安贫乐道。知颜回莫如孔子，知先生者唯有颜回！

做学问而志于道，意味着要甘于清贫与坐冷板凳，拥抱更多的是高处不胜寒的寂寞与孤独。在一个浮华的世俗社会里，名利的诱惑让多少人能守住这块高寒而孤寂的圣地？依孔子之言，学而优“不仕”不易，但还是有。最可贵的是，社会的每个时期，总有一些像颜回般的人能在汹涌的浊浪之上溅起一束束洁白的浪花，不会随波逐流，而甘心追溯恒久的清流。

8·13　子曰：“笃信好学，守死善道。危邦不入，乱邦不居[1]。天下有道则见[2]，无道则隐。邦有道，贫且贱焉，耻也；邦无道，富且贵焉，耻也。”

【注释】

(1) 危邦，乱邦——包咸《论语章句》云：“臣弑君，子弑父，乱也；危者，将乱之兆也。”(2) 见——同“现”。

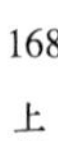

【译文】

孔子说："坚定地相信我们的道，努力学习它，固守至死，善明、善行其道。危险的国家不要进入，祸乱的国家不要停留。天下太平，就出来做事；不太平，就隐居起来。国家政治清明，自己贫穷低贱，是耻辱；国家政治黑暗，自己富有而且高贵，也是耻辱。"

【赏读】

一块发臭的腐肉令人作呕，但苍蝇会把它当成奶酪；当一个社会变得令人厌恶时，也一定有人会对它感到可爱；当一个时代遭到人们诅咒时，也一定有人在努力地拥抱它。常言道，乱世出英雄，但乱世时往往是奸臣当道。当一个糟糕的时代来临时，有德之人就会纷纷避而远之，社会就成了恶者的天堂。人出生在怎样的时代，自己无法选择，但在社会中如何坚守善道，如何积极入世，则可以自主选择。或隐或现，完全取决于人自身的价值判断与取向。

从某种意义上讲，"现"与"隐"不是问题，关键在于"现"与"隐"的动机与行为。"邦有道"，积极入世，顺势而为，显贵或富有都有可能，可求可遇也是才智与品德的体现。反之，在混乱与罪恶横行的世道，不仁而富，助纣为虐，贵就是一种耻辱。当然，能在无道混浊的乱世坚守清贫，进而以"知其不可而为之"的积极入世态度，救民于水火，挽狂澜于危局，使世道清明，那就是积大德、顺天道。孔子当初就是这样想的，也是这样做的，但他知道个人的力量有限，他多么希望某国国君能与他合作。所以他说："夫召我者，而岂徒哉？如有用我者，吾其为东周乎？"（17·5）但历史没有假设。

孔子以积极入世的姿态来对待人的这种自由选择，也认可颜回与原宪的安贫乐道，同样不完全否定子贡于乱世之中的"可求之以富贵"而"乐施"，接受但不主张"丈人"的那种避世之道。这就是说，孔子反对在乱世中趁火打劫，支持有志之士救民众于水火。

8·14　子曰："不在其位，不谋其政。"

【译文】

孔子说："不处在那个职位，便不考虑那个职位上的政务。"

【赏读】

"不在其位"，哪有其政、何来"谋"政呢？此话是针对曾在其位，现在或在上位或在下位或不在位者说的。这种人，总是想到自己既得利

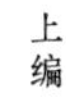

益，不甘失其位、失其利而谋其政。“不在其位，不谋其政”与“在其位，谋其政”，都是职守的表现，而“不在其位，谋其政”就没有操守，是“越权、要权、恋权”的表现，是赤裸裸的干政。这种人要么以为自己能力强、本事大，要么看到的是权力后面的利益。现实中，很多渎职、越权或专权的官员，都是出于个人权欲与私利，都是把“政务”挂在嘴边，而把“私”字放在心里。

“不在职”真正鞠躬尽瘁发挥余热者就要“化作春泥更护花”去做幕后英雄；真正去帮助人不是“代”人做操盘手，而要帮得润物无声；真正地负责好对以前拍了板还没有解决的民生工程，做到责任到位，责任到底。这才是“不在其位，而谋其政”的最佳方式。

8·15　子曰：“师挚之始(1)，《关雎》之乱(2)，洋洋乎盈耳哉！”

【注释】

(1) 师挚之始——始，乐曲的开端，古代奏乐，始曰“升歌”，一般由太师演奏。师挚，鲁国的太师，名挚，由他演奏，所以说“师挚之始”。(2)《关雎》之乱——乱，乐的结束。由“始”到“乱”，叫作“一成”。乱是合乐，犹如今日的合唱。当合奏之时，奏《关雎》的乐章，所以称“《关雎》之乱”。

【译文】

孔子说：“从太师挚开始演奏的时候，到演奏《关雎》快要结束的时候，满耳朵都弥漫着音乐！”

【赏读】

《史记》云：“孔子自卫反鲁而正乐。”“当时必是师挚在官，共成其事。其后师挚适齐，鲁乐又衰。此章或是师挚在鲁时，孔子叹美其正乐后之美盛。或师挚适齐之后，追忆往时之盛而叹美之。”（钱穆）对于一个曾“闻《韶》，三月不知肉味”（7·14）的乐迷而言，孔子欣赏一场完整的音乐演奏，当然是一件非常愉快的事。在礼崩乐坏的时代，这么美妙的音乐自然就成了爱好音乐的孔子的精神享受。

8·16　子曰：“狂而不直，侗(1)而不愿(2)，悾悾(3)而不信，吾不知之矣。”

【注释】

(1) 侗——同“恫”，幼稚、无知。(2) 愿——老实、质朴。(3) 悾悾——愚悫（què）。

【译文】

孔子说：“狂妄而不直率，幼稚却不老实，无能还不讲信用，（这种人）我真的不知道他为何会成这样。”

【赏读】

此语是孔子对游历中遇到的各色无法沟通者典型性格的概括。这种人在人格上是矛盾的，他看不到自己的缺点，反而会把缺点当优点。现代生活中这样的人也不少。捣乱是他最大的本事，他会做出你想象不出的“聪明”事；会做出让你无法收场的事；平时他很勇武，关键时刻又像只缩头乌龟。这种人，为人处世毫无“信用”，反思与自我批判在他“字典”里早就被删除或者根本就不存在。这种人，私利是他行事的唯一选择，为了小小的利益，他会无视他人利益或社会公益，丑的标签永远是贴在他人身上，为了一点私利足以让他跟任何人撕破脸皮。他可以黑白颠倒，可以口是心非，但永远不可以让别人触动他的利益。

8·17　子曰：“学如不及，犹恐失之。”

【译文】

孔子说：“做学问就好像（在追逐什么似的，）生怕赶不上；（赶上了，）还担心丢掉了。”

【赏读】

这是做学问的一种状态——学无止境。你对学问研究得越深入，接触的面越宽，感觉不足而需要去加以深化或拓展的地方就越多。由于学得越多，与人（包括作者）交流的领域就越广泛，交流得就越深入，被显露出来的漏洞就越多，就会越发觉得自己跟人差得太远。而越想向前跑，自己就越感到力不从心而生怕赶不上。在自身学问上，学者又恰恰是在这种不满足与担心中开阔了视野，拓宽了领域，挖掘了深度，又自然会像个拓荒者去辛勤耕耘。而一旦跑得太前，如入无人之境，又会产生“前不见古人，后不见来者”的孤寂。

其实，做学问犹如往湖里掷石子，心力越足，产生的涟漪越多，思考的层面与深度也会相应增加。学者在享受碧波荡漾的美妙涟漪时，总觉得应该抓住些什么才对，然而，就在你思考如何去抓住什么的时候，

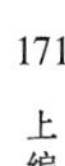
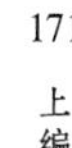

那美妙的东西却转瞬即逝，留下的只是一连串的赞叹与失落。其实，这缺憾何尝不是一种体验之美，在这个过程中，你总会留下了一些瞬间的美的记忆，而就是这种美的体验又会激发学者使下一个涟漪发生。

8·18　子曰："巍巍乎，舜禹[(1)]之有天下也而不与[(2)]焉！"

【注释】

(1) 禹——夏朝开国之君。(2) 与——参与，关联。这里含有"私有、享受、享有"义。

【译文】

孔子说："舜和禹真是崇高得很呀！贵为天子，富有四海，却（整年地为百姓勤劳）一点也不为自己！"

【赏读】

这是对舜与禹的崇高品德与伟大人格的由衷赞叹。两人功劳极大，拥有四海，贵为天子，却不与民争，以天下为己任，从而赢得天下人的敬仰。

8·19　子曰："大哉尧之为君也！巍巍乎！唯天为大，唯尧则[(1)]之。荡荡乎，民无能名[(2)]焉。巍巍乎其有成功也，焕乎其有文章[(3)]！"

【注释】

(1) 则——准则。(2) 名——指言语称说。(3) 文章——礼乐法度之称。

【译文】

孔子说："尧真是太了不得的圣君呀！真的高大得很呀！只有天最高最大，只有尧能够向天看齐，与之比肩。他的恩惠真是广博得很呀，老百姓简直不知道如何称赞他！他的功绩实在崇高，他的礼仪制度多么美好！"

【赏读】

这是夸赞尧的崇高。尧对民有如天般高远、广博的恩情，老百姓都不知如何称颂他；他所建立的功业如巍峨的高山，礼乐法度光鲜、明亮而美好。在极度贫乏的物质条件下，为了部落的生存，尧一定做了很多让百姓念念不忘、他人无可企及的大事。这是孔子在庄严的场合以一种怀旧的情绪追忆历史上的伟大与美好，是他对现时社会感到痛心而心向美好，越发对尧加以无比的赞美。

过去的美好能给人带来留恋与遐想，但未来才是我们应去开拓的航向。我们可以参照历史拾取那些美好的东西，但社会不应该也不可能倒回至青铜时代，恢复永远只是前进的动力，更伟大的复兴才是我们的未来。有人总喜欢怀念曾经拥有的诗情画意的田园牧歌式的农业文明，也很留恋中国改革开放前的绝大多数人处于贫困之下的生活平等与思想纯净。也许这是出于对生态环境的恶化的忧虑及对过度强化物欲给社会带来伤害的不满的一种情绪表达，但我们不能由此去怀疑历史车轮在滚滚向前。

8·20　舜有臣五人而天下治。武王曰。“予有乱臣[(1)]十人”。孔子曰：“才难，不其然乎！唐虞之际，于斯为盛。有妇人焉，九人而已。三分天下有其二[(2)]，以服事殷。周之德，其可谓至德也已矣。”

【注释】

（1）乱臣——《说文》：“乱，治也。”《左传·昭公二十四年》引《大誓》说：“余有乱臣十人，同心同德。”乱臣，治国之臣。（2）三分天下有其二——《逸周书·程典篇》说：“文王合九州之侯，奉勤于商。”相传时分九州，文王得六州。

【译文】

舜有五位贤臣，天下便太平。武王也说过，“我有十位能治理天下的能臣”。孔子因此说道：“（常言道）‘人才不易得’不是这样吗？在唐尧和虞舜之间（以及周武王说那话的时候），人才最为兴盛。（然而武王十位人才之中）还有一位妇女在里面，（实际上只是）九位罢了。周文王得了天下的三分之二，仍然向商纣称臣，周朝的道德，可以说是最高的了。”

【赏读】

这是段评价周制的文字。尧、舜、武王最大的成功在于用人。人才难得，但千里马常有而伯乐不常有。只有出现识人才、爱人才、用人才的贤德的君王这个牵头人，才会制定识人才、用人才的机制，人才自然会源源不断地出现。这就犹如一片竹林，有了肥沃的土壤、恰好的雨水，时令一到竹笋就会破土而出。周文王不仅是个伯乐，而且是个养千里马的高手。他拓展并培育了周天下的肥沃“土壤”，而他的德如恰好的“雨水”，让有才德的人出得来，长得好，走得进，留得住。

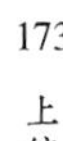
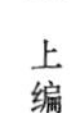

一个地方能快出人才，出好人才，吸引人才，留住人才，成为人才辈出的风水宝地，这跟当地的主要领导的贤德、用人机制的优良及良好的人文环境有着极大的关系。以德留人，古今一样。

8·21　子曰："禹，吾无间然(1)矣。菲(2)饮食而致孝乎鬼神，恶衣服而致美乎黻冕(3)，卑宫室而尽力乎沟洫(4)。禹，吾无间然矣。"

【注释】

(1) 间然——非议，非难。(2) 菲——微薄，作使动，使……薄。(3) 黻冕——黻（fú），祭祀时穿的礼服。冕，古代大夫以上的人的帽子都叫冕，后来专指帝王的帽子。此为祭祀时礼帽。(4) 沟洫——洫，田间水道。沟洫，沟渠，代指农田水利。

【译文】

孔子说："禹，我对他没有任何非议了。他让自己的饮食很差，却把对鬼神的祭品办得极丰盛；自己穿的衣服很破旧，却把祭祀的礼服礼帽做得极为华美；让自己住的宫室很简陋，却用尽全力修治沟渠水道。禹，我对他没有任何挑剔了。"

【赏读】

一个对神灵、对百姓、对自身做派如此虔诚的领导者，一个"无我"的公仆，必然得到百姓的拥戴。"为政以德，天下为公"，禹以其自身的行为对此做了完美的诠释。

子罕篇第九

本篇是全书最感性也是最感人的部分，主要记录了弟子眼中的孔子与孔子眼中的弟子，重在表现孔子渊博的学问、高尚的道德和崇高的理想，而孔子以其淳朴的言语对弟子及自身的评价也足以彰显其独特的修养与人格魅力。起于鲁国社会底层（“吾少也贱”9 · 6）的孔子，以自身的博学与勤勉、自信与谦虚、真诚与朴实、执着与坚毅赢得了世人的敬仰，他对弟子循循善诱、精心呵护及满怀期待的真情教诲，令人感动。

9 · 1　子罕(1)言利与命与仁。

【注释】

(1) 罕——少，表动作的频率。《论语》一书，讲“利”的六次，讲“命”的八九次，若以孔子的全部语言比较起来，这可能算少的。因此子贡也说过：“夫子之言性与天道，不可得而闻也。”（5 · 13）至于“仁”，在《论语》中讲得最多，为什么还说“罕言”呢？于是后来学者对这一句话便生出别了的解释。杨伯峻先生则以为《论语》中讲仁虽多，但是一方面多半是和别人问答之词，另一方面，“仁”又是孔门的最高道德标准，正因为少谈，孔子偶一谈到，便有记载。

【译文】

孔子很少（主动）谈到功利、命运和仁德。

【赏读】

此语后学者释义多有不一，见仁见智，杨伯峻把孔子的话放在大背景下去理解应更合实情。少谈，说明还是会谈，那在什么时候谈？是主动谈还是被动回答？是不是非谈不可？既然是少，那更多的是不得不谈。如果认真阅读《论语》，对照以上问题思考，大概可以得出“很少”是可以“涵盖三项内容”的。

孔子为什么少谈利、命与仁？利，君子当然不主动说，“君子喻于义，小人喻于利”（4 · 16），言利对小人而言是常事，君子则重义；至于命与仁，是抽象而又有太丰富的内容，不好谈，也不乱谈，所以孔子对两者也很少正面去谈。

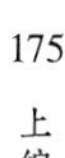

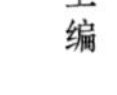

命，不好谈。命就是令，即上天是派你来做事的；是明确一个人人生过程的每个节点，即人生过程中要发生的重大事件。而命运，则是一个人全部节点（总和）形成的轨迹。人生的节点（命）几乎不变，但人生的轨迹（运）画得怎样，则与人生态度，包括如何把握机遇有关。这就犹如打牌，抓到什么牌是命，如何打每张牌就是运。孔子本人就是一个很好的例子。孔子的命（一生遭遇到的重大事实）好不好，我们只要把他与其同时代的人比较就知道，但孔子除了他母亲被迫把他带出孔族另立门户外，后面对命运的把握（一切重大事件发生后的人生选择）则完全靠他自己。孔子不谈或回避命的话题，但他知命。他讲“五十知命”，人生到那个年龄阶段，一个如此好学好为之人，也只是知命而为。那这个命肯定不只是生物学与物理学意义上的命那么简单。人的这个命，恐怕是有“灵性”的东西在，有精神层面永恒的东西在。孔子知命就是懂得自己的天命，知道发生了什么事就该怎样做，知道“天降大任于斯人”意味着什么，当被匡人拘禁，则认为“天之未丧斯文也，匡人其如予何”（9·5）。然而，他有伟大理想，“知其不可而为之”。这就是作为圣人的孔子知命而为，走好自己的命运。

其实，万物皆有命，不会说话的石头都有命。池塘的水一流动就活了，静在那儿就成了死水。任何事物都有灵性，有灵性就是有命在。孔子懂得命之重，觉得人的命有太多的内涵，也太抽象，只能领悟，只能实实在在地去依命而行，人的生命意义全在自身的行为中，他要用行动去诠释自己对命运的理解。

仁，就是人，也是个抽象而复杂的概念，但人们在现实生活中又处处可以感受到仁的存在。因此，孔子在讲到仁的时候几乎都是强调仁的重要与仁在生活中无处不在，而非正面讲仁的内涵。当弟子向他问及“仁”时，他几乎没有给过相同的答案，并且对于某个具体的人仁否，大多以“不知”作答。这里虽然有些“不知其可”含有否定之意，但有的恐怕就是他真的不能具体明了。因为一个人身上有“仁”，并不能说这个人就是仁人，而且这个“仁”定性很难，也不可量化。

不同的人做同样的事，行为动机不同，就不一定同样表现出仁来。同一件事，有的人能看到仁，有的人看不到仁，因为只有当做的人或看的人心中有仁，才能感受到仁的存在。一个人在谈仁的时候，一定是针对相关的事或相关的人而言的，但任何一个人都不可能对某个人的此时此地的行为做出一个明确的界定，因为你不可能完全了解对方心里此时此刻在不在仁的状态。这就犹如孔子对颜回“偷饭吃”的误判一样，其他弟子只是以不仁之心看到颜回“偷吃”的表象，却不知颜回“偷吃”时的“仁”在。因此，孔子一般不主动谈“仁”，而只有在行“仁”或回答弟子有关“仁”的疑问时，才多以“形而下”的形式描述一个人仁与不仁的行为状态。总之，仁是一个存在于人的内心的，可以感受却难以具体描述，可以定性但不能定量的“形而上”的抽象概念。

9·2　达巷党[1]人曰：“大哉孔子！博学而无所成名。”子闻之，谓门弟子曰：“吾何执？执御乎？执射乎？吾执御矣。”

【注释】

(1) 达巷党——里巷。

【译文】

达街的一个人说：“孔子真伟大！他学问广博，可惜没有足以树立名声的专长。”孔子听了这话，就对学生们说：“我去干什么呢？赶马车吗？做射击手吗？我赶马车好了。”

【赏读】

此语可谓幽默而富有深意。没有广博的基础，哪有比他人更高一筹的专长？要“我”做什么好？用南怀瑾的话讲，孔子就是“要做一个引领思想文化的马车夫了”(《论语别裁》)。俗言“艺多不供家”，也许达巷党人就是用这种思维来看待孔子的，认为孔子是个大学者，什么都懂，但没有一项专长让他足以成大名，以致境况如此不佳，连生计都成问题，甚至落得个“如丧家之犬”的窘境。但他们哪里知道，孔子是个大圣人，知命而为！

儒家讲求成名三立：立德，立功，立言。孔子知命而为，当有人讲他博学但没有找到获取名声的手段时，他又能说些什么？只好一笑了之。这也许是一种豁达，或是一种无奈，抑或对其“知其不可而为之”的自嘲，但更有一种实力与自信在。总之，孔子是坚定地走着自己的路，根本没在乎他人的议论。“道不同，不相为谋”(15·40)，对不懂自己的人又何必计较？“人不知，而不愠”(1·1)，否则，于人、于己无益。

9·3　子曰：“麻冕[1]，礼也；今也纯[2]，俭[3]，吾从众。拜下[4]，礼也；今拜乎上，泰也。虽违众，吾从下。”

【注释】

(1) 麻冕——一种礼帽。(2) 纯——黑色的丝。(3) 俭——绩麻做礼帽，依照规定，要用两千四百缕经线。麻质较粗，必须织得非常细密，这很费工。若用丝，丝质细，容易织成，因而省俭些。(4) 拜下——指臣子对君主的行礼，先在堂下磕头，然后升堂再磕头。孔子时，下拜的礼似乎被废弃了。

【译文】

孔子说："礼帽用麻料来织，这是合于传统的礼的；今天大家都用丝料，这样省俭些，我同意大家的做法。臣见君，先在堂下磕头，然后升堂又磕头，这是合于传统的礼的。今天（大家都免除了堂下的磕头），只升堂后磕头，这是倨傲的表现。虽然违反大家，我仍然主张要先在堂下磕头。"

【赏读】

从此语可见孔子"复礼"也有他的准则，并非全盘恢复。孔子主张节俭，就很有积极意义，但他对神鬼之礼远胜于人，并且极力推崇禹的"菲饮食而致孝乎鬼神"（8·21）。这个节俭可能与"克己"有关，而鬼神优于人，可能与"敬而远之"有关。

周襄王的辞让，是因齐桓公当时的威望已到了可以压主的地步，但齐桓公最终还是下拜，这是行君臣之礼，也是对社会秩序的维护。其实，对周襄王而言，这何止是"礼"，这里还有"霸"的成分在。齐桓公实际上是在改变诸侯间的旧秩序，建立新秩序，即称霸诸侯而做盟主，但他在礼上还是要顾及自身的名声，所以他下拜。而此时的鲁国，权臣季氏对国君已相当傲慢，这对孔子而言是"不可忍"的，所以他要坚持恢复"周礼"。孔子要表明立场与原则：社会要稳定，秩序与规则就必须坚守。

9·4　子绝四——毋意，毋必，毋固，毋我。

【译文】

孔子一点也没有这四种毛病——不悬空揣测，不绝对肯定，不拘泥固执，不唯我独是。

【赏读】

一个"绝"字，突出了孔子修德之大境界。人的这些特质，就是形而下具体化的仁，也是仁者面对形形色色的人与事的处理态度和方法。

孔子善于把他人当镜子，他人的善与不善都能为之所用，“见贤思齐焉，见不贤而内自省也”（4·17）。别人对孔子有过臆断（比如，子路对他去见南子），孔子自己也曾有过主观臆断（比如，对颜回偷吃饭的疑惑、对宰我言行的看法、对子游治理武城评价），只是他在经历若干事情之后，消除了这种主观臆断。事实上，人的境界不同，眼界与见识不同，思考问题的角度与层面就不同，何况很多问题的事实真相也不是一眼就能看透。因此，人要做到“毋意”真是不易。

“必”往往源于人过于自信。人活动范围有限，见识不多却喜欢武断、自以为是，观点往往片面，甚至错误。孔子周游列国，什么情况都可能碰上，他深知事物的复杂性，深知要做出准确的判断并非易事。人用老经验去看新问题，自己都会不知道错在哪里。因此，言事不能过于绝对。

固执是对自我的病态式的绝对肯定，这种人在事实面前也会死不承认。如果说“必”还只是认知上的主观错误，那“固”已经是“人格”上的缺陷了，或者说是一种思想僵化或自我封闭的表现。这种人已为自己的思想建立了城堡，会“反抗”对他“进攻与围剿”的一切外来信息。

“我”并非全是“坏事”。比如对“我”的自我认定会产生行为上的动力。但是，如果这个“我”过于唯我独是，其后果，小则不得开化而自我毁灭，当他重权在握时就会祸国殃民。

9·5　子畏于匡[(1)]，曰：“文王既没，文不在兹乎？天之将丧斯文也，后死者[(2)]不得与[(3)]于斯文也；天之未丧斯文也，匡人其如予何？”

【注释】

（1）子畏于匡——《史记·孔子世家》说，孔子离开卫国，去陈国，经过匡。匡人曾遭受鲁国阳货的掠夺和残杀，而孔子相貌很像阳货，匡人便以为孔子就是曾残害过匡地的那人，于是囚禁孔子。畏，拘囚。《荀子·赋篇》云：“比干见刳，孔子拘匡。”可见这“畏”字和《礼记·檀弓》“死而不吊者三，畏、厌、溺”的“畏”相同。(2) 后死者——孔子自谓。(3) 与——赐予，参与。

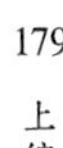

【译文】

孔子被匡地的群众拘禁，便道：“周文王死了以后，一切礼乐制度等文化遗产不都在我这里吗？天若是要消灭这种文化，那我也就不能被上天赐予这些文化；天若是不要消灭这种文化，那匡人还能对我怎么样呢？”

【赏读】

孔子知命，知道自己是在做什么事，即自己为恢复传承“周礼”而来，是知命而为。而匡人会把他怎么样或者不能把他怎么样都是命，天命不可违。天若绝周礼，天又把这些遗产传给他干什么？既然天不绝周礼，而且还把周礼传给了他，那又担心什么？

孔子是个以天下为己任、把个人的生死置之度外的传道者。他要完成文化传承的使命，具备如此大格局又充满责任感的孔子，哪里会去考虑个人安危？他有定力：天不灭我，又有谁能奈何于我？在生死攸关的时刻，孔子表现得如此淡定！

其实，每个人都是天使，都要去完成自己的“天命”。因此，人要依天命而为，学会坦然面对人生的不测与苦难，从容应对上天给自己的好与不好，甚至要学会把苦难当成上天赐予自己历练的机遇，让人生变得丰满而多彩。

9·6　太宰[(1)]问于子贡曰：“夫子圣者与？何其多[(2)]能也？”子贡曰：“固天纵之将圣[(3)]，又多能也。”

子闻之，曰：“太宰知我乎！吾少也贱，故多能鄙事。君子[(4)]多乎哉？不多也。”

【注释】

(1) 太宰——官名。国别姓名不详。(2) 多——作使动，使……多。(3) 圣——成为圣人。(4) 君子——上位的人。

【译文】

太宰向子贡问道：“孔老先生是位圣人吗？为什么这样多才多艺呢？”子贡道：“这本是上天让他成为圣人，又使他多才多艺。”

孔子听到，便道：“太宰知道我呀！我小时候穷苦，所以学会了不少鄙贱的技艺。真正的君子会有这样多的技巧吗？是没有这么多的。”

【赏读】

孔子话说得实且在理，未做任何高深的渲染，淳朴得犹如清澈的溪水。上位的君子不一定要多才多艺，君子不都有孔子那样艰难的生活，也就没有学那么多艺的必要与可能。孔子平实、低调、理性、谦虚，从未把自己当成圣人，只是不断地向圣人看齐。他认为自己的才艺不过是

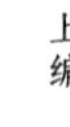

在特定的社会环境下为了生存学到的谋生手段。

孔子出仕当属典型的“后进”，他的多才多艺也是源于他自身低贱的社会背景（落魄的贵族，加上父亲早逝）而必须有足够的能耐方能立足于社会。孔子对自身的才艺分析得朴素、合理而深刻，不回避曾经的低微。“吾少也贱，故多能鄙事”，一个“故”字，冷静地点明“少贱”与“多艺”的关系；一句“君子多乎哉？不多也”，进一步指出上位的“君子”（生在贵族家庭，一出生就有高贵的身份）不可能有机会掌握那么多的才艺。真可谓“君子坦荡荡”（7·37）！

当然，君子乐道，才艺不应只是谋生的手段，更应成为求道的桥梁。这也是子贡理解到的层面，孔子虽然并没有讲自己要成为圣人，但一直在朝这个方向努力。

9·7 牢[(1)]曰：“子云，‘吾不试[(2)]，故艺。’”

【注释】

(1) 牢——郑玄说是孔子学生，但《史记·仲尼弟子列传》无此人。(2) 试——《尚书》曰：“试者用也。”此处表被动。

【译文】

牢说：“孔子说过，‘我不曾被国家所用，所以学得一些技艺。’”

【赏读】

孔子对人生际遇抱有一种朴素而积极的态度，话语充满着对人生价值与目标的理性思考。孔子的人生价值观，首先是为社会所用，有所作为，但又必须以生存保障为前提。生活的苦难并没有压垮孔子，反而使他清醒地从消极（不试）中看到积极的东西（学艺）。

其实，逆境只要不把人困死，困难就会变成人向上攀登的阶梯。要不怎么总有那么多的人说感谢困难、感谢为难过自己的人呢？人在克服困难的过程中，深深懂得困难与意志同在，困难与能力同在，困难与智慧同在，困难与成长同在。

经历多了、思考深了，自然就能力强了、行事稳了，这些都是人在克服困难后得到的福报。人也只有在成就一番事业之后，才能乐观面对自己经历的苦难，坦诚接受练就自己的环境与人，正确审视自己。人是天使，也是社会生活雕刻的杰作。孔子成了圣人，既是他自身不懈努力的结果，也是他给予锤炼他的社会的回报。污秽淤泥中的荷能开出纯洁美丽的莲花，逆境浊世中为何不可以有所作为？孔子这种积极的人生态

度，值得所有在困境中求生存、谋发展的人们学习。

9·8　子曰："吾有知乎哉？无知也。有鄙夫问于我，空空如也[(1)]。我叩[(2)]其两端而竭焉。"

【注释】

(1) 空空如也——孔子自言无知。(2) 叩——使内人闻声开门，孔子叩问鄙夫，使其心自知开悟。

【译文】

孔子说："我有知识吗？没有哇。有个乡野的庄稼汉向我提问，我（对这个问题）本来是一点也不知道的。我从他那个问题的首尾两头去盘问，（知道了很多信息，）然后在这个问题上尽力地去提示他（让他有所开悟）。"

【赏读】

人的知识有限，人们碰到的问题则无限，再聪明的人也不可能把世间所有事情弄明白，把所有知识才艺学到手，何况知识还在不断地更新，问题还在不断地出现。孔子话说得简单，却有大智慧。再有学问的人，相对于整个世界都是无知的。一个庄稼汉的问题也足以把大学者难倒。孔子的智慧就在于他能反过来问这个农夫，从这个问题前后相关联的部分去获取对方对这个问题的已知信息，再顺着这些信息寻找与答案相关联的信息，然后引导对方弄清问题，找到答案。读完此章，一个虚怀若谷、循循善诱、可亲可爱、真实可感的鲜活形象立体地展现在读者面前，这是真实的孔子！

人的知识有限，但对未知的探索无限；有限的知识，加上自身的探求能力与他人的帮助，可以搭起通向未知的桥梁。人只要有足够的勇气去探求，就有可能到达未知的彼岸；知识加上科学的方法，就可以让你掌握的知识成倍地增长：知识有限，能力有限，方法与态度让你创造无限！

9·9　子曰："凤鸟不至，河不出图[(1)]，吾已矣夫！"

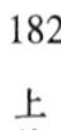

【注释】

(1) 凤鸟、河图——传说凤凰是一种神鸟，祥瑞的象征，出现了表示天下太平。又说，圣人受命，黄河就出现图画。孔子说此话，不过借此比喻当时天下无清明之望罢了。

【译文】

孔子说："凤凰不飞来了，黄河也没有图画出来了，我这一生恐怕是完了吧！"

【赏读】

社会动荡，时政不清，孔子是在感叹他的仁政王道无法得以施展，抱负无法得以实现。感性的孔子，哀而不伤，沉重中还多少带点自嘲。他知命，但不认命，因而他抗争，知其不可而为之。也许，他觉得周游列国是一种错误，但他又必须继续做他该做的事。

孔子是在等待并积极找寻机会，但上天没有给他机会；他主张恢复秩序，一个太平社会也许可以让他去实现王道，而不断加剧的社会动荡带给他的只有失望与痛苦！他不能这样了却一生，也许他还想最后一搏。回到鲁国的他，放弃了直接实行政治改革的念想，把重心转到传教孔学、整理古籍经典及编修《春秋》上来，"述而不作"成了他的重要工作。孔子执着地追寻着他的"道"，他不是在为他个人做，而是在为天下做。他知命而为！

9·10　子见齐衰[(1)]者、冕衣裳者[(2)]与瞽者[(3)]，见之，虽少，必作；过之，必趋[(4)]。

【注释】

(1) 齐衰（zī cuī）——衰，同"缞"，丧服义。齐衰，古代丧服，用熟麻布做的，其下边缝齐（斩衰则用粗而生的麻布，左右及下边也都不缝）。齐衰又有齐衰三年、齐衰期（一年）、齐衰五月、齐衰三月几等；依照与死者的关系亲疏，便服时间长短不同的孝。这里讲齐衰，也包括斩衰。斩衰是最重的孝服，儿子对父亲、臣下对君上才斩衰三年。(2) 冕衣裳者——衣冠整齐的贵族。一说，冕，冠也，即礼帽；一说，冕，《鲁论》作"绕"，亦丧服，较齐衰为轻。衣是上衣，裳是下衣，相当于现代的裙。古代男子上穿衣，下着裳。(3) 瞽者——眼瞎之人。(4) 作，趋——作，起。趋，疾行。这都是表敬意的动作。

【译文】

孔子看见穿丧服的人、穿戴着礼帽礼服的人及瞎了眼睛的人，在相见的时候，即使他们年轻，孔子一定会站起来；走过时，一定快走几步。

【赏读】

礼仪，不只是形式，更有其丰富的内涵与精神内核。“礼”如果让“仪”与其内涵分离，或让其内涵变质，只剩下“仪”的外壳——形式，就会变得滑稽。因此，孔子对子贡准备弃“诰朔”礼时才会说：“尔爱其羊，我爱其礼。”（3·17）子贡只是看到仅流于形式的礼的外表，认为“仪”这个壳已没多大意义，而孔子是痛惜“仪”中内在的“礼”的消失。

孔子此处行礼，是对弱者人性上的尊重与慈悲，对长者、厚者、上位者道德上的敬重与虔诚。孔子的仁礼是落地的，哪怕是处理日常生活中的一次偶遇都很认真。礼节无小事，一件小事可以反映一个人的内在品质。仁就渗透在这些小事的言行礼仪之中。

上天不因芸芸众生而放弃某个人。人被生活中大大小小的事情包围着，那该如何从内心做到一视同仁？人，首先应该相互理解、尊重与帮助。人类是相互联动着具有社会属性的群体，他人的事与自己是相关联的。社会不应是冰冷的，而应该有温度。“些小吾曹州县吏，一枝一叶总关情”，郑板桥从竹声里听出了民间疾苦，感性的孔子在礼崩乐坏、动荡不堪的春秋末年感受到什么？是“吾不试”（9·7）的遗憾，还是“吾已矣夫”（9·9）的困惑，抑或“我待贾者也”（9·13）与“知其不可而为之”（14·38）的坚守？或许这些都有，他想恢复周礼，挽救式微的周朝，救民于水火！

9·11　颜渊喟然叹曰：“仰之弥高，钻之弥坚。瞻之在前，忽焉在后。夫子循循然善诱人，博我以文，约我以礼，欲罢不能。既竭吾才，如有所立卓尔。虽欲从之，末由也已。”

【译文】

颜渊感叹着说：“老师之道，越抬头仰视，越觉得高远；越用心力钻研，越觉得深刻。看看，似乎在前面，忽然间又到后面去了。（虽然这样高深和不易捉摸，可是）老师善于有步骤地引导我，用各种文献来丰富我的知识，又用一定的礼节来约束我的行为，使我想停止学习都不可能。我已经用尽我的才力去学，似乎能够独立地工作。虽然要想跟着他再向前迈进一步，却又没有找到路径呀。”

【赏读】

孔子的学问多深？教育思想方法有何过人之处？颜回在此给出了

答案。

颜回对先生的人与道的赞叹，“仰”的是其人格，“钻”的是其学问，结论是又高又厚，高不可及，厚不可入。孔子云：“吾无行而不与二三子者，是丘也。”（7·24）先生身边处处有学问，言谈举止事事是仁礼，平易中也能感受到先生学问的高深莫测，孔门之道尽在其中，颜回感觉自己一刻也不能离开先生。

颜回的感叹发自肺腑，我们从中也看到了师生间那种相印相惜的共情，以及探索与琢磨的共进。而那种“循循然善诱人”，“卓尔”于前，“忽焉在后”，“欲罢不能”，“虽欲从之，末由也已”的状态与境界，唯有对孔子人格与孔道有了深刻体悟的颜回才能感受得到。这也是善学者与善教者在互动中最典型、最有效、最动人、最精彩的情景。

教与学，在这里有了默契；圣师与英才互动，在这里达到完美。从整部《论语》来看，真正能融通孔子之道，早期能跟上孔子节拍的只有颜回、子夏、子贡等几个弟子，而颜回可谓接班孔门的不二人选！

9·12　子疾病，子路使门人为臣[(1)]。病间，曰：“久矣哉，由之行诈也！无臣而为有臣[(2)]。吾谁欺？欺天乎！且予与其死于臣之手也，无宁[(3)]死于二三子之手乎！且予纵不得大葬[(4)]，予死于道路[(5)]乎？”

【注释】

（1）为臣——和今天的组织治丧处相似。相似之处是死者有一定的社会地位才给他组织治丧处。古代，诸侯之死才能有“臣”；当时，可能有许多卿大夫也“僭”行此礼。不同之处是治丧处在人死后才组织，才开始工作。“臣”却不然，死前便工作，死者的衣衾手足的安排，以及剪须诸事都由“臣”去处理。（2）无臣而为有臣——孔子曾任大夫，有家臣。今已去职，若病不起，不得仍以大夫礼葬。子路派门人为家臣，所以这么说。（3）无宁——无，发语词。无宁，即宁。（4）大葬——以君臣之礼安葬。（5）死于道路——被抛弃在路上，无人安葬。

【译文】

孔子病得厉害，子路便命先生的弟子作为其家臣来预备丧事。其后，孔子的病渐渐减轻，就说：“仲由干这种欺诈的勾当竟太长久了吧！我本不该有治丧的家臣，却一定要使人装作有家臣。我欺哄谁呢？欺哄上天吗？我与其死在家臣们手里，宁肯死在你们学生的手里，这还不好吗？况且我就算不能热热闹闹地按君卿大夫们来办丧葬，我会死在路上吗？”

【赏读】

孔子为什么反对子路的做法？首先，子路是此行为的第一人吗？肯定不是。也许这已成了当时的一种社会风气，而这种败坏仁礼的风气为孔子所不容。其次，孔子反对僭礼而行，克己复礼是他坚定的立场，而且孔子对如季孙氏那些野心家的僭越行为深恶痛绝。最后，这里面还有孔子对士者身后名的深刻思考，并由此引发他对“士丧礼”的思考。

在对待身后事上，子路讲究名位，要面子。也许孔子以为，作为曾经的士大夫，远没有老师这个名分实在、幸运、有面子。也许在孔子眼里，这些弟子就有他的成功与面子，包括王道的发展，还是需要他们去做。子路似乎要把先生升到王侯的级别，认为这样才能给足先生面子，而这种不诚实又能哄骗到谁呢？这不是自欺欺人吗？

好在孔子没有死，否则可坏了先生的名声。孔子不想要也不能要这个“身前”名分，身后却得到一个“至圣”的称誉；司马迁在他的《史记》里，也把他安放在王侯世家的高位。这些是孔子生前没有想到也不会去想的事，也许这是上天对诚实的孔子的眷顾。我想，孔子的身后名，是因他个人的学问（儒学）思想而得，也是因他弟子对其学问的发扬光大而得，更是因他坚毅的品格与高尚的品德而得。在如今功利、浮躁而短视的社会里，孔子名利观确实能给后学者更多的启示：名不是靠自己跟人争来的，更不是靠欺诈骗来的，而是靠自己做出来的，也是后人依据自己对社会的贡献的一种回报。

9·13　子贡曰：“有美玉于斯，韫(1)椟而藏诸？求善贾(2)而沽诸？”子曰：“沽之哉！沽之哉！我待贾者也。”

【注释】

(1) 韫——藏义。(2) 贾——贾（gǔ），商人。贾，又同“价”，价钱；善贾，好价钱；待贾，等好价钱。不过与其说孔子是等价钱的人，不如说他是等识货者的人，否则就不好理解孔子的“从卫国退出”。

【译文】

子贡道：“这里有一块美玉，把它放在柜子里藏起它来呢？（还是去）寻找一个识货的商人卖掉它呢？”孔子道：“卖掉！卖掉！我是在等待那个识货者呀。”

【赏读】

孔子是个积极的入世者，卖掉“美玉”是他必然的选择，因此他才周游列国。但这块“美玉”，又有它的底价、使用范围及使用对象，结果美玉没有卖出，孔子几乎无功而返。

美玉藏之于柜，那就无人欣赏。如果有意藏之却又语之于人，那不过是孤芳自赏又想抬高自己。真正的美玉要光耀于世不被埋没，那就要有识货者与买家。这样，卖家就得努力寻找，而不可一味地等待才对。那自我推销也是一种不错的选择。一个“求”字明示子贡是在积极推销自己，但孔子用的是一个“待”字，境界与观念上就有大的不同，而这也跟孔子本人“邦无道，则可卷而怀之”的观点一致。事实上，孔子周游列国应算“待”得比较积极。

孔子确实是在努力推销自己：一是周游列国，游说天下，多接触一些“买家”，让他们多一些了解，也许就多些机会；二是研修学问，提升自己，形成学术体系，不断提高“玉石”品质；三是培养学生，形成研究团队，这样做既可以多出成果，又能后继有人，有利于可持续发展，形成产品系列，增强竞争力。虽然七十二个弟子不是完全按他的思想去做的，但孔子及儒学的影响确实在不断扩大，特别是这个叫子贡的弟子，作用不可小觑。孔子之后，其弟子及再传弟子不断传播其学说，有力地推动了儒学的发展，战国时儒学已形成了八大学派。这样看来，孔子推销这块“美玉”用的是一套组合拳，他笑到了最后。

然而，孔子本人还是没有碰上识货的，终究没有得到他想要的平台。原因很简单，孔子出售的是王道，是“古董”，但人家当时要的是霸道，是“刀剑”。可以说，孔子碰到了一个最需要他的时代，在别人抛弃周礼这个“古董”的时候，他全部捡拾起来并加以整理；也可以说，他碰到了一个最不适宜（或最不待见）他的时代。在他想把这些整理好的货物——仁政——出售的时候，国君们看后只是一个劲地夸奖货的品质好，却没一个真心实意的买家。他只好带着一班弟子，把抢救过来的这些宝玉封存于“韫椟”中。他也没想到，这么一等，就是近400年！

当然，他不知道某一天（秦时）儒学会混得那么惨（焚书坑儒）；也不知道某一天（汉时）儒家会那么荣耀（独尊儒术）；更没想到，如今孔子学院遍布全球，孔孟之道成了中西方文化交流的桥梁。其实，“美玉”只要货真价实，机会总会有的，只不过等待的时间长短不一。人也不要太急，要守得住底线，也不要有太多的期待，或许等得越久卖的价值越高。

9·14　子欲居九夷[1]。或曰："陋，如之何？"子曰："君子居之，何陋之有[2]？"

【注释】

(1) 九夷——《韩非子·说林上篇》云："周公旦攻九夷而商盖伏。"商盖就是商奄，则九夷本居鲁国之地，周公曾用武力降服他们。春秋以后，盖臣属楚、吴、越三国，战国时又专属楚。杨伯峻先生认为九夷就是淮夷。也有认为九夷指东方之夷群，可能是个泛指。(2) 何陋之有——有何陋。

【译文】

孔子想住到九夷。有人说："(那地方非常) 闭塞简陋，怎么能住？"孔子道："有君子去住，(还会) 有什么闭塞简陋的呢？"

【赏读】

越原始的地方，越可能有开发价值。孔子也许并没有隐匿之意，越古朴的地方，遗留下来的东西也可能越多，也许他去的目的是想得以在此实现自己的王道或教化这个地方。但依据孔子回到鲁国后的处境，他应断了出仕的念想，并且跟子路说过"乘桴浮于海"(5·7)，也表明有"卷而怀之"(15·7) 之意。

静下心来整理文献，兴许是他晚年最想做的事。孔子安贫乐道，自然会想："君子居之，何陋之有？"山之陋，非人之陋，且山有了君子之气，何陋之有？也许，小人物看到的只是山上外在的物质贫乏，君子却看到了它内在的纯真与朴实。这就犹如凡人看到的是黄土高原的沟壑与尘土，壮士看到的是西北风暴的粗犷与刚猛，雅士看到的则是秦汉文化的雄浑与厚重。

9·15　子曰："吾自卫反鲁[1]，然后乐正，《雅》《颂》各得其所[2]。"

【注释】

(1) 自卫反鲁——根据《左传》，事在鲁哀公十一年冬。(2)《雅》《颂》各得其所——"雅"和"颂"一方面是《诗经》内容分类的类名，一方面也是乐曲分类的类名。篇章内容的分类，可以由今日的《诗经》考见；乐曲的分类，因古乐早已失传，已无可考证。孔子的正《雅》《颂》，究竟是正其篇章，还是正其乐曲，或者两者皆正呢？《史记·孔子世家》和《汉书·礼乐志》认为，主要的是正其篇章。孔子只

"正乐"，调整《诗经》篇章的次序。

【译文】

孔子说："我从卫国回到鲁国，才把音乐（的篇章）整理出来，使《雅》归《雅》，《颂》归《颂》，各有适当的安置。"

【赏读】

孔子周游列国后，也许更清醒自己的使命。《诗经》是孔子教学的重要教材，而孔子对《诗三百》的整理理应在返鲁之后，至少在返鲁后完成；而《诗三百》的整理或编排，所有的大类是以乐为标准。这里的乐，既有内容上不同，也含有格调上的差异，犹如有下里巴人与阳春白雪的差别（如风与雅），亦可能含有雅俗及格调轻松与严肃庄重的不同，但更多的还是音乐（乐曲）的性质（比如"颂"）与区域上的差异（比如"风"）。

诗的格调上的不同，应与诗的功用及创作人群类别有关。据此，风、雅、颂给人认知上就不只是题材的差异，实际上应有多种因素在。由此，我们推知从古代传承下来的其他东西，是不是也可以换个角度去分析、归类、整理它们，或许有更多特殊价值的发现。

一件东西放对了位置，怎么看都是对的。当时放置东西的人，难道会随意地看到一个合适的角度就把东西放上去吗？我想，凭着孔子的品德与才学，他对诗经内容整理安排是有考量的。这也就提醒我们，对古代文化的尊重就是对先辈的尊重，决不可被外来文化的表象冲昏了头，把让人一时兴奋的鸦片当成灵丹妙药。鲁迅的"拿来主义"对文化遗产的继承是科学。近些年来，在对待中西医学方面，我们只看到了西医的便捷，却忽略了对中医深奥的机理分析。为什么我们可以接受西方的现代心理学理论，反而对传统的中医思想妖魔化？这难道不值得国人反思？

9·16　子曰："出则事公卿，入则事父兄[1]，丧事不敢不勉，不为酒困，何有于我哉？"

【注释】

（1）父兄——孔子很小父亲就去世了，说话时或者他哥孟皮还在。父兄，偏义复词，兄，此处可引申为长者。

【译文】

孔子说："出外便服侍公卿，入门便服侍父兄，有丧事不敢不努力（尽礼），不被酒所困扰，对我来讲，（这些事）有哪些做到了呢？"

【赏读】

孔子比较喜欢喝酒，所以他说“唯酒无量，不及乱”（10·8），即喝酒以不醉为原则。孔子有意强调自己“不为酒困”，以自省的方式来告诫弟子。

前三件，是提醒自己在忠义、孝悌、祭祀与礼仪等重大事件上不可疏忽，也即人在大是大非原则问题面前不可含糊。孔子早年丧父，长兄为父，包括后面对侄女的安排都有“慈”在。第四件，足见孔子爱酒的程度。孔子认为喝酒必须有度，喜欢不可痴迷，但这个“度”又多难把握。这是在警示他自己再喜欢的东西也要克制住，否则就会害了自己。“何有于我”，难道仅仅是孔子自身的反问？这也是在向他的弟子发问吧。孔子此话透露出儒家文化的内敛性特征：考虑需要帮助的是他人，反省克制的是自己。

9·17　子在川上，曰：“逝[(1)]者如斯夫！不舍[(2)]昼夜。”

【注释】

（1）逝——去而不回。（2）舍——舍，同“捨”，止息，放弃，停留。

【译文】

孔子在河边，叹道：“消逝的时光就像这河水一样呀！在日夜不停地流逝。”

【赏读】

此语自古至今为人乐道。话语亦足显孔子对事物观察的力度，对生活感悟的深度，对大自然哲学思考的高度，以及在语言运用上的简洁、准确与生动。区区九字，似乎把他对生生不息的宇宙的认知全都概括进去。

“斯”是什么？是河流，是流动的水。水是什么？水是灵动的，是活的，源源不断并变化着的。它有时平静，有时湍急；有时凝固，有时飞腾；有时洁净无比，有时浑浊如泥……水是生命之源，生生不息，勇往直前。孔子看到这样的河水，又怎么不会感叹？这又何止是水，这分明是一江鲜活的生命！

“逝者”是什么？是时光，是以时间为刻度的人生岁月，是宇宙万物由生发而消失。孔子当时所感叹的是不是他自己已入迟暮？岁月的流逝让孔子实现施政的愿望越发迫切；越上了年纪，思国念家的情感自然

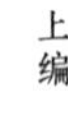

越为浓重。“逝者”，当然可以是以时间为参照的人，而你我既是祖辈的继承者，又是儿孙的传承人。

“逝者如斯”，那水从哪里来？流向哪儿去？为何会这样无尽无止？水流走了究竟会不会回来？那人呢？不管人想好了没有，想通了没有，人都得往前走，生老病死从来就没停止过！水与人是过客，还是主人？星球是主人吗？它也会消失！如果宇宙间的一切都是过客，那谁才是它的主人？

“逝”的是时间？时间的起点在哪？终点又在哪？水不会停止，那时间又哪里会停止呢？“逝”的是空间？自然宇宙的边界在哪？人看不到的地方，能不能成为逝的边界？“逝”的是万物？日月星辰，草木虫鱼，生生不息。一代新人换旧人，是一次轮回，还是一段延续？个体的逝与整体的不息是什么关系？今天的夜月与昨天的或明天的夜月是否一样？是否会有终结？如果有，那什么时候会有这个终结？

“逝者”在不断地消失，又在不断地产生。“逝”的本质是变，但变中又有其不变。那么，“逝”究竟是相对的，还是绝对的？“不舍昼夜”，这应是绝对的运动吧，而“运动”才是生命的本质。所有的生命都是在运动中产生，消失，再产生，以至无穷而生生不息。我想，生命就在这个变化中循环延续，也在循环延续中变化与发展。但所有的这些变化与发展如果只是上天安排的一场游戏呢？那这种“运动”是不是相对的？

孔子的话让古今多少人对蜿蜒的山川、辽远的大地与浩瀚的宇宙充满无限的遐思……

9·18 子曰：“吾未见好德如好色者也。”

【译文】

孔子说：“我没有看见过，喜爱道德如同喜爱美貌的人。”

【赏读】

孔子深刻认识到人的自然属性与社会属性的差别，这与“饮食男女，人之大欲存焉”（《礼记》据说为孔子或弟子语）的观点基本一致。不过本中是在对比中强调人的天性。这对于一般人如此，对于一个国君亦如此，因此他才会感叹人修德的重要与困难。如果孔子把“饮食”与“男女”再作比较，结果又该如何？笔者认为，还是“饮食”放在第一，至少我们知道“食”贯穿人生的全过程，而“色”则把人生的首尾两端“隐藏”了起来，何况还有一句“民以食为天”？为何不说“男女饮食”

呢？鲁迅曾说：一要生存，二要温饱，三要发展。生命没了，延续又从何谈起？

“好色”这词在这里是广义的，且重点强调人的美貌而非品德之美。“好色”如同人要吃饭，是人的自然属性，但人还具有其社会属性，必须接受社会道德规范与法律的约束。上天赋予人吃饭，是为了让人首先活下来，然后去创造发展社会财富与社会文明；上天赋予人好色，是为了让人类得以延续发展，传递优秀基因。“好色”是人回归本性，犹如一个人下坡，自然“容易”；“好德”则融入社会属性，要求人克己复礼，好比一个人登山，必然“艰难”。因而，人一旦放松了对自身本性的约束，就很容易滑入“兽性”的深渊。

有位哲人说，“人不仅仅靠吃米活着”。这话传出两条信息：一是人需要一定的物质生活条件作为生存的保障，但人仅靠物质生活条件不一定能活得下去，还必须有某种精神上的支撑；二是人不是为了吃而来到世间，更不是为了吃饭而活，还应该有更重要、更有意义的事要做。人要活得更有价值，就要有更高的精神追求与社会责任感。这样，我们在追求物质财富与“美色”之外，还要追求美好的爱情与友情，追求更高尚的事业与理想，也就是要追求人与人之间崇高的道德，在所处的时代为社会立德、立功、立言。

总之，食色是人与生俱来之自然属性，道德是人们在自然规则之外社会约定俗成之规范下的人格与品德的升华。只有两者相互协调统一，才能促进人类社会健康和谐发展。

9·19　子曰：“譬如为山，未成一篑，止，吾止也。譬如平地，虽覆一篑，进，吾往也。”(1)

【注释】

(1) 此章，一种理解如译文，另一种解释：“好比堆土成山，只差一筐土了，如果（应该）停止，我便停止。好比平地堆土成山，纵是刚刚倒下一筐土，如果（应该）前进，我便前进。”两者角度有所不同：一为“为仁由己”意；一为“唯义与比”意。

【译文】

孔子说：“好比要堆土成山，只需再加一筐土便成山了，如果停下来不做，这是我自己停止的。又好比在平地上堆土成山，即使是刚刚倒下一筐土，如果决心继续堆下去，那我就得自己坚持到底啊！”

【赏读】

人做事，可进可止，取决于内心。不愿做的事就一定做不好，哪怕只剩最后一篑，你没能坚持下去，就不能成功；想好了的事就要去做，哪怕刚刚开始，亦可以成功。人做事，既要随己愿，也要有定力，更要有责任和担当，这样才会恒久，进而获得成功。人修德也是如此，放松自己一小步都难以达到目标；修身是一步步地渐进与积累，哪怕只是刚刚起步，只要坚持就能滴水穿石。

9·20　子曰："语之而不惰者，其回也与！"

【译文】

孔子说："跟他说话，而（听我说话）始终不懈怠的，大概只有颜回吧！"

【赏读】

孔子喜欢颜回，除了他善解人意，更重要的是他善听，善学，善行。"敏而好学""安贫乐道"，非颜回莫属。颜回做而不说，是一个以行动来体现学习效果、以实践来检验思想的人。勤奋、践行成了他学习的一种品格。为什么颜回能如此"不惰"？因为他对先生的王道有着深刻领悟，有过"仰之弥高，钻之弥坚"（9·11）之叹，先生之道让他"欲罢不能"，"既竭吾才，如有所立卓尔"（9·11）。

9·21　子谓颜渊，曰："惜乎！吾见其进也，未见其止也。"

【译文】

孔子谈到颜渊，说道："（他死了）真可惜呀！我只看见他不断地进步，从没看见他停留过。"

【赏读】

颜回不死，一定是座学问与道德的大山，因此，孔子对颜回之死痛心至极！

溪流之所以汇成江河，就在于它永无停息。一个人的成功，特别是大的功德，只靠个人天赋与才气是远远不够的，必须有着长期的积淀。才气与悟性，只是成功的前提，海纳百川地接受教诲，锲而不舍"一以贯之"地钻研与积累，才是取得最后成就的关键。

很多人的事业之所以终归虚无，就是因为他们只停留在一时成功的

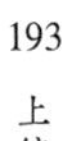
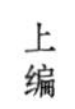

表象上。表面的成功似乎事已到顶，其根基还远未坐实，顶上还差那么一篑“土”。这就犹如清明时节的春笋，虽然经过几天就长到了顶，但是出土之前据说就有长达1~3年的看不见的成长期，而这才是它被称为“岁寒三友”之一的品质积淀。然而，就其成长的最后阶段，如果它不让自己展开枝叶，硬朗起来，也许一阵大风就会能把它刮倒。

9·22　子曰：“苗而不秀[1]者有矣夫！秀而不实者有矣夫！”

【注释】

(1) 苗而不秀——谷，始生为苗，成穗为秀，成谷为实。秀，秀字从禾，则只是指禾黍的吐花。《诗经·大雅·生民》云：“实发实秀，实坚实好。”“发”和“秀”是指庄稼的生长和吐穗开花；“坚”和“好”是指谷粒的坚实和壮大。这都是“秀”的本义。汉人唐人多以为孔子这话是为颜回短命而发。但颜回只是“秀而不实”（祢衡《颜子碑》如此说），那“苗而不秀”又指谁呢？

【译文】

孔子说：“庄稼生长了，却不吐穗开花的，有过的罢！吐穗开花了，却不凝浆结实的，有过的罢！”

【赏读】

孔子有感而发，“有矣夫”多少显露出那份遗憾与伤感。庄稼长得好，但如果只长苗，不开花，就没有希望；如果光开花，不结果，希望就成了失望，开得越艳，痛苦越深。孔子之所以有这样的感叹，就是尝到这种痛苦。颜回是一朵开得灿烂无比的奇葩，但他过早凋谢了，这简直要了孔子的命！

9·23　子曰：“后生可畏，焉知来者之不如今也？四十、五十而无闻焉，斯亦不足畏也已。”

【译文】

孔子说：“年少的人是值得畏惧的，怎能断定后来的人赶不上现在的人呢？但一个人到了四五十岁还没有什么名望，也就不值得害怕了吧。”

【赏读】

孔子对年轻人的分析可谓真知灼见：后生可畏。鲁迅也有过类似的体验。一开始受“进化论”的影响，他以为所有的后生都能把前辈拍在沙滩上。因此，他对任何一个后生都疼爱有加，为其去补鞋，迟到挨了骂也觉得能接受。后来发生的一系列事件，使他知道进化论也不是机械地进化所有的人，有些后生还会退化，甚至变成猴子的模样。鲁迅是从血的教训中才看清这点的，感受到自己对《进化论》没有吃透其精髓，深知后生还有另一种退化的“可畏”。

后生可畏，因为他们的未来有不确定性，而“超越”简直是可能中的必然，虽然并非所有的可能都会变成必然。这种“可畏”其实是可期、可敬的。孔子客观地看到了这点，也是对他弟子的一种信心。但以孔子的阅历和经验，“四十不惑，五十知命”，一个人到了这个年龄其发展空间就很有限，特别是要取得重大成就或在一个新领域有所突破几乎不太可能。

孔子此处讲“闻”，主要还是依其在立德、立功、立言上的声望来评价，起码在远近有较高的声望。任何事物发展都有一个由量到质的过程。四五十岁之前，人是在做一个量的积累；之后，就会有一个质的变化。当然，随着人的寿命的延长，学问量的增加、研究领域的扩展，虽然学问领域的广度不一、性质不同，这个质变的量的积累时间上会有千差万别，但其由量到质的基本规律是不变的。孔子也在明示：学问需趁早，光阴不待人。

9·24　子曰：“法语[1]之言，能无从乎？改之为贵。巽[2]与之言，能无说乎？绎[3]之为贵。说而不绎，从而不改，吾末如之何也已矣。”

【注释】

（1）法语——语，告诫。法语，谓人以法则告诫之辞，正言相规。（2）巽——卑顺、顺。谓人以恭顺许与之辞，婉言相劝。（3）绎——演绎，分析。

【译文】

孔子说：“严肃而合乎原则的话，能够不接受吗？改正错误才可贵。顺从己意的话，能够不高兴吗？分析一下才可贵。盲目高兴却不加分析；表面顺从却并不改正，（这种人）我不知拿他怎么办。”

【赏读】

人的行为要接受社会规则的约束。对于规则，我们要辩证地看待、认真地接受。他人的正告可以改正自己的错误，但也要认真分析其有无道理，并注意发展地看问题，努力地去改进、优化规则。一个人做事，

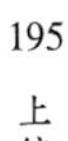
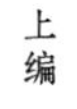

包括改正错误，如果不从内心出发，只是表面上应付，屈从权威，骨子里没把“错”当回事，就做不好；自己喜欢听的话，喜欢做的事，只要乎感受不在乎道理也不行。先生这是在讲宰予，还是在批评子路？不得而知。

9·25　子曰：“主忠信，毋友不如己者，过则勿惮改[(1)]。”

【注释】

(1) 见《学而篇》(1·8)。

9·26　子曰：“三军[(1)]可夺帅也，匹夫不可夺志也。”

【注释】

(1) 三军——周朝制度，诸侯中大国可拥有军队三军。因此便用“三军”作军队通称。

【译文】

孔子说：“一国军队，可以使它丧失主帅；一个男子汉，却不能强迫他放弃志向与主张。”

【赏读】

三军失去主帅会有下一个，只要军魂在，战斗力就在。当然，少了主心骨，不可能不受影响，就如孔子这班弟子，如果少了夫子怎么会不受影响？但是，只要先生的王道在，仁礼在，儒学就在，就能传递下去。因此，后孔子时代儒学有了更大的发展。

人没有志，没有自己的主张，就没有灵魂，没有人生方向，也就没了生活的动力，就会变成行尸走肉，结果就是无所作为。人没有志向，不保气节，就会放弃不该放弃的，就会毫无约束，甚至胡作非为。有了志，人才会变得坚韧，拒绝自己不想或不能做的事。守志就能守住底线，真正的志士仁人也不可能被别人强行改变志向。曹操放走关羽，刘备情留黄忠，看重的就是对方的“志”。人志重要，国魂同样重要。

9·27　子曰：“衣[(1)]敝缊[(2)]袍，与衣狐貉者立，而不耻者，其由也与？‘不忮不求，何用不臧[(3)]？’”子路终身诵之。子曰：“是道也，何足以臧？”

【注释】

（1）衣——穿。（2）缊——旧絮，乱絮。古代没有草棉，所有“絮”皆指丝绵。一说为乱麻。（3）不忮（zhì）不求，何用不臧——两句见于《诗经·邶风·雄雉篇》。忮，嫉妒。用，因；何用，即因何。臧，善。

【译文】

孔子说道：“穿着破烂的旧丝绵袍子和穿着狐貉裘的人站在一起，却不觉得惭愧的，恐怕只有仲由罢！《诗经》里说：‘不嫉妒，不贪求，因何还不会好？’”子路听了，从此念着这两句诗。孔子又道：“仅仅这个样子，又怎样能够好得了呢？”

【赏读】

“不耻”，何耻之有？率真的子路，确有几分可爱，然而，人真正要做到“不耻”，就应腹有诗书、乾坤、韬略在，或如颜回般的“安贫乐道”，否则，就可能“受耻受辱”。人，心中求“道”，就不会过于关注到“贫”，也绝非简单地以贫为耻，有无得道才是他们的主题。这点原思比子路做得更好，子贡锦衣肥马探访贫穷的原子思，本想奚落一番他，结果反被原子思当面羞辱。“不以为耻”与“不知耻”是有本质区别的。孔子认为子路只因他的“本真”有利于表现他的坦然，希望他有所改进，提升自我修养。孔子此语提醒在现实中我们不要把这两类人混淆了。这两类人在品德与人格上有着巨大的差距。

9·28　子曰：“岁寒，然后知松柏之后凋也。”

【译文】

孔子说：“每年到了天气冷的时候，这才知道松柏树（的叶子）是最后凋落的。”

【赏读】

不完全是“岁寒”造就了松柏，只能说岁寒成就或彰显了松柏的精神与价值。岁寒是个筛子，没有岁寒，松柏的傲寒精神依旧存在，只不过会淹没在哪些假傲寒的群林之中。但从环境、变异及生物进化角度看，“岁寒”终究可以对松柏产生作用，适者生存可以传递并强化了它优良的抗寒基因。因此，“岁寒”对“后凋”的渐变作用也就不可小觑。穷人的孩子早当家，即使孩子是块“当家的料”，但也应与“家穷”有关。

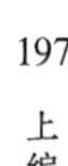

此话意义甚大，并非说“岁寒”有多大好处，只是说“岁寒”的确可以磨砺人、识别人、鼓励人，甚至还有筛选人、淘汰人的作用。在常态环境中，人人似乎都以为自己是一棵松柏，有的甚至还信誓旦旦，非要做顶天立地的那个斗士不可，但真的到了需要他去做“松柏”的时刻，就原形毕露了。事实上，越是艰险的困境，就越能显出人的本质，彰显其人格魅力。“士穷见节义，世乱识忠臣”（朱熹引谢良佐注），和平安逸环境下把爱国叫得最响的，有谁能保证国难当头时他不是个卖国贼？因此，我们对网络上那些带节奏、赚流量的播客要保持清醒的头脑，血与火的考验才能呈现本色。

9·29　子曰：“知者不惑，仁者不忧，勇者不惧。”

【译文】

孔子说：“聪慧的人不致疑惑，仁德的人没有忧愁，勇敢的人无所畏惧。”

【赏读】

智者，时事通达，看人看事，一眼便知根底。看其然，便知其所以然。通透自然不惑，事态发展尽在他的掌握之中。他不露声色、大智若愚而心中自有乾坤。要做什么、不做什么，先做什么、后做什么，清楚明白，岂有疑惑之理？

仁者爱人，宽以待人，当仁不让。仁者以其乐观心态面对生活，面对社会形形色色的人与事。他面犹如来，相似观音，忧从何来？在仁者看来，一切冲突都可化解。仁者无敌，何忧之有？

勇者，无所畏惧。其实，畏惧又何来勇敢？当然，勇敢不是盲目的不怕死，而是有仁义，有力量，有定力与方向。而那种毫无目的无所谓的不怕死不叫勇敢，那是涉世未深的意气、对生命的漠视与对责任的推卸，是自不量力、不懂得自尊自爱的鲁莽。真正的勇者，见义勇为，死也是舍生取义，杀身成仁。这才是年轻人需要从中领悟到的道理。

9·30　子曰：“可与共学，未可与适道；可与适道，未可与立(1)；可与立，未可与权。”

【注释】

(1) 立——《论语》的“立”常含有“立于礼”意，此“立”译为“事事依礼而行”。

【译文】

孔子说：“可以同他一道学习的人，未必可以同他一道取得某种成就；可以同他一道取得某种成就的人，未必可以同他一道事事依礼而行；可以同他一道事事依礼而行的人，未必可以同他一道通权达变。”

【赏读】

不同人生境界的人为人处世的方式与格调不尽相同，层面越高，境界越高，就越难找到知音。孔子发出如此感叹，肯定有他的经历与体验在。

一同学习，可以各怀志向。师出同门，分道扬镳者大有人在，就是孔子门下的弟子也各有千秋。道不同不相为谋，颜回安贫乐道，不一定就要求冉求亦如此选择。共同战胜对手可以做到，但他们可以选择不同的方法，运用不同的手段。为了共同的目标，他们可以合作获得成功，但享受或维护的方式又可能不同。同样，不同的人群，可以因“利”而聚，亦可因“道”而聚，只是形同而质异。

同为学习某知识、某技能，但心怀目的就可能不同。习武，有的是为了强身健体，有的是为了报仇雪恨，有的是为了建功立业，但也不排除有人干起强盗勾当。学习同样的技术，但取得的成就也会因人而异。这就犹如同在孔子门下学习的弟子，学业与仁德就可能大相径庭，立足于社会的方式也可能不同。有的不拘小节，有的讲求江湖义气，有的依礼而行尽显君子之风。退一步讲，学问达到了一定的成就或境界，为官之道与为人处事自有一套礼数，但即使懂礼依礼，还有权衡分寸恰到好处的不同。何种情况如何行事也有高下之分。比如“陈司败问昭公知礼乎，孔子曰：‘知礼。’”(7·31)。这个“知礼”的具体内容，就很难答得清楚，恰如其分。

要会“权”就要懂得“权宜”。通权达变者，如同自如地掌握人生的方向盘，运筹帷幄于天下。也许只有子贡可以与孔子达成某种默契，而冉求的为政就遭到过孔子严厉的批评。孔子做大司寇时发动了隳三都，进行恢复礼制的改革，由于没有得力的支持最终失败。在孔子看来，管仲与鲍叔牙应是达到了某种默契，他们在与桓公的相处中就有这种“通权达变”的状态。

9·31　“唐棣[1]之华，偏其反而[2]。岂不尔思[3]？室是远而。”子曰：“未之思也，夫何远之有[4]？”

【注释】

(1) 唐棣……何远之有——唐棣，一种植物。蔷薇科，落叶乔木。“唐棣之华，偏其反而”似有捉摸不定之意，或者和颜回讲孔子之道“瞻之在前，忽焉在后”（9·11）之意。(2) 偏其反而——偏，亦作“翩”；反，或说同翻。翩翻，花摇动貌。(3) 岂不尔思——与文中“未之思也”及“何远之有”，皆为宾语前置句。(4) 夫何远之有——有“仁远乎哉？我欲仁，斯仁至矣”（7·30）之意。或者当时有人引此诗（逸诗），意在证明：道之远而不可捉摸。孔子则说：你不曾努力罢了，其实可一呼即至。

【译文】

古代有几句这样的诗：“唐棣树的花，翩翩地摇摆。难道（我）不想念你？（只是由于）家住得太遥远。”孔子道：“他不是真想念他（她）哩，（真的想念的话），那又有何遥远的呢？”

【赏读】

诗句写得好，孔子解析得更妙！诗以起兴言近而旨远，孔子此话又何尝不令人遐思！花是什么？是温馨的家？心仪的人？甜美的情感？美好的理想与追求？学者所求学问与道？君子所追求的仁义？也许都是。

美好的理想，时隐时现，总难抓住，犹如唐棣树梢那美丽的花儿上的蝴蝶，人采捉不到，以为自己的手不够长、不够敏捷。人追求美好理想，最终却选择放弃，总觉得自己有那么多的不足，总有许多客观的原因。其实，真正认定了的事，义无反顾地去做，那些所谓的客观不足都不是问题。如果一定要去看喜欢的人，你会觉得遥不可及而舍弃？如果有定力，你可以选择暂时分离，因为“两情若是久长时，又岂在朝朝暮暮”；如果选择去，就是万水千水，刀山火海，你也不会觉得遥远而艰难；你如果想去而没有去，是否真心喜欢就值得怀疑。同样，人追求仁义道德，只有认定，没有条件！心有定力，就不会遥远。孔子说：“仁远乎哉？我欲仁，斯仁至矣。”（7·30）生活中很多事亦如此。孔子只是比一般人往前多走了一段罢了。我们看到了孔子“知其不可为之”，但没有孔子追求理想的那种定力与境界。在孔子看来，在行“道”的路上是“没有不可为”的。

有人说，不是我不想你，是因为我们相距得太远。孔子则说：不是

你们相隔得太远，而是你们彼此相爱得不够深！心一通，路就近了。世界最遥远的距离是“心”距。王勃有言：“海内存知己，天涯若比邻。”心相通，天涯又算得了什么？现实中，有多少人为不回家找理由，有多少人为不见亲人找借口，但这些理由就真的那么充分吗？时间不会消磨亲情，观念与金钱会腐蚀那颗纯朴的初心！空间不会阻隔友谊，思想与名利会变成阻隔彼此走近的玻璃！

乡党篇第十

本篇记录了孔子日常生活中的一些典型片段，细致入微地描述了他在衣、食、住、行，以及参与社会活动过程中的形貌、神色及言谈举止，肯定孔子以上各方面所表现出来的仁礼与君子之风，对后学者有示范与引领之效。上朝面见国君、大夫时的仪态，出入公门与替代国君接见外宾或出使他国的礼仪表现，无不彰显孔子严谨、正直、真诚而富于仁德；文中对他一些日常生活的记录，又为读者全面了解孔子提供了生动的素材。全篇展示了孔子日常生活的各个方面，并以独特的呈现方式诠释了他对礼的理解，为读者展示了一个丰富生动、真实可感的孔子形象。

10·1　孔子于乡党(1)，恂恂(2)如也，似不能言者。其在宗庙朝廷，便便(3)言，唯谨尔。

【注释】

(1) 乡党——朱熹注释为“父兄宗族之所在”。按钱穆先生注释，孔子生于鲁国陬邑之昌平乡，后迁至曲阜之阙里，亦称阙党。此称乡党，应兼两地言。(2) 恂恂——温和恭顺貌。(3) 便便——辩也，善于辞令；一说为娴雅之貌。

【译文】

孔子在本乡本地时，温和恭顺，好像不能说话的样子。

他在宗庙里、朝廷上，言辞清晰流畅，只是说得很少。

【赏读】

孔子在乡里与在宗庙、朝廷上的表现似乎大相径庭：一面是温和谦恭、木讷寡言，一面是庄重大方、善言而谨慎。因为乡里有他的父老乡亲，他对乡亲、乡邻更多的是在情感与行为上的礼。人在乡里，更多的是尊卑长幼的差异，而非学问、官品的不同。谦虚、宽厚、恭顺、低调也许是他面对乡亲的最好方式。

在宗庙与朝廷这种展示文化礼仪与议政的重要场地，为臣者当然有话便得清晰而流畅地表达，而且要说得庄重谨慎。对孔子而言，他要恢复周礼，宗庙是他行礼最好的场合，也是他理直气壮说礼、行礼的地方，而言辞则需要谨慎细微。拜见诸侯国君，陈述个人政见，阐述自己的观点，希望王道得以采纳，当然也不可含糊其词。这样既可表现出他自己的忠信，又能强化他对“复礼”自“上”而“下”的倡导，何况他还希望得到施政的机会。

总之，由于时间、场合、对象与谈话内容的不同，孔子选择了不同的交流与表达方式，而这些不同都是他对“礼”在不同层面上的理解。

10·2　朝，与下大夫[(1)]言，侃侃如也；与上大夫言，訚訚[(2)]如也。君在，踧踖[(3)]如也，与与[(4)]如也。

【注释】

(1) 大夫——周朝王室及诸侯各国卿以下有上大夫、中大夫、下大夫。(2) 訚訚——中正有诤貌。(3) 踧踖——恭敬貌。(4) 与与——犹徐徐，威仪适度貌。

【译文】

上朝的时候，（君主还没有到来，孔子）同下大夫说话，温和而快乐的样子；同上大夫说话，正直而恭敬的样子。君主已经来了，恭敬而心中不安的样子，但行步安详、威仪适度。

【赏读】

孔子对国君，既表现出应有的敬仰，又能平静地交流；对下级则温和友善，对同级则平和尊重，对上级则正直敬重。这些描述充分展示出孔子在重要场合的仪态。他以最恰当的方式，表现出作为一个臣子面对国君及不同级别官员的交流，做到谦敬有度、不卑不亢、神态自然，符合身份与礼仪要求。

总之，孔子上朝行为仪态其实就是一个礼字，或者说是对秩序与等级的诠释。而作为思想与政治家的孔子，能把自己放在一个适当的位置，以礼行事，就是在践行其倡导要恢复的“周礼”，他就是要以自身的行为来证实“复礼”的必要与可能。

10·3　君召使摈[(1)]，色勃如[(2)]也，足躩如[(3)]也。揖所与立，左右手，衣前后[(4)]，襜如[(5)]也。趋进[(6)]，翼如也。宾退，必复命曰：“宾不顾矣。”

【注释】

(1) 摈——同“傧”，迎宾。(2) 色勃如——变色庄矜貌。(3) 躩如——皇侃《义疏》引江熙云：“不暇闲步，躩，速貌也。”(4) 前后——俯仰的意思。(5) 襜如——整齐之貌，衣裳摆而不乱。(6) 趋进——行步时，以一种快步前行的样子来表示敬意的动作。

【译文】

鲁君召他去接待外国的贵宾，面色矜持庄重，脚步也快起来。向两旁的人作揖，或者向左拱手，或者向右拱手，衣裳一俯一仰，却很整齐。快步向前，好像鸟儿舒展了翅膀。贵宾辞别后，一定向君主回报说：“客人已经不回头了。”

【赏读】

本章以朴实的文字，具体、生动地呈现了孔子为国君迎送外宾的全过程。整套迎送外宾的礼仪通过孔子在各阶段的举止得以完整、细腻、流畅地展示。礼仪精细到没有任何瑕疵，足见孔子行礼之用心。为此，一个谦逊有礼、从容庄重、优雅得体的外宾接待礼官也鲜活地站在读者面前。

孔子的迎宾之礼，层次分明，拿捏有度，把外交礼仪演绎得如此到位，可以说他已把礼仪完全化于心、现于形。礼仪的持重沉稳，既显出鲁君的尊严，又显出对宾客的重视。孔子对贵宾的热情，礼仪大方而庄重，既是对宾客的礼貌，又不失本国的威仪，宾主分明，恰如其分地向来宾昭示：鲁国是一个礼仪之邦。

10·4　入公门[(1)]，鞠躬如[(2)]也，如不容。

立不中门，行不履阈[(3)]。

过位[(4)]，色勃如也，足躩如也，其言似不足[(5)]者。

摄齐升堂[(6)]，鞠躬如也，屏[(7)]气似不息者。

出，降一等，逞颜色，怡怡如也。

没阶，趋进[(8)]，翼如也。

复其位[(9)]，踧踖如也。

【注释】

(1) 公门——古时天子五门，诸侯三门。入公门，应指第一门库门。(2) 鞠躬如——鞠躬当读为“鞠穷”，形容谨慎恭敬的样子。(3) 阈——门槛，行当跨限而过，若践其上则污限。(4) 过位——位是人君治朝的座位，治朝退经过之时，人君并不在，座位空的。(5) 不足——谓同朝官员或与之语，不得不应，然应答不详，如不足。既过位渐近君，故此。(6) 摄齐升堂——齐 (zī)，衣裳缝了边的下摆。摄，提起；摄齐，把自己的长袍边缘提起来。升堂，走上台阶拾级而上，非常肃敬，此堂为路寝之堂，议论政事处。(7) 屏——屏气，屏息，压抑呼吸。(8) 趋进——有些本子无"进"字。自汉以来所有引《论语》此文都有"进"。(9) 复其位——谓又过初入时所过君之空位。

【译文】

(孔子) 走进朝廷的门，害怕而谨慎的样子，好像没有容身之地。

站，不站在门的中间；走，不踩门槛。

经过国君的座位，面色便矜庄，脚步也快，言语也好像中气不足。

提起下摆向堂上走，恭敬谨慎的样子，憋住气好像不呼吸一般。

待退堂走出来，降下台阶一级，面色便放松，怡然自得。

走完了台阶，快快地向前走几步，好像鸟儿舒展翅膀。

再经过君位时，自己又是恭敬而内心不安的样子。

【赏读】

本章以慢镜头的方式具体精微、准确生动地描绘了孔子入朝的全过程，可谓惟妙惟肖。每个动作、每种神态都反映出孔子当时的心理状态，传达出他对"礼"的理解。在整个上朝行为过程中，孔子对各个具体小场景环境的变化所带来的礼仪上的必要变动进行了精密而完美的演绎，这些变化以其自身身份和小环境为背景，借助动作、速度、神态形成丰富而生动的肢体语言，呈现出孔子对上朝礼仪的深刻理解，构成官员入朝礼仪的典范。

孔子上朝的一动一静、一轻一重、一收一弛、一快一慢、一急一缓都是虔诚肃敬的，整个过程善始善终，犹如一曲旋律优美的乐章，形成强烈的视觉审美效果，包含了孔子对君臣之"礼"的全面解读。由此来看，周礼确实繁复，这也体现了孔子物质从简、形式从繁的礼仪理念。

10 · 5　执圭[(1)]，鞠躬如也，如不胜[(2)]。上如揖，下如授。勃如战色，足蹜蹜如有循[(3)]。

享礼[(4)]，有容色[(5)]。

私觌[(6)]，愉愉如也。

【注释】

(1) 圭——一种玉器，上圆，或者作剑头形，下方，举行典礼的时候，君臣都拿着，聘问邻国，执君之圭以此为信物。(2) 胜——能担负得了。执轻如不胜其重，言敬谨之至。(3) 足蹜蹜如有循——蹜蹜，举脚密而狭小步快走的样子。如有循，所因循的应当是很窄狭的东西，译文加“一条线”示意。(4) 享礼——古代出使外国，初到所聘问的国家，便行聘问礼。“执圭”一段所写的正是行聘问礼时孔子的情貌。聘问之后，便行享献之礼。享礼，享献礼，使臣把所带来的各种礼物罗列满庭。(5) 有容色——《仪礼·聘礼》:“及享，发气焉盈容。”有容色，发气焉盈容。和气满容，不复勃战之色。(6) 觌（dí）——相见。(7) 全章描述了孔子为其君聘问邻国之礼。《史记·孔子世家》云:“孔子去曹适宋，与弟子习礼于大树下。”据此，也可能是教弟子习礼而载之。

【译文】

（孔子出使到外国，举行典礼）拿着圭，恭敬谨慎地，好像举不起来。拿着圭向上举好像在作揖，向下拿好像在交给别人。面色矜庄，战战兢兢，脚步也紧凑狭窄，好像在沿着（一条线）走过。

献礼物的时候，满脸和气。

用私人身份和外国君臣会见，显得轻松愉快。

【赏读】

简约的文字却描绘得形神兼备，如摄像般地记录下孔子出使为宾的神情举止。我们在惊叹于文字描述得出神入化的同时，不能不惊讶于孔子对周礼深透的理解，从而有了如此精准、丰富的演绎。作为使者与宾客的孔子，一整套十分微妙的礼仪自然流畅而不失风范，着实令人击节。这是国与国的交往，这里既要以谦卑姿态表现出对对方的尊重与友好，又要不失自身国家尊严的庄重与从容，必须把握好礼仪应有的庄重与分寸。而一般私人间以个人身份的会见，只是一般的宾主关系，依据私人关系程度行礼就行。自己轻松愉快，又显和谐亲切，也给了对方一份尊重。孔子是礼仪外交天才，既吃透了周礼，也用心行礼，足见其复礼的决心。

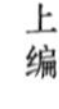

10·6　君子不以绀緅饰[(1)]，红紫不以为亵服[(2)]。

当暑，袗絺绤[(3)]，必表而出之。

缁衣，羔裘；素衣，麑裘；黄衣，狐裘[4]。

亵裘长[5]，短右袂[6]。

必有寝衣[7]，长一身有半。

狐貉之厚以居。

去丧，无所不佩。

非帷裳[8]，必杀之[9]。

羔裘玄冠不以吊[10]。

吉月[11]，必朝服而朝。

【注释】

(1) 绀緅饰——绀，深青中透红的颜色，天青色；緅，青多红少，比绀更暗的颜色。饰，滚边，镶边，缘边。古代，黑色是正式礼服的颜色，而这两种颜色都近于黑色，不用来镶边，为别的颜色作装饰。(2) 红紫不以为亵服——古代大红色叫"朱"，很贵重的颜色。"红"和"紫"都属此类，也连带地被重视，不用它做平常家居衣服的颜色。(3) 袗絺绤——袗，单，作动词。絺，细葛布；绤，粗葛布。当暑，居家可穿絺绤单衣。(4) "缁衣，羔裘"等三句——这三句表示衣服里外的颜色应相称。古代穿皮衣，毛向外，因之外面一定要用罩衣，这罩衣就叫作裼衣。这里"缁衣、素衣、黄衣"的"衣"正是裼衣。缁，黑色。古代所谓"羔裘"都是黑色的羊毛，即紫羔。麑，小鹿，毛白色。(5) 亵裘长——亵裘，在家私居所穿；亵裘长为着保暖。古代男子上面穿衣，下面穿裳（裙），衣裳不相连。因之孔子在家的皮袄就做得比较长。(6) 短右袂——袂，袖子。右袖较短，为着做事方便。(7) 寝衣——被。古代大被叫衾，小被叫被。(8) 帷裳——礼服，上朝和祭祀时穿，用整幅布做，不加剪裁，多余的布作褶叠（褶叠古代叫襞积），犹如百褶裙。(9) 杀之——杀，减少，裁去。"杀之"就是缝制之先裁去多余的布，不用褶叠，省工省料。(10) 羔裘玄冠不以吊——玄冠，一种礼帽。"羔裘玄冠"都是黑色的，古代都用作吉服。丧事是凶事，因之不能穿戴着去吊丧。(11) 吉月——这两字有各种解释：(甲) 月吉则为月之朔日，即农历每月初一。说每月之朔，孔子必朝服而朝。(乙)"吉"应作"告"。"告月"是每月月底，司历者以下月初一告之于君。而程树德《论语集释》说："吉月，即始月，正月。"

【译文】

君子不用（近乎黑色的）天青色和铁灰色作衣领与袖的镶边，（近

乎赤色的）浅红色和紫色不用它来作平常居家的衣服。

暑天，室内穿着粗的或者细的葛布单衣，但外出加上衣。

黑色的衣内配紫羔，白色的衣内配上麑裘，黄色的衣内配狐裘。

居家时的皮袄穿得比外出稍长，可是右边的袖子要做得短些。

睡觉一定有小被，长度合本人身长的一又二分之一。

（冬天）用狐貉皮的厚毛作坐垫。

丧服满了以后，没有什么不可以佩戴的东西。

不是（上朝和祭祀穿的）用整幅布做的裙子，一定裁去一些布。

紫羔和黑色礼帽都不穿戴着去吊丧。

每年正月岁首（大年初一），一定穿着上朝的礼服去朝贺。

【赏读】

全文展示了孔子的家居穿戴，即孔子的衣服之制。当然，平时能按如此各色服饰穿着的人肯定是上位的君子。身份本身就有等级，也是礼的一部分。如今，服饰穿戴也有它内在的民族文化的特征，其衣服裁剪、颜色、边饰搭配都有其约定俗成的内涵并有所传承，也能体现出穿戴者个人的文化素养与精神气质。也就是说，服饰是人生活的一部分，本身就是一种文化符号，而服饰的穿戴对外而言，又是礼的重要内容，是一种文化展示与礼仪表达。

功能不同的服装代表的文化内涵不同，人与人行礼，就可以借助不同服饰传达对应的礼。人在一些重要场合，必须以应有的姿态表明自身的态度与立场，传达人生价值观，也需要借助蕴含着特定的文化内涵的生活用品或工具来传达某种共同的人生观或文化认同，从而达成某种礼仪默契。

生活中某些特定的场合，如果穿戴过于随意，就会缺乏应有的严肃与庄重，行事就会缺少神圣感。孔子提倡周礼，要的就是这种于国、于家、于身有用的秩序与神圣。比如，一个人降生或去世，都应以隆重的礼仪去迎接或送别，此时此地任何人的穿戴，都必须给予足够的重视。当然，过于烦琐的礼节需要改革，但完全废弃就不妥，否则既铲除了文化传承的土壤，因为文化从来就是以生活为载体，又让人们的生活变得无趣、无序且没有庄严感，也不可能让人们的生活真正变轻松。因为它会消融人们内心的神圣感，从而让人失去某种精神支撑。

民族的也是世界的，传统文化不能也不应被抛弃。如今，在人们的生活里，由于过分追求物欲，忙碌早已把生活中的那份神圣给弄丢了，人们就像个河蚌蜷缩在一个没有灵魂的物质世界的躯壳里。生活需要仪

式感，从生到死！

10·7　齐[1]，必有明衣，布[2]。

齐必变食[3]，居必迁坐[4]。

【注释】

(1) 齐——齐，同“斋”，古人临祭之前必有斋。(2) 明衣，布——明，洁；明衣，浴衣。斋必沐浴，明衣浴毕所服。浴刚毕，身体水分未干，故有浴衣，用布制作，围着在身以待身干水分。布，古代布没有草棉（棉花）。练丝为帛，未练为布，大概是生丝绢。(3) 变食——变食的内容，古人有三种说法：（甲）用“不饮酒，不茹荤（荤是有浓厚气味的蔬菜，如蒜、韭、葱之属）”来解释“变食”。（乙）天子每天虽然吃饭三顿，却只在第一顿饭时杀牲，其余两顿只把第一顿的剩菜回锅罢了。若在斋戒之时，那就顿顿吃新鲜的，不吃回锅的剩菜，取其洁净，这便是“变食”。（丙）变食不但不饮酒、不食葱蒜等，也不食鱼肉。(4) 迁坐——等于说改变卧室。古代的上层人物平常和妻室居于燕寝；斋戒时则居于外寝（正寝），跟妻室不同房。唐朝的法律还规定着举行大祭，在斋戒之时官吏不宿于正寝者，每一晚打五十竹板。

【译文】

斋戒沐浴的时候，一定备有浴衣，用布做的。

斋戒的时候，一定改变平常的饮食；居住也一定搬移住处。

【赏读】

此为孔子斋戒时的生活形态，也是他生活中的一个特写镜头。

斋戒，要虔诚。人要懂得束缚，弯弓如果让它自由伸展，哪能积蓄张力？人，如果要能平心静气地自我束缚，要有一份定力，就要在内心给自己设定一个“神”，并让自己去敬畏与守护。而人的信仰，就是自己所敬畏的“神”。一个人对任何事物都没了敬畏，这个人差不多就没了真正的信仰，也就是没有了精神支柱。人做事没了定力，对生活的追求就一定会随着环境的变化而改变，甚至变得杂乱无章而毫无价值。在生活中，人也需要有束缚，否则不能“束缚”自己内心，也就不能归于平静；一旦外力失控或独处日久，就会放纵自己，虚度乃至荒废人生，甚至祸害社会。

一个人就是一个小世界，也要达到内在的和谐。斋戒就是给人精神洗浴，洗涤被世尘“污染”的内心。那么，如何除去这些世尘的“污

垢”呢？那就要给人的灵魂“洗浴”——寡欲。而欲的根源在哪？孔子云“饮食男女”，告子有“食、色，性也”。因此，人的这两个方面的天性都得净，要洗洗。其实，苦难是一瓶清醒剂，戒律是一张警示牌。有了它们，人就会走得更清晰、更顺畅、更平稳。

10·8　食不厌精，脍不厌细[(1)]。

食饐而餲[(2)]，鱼馁而肉败[(3)]，不食。色恶，不食。臭恶，不食。失饪，不食。不时[(4)]，不食。割不正[(5)]，不食。不得其酱，不食。

肉虽多，不使胜食气[(6)]。

唯酒无量，不及乱[(7)]。

沽酒市脯[(8)]不食。

不撤姜食[(9)]，不多食。

【注释】

(1) 食不厌精，脍不厌细——食，饭。脍，牛羊鱼肉细切。不厌，不饱食。(2) 饐而餲——饮食经久而变味腐臭。(3) 馁，败——馁，鱼腐烂。败，肉腐烂。即馊臭。(4) 不时——一指菜还没有长到它该采的时候采摘来了，二指不是该当吃食的时候。(5) 割不正——“割”和“切”不同。“割”指宰杀猪牛羊时肢体的分解。古人有一定的分解方法，不按那种方法分解的，称“割不正”。(6) 食气——气，《说文》引作“既”。“既、气、饩”三字古书通用。食气，饭料，主食。(7) 乱——高亨《周易古经今注》云：“乱者，神志昏乱也。”(8) 沽酒市脯——沽，一宿之酒曰酤（沽），尚未成酒，故不食。脯，干肉，不自作而买于市，不知何物之肉，故不食。(9) 姜食——姜有辛味而不重，可却倦，故不撤。

【译文】

粮食不因舂得精而多吃，鱼和肉不因切得细便多吃。

粮食霉烂发臭，鱼和肉腐烂，都不吃。食物颜色难看，不吃；气味难闻，不吃；烹调不当，生熟失度，不吃；不到该当吃食的时候，不吃；不是按一定方法砍割的肉，不吃；没有一定调味的酱醋，不吃。

席上肉虽然多，吃它的量不超过主食。

只有酒不限量，却不至醉。

只酿一夜的酒和市场买来的肉干不吃。

吃完饭，姜碟不撤除，但不多吃。

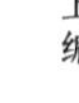

【赏读】

孔子在此成为一位养生大师。食物首先考虑的是品质、营养、科学，也许这是孔子时代最高的膳食原则。孔子本人能不能完全达到这个标准？我看也难，至少他在周游列国的十几年里有过几段极为艰难的时日。

孔子的饮食理念，既有“科学”的因子，也有“礼仪”的成分，是孔子个人的习惯。礼仪在于正，因此他正食物，正制作，正搭配，正用时，正味道；而科学在于营养、精约、品质、适时、适量。孔子的个人习惯形成了两者的统一。就其个人爱好而言，酒是适“度”而止。于是整个“吃”字就变得科学、神圣，有了深厚的文化内涵。人不是为了吃而活着，但可以为了活出生命的价值而吃出别样的意义。

10·9　祭于公，不宿肉[(1)]。祭肉[(2)]不出三日。出三日，不食之矣。

【注释】

(1) 不宿肉——古代的大夫、士都有助君祭祀之礼。天子诸侯的祭礼，当天清早宰杀牲畜，然后举行祭典。第二天又祭，叫作“绎祭”。绎祭之后才令各人拿自己带来助祭的肉回去，或者又依贵贱等级分别颁赐祭肉。这样，祭于公之肉，在未颁下来前，要放一两宵，因之不能再存放一夜。(2) 祭肉——这一祭肉或者指自己家中的，或者指朋友送来的。

【译文】

参与国家祭祀典礼，所得祭肉不过夜。别的祭肉留存不超过三天。若是存放超过了三天，便不吃了。

【赏读】

祭肉需要存放，没法保鲜，超过一定时间的祭肉就不能吃。这与前章（10·8）“鱼馁而肉败，不食”表述一致。祭祀是儒家礼仪中的重要部分，《礼记》云：“礼有五经，莫重于祭，是以事神致福。”祭祀对象分为三类：天神、地祇、人鬼。天神称祀，地祇称祭，宗庙称享。文中没有讲明祭祀时令，但在周朝，古代帝王就有春分祭日、夏至祭地、秋分祭月、冬至祭天的习俗。其祭祀的场所称为日坛、地坛、月坛、天坛，分设在东南西北四个方向。至于宗庙与家祭时间，可能由于发生一些重大事件而会有所变化。此章只是记录祭祀肉类的一般处理方式，随着季节与留存时间的不同，处理祭肉的时间要求也应不同。总之，孔子对食品，特别是肉食，即使在“七十者可以食肉矣”的时代，也讲求卫生、营养、科学与健康。

10·10　食不语，寝不言。

【译文】

（孔子）吃饭的时候不交谈，睡觉的时候不说话。

【赏读】

这是一个非常科学的食寝习惯，可谓生养之道。用现代人的说法就是吃得香，睡得安，身心有益是健康。如今，人们的吃饭与睡觉都让位给了工作，吃饭甚至成为工作的重要部分。人，什么时候不为“饭局”所困，让吃回到饮食的本源；什么时候放弃没完没了的加班，能按时上床睡觉，那么生活就回到了正轨。

10·11　虽疏食菜羹，瓜祭[(1)]，必齐[(2)]如也。

【注释】

(1) 瓜祭——这是食前将席上各种食品拿出少许，放在食器之间，祭最初发明饮食的人，《左传》叫泛祭。(2) 齐——通“斋”。

【译文】

虽然是糙米饭、小菜汤（显得菲薄）但也一定得先祭一祭，而且祭时一定要恭恭敬敬，好像斋戒了的一样。

【赏读】

祭什么？祭天神、地祇、谷神，以祈神佑风调雨顺、五谷丰登。这里要祭的包括那些带领古代人由渔猎、野果时代走向农耕、蓄养时代的先人吧。人，有了吃食，就要想到这吃食的来源。吃食者诚实地祭祀，其实就是感恩。生活要有仪式感，人常怀感恩之心，才能心地纯正，对大自然就会有敬畏之心。

10·12　席不正[(1)]，不坐。

【注释】

(1) 席——古代没有椅和凳，都是在地面上铺席子，坐在席子上。席子一般是用蒲苇、蒯草、竹篾以至禾穰为质料。“席不正”，坐席不端正或布席不合礼制之意。

【译文】

坐席摆的方向不合礼制，不坐。

【赏读】

坐席方位不合礼制则无序，主宾位置不正则施礼不正。席正为有序，有序方有礼，有礼才有节。孔子作为秩序的恢复者与维护者，从自身做起，作表率，值得肯定。社会在进步，有些礼在平时酒桌上省去就显得轻松和谐，但在一些重要场合为了表现应有的庄重与敬意，不可省去。生活需要仪式感，必要的传统礼仪还是生活的一部分，比如婚、寿、丧皆为人生大事，传统的礼仪就有保留的必要。

10·13　乡人饮酒(1)**，杖者出，斯出矣。**

【注释】

(1) 乡人饮酒——古者，乡饮酒礼，约分四事：一，三年宾贤能；二，乡大夫饮国中贤者；三，州长习射饮酒；四，党正蜡祭饮酒。此记当属蜡祭，主于敬老。行乡饮酒礼，据《礼记·乡饮酒义》“少长以齿”。当时孔子年当不及六十岁，孔子必须让杖者先出。

【译文】

行乡饮酒礼后，要等老年人都出去了，自己才出去。

【赏读】

乡人饮酒，长幼有序，让“杖者”先出就是敬重长者。此礼是由人的社会属性决定的，而非遵循“物竞天择”。中国乡土社会是人情社会，人在任何地方都要入乡随俗，这是自身得以让对方接纳的前提。

10·14　乡人傩(1)**，朝服而立于阼阶**(2)。

【注释】

(1) 傩——古代一种风俗，迎神以驱疫鬼。(2) 阼阶——东面的台阶，主人所立处。

【译文】

本地人迎神驱鬼，(自己就) 穿着朝服站在东边的台阶上。

【赏读】

孔子“不语怪，力，乱，神”(7·21)。为什么不语神？孔子说：“务民之义，敬鬼神而远之，可谓知矣。”(6·22)“知”是什么？“知之为知之，不知为不知，是知也。”(2·17) 孔子对鬼神敬而远之，就是因为“不知为不知”。孔子穿朝服，站在房主人的位置上，以如此庄重

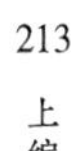
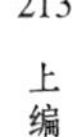

的姿态，本身就显示出对对方的尊重。这叫尊重乡俗，入乡随俗。

人与人之间的交流如此，民族与民族之间的交往如此，国与国之间的交往也是如此。我们必须直面人与人、民族与民族之间存在的文化习俗上的差异，不能把自己的文化观强加给对方，即使自我认定的优秀文化也必须给对方自由选择的余地。这就犹如饮食文化，我们绝不可以认为自己是所谓的营养大师，就必须要求他人依照自己的“科学配料”用膳。否则，那人家就可以问你，乡间一百多岁的老人，是神仙还是你给了他们饮食的秘方？

10·15 问[(1)]人于他邦，再拜[(2)]而送之。

【注释】

（1）问——问讯，问好，孔子周游列国，皆交游其名卿大夫。不过古代问好，也致送礼物以表示情意，如《诗经·郑风·女曰鸡鸣》：“杂佩以问之。”（2）拜——拱手并弯腰。

【译文】

托人给国外的朋友问好送礼，便向受托者拜两次送行。

【赏读】

托求他人向自己在他邦的友人问好赠礼，那被请托的人就代表了请托者自己。向受托之人再拜送行，那第一拜就是感谢受托方帮忙；第二拜就是感谢对方代表自己送礼行事，并以此代自己向受礼者谢礼时回礼之意，即给受托方先带去一个“给朋友的回礼”。也许，这只是孔子当时托人送礼问候的礼仪而已。既然是“再拜”，首先是有他浓重的谢意，唯有如此浓重，才可借助眼前的人去给远方的朋友传达自己的那份情意。可以想象，在那样一个交通极不便的时代，好友见面真不容易，能托人问好，恐怕也是件很艰难的事情。

10·16 康子馈药，拜而受之。曰：“丘未达，不敢尝[(1)]。”

【注释】

（1）不敢尝——赐食物，遇可尝，当先尝，示郑重其人之赐。今告使者，未达药性，故不尝，示之以谨笃。

【译文】

季康子给孔子送药，孔子拜而接受，却说道：“我对这药性不很了解，不敢试服。”

【赏读】

这里的“接受”与“说话”是同一时间吗？如果季氏亲自送，估计孔子话会说得更委婉。此事是季康子托人送药的可能性更大。从季氏三代（季平子、季桓子、季康子）与孔子几次有意思的打交道看，孔子对他们既有过正面接触，也有过侧面交锋。而季氏在不影响自身行使权力的前提下还算尊重孔子，特别是季康子多次“问政于孔子”（12·17、12·18、12·19），最后还把孔子接回鲁国。这次送药，可能是季康子知道孔子生病，但不完全清楚他得了什么病。孔子肯定没有也不会问他要药，送药只是季氏对孔子的关心。

孔子接受它并真诚感谢对方，因此“拜而受之”。按惯例，食物要当面尝以示尊重，但孔子“慎疾”，不了解药性就不敢试服。这就是孔子的坦诚！

10·17　厩焚。子退朝，曰：“伤人乎？”不问马。

【译文】

孔子的马棚失了火。孔子退朝回来，道：“伤到了人吗？”不问到马。

【赏读】

有人曾把句中的“不问马”断成“不（否），问马”，即孔子在听到人没受伤后，就问马是否受伤。看似有理，其实从孔子为人处世的出发点看，马并不是“祭祀”品，虽然在当时显出十分的重要，甚至表明了主人的身份或等级，但毕竟只是工具而已。对于一个仁者而言，孔子问马的可能性极小。仁者爱人，“伤人乎”问得合情合理。对于一个知礼的仁者，这是必然之问。

全章以叙事的方式记录了马厩失火后孔子的一次问话，从前后情感表达看，问“伤人乎”明显是重点，以“不问马”来表现他对马并不关心，从而强化孔子对人的重视。话语从逻辑上讲得通，何况这本身就是以记录孔子生活中的事来强化他的“仁礼”无处不在。

10·18　君赐食，必正席先尝之。君赐腥，必熟而荐[1]之。君赐生，必畜之。

侍食于君，君祭，先饭。

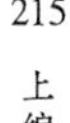

【注释】

(1) 荐——进奉。这里进奉的是自己的祖先，以示郑重君赐，不能看为祭祀。

【译文】

国君赐以熟食，孔子一定摆正座位先尝一尝。国君赐以生肉，一定煮熟了，先（给祖宗）进供。国君赐以活物，一定养着它。

陪同国君一道吃饭，国君举行饭前祭礼的时候，自己先吃饭，（不吃菜）。

【赏读】

这是孔子在一些特殊语境上对待鲁君的行为表现。“虽蔬食菜羹，瓜祭，必齐如也”（10·11），何况国君赐物？“摆正座位”是再平常不过了，而“先尝”也是对君王赐食的感谢。但不是刚起锅的食物不洁，自然不可供奉祖先；生的煮熟了，那首先就要供奉祖先，告之君赐；而养着君王赐给的活物，那是为臣之荣耀，内心是何等的感激。孔子儿子出生，鲁君送一活鲤鱼作为贺礼。他不但养着这条鱼，还给儿子取名叫鲤。

陪国君用餐，君王饭前要祭祀，为何孔子先吃饭不吃菜呢？是不是要等国君动了菜才吃，还是祭祀的需要，还是先吃饭让君王更安全？估计先吃饭（不动菜）更多的是当时敬重国君的一种用膳礼节（仪），而国君饭前祭祀则是国君膳食的礼仪。

10·19　疾，君视之，东首[(1)]，加朝服，拖绅[(2)]。

【注释】

(1) 东首——指孔子病中仍旧卧床而言。古人卧榻一般设在南窗的西面。国君来，从东边台阶走上来（东阶就是阼阶，原是主人的位向，但国君自以为是全国的主人，就是到其臣下家中，仍从阼阶上下），所以孔子面朝东来迎接他。(2) 加朝服，拖绅——孔子卧病在床，自不能穿朝服，只能盖在身上。绅是束在腰间的大带，束后，仍有一节垂下来。

【译文】

孔子病了，国君来探问，他便脑袋朝东倾，把上朝的礼服披在身上，拖着大带。

【赏读】

孔子卧病在床，国君前来看望，自有一番真情。在重礼的孔子看来，即使卧病在床，礼数还得到位。

10·20　君命召，不俟驾行矣。

【译文】

国君呼唤，孔子不等待车辆驾好马，立即先步行。

【赏读】

面见国君，这里不是急，更是礼。难道孔子不知道人走不过马车？这只不过是在行君臣之礼罢了。这与上朝面见君王的"小跑"类似。倒是周公吐哺之急令人赞赏，毕竟饭在口里不能或不好说话，怕耽误时间而怠慢了对方，从而更能得到对方的理解与认同。周公的做法感人，对吸引人才有效，而孔子的行为则完全是出乎心、出乎礼，是一种政治姿态。

10·21　入太庙，每事问[(1)]。

【注释】

（1）见《八佾篇第三》（3·15）。

10·22　朋友死，无所归[(1)]，曰："于我殡[(2)]。"

【注释】

（1）所归——所，所字结构。归，归葬、安葬。（2）殡——停放灵柩叫殡，埋葬也可以叫殡，这里当指一切丧葬事务。

【译文】

朋友死亡，没有负责收敛入土的人，孔子便道："由我来料理丧葬。"

【赏读】

孔子仁义之心做慈善之举。朋友死而没人收殓，孔子就为朋友料理后事，表明孔子是在其一定范围内（朋友）、特定的前提（无所归）下，尽其所能、依礼而行去帮助他人。

10·23　朋友之馈，虽车马，非祭肉，不拜。

【译文】

朋友的赠品，即使是车马，只要不是祭肉，（孔子在接受的时候）不行礼。

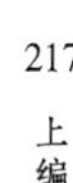
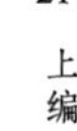

【赏读】

朋友间有通财之义，礼尚往来，合乎道义的朋友馈赠可以接受。至于“行拜礼”与否，因为只是朋友关系，就要看是什么赠物。孔子一句“非祭肉，不拜”，明确物品不在于价值，而在于性质，即先定性，后明礼。在孔子看来，行拜礼与感谢是两码事。祭肉是神圣的，用来敬神与鬼，自然应以拜礼待之。而礼物即使如车马一样贵重，也不能与祭品相比。这里所讲即先正名，后明礼。

10·24　寝不尸，居不客[(1)]。

【注释】

(1) 居不客——客，本作“容”，今从《经典释文》和唐《开成石经》校订作“客”。居，坐。客，宾客。古人有几种坐法，恭敬的是屈着两膝，膝盖着地，而足跟承着臀部。做客和会客时必须如此。省力的坐法是脚板着地，两膝耸起，臀部向下而不贴地，和蹲一样。《说文》：“居，蹲也。”最不恭敬的坐法是臀部贴地，两腿张开，平放而直伸，像箕一样，叫作“箕踞”。孔子平日的坐式可能像蹲。句中“尸”与“客”后省略动词，活用为动词。

【译文】

孔子睡觉不像死尸一样直躺着；平日坐着，也不像接待客人或者自己做客人一样（跪着两膝在席上）。

【赏读】

个人生活应“独”“群”有别。比如，在私人空间与公共场所，人的言行就不尽相同。公共场合更看重人的礼仪，因为社会公序良俗必须得到保证，私密空间个人行为则可相对自由舒适。这并非人的伪善，人既要维护规则与尊重他人，也要能放松自我与尊重内心。

10·25　见齐衰者，虽狎[(1)]，必变。见冕者与瞽者，虽亵，必以貌。凶服者式[(2)]之。式负版[(3)]者。

有盛馔，必变色而作。

迅雷风烈[(4)]必变。

【注释】

(1) 狎——谓素亲狎者。(2) 式——同“轼”，古代车辆前的横木叫轼，这里作动词，用手伏轼的意思。(3) 版——国家图籍。(4) 迅雷风烈——迅雷烈风。

【译文】

孔子看见穿齐衰孝服的人，即使是极亲密的人，也一定改变态度，(致哀戚以示同情。) 看见戴着礼帽和瞎了眼睛的人，即使卑微轻贱的人，也一定有礼貌。

在车中遇有拿着凶服的人，便把身体微微地向前一俯，手伏着车前的横木，(表示同情。) 遇见背负国家图籍的人，也要手伏车前横木以表敬意。

宴会有丰盛的菜肴，一定神色变动，站立起来。

遇见疾雷、狂风，一定会神色不安。

【赏读】

遇到特别的事情，孔子会处事审慎、严肃：或同情，或礼让，或敬仰，或感激，或慎重警觉。遇到特殊的人群，孔子也会有所警觉：或同情，或敬畏，或感动，或震撼，或虔诚，或反思。所有这些，皆体现出孔子在非常态下的践行其君子之风。

10·26　升车，必正立，执绥[(1)]。

车中，不内顾，不疾言，不亲指。

【注释】

(1) 绥——挽以升车之索。

【译文】

孔子上车，一定先端正地站好，拉着扶手带 (登车)。

在车中，不向内回顾，不大声地说话，不用手指指画画。

【赏读】

这是一种习惯，更是一种品格修养。孔子行事，一本正经，一丝不苟，对事严肃，办事严谨。这是典型的文明出行：敬重他人，安全第一，讲究秩序。

10·27　色斯举矣，翔而后集。曰："山梁雌雉，时哉时哉!" 子路共[(1)]之，三嗅[(2)]而作。

【注释】

(1) 共——同“拱”，子路闻孔子赞叹此雉，竦手上拱作敬意。(2) 嗅——本作“臭”，当作“狊”，从目从犬，乃大视貌。借指鸟之惊视，有鸟张两翅之貌。

【译文】

(孔子师生在山谷中行走，看见几只野鸡。）孔子的脸色一动，野鸡便飞了起来，在空中盘旋一阵子，又都停在一处。孔子道：“这些山梁上的雌雉，适得其时呀，适得其时呀。”子路听了起敬意，向它们拱拱手，野鸡惊视路人，几次张开翅膀，最后飞了起来。

【赏读】

有学者把这段记录看作孔子师徒的一次山里的祭祀活动，但跟上文没多少衔接，何况孔子本人远鬼神。而全篇内容也只是记录孔子实际生活中衣食住行的某些片段及其言谈举止的一些特写。本章如果加上一些想象成分，倒觉得这就是他们春季出行一段山路的记录，并以此作为《论语》上半部分的结语。它是《乡党篇》里描写精彩传神的文字之一，全章简洁而生动地再现了孔子及弟子们山行中特定环境下的真实情态，展示了他们的真性情。这群野鸡何尝不是他们远行的归宿！

从孔子突然看到野鸡时的神情与举止，到野鸡感到有人靠近时即刻做出的反应，整个人物与场景描写可谓字字传神。本章通过对孔子的神色与言语、子路的挥手、野鸡听到动静的时起时落的描绘，把孔子的感慨、子路的童趣、野鸡的警觉组合成一组生动的山行风情画，特别是把人在山里遇见野鸡的惊讶—兴奋—感慨—平静的整个心理变化过程点染得极为细腻传神。

圣人孔子就是不同，心一惊，脸色就变了，但马上又能镇定，等到野鸡落下来，想到的不是像一般人去抓它或掏它的窝，而是由野鸡有这么好的生存环境与繁殖季节，想到自然之物的生生不息，继而发出“时哉时哉”的感慨。面对这么一群野鸡，也许孔子在感叹自己的到来是不是“时哉时哉”，感叹自己要落到哪里才是归宿！而这种感慨，当时的子路哪里能听得懂？子路他拱手站在那儿看着这群野鸡又在作何感想？而当这群惊疑的野鸡再次飞起时，孔子又想到些什么？是想到避世的“丈人”，还是自己的偶像周公，抑或是辅佐齐桓公的管仲？他此时是否有过“卷而怀之”的一时之念，而羡慕起这群山梁上的野鸡？

下编

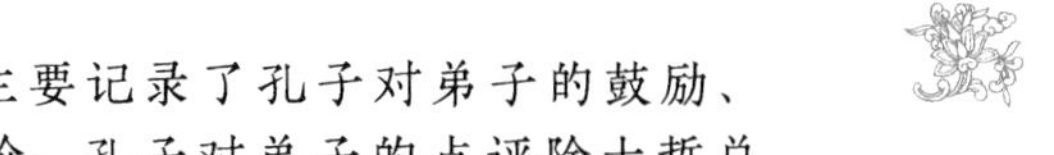

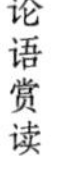

先进篇第十一

本篇主要记录了孔子对弟子的鼓励、教诲及评价。孔子对弟子的点评除十哲总评外，皆缘事而起，独到中肯，尤其是对待颜回的情感，已无以复加。孔子主张中庸，明确凡事过犹不及，强调为人为政要有底线，而对待鬼神、生死则或不问。末章，孔子让弟子各述其志，同时展示其特定教学场景下的教育理念与方法。

孔子对弟子的教诲，突出体现其因材施教的教育理念与教学方法。在关注弟子仁德培养的前提下，他让弟子明确各自的长处及发展方向。虽然言语上并未明示观点，但从他对弟子赞否的话语中，可以领会其话语流露的态度与喜好；从他诲人不倦的交流中，读者可以感受到他对弟子们的关怀与期待。

11·1　子曰：“先进(1)于礼乐，野人也；后进(1)于礼乐，君子也。如用之，则吾从先进。”

【注释】

(1) 先进，后进——孔子主张“学而优则仕”，对于当时的卿大夫子弟，承袭父兄的庇荫，在做官中去学习的情况可能不满意。孔子所谓“先进”一般指“士”。一说，先进后进，犹言前辈后辈，皆指孔子弟子。先进如颜、闵、仲弓、子路，下章前三科诸人；后进如子游、子夏，下章后一科。

【译文】

孔子说：“先学习礼乐而后做官的是未曾有过爵禄的乡野里的一般人；先有了官位而后学习礼乐的是卿大夫的子弟。如果要我选用人才，那么我主张选用先学习礼乐的人。”

【赏读】

这里的“君子”与“野人”相对。当时社会在朝任职又有爵位的人比较普遍，但也有部分像孔子这样家族衰落的贵族后人或者像子路从“鲁国下之野”走出来的后进者。前者一生下来就有爵位（世袭），后者是通过自己的努力，学有所成，进而为仕。选用学成礼乐者任职有其积极意义，这至少让人们看到乡野阶层有机会正当地进入上层社会，给下层士人一个向上发展的通道，从而打破了上层贵族控制整个统治集团的局面，形成一个良性的社会激励机制。社会精英进入社会管理阶层，既增强了政府的管理能力，也有利于社会的和谐稳定。

有些贵族出身的为政者，后学于礼乐确实也有学得很好的，但不能排除里面存在不学好的纨绔弟子。这类人如果占据了社会统治阶层的很大部分，就会阻塞下层精英进入统治阶层的通道，社会人才与层级就会出现倒挂，势必造成统治集团的腐败与崩塌。

历朝历代的王子皇孙，高位之后又不好学而祸国殃民者也不在少数。当然，出于乡野的先进者，也有在以后的工作中变质堕落的。这样看来，先进者与后进者都有不断修身与自我约束的必要，而且制度才是约束他们行为的根本。

11·2 子曰："从我于陈、蔡[(1)]者，皆不及门[(2)]也。"

【注释】

(1) 从我于陈、蔡——《史记·孔子世家》云："吴伐陈，楚救陈，军于城父。闻孔子在陈、蔡之间，楚使人聘孔子，孔子将往拜礼。陈、蔡大夫谋曰：'孔子贤者，所刺讥皆中诸侯之疾，今者久留陈、蔡之间，诸大夫所设行皆非仲尼之意。今楚，大国也，来聘孔子。孔子用于楚，则陈、蔡用事大夫危矣。'乃相与发徒役围孔子于野。不得已，绝粮。从者病，莫能兴。……于是使子贡至楚。楚昭王兴师迎孔子，然后得免。"

(2) 不及门——《驳朱竹垞孔子门人考》有云："古之教者家有塾，塾在门堂之左右，施教受业者居焉。所谓'皆不及门'，及此门也。"钱穆《论语新解》有言："孔子厄于陈蔡，时年六十一，此章之叹，盖在七十以后，相从于陈蔡者，一时死散殆尽矣。"

【译文】

孔子说："跟着我在陈国、蔡国之间忍饥受饿的人，现在都不在我这里了。

【赏读】

孔子一行在陈、蔡之间受困，依当时处境，他们只有两种选择：一是各奔东西逃命去，一是休戚与共坚持到最后一口气。这就犹如一场短兵相接的残酷战斗，要么战死，要么突围。但天无绝人之路，孔子及弟子们最终得以解救！

苦难是最好的老师，苦难也是最好的鉴定师。“岁寒，然后知松柏之后凋也。”（9·28）孔子在困境中看到了生死与共的真情。晚年的孔子，作为一个淳厚的长者，深情地怀念着那些跟他患难与共的弟子们！孔子感叹，在此种困境中，就是饿死困死也一直有追随他的弟子们的陪伴。他们有的病倒了，甚至再也没有站起来；有的虽然坚强地挺过来，但身体也落下了毛病；更多的是此时此刻不在他的身边。他们有的出仕为政；有的有另立门户，开坛讲学；也有的经不住困境与苦难，选择了逃避；有的禁不住诱惑，背离了先生。不管怎样，看不到他们在身边，这对孔子而言，就是一种遗憾。

11·3　德行：颜渊，闵子骞，冉伯牛，仲弓。言语：宰我，子贡。政事：冉有，季路。文学[(1)]：子游，子夏。

【注释】

（1）文学——指古代文献，即孔子所传的《诗》《书》《易》等。《后汉书·徐防传》说：“防上疏云‘经书礼乐，定自孔子；发明章句，始于子夏’。”似亦可为证。这几句话应是孔子对这十个学生的一时的叙述，由弟子转述下来的记载。

【译文】

（孔子的学生各有所长。）德行好的：颜渊，闵子骞，冉伯牛，仲弓。会说话的：宰我，子贡。能办理政事的：冉有，季路。熟悉古代文献的：子游，子夏。

【赏读】

孔子分科评价弟子，彰显其因材施教之理念及成才标准。“始于文，达之于政事，蕴之为德行，先后有其阶序，而以通才达德为成学之目标。”（钱穆）什么叫人才？一个人，在某一领域当时已有超出一般人的学问与技能，就是人才。如果他样样精通、全面发展，那就是全才、通才。世上人才多，只要社会用其所长，自身尽其所能，足矣；通才则少，凤毛麟角，可能要千百年一遇。孔子可谓通才，历史上，如张衡、诸葛亮、苏轼等是通才。颜回、子贡、冉求等十哲各显其特长，当然是人才，并且是优秀的人才，特别是子贡，甚至称得上是个通才。对以上十位弟子的定位，孔子是在综合考量的基础上侧重专项。比如子贡，他又何止只是外交言语，其为政、经商、忠孝都有可圈可点之处；子游又何止只

懂文献，其为政如春风化雨，讲学开南方先河，同样成绩非凡。

一个人，多有一些技能当然好，但要成为全能者，就要以禀赋为前提。人，有一技之长，并把它用好，足矣。当然，人既可以选择专长而让其突出，也可以弥补其不足，促其全面而克服短板，做到教者因材施教，学者量力而行。

11·4　子曰："回也非助我者也，于吾言无所不说。"

【译文】

孔子说："颜回呀，不是能够帮助我的人了，（他）对我的话没有不喜欢的。"

【赏读】

孔子喜欢颜回，为何又说"非助我者也"？原因是颜回对他的话几乎都能心领神会，并能按照他的思想去做。颜回能吃透先生的教诲，没有困惑，没有质疑，没有顶撞。也就是说，孔子说出来的话或做出来的事，颜回都能琢磨深透，哪来困惑与质疑？孔子又怎么不会感到无助呢？

再看看子夏与孔子谈诗：子曰"绘事后素"，子夏回答"礼后乎"。于是，孔子就兴奋地说"起予者商也"；而那个宰我，总是跟先生唱反调，磨嘴皮子，反过来，这也让先生多了一层思考。孔子追求教学相长，希望能从跟对方的交流中获得更多的启示而有所领悟。然而，孔子也吃透了颜回的言行，所以才会说颜回"非助我者也"。对此，我们乐意以孔子的视角去宽容异己而反思那些附会于自己的言行，是不是得到更多的帮助？

11·5　子曰："孝哉闵子骞！人不间[1]于其父母昆弟之言。"

【注释】

(1) 间——如"禹，吾无间然矣"（8·21）之"间"，非议。

【译文】

孔子说："闵子骞真是孝顺呀！别人对于他爹娘兄弟的称赞并无异议。"

【赏读】

闵损之孝，是一个极致。父亲休妻，本可消除后母给自己的虐待之苦，闵损却跪求父亲饶恕后母："母在一子单，母去三子寒。"这样的话，就是铁石心肠的后母也会变得温柔。闵损之孝感动了父母，也深得旁人的赞赏。

孝是一种礼，更是一颗心。礼中的孝，有的别人可以看见；心中的孝，纳孝于内心，只有敬孝者与被敬者相知。父母兄弟，都称赞他，除了孝悌，恐怕还有双方的爱在；如果旁人认可他，那就是实实在在看得见、体会得到的孝悌。

11·6　南容三复白圭[(1)]，孔子以其兄之子妻之[(2)]。

【注释】

(1) 白圭——“白圭”的诗四句见于《诗经》，意思是：白圭的污点还可磨掉；我们言语中的污点便没法去掉。(2) 兄之子妻之——子，子女，此为“女儿”；妻，作动词，做……妻子，嫁给。

【译文】

南容把“白圭之玷，尚可磨也；斯言之玷，不可为也”的几句诗反复地诵读，孔子便把自己的侄女嫁给他。

【赏读】

能反复琢磨“白圭之玷，尚可磨也；斯言之玷，不可为也”的人，而能读出其中的意味来，人品肯定没问题，行为也会谨慎，能力也不会差，一个女子嫁给这样的人就靠得住。孔子把侄女嫁给他，是相信南容会给她安全与幸福。孔子选择南容是选择他的谨慎与人品，而选择谨慎与人品就是替侄女选择保险，给兄长一个交代。孔子的这种选择是不是可以为当下的女孩子及其父母在婚姻上提供借鉴？难道“高富帅”能成为自己一生幸福的保单？

至于对待缺点的态度，南容觉得人不能犯错，一旦犯了错，那个错（污点）就抹不掉。因此，人做任何事情都得谨慎，勿以恶小而为之。但是，人一旦真的有错，是不是就万劫不复而自暴自弃呢？我看也未必，孔子就讲过“君子之过也，如日月之食焉：过也，人皆见之；更也，人皆仰之”（19·21）。有错必纠，孔子说话留有余地，人无完人，关键是对“错”的态度要正。

11·7　季康子问[(1)]：“弟子孰为好学？”孔子对曰：“有颜回者好学，不幸短命死矣。今也则亡。”

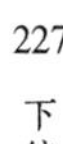

【注释】

(1) 季康子问——鲁哀公也有过此问(6·3),孔子的回答较为详细。

【译文】

季康子问道:“你的学生中,谁是喜欢用功学习的?”孔子答道:“有一个叫颜回的,用功学习,不幸短命死了。现在,就再没有这样的人了。”

【赏读】

颜回好学到什么程度?他安贫乐道,可以过那种“人不堪其忧”“一箪食,一瓢饮”的清贫生活。从孔子的惋惜与失落中,我们似乎看到其他一些弟子没有“好”到这种程度。那其他弟子真的就没有颜回这么用功吗?也许他们“好”的方向有所不同,或者没有得到孔子如此认可罢了,但这并不意味着孔子就否定了他们的优点。比如,孔子在知道鲁国受到齐国的威胁时就想到了子贡,要他去为鲁君解围,并且取得了巨大的成功。而促成孔子最后回国的是冉求。另外,假如颜回能够注意身体,度过人生窘迫与生活困境关键期,结局是不是好些?人至少要活着,才有事业的发展。人不是为吃饭而活着,但为事业而活着就得吃饭!

11·8 颜渊死,颜路[1]请子之车以为之[2]椁[3]。子曰:“才不才,亦各言其子也。鲤也死[4],有棺而无椁。吾不徒行以为之椁。以吾从大夫之后[5],不可徒行也。”

【注释】

(1) 颜路——颜回父,名无繇,字路,为孔子弟子。(2) 之——用法同“其”。(3) 椁——古代大官棺木至少用两重,里面的一重叫棺,外面又一重大的叫椁。(4) 鲤也死——鲤,字伯鱼,年五十死;两年后,颜回死,那时孔子年七十。(5) 从大夫之后——孔子在鲁国曾经做过司寇的官,是大夫之位。他不说“我曾为大夫”,而说“吾从大夫之后”,为谦逊之说。

【译文】

颜渊死了,他父亲颜路请求孔子卖掉车子来替颜渊办外椁。孔子道:“不管有才能或者没有才能,但总是我与你各自的儿子。我的儿子鲤死了,也只有内棺,没有外椁。我不能(卖掉车子)步行来替他买椁。因为我曾做过大夫,(依礼)是不可以步行的。”

【赏读】

死者入土为安，要得到应有的尊重。但丧葬还要考虑生者的生存状况与经济能力，如果以牺牲生者的生活必需，乃至让生者陷入生活困境，这样的葬礼又有多大意义？孔子对儿子的安葬没有什么特别，更谈不上厚葬，这与孔子的“节用”有关，也跟他的财力有关。

孔子主张“节用”，何况曾做过士大夫的孔子更注重葬礼的实质。孔鲤虽然才能不及颜回，但对老年失子之痛的孔子而言，毕竟是自己的儿子呀！孔子把颜回视为儿子，但不能因颜回有才，就以超越自身的财力去厚葬他，何况自己曾是个士大夫呢？颜回安贫乐道，在天有灵也会认同！也许此时的孔子在感叹没有谁能真正理解他。

11·9　颜渊死。子曰：“噫！天丧予！天丧予！”

【译文】

颜渊死了，孔子道：“唉！（这是）天老爷要我的命呀！（这是）天老爷在要我的命呀！”

【赏读】

颜回的死的确要了孔子的命！在孔子看来，颜回就是为孔子而生。孔子的一切“道”，似乎都可以让颜回来传承。颜回的死，使孔子从希望之巅跌落至绝望的谷底。这不是要他的命吗？更何况，儿子孔鲤去世在前，二度白发人送黑发人的伤痛对孔子的打击之大可想而知。事实上，孔子也真的过了两年就去世了。

周游列国可以说是孔子寻求实践“王道之政”的失败之举。回鲁之后，决定一心做学问，他自然把全部希望寄托在“儒道”的思想理论上，而颜回在本来可以出仕的情况下考虑到自身的个性与志向，坚守清贫，学问第一。孔子自然觉得他的“儒道”传承就有了着落，可谓满怀希望。而颜回的去世让孔子在生命的后期掉入绝望的深渊，他怎么不会呐喊“天丧予”呢？如今，物俗的社会中，还会有多少人能视学问如生命、把文化的传承看得比自己的生命还重要？社会只有珍视这样的学者，文化传承才有希望。在民族文化的传承上，孔子为我们树立了一座丰碑！

11·10　颜渊死，子哭之恸(1)。从者曰：“子恸矣！”曰：“有恸乎？非夫人之为恸而谁为(2)？”

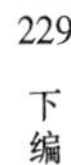

【注释】

(1) 恸——郑玄《注》:“恸，变动容貌。”马融《注》:“恸，哀过也。”(2) 非夫人之为恸而谁为——“非夫人之为恸”为否定句宾语前置句。夫，那。之，前置标志。谁为，即为谁。

【译文】

颜渊死了，孔子哭得很伤心。跟随孔子的人说:“您太伤心了!”孔子道:“真的太伤心了吗?我不为这样的人伤心，还会为怎样的人伤心呢!”

【赏读】

此语足显颜回在孔子心中的分量。颜回的死，意味着孔子交班理想的破灭。孔子知命，也许他认为这是老天让他的“道”不得传承，因而痛苦至极。别人说他痛哭、伤心，他自然激动，才会有“谁为”之语脱口而出。这哪里是在哭颜回，这分明就是在哭自己!

11·11　颜渊死，门人欲厚葬(1)之。子曰:“不可。”

门人厚葬之。子曰:“回也视予犹父也，予不得视犹子也。非我也，夫二三子也。”

【注释】

(1) 厚葬——孔子主张丧葬应该“称家之有亡，有，毋过礼。苟亡矣，敛首足形，还葬，县棺而封”。颜子家中本穷，而用厚葬，不合礼。

【译文】

颜渊死了，孔子的学生们想要很丰厚地安葬他。孔子道:“不可以。”

学生们仍然很丰厚地安葬了他。孔子道:“颜回呀，你看待我就像看待父亲，我却不能够像对待儿子一般看待你。这不是我的主意呀，是你那班同学干的呀。”

【赏读】

对于颜回的安葬，孔子主张从简，而那些弟子觉得要厚葬。从情感上讲，孔子对颜回可谓用情至极。弟子们讲要厚葬颜回，孔子为何还要反对呢?这里就有几个问题值得考虑:首先，孔子主张节用，孔子说“礼，与其奢也，宁俭;丧，与其易也，宁戚”(3·4);其次，颜回的社会地位;再其次，颜回家底太薄;还有极重要的一点，就是孔子把颜回当儿子看，既要依礼而葬，还想依鲤而葬。综合以上因素，孔子主张从简。颜回一向守礼守德、安贫乐道，孔子知道应如何安葬。即使弟子们出钱厚葬颜回，也只会让他的灵魂不得安宁。出于弟子们盛情的坚持，孔子最后做出让步，但还是感叹，没有把好关，没有能够像葬儿子一样，没有做到依礼而行。孔子理解弟子们，但弟子们未必真正理解孔子。在此，失去颜回后的孔子或许有失去知音的哀痛与失落。

11·12　季路问事鬼神。子曰："未能事人，焉能事鬼？"曰："敢[1]问死。"曰："未知生，焉知死？"

【注释】

(1) 敢——表敬副词。《仪礼·士虞礼》郑玄《注》云："敢，冒昧之词。"贾公彦《疏》云："凡言'敢'者，皆是以卑触尊不自明之意。"

【译文】

子路问服侍鬼神的方法。孔子道："活人还不能服侍，怎么能去服侍死人？"

子路又道："我大胆地请问死是怎么回事。"孔子道："生的道理还没有弄明白，怎么能够懂得死？"

【赏读】

到目前为止，对于鬼神，人们更多的是"心诚则灵"，"信则有，不信则无"。我们不能由此章断定孔子是无神论者，但我们从孔子有关鬼神祭祀、人有知与无知的言论来看，孔子思考过这个问题，只是没有轻易下结论。孔子告诫子路"知之为知之，不知为不知，是知也"（2·17）。事人可以依礼而行，我们为什么不可以把它做好？生死本为一体之两端，如果我们把这一端做好了，另一端不就可以从已知到未知，领悟它而使之变得清晰吗？孔子不谈此事，更多的是从礼与节用的角度，并非深入思考其有无的问题，更多强调祭祀时的"心"与"身"相通。

孔子对祭祀讲究"礼"，而不去纠缠鬼神的有无，强调不是自己的鬼不祭，自己不亲身在场不请人代祭，求的是"诚"与"敬"。这样既突出了"真心"，也强调祭祀的"亲历"。孔子答语是看对象：你子路"生"还未弄懂，又怎能弄懂"死"呢？他强调人还是先把人事、现世的事做好。事实上，一个人如果生时做得坦坦荡荡，做到无怨无悔，哪里又会对死亡有所恐惧？生为起程，死是归途！

11·13 闵子侍侧，訚訚[(1)]如也；子路，行行[(2)]如也；冉有、子贡，侃侃[(3)]如也。子乐。“若由也，不得其死然[(4)]。”

【注释】

(1) 訚訚——和悦，中正。(2) 行行——方正，正直。(3) 侃侃——从容，和乐。(4) 不得其死然——得死，当时俗语，谓得善终。然，语气词。

【译文】

闵子骞站在孔子身旁，恭敬而正直的样子；子路很刚强的样子；冉有、子贡温和而快乐的样子。孔子高兴起来了。(不过又道:)“像仲由吧，怕得不到好死。”

【赏读】

看到弟子各有千秋，各尽其性，各得其美，孔子可谓乐“得天下英才而教育之”。但冷静的孔子一下子又乐不起来了，他送给子路的话也成了谶语。刚易折，性格决定命运。孔子知命，能由生看死，看透人的本性。子路不能善终，是他的必然，最终以何时何地何种方式发生，则有其偶然。话已讲到这个份上，那是孔子关心他的弟子到骨子里了。所以，当听到子路被乱刀所砍，孔子有不再吃肉酱的举动就不难理解。

11·14 鲁人[(1)]为长府。闵子骞曰:“仍旧贯[(2)]，如之何？何必改作?”子曰:“夫人不言，言必有中。”

【注释】

(1) 鲁人——“鲁人”的“人”指其国的执政大臣而言，此处以“鲁人”讳鲁公或“三桓”。此“人”与“民”的区别。(2) 仍旧贯——仍，因。旧贯，旧制。

【译文】

鲁国翻修叫长府的金库。闵子骞道:“照着老样子下去，怎么样？为什么一定要翻造呢?”孔子道:“这个人平日不大开口，一开口一定中肯。”

【赏读】

鲁国要修建金库，闵损觉得没有必要，旧的可稍做改造。孔子并非从修与不修本身来说事，而是从闵损平时与关键时刻的言语来表达对人的看法。这是他思考问题的方式与判断问题的角度的独特。

修与不修，当然可以依据情况而定。然而，一个国君或主管大臣，

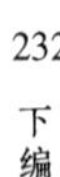

当他面对一个不太开口者说出自己的看法时，是否考虑过自己决断的缜密？也许不到非说不可的时候，你听不到他的声音。孔子评价人一向具体，话语会直落到某事、某点上，包括回答他人的问话都有很强的针对性，这也是话语有说服力的重要因素。“夫人不言，言必有中”，既传达了闵子不太说话的个性，又表明了自己的态度——闵子的话是对的。

孔子对弟子的评论从不含糊，而且很有意味。闵损的言行分量，更多的是来自他自身长期言行给人留下的印象。不轻言，在国家重大问题上才言；不轻言，言一定会深思熟虑。孔子主张节用，他借闵子之言表达了自己对此事的看法。

11·15　子曰：“由之瑟[1]奚为于丘之门?”门人不敬子路。子曰：“由也升堂矣，未入于室[2]也。”

【注释】

(1) 由之瑟——瑟，古代的乐器，和琴同类；瑟，动词，弹瑟。之，取独标志。孔子是不满意子路所弹的音调，非弹瑟本身。(2) 升堂，入室——堂，正厅；室，内室。先入门，次升堂，然后入室，指做学问的几个阶段。

【译文】

孔子道：“仲由弹瑟，为什么在我这里（来弹）呢?”这样一来，弟子们都瞧不起子路。孔子道：“由的学问已经不错了，只是还不够精深罢了。”

【赏读】

“奚为于丘之门?”本来就这么一句鞭策弟子的话，结果却让子路抬不起头。孔子的音乐水平很高，自然有点儿嫌子路学艺不精，对其弹奏有所不满，但并非对他全盘否定。依子路的性情，恐怕要比别人多下功夫才行，甚至在性格上要有一番磨砺。艺如其人，子路性刚勇，琴瑟之声必刚，未达礼乐德性也很自然，但孔子并没有否定子路的人格、人品，然而其他弟子却曲解语意，并对子路有奚落之嫌。当然，我们也不能排除其他弟子想借题发挥，整整过于率直的子路。孔子看在眼里，以为不妥，及时纠“偏”，强调子路瑟艺只不过已登堂而未入室而已。

由此来看，人既要慎言，也要慎闻，尤其是权威人士，说话听话都得过滤，行事要有批判思维才对，否则就可能伤人害己。

11·16　子贡问："师与商也孰贤？"子曰："师也过，商也不及。"曰："然则师愈与？"子曰："过犹不及。"

【译文】

子贡问孔子："颛孙师（子张）和卜商（子夏）两个人，谁更贤能一些？"孔子道："师呢，有些过分；商呢，有些赶不上。"

子贡道："这样看来，那师更强一些吗？"孔子道："过分如同赶不上（都不好）。"

【赏读】

人的才能当然是越高越好，但贤德需要定性，而且难以量化，当然不好比。孔子对子贡的提问不是做单选题，而是做分析题，这种不直奔答案的思维方式与教育方法就值得我们学习。看问题不能什么事皆非此即彼，不是则非。其实，从不同角度、对不同的人的评价都不可简单作比较，轻易下结论，这样得出答案才可能接近真实。同一种行为，对有些弟子，孔子鼓励进而做，而对另一些弟子则主张退而思。这里并不是事情本身能不能做，而是因做事人的性情不同能不能或该怎样做。此章孔子不单是在回答子贡的问题，而且是在教导子贡如何提出问题、如何思考问题，然后才是如何作答，而答复本身也贯穿着他的"中庸"思想，整个问答过程可谓循循善诱，润物无声。

"过"与"不及"没有可比性。如果硬要比，那都存在不足。一个"犹"字指出"过"与"不足"的性质一样，但又不是简单的相似。很多事情过"逊"于不及。一朵花，过与不及都有不足，但两者发展方向不同，"不及"可以推进，而"过"则不可逆转。同样，年轻人办事稚嫩，年长者过于老辣，从改进角度看，年轻人就更有可塑性。"过"就是越界，性质就会变，因为一过就会走向极端，就容易走向反面。我们只知道"不及"不好，却以为"过""优"于"不及"。事实上，孔子言"过犹不及"更合事实。

任何事物都有"度"，过度就可能走向事物的反面。列宁说，真理再往前走一步就会变成谬误。生活上的穿戴，流水线上的操作，公务管理中政策的执行，哪方面不是如此？诸多城管执法出现的悲剧，往往跟他们行为"过度"有关。

11·17　季氏富于周公[(1)]，而求也为之聚敛而附益之[(2)]。子曰："非吾徒也。小子鸣鼓而攻之，可也。"

【注释】

(1) 周公——有两说:(甲) 周公旦;(乙) 泛指在周天子左右作卿士的人,如周公黑肩、周公阅之类。此乃周公旦次子世袭为周公而留于周之王朝者。(2) 聚敛而附益之——季氏要用田赋制度增加赋税,使冉求征求孔子的意见,孔子则主张"施取其厚,事举其中,敛从其薄"。结果冉求仍旧听从季氏,实行田赋制度。聚敛,《礼记·大学》说:"百乘之家,不畜聚敛之臣。与其有聚敛之臣,宁有盗臣。"为了维护统治,儒家反对对百姓财富过分聚敛。

【译文】

季氏比周公还富有,冉求却还在替他搜括,并使他增加更多(的财富)。孔子道:"(冉求)不是我的门人,你们这些弟子可以大张旗鼓地去攻击他。"

【赏读】

发生弟子不听先生的话或不按先生的意思行事的情况也很正常。比如,孔子主张安葬颜回从简,但弟子们还是厚葬了颜回。子路与宰予顶撞先生也不奇怪,但像冉求这样惹先生生气并逼得他说出"非吾徒也"的话来,就有质的不同。这是孔子在捍卫他的思想与政治主张,是原则问题。因此,他要让所有的弟子去"攻击"这个"聚敛之臣",其实就是要他们"进攻"季氏。在道德底线与为政原则上,孔子从不含糊,并且谁都不可触及底线。

为什么王安石的新政会遭到上下诸派及百姓的反对?这恐怕已不是反对他改革那么简单了,因为其改革的动机就是扩大北宋王朝的财源,以便对北方用兵有足够的财力保障。如此积极意义的改革都有这么大的阻力,其原因就有一个"民"的承受能力的问题。"民"所承受的赋税还应包括各权力阶层对自身赋税的转嫁,而这点一般不会在改革的理论层面有所反映并被实施者忽略,但一定会在政策运行的具体操作中发生,并且越是在政令畅之时,越容易发生这种转嫁。如今世界各国惯用的财政赤字,造成纸币贬值,本质上就是国家财政支出转嫁到货币(收入)实际持有者而非资产(保值)持有人身上。而这些货币(纸币)实际持有者又往往是收入较低不敢乱花钱的普通民众,而拥有物资与贷款经营者的资产往往具有保值、增值功能。也就是说,资本持有者通过"持有"资产实现了政府财政赤字造成货币贬值的转嫁。

冉有为季氏敛财,意味着百姓生活更苦,而季氏的目的在于用兵,用兵的目的在于巩固他的权力。冉有知道先生对此不满,却还不断地给

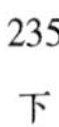

季氏出主意，这不过就是求不义之财者与求不仁之高位者的相互利用罢了，孔子怎能容忍？孔子周游列国可谓困难重重，但“义”字当头，从不“饥不择食”。即便是高官厚禄，超出底线他也断然拒绝。冉求已越过了孔子的为政“红线”，助纣为虐岂非豺狼之心？孔子必然做出强烈反应。

11·18　柴也愚(1)，参也鲁(2)，师也辟(3)，由也喭(4)。

【注释】

(1) 柴也愚——柴，高柴，字子羔，亦称子皋、子高等，为孔子弟子。愚，好仁太过。(2) 鲁——迟钝。(3) 辟——黄式三《论语后案》云：“辟读若《左传》‘阙西辟’之辟，偏也。以其志过高而流于一偏也。”(4) 喭——粗暴或刚猛。

【译文】

高柴愚直，曾参迟钝，颛孙师偏激，仲由刚猛。

【赏读】

孔子点出这些弟子性格的突出部分，是对其不足的概括，话中带有一点遗憾。其实，人除去一些致命的弱点，一些缺点在某个具体的人身上倒显得可爱，甚至成为优点，关键要看他跟什么样的人组合。某个人的性格可以跟另一个人的性格构成互补，缺点如果在组群里加以利用，就可能变成优点。然而，缺点一旦被对手利用，往往又是致命的。

11·19　子曰：“回也其庶(1)乎，屡空(2)。赐不受命(3)，而货殖(4)焉，亿(5)则屡中。”

【注释】

(1) 庶——庶几，差不多。一般用于称赞。(2) 空——穷乏。在古代，财货的缺少叫贫；生活无着落，前途无出路叫穷。空则兼而有之。(3) 赐不受命——命，天命（《皇疏》引或说，朱熹《集注》），俞樾《群经平议》则以为古之经商皆受命于官，“若夫不受命于官而自以其财市贱鬻贵，逐什一之利，是谓不受命而货殖”。两说皆言之成理，可译为“不安本分”。(4) 货殖——谓积货财以务生殖。货殖本商贾之事，今子贡未受命，故不曰商贾，而曰货殖者。(5) 亿——通“臆”，主观臆断，揣度。

【译文】

孔子说："颜回的学问道德恐怕差不多了罢，可是常常穷得没有办法。端木赐没有受公家之命经营货殖，而去囤积投机，猜测行情，竟总是猜对了。"

【赏读】

孔子这两个弟子都是才子。一个是孔子最欣赏的、最有学问的，去世时让孔子痛苦万分的弟子；一个是给孔子办实事最多，聚财最多，为先生守凶庐六年，广泛宣传孔子及儒学的最有才华的弟子。孔子把这两个弟子的品德与才学放在一块对比，然后再比照他俩的境遇，孔子借此想传达什么呢？是不是在感叹自己的遭遇？

孔子虽然肯定颜回的学问与道德，但对子贡的生意经也没有太多的否定，何况子贡的口才确实也帮过鲁国的大忙。看到颜回穷成那样，孔子心里是有些遗憾吧，是不是认为上天对他有些不公？可以说，做学问与做生意不是一回事，甚至政治家与政客的境遇都不一样。孔子感叹，颜回在学问、道德上早已"入室"，但过得如此窘迫；而子贡善于经营，生意做得顺风顺水，屡屡发财，觉得不可思议。

其实，孔子也知道这完全不是一条道上的事，就像他自己，如果不是自己想做的事，就算给再高的工资，他也不会干，孔子只不过想借此感慨一番罢了。我们不可认为颜回就一定不会赚钱，关键是颜回对财富与对道德的态度跟子贡有本质的区别，这里就有价值观的不同，又哪里有可比性呢？其实，学问之道重在探求真理、求真务实，而做生意则是算计世俗间人的行为概率，考虑环境变化等诸多因素，攻于"心"计，偏重搜集信息、掌握规律与对市场敏感而已。一般而言，思想家或政治家像孔子、屈原等人，一生多为穷困所迫而潦倒；政客如苏秦、张仪等，大多借势左右逢源而风生水起，一生荣华富贵。可见，如商人般顺势而为，看准时机抓住机会就能大富大贵。

11·20　子张问善人[1]之道。子曰："不践迹，亦不入于室。"

【注释】

(1) 善人——为善人，做善事。

【译文】

子张问（孔子）成为善人的方法。孔子道："（善人）不踩着别人的脚印走，（学问道德）也难以登堂入室。"

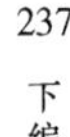

【赏读】

善人，在孔子眼里还不是至美者，但是一个好人，做善人是追求仁人君子者的必修课。孔子引语："善人为邦百年，亦可胜残去杀矣。"（13·11）由此可见善人的能力与品德、功德之高。在孔子看来，善人如果不能在前人的基础上努力前行，就难以成为仁人君子，而要登堂入室乃至登峰造极，则必须踩在巨人的肩膀上。此句也暗示了善人成为"完人"之路：首先，要做善人就要踏着前面的标杆而行，即向善人学习，然后才是超越；其次，孔子以其切身体验明示，善人走的其实是一条在前人的经验与教训基础上的探索之路。

11·21　子曰："论笃是与[(1)]，君子者乎？色庄者乎？"

【注释】

(1) 论笃是与——"与论笃"的倒装句。与，赞成，认同。

【译文】

孔子说："（总是）推许言论笃实的人，这种笃实的人是真正的君子，还是在神情上伪装庄重的人呢？"

【赏读】

察人，是主张人心难测，还是主张"言"如其人？要判断一个人是否为真君子，恐怕需要长期的观察，把他的言行结合起来考察才行。常言道，言为心声，"心"并非皆如此"言"。初唐的宋之问，诗写得很好，官场上却出卖朋友、落井下石，人品极差。孔子言："吾以言取人，失之宰予，以貌取人失之子羽。"（《史记·仲尼弟子列传》）也许就是有对宰予与澹台灭明这样的误判，孔子才会这样的困惑吧。

11·22　子路问："闻斯行诸？"子曰："有父兄在，如之何其闻斯行之？"

冉有问："闻斯行诸？"子曰："闻斯行之。"

公西华曰："由也问闻斯行诸，子曰，'有父兄在'，求也问闻斯行诸，子曰，'闻斯行之'。赤也惑，敢问。"子曰："求也退[(1)]，故进之；由也兼人[(2)]，故退之。"

【注释】

(1) 求也退——冉有资性懦弱，见义不前。(2) 兼人——一人顶俩，一人有两人的胆量与勇气。

【译文】

子路问："听到道就去实行吗？"孔子道："有父亲兄长在，怎么可以听到就做起来呢？"

冉有问："一听到就去做吗？"孔子道："对，一听到就去做。"

公西华说："仲由问听到就做去吗，您说：'有父亲兄长在，（不能这样做。）'冉求问听到就去做吗，您说：'听到就去做。'（两个人问题相同，而您的答复相反）我有些糊涂，斗胆地来问问。"孔子道："冉求，平日做事退缩，所以我（给他壮胆）推他一把，让他往前走；仲由，胆量却有两个人的大，勇于作为，所以我要压压他，让他做事靠后一些。"

【赏读】

对同样的问题，孔子却给两个人相反的答案，原因是两个问问题的行为人不同。子路性急，所以"子路有闻，未之能行，唯恐有闻"（5·14），而且他胆大，敢作敢为，不顾后果。但《曲礼》有曰："父母在，不许友以死，不有私财。"你子路的身子是父母给的，还有兄弟，做事要有"孝悌之义"。而冉求平日遇事退缩，遇仁也会顾及重重，该做的事也可能耽搁。季氏行不义攻打颛臾，冉求本应当即阻止，怎么可以助他不仁？这样的两个人，听到同一件事，反应就不一样。因此，孔子要子路停顿一下，谨慎而为，思前想后也许更有益处；而对冉求则鼓励一番，过于谨慎就会失去机会，想好了及时去做就不会耽误。如果再给他压力，只会使他变得更加迟疑，甚至退缩。这就是因材施教。孔子叫子路"退"与让冉求"进"，没有对错，只是因人而异。

11·23　子畏[1]于匡，颜渊后。子曰："吾以女为死矣。"曰："子在，回何敢死？"

【注释】

（1）畏——民间私斗。

【译文】

孔子被困在匡，颜渊落在后面。孔子说："我以为你与匡人因斗而死了。"（颜渊）说："您还活着，我怎么敢轻易去死呢？"

【赏读】

孔子受困遇难，颜回想找熟人融通困局而落在后面一直不见人影，

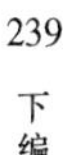

孔子自然紧张，因为当时的情况对他们很不利。也许，困境中的孔子除了爱护弟子，还有要事想做交代。他真的担心颜回出事，因为凭感觉颜回应知先生焦急，一定会快速赶过来，否则出事的可能性就大。也许这中间就有误会（颜回妻为宋人，理应尽力周旋），颜回何尝不想赶快过来！

曾子云："任重而道远，死而后已。"（8·7）人可以为义而死，但明道传道之责任重大，何敢轻死而做无谓的私斗。"不迁怒"的颜回更有意味："子在，回何敢死？"颜回似乎就是因先生而生，因先生而活。这是在表达颜回知"天命"，还是在表达先生的学问在等着颜回？然而，孔子与颜回最终都没法抗拒"天命"。

11·24　季子然(1)问："仲由、冉求可谓大臣与？"子曰："吾以子为异之问(2)，曾由与求之问。所谓大臣者，以道事君，不可则止。今由与求也，可谓具臣矣。"

曰："然则从之者与？"子曰："弑父与君，亦不从也。"(3)

【注释】

(1) 季子然——当为季氏同族之人。(2) 异之问——与"由与求之问"皆为宾语前置句。

【译文】

季子然问："仲由和冉求可以说是大臣吗？"孔子说："我以为你是要问别的人，竟问由和求呀。我们所说的大臣，是用最合乎仁义的内容和方式来侍奉君主的。如果这样行不通，就宁肯辞职不干。如今，由和求这两个人，只可以说是具有相当才能的臣属了。"

季子然又道："这样的话，那么，（他们）会一切听从上级吗？"孔子道："杀父亲、杀君主的事情，（他们）也不会听从。"

【赏读】

孔子认为两个弟子的本质是好的，但还谈不上是仁义之臣，孔子在此话里有话。大臣应以大道辅佐国君，并且仁义之臣也不可能去顺应无道之君或奉迎权臣。就孔子本人而言，他不是不想做大臣，只是不想降低自己的为政标准去迎合愿意用他的国君，但他并不因此要求他的弟子也要按他的标准行事。就子路与冉求为官身份而言，其实他们只是个家臣。孔子在回答季子然的时候，严格以"礼"的方式明确告之"由与求也，可谓具臣矣"，并且明告季子然，两个弟子的才能做个属臣绰绰有余。

当季子然进一步问及他们会不会一切听从上级指挥时，孔子心里其实极不满意。这里既有对季子然言语的不满，也有对两个弟子行为的不满。像子路、冉求这样的官每朝每代都有，只是“下水”的程度不一。他们不但会放下身段，而且要做一些自己本不愿做甚至很反对的事，有意迎合上司，强化自己靠着那个山头，做某个权臣的圈内人，以便获得提携或保护。或许有人以为这是曲线发展自己，殊不知这已活脱脱地把自己的灵魂卖掉，最后变成了上司的一个打手、一个附庸。

孔子的人格魅力之所以伟大，就在于他宁可清贫，也不取不义之财；宁可穷困，也不屈从降格以求显贵。孔子因“季氏伐颛臾”放下脸色，严肃地批评冉求，因为孔子无法原谅冉求助纣为虐的不仁之举。

11·25　子路使子羔为费宰。子曰：“贼夫人之子[(1)]。”子路曰：“有民人焉，有社稷焉，何必读书，然后为学？”子曰：“是故恶夫佞者。”

【注释】

(1) 贼夫人之子——强调子羔年少，还是个孩子。贼，害义，学未成熟，使之从政，实为害之。

【译文】

子路叫子羔去做费县县长。孔子道：“这是害了别人家的儿子！”子路道：“那地方有老百姓，有土地神和五谷神，为什么一定要读书才叫作学问呢？”孔子道：“所以，我讨厌那种油嘴滑舌强词夺理的人。”

【赏读】

孔子说过“先进于礼乐，野人也；后进于礼乐，君子也。如用之，则吾从先进”（11·1），主张“学而优则仕”，认为子羔太小，没社会阅历，学问也不足。一个重要的城邑县长，没有足够的能耐怎行？现在你子路推荐他，赶鸭子上架不就是害他吗？而子路以“何必读书”反驳孔子对他的指责，自然让先生大为恼火。

孔子对子路积极入世的态度是认可的，但子路偷换了孔子“入世”的概念，没有领会其为政实质，反而把先生都不太说的一些概念强加给先生本人，似乎在说自己只不过想把先生曾经的想法变成行动罢了，这自然让孔子感到无语。孔子的本意也不是说子羔不能做县长，而是说现在还不够做县长的能耐或条件。另外，提携或带路的子路本身的仁德也

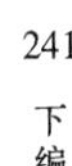

不过如此，这样只会让子羔离为政之路越走越远。那这不是在害子羔又是在做什么呢？子路直率，顶撞先生也是常事；孔子骂他也不足为怪。

11·26　子路、曾皙[(1)]、冉有、公西华侍坐。

子曰："以吾一日长乎尔，毋吾以也。居[(2)]则曰：'不吾知也！'如或知尔，则何以哉？"

子路率尔而对曰："千乘之国，摄乎大国之间，加之以师旅，因之以饥馑；由也为之，比[(3)]及三年，可使有勇，且知方也。"

夫子哂之。

"求！尔何如？"

对曰："方六七十[(4)]，如[(5)]五六十，求也为之，比及三年，可使足民。如其礼乐，以俟君子。"

"赤！尔何如？"

对曰："非曰能之，愿学焉。宗庙之事，如会同，端章甫[(6)]，愿为小相[(7)]焉。"

"点！尔何如？"

鼓瑟希，铿尔[(8)]，舍瑟而作[(9)]，对曰："异乎三子者之撰[(10)]。"

子曰："何伤乎？亦各言其志也。"

曰："莫[(11)]春者，春服既成[(12)]，冠者五六人，童子六七人，浴乎沂[(13)]，风乎舞雩[(14)]，咏而归。"

夫子喟然叹曰："吾与点也！"

三子者出，曾皙后。曾皙曰："夫三子者之言何如？"

子曰："亦各言其志也已矣。"

曰："夫子何哂由也？"

曰："为国以礼，其言不让，是故哂之。"

"唯[(15)]求则非邦也与？"

"安见方六七十如五六十而非邦也者？"

"唯赤则非邦也与？"

"宗庙会同，非诸侯而何？赤也为之[(16)]小，孰能为之大？"

【注释】

(1) 曾皙——名点，字皙，曾参的父亲，为孔子弟子。(2) 居——义与唐、宋人口语"平居"同，平日、平常。(3) 比——等到。(4) 方六七十——古代表述土地面积的方式，"方六七十"指每边长六七十里。

（5）如——或者。（6）端章甫——端，古代礼服之名。章甫，古代礼帽之名。“端章甫”为修饰句，此语境活用为动词。（7）相——相礼者，赞礼之人。（8）铿尔——铿，以手推瑟而起，其音铿然。（9）舍瑟而作——作，站起来。曾点答孔子之问站了起来，可以推知其他学生也同样站了起来。（10）撰——当作“僎”，犹言善。曾点谓所言不能如三人之善。（11）莫——同“暮”。（12）成——定。《国语·吴语》：“吴晋争长未成。”即争为盟主而未定。（13）沂——水名，此沂水源出山东邹县东北，西流经曲阜与洙水合，入于泗水。（14）风乎舞雩——雩，雩台，祭天祷雨之处，其处有坛有树。风，作动词，吹风，迎风当凉。乎，同“于”。《水经注》：“沂水北对稷门，一名高门，一名雩门。南隔水有雩坛，坛高三丈。即曾点所欲风处也。”（15）唯——语首词。（16）之——用法同“其”。

【译文】

子路、曾皙、冉有、公西华四个人陪着孔子坐着。

孔子说：“由于我比你们年纪都大些，不要因为我（比你们大就不敢说话了）。（你们）平日总说：‘人家不了解我呀！’假若有人要了解你们，（打算请你们出去，）那你们拿什么来让人了解呢？”

子路不假思索地答道：“一千辆兵车的国家，局促地处于几个大国中间，外面还有几个国家拿军队来侵犯它，国内接着又有灾荒发生。我呀，去治理它，等到三年光景，可以让这个国家人人有勇气，而且懂得大道理。”

孔子微微一笑。

又问：“冉求，你怎么样？”

（冉求）答道：“国土方圆六七十里，或者五六十里的小国，我呀，去治理它，等到三年光景，可以让这里的百姓富足。至于哪些修明礼乐，那只能等待贤人君子了。”

又问：“公西赤！你怎么样？”

（公西赤）答道：“不是说我已经很有本领了，我愿意这样学习：祭祀的工作或者与外国会盟，（我愿意）穿着礼服，戴着礼帽，希望做一个小司仪。”

又问：“曾点！你怎么样？”

他弹瑟琴声希落，正近尾声，然后“铿”的一声，把瑟放下，站了起来，答道：“我的志向和他们三位所讲的有所不同。”

孔子道：“那有什么妨碍呢？也是各人说出自己的志向！”

曾晳便道："暮春三月，春天衣服都已穿定了，我陪同五六位成年人，六七个小孩，在沂水岸边洗洗澡，在舞雩台上吹吹风，一路唱着歌走回来。"

孔子长叹一声，道："我赞同曾点的主张呀！"

子路、冉有、公西华三人都出来了，曾晳后走。曾晳问道："那三位同学的话怎样？"

孔子道："也不过是各人说说自己的志向罢了。"

曾晳又道："先生您为何对仲由微笑呢？"

孔子道："应该以礼让来治理国家，可是他的话，一点也不谦逊，因此笑笑他。"

"难道冉求所讲的就不是国家吗？"

"怎样见得方圆六七十里，或者五六十里的土地就不够是一个国家呢？"

"难道公西赤所讲的不是国家吗？"

"有宗庙，有大国间的盟会，这不是国家是什么？（我笑仲由的不是说他不能治理国家，关键不在是不是国家，而是笑他说话的内容和态度不够谦虚。譬如公西赤，他是个十分懂得礼仪的人，但他只说愿意学着做一个小司仪者）如果公西华他只能做一小司仪者，又有谁能够来做它的大司仪者呢？"

【赏读】

这是一段相对早些时候的师生对话。文句本身就有几个层面的对比，值得读者欣赏，比如描写中详与略的对比、人物性格的对比、各自表达的内容层面与观点的对比、孔子对弟子评价的对比、人物个性化语言的对比等，所有这些读者在朗读时自可慢慢体会。

首先，从对话中可以看出，孔子不仅不反对弟子出仕，而且鼓励他们积极出仕；其次，在治政的三个维度（兵强、国富、礼法）上，孔子强调为政要以礼德为先，治国以礼，即为政的出发点要好，方式要对路；再其次，孔子强调为人要谦恭，说话要有礼让；最后，明确自己崇尚王道，追求社会和谐美好。

既然如此，那孔子为何还要赞同未言出仕的曾点呢？恐怕这个矛盾的观点里包含了孔子对时局的某些悲观情绪，即不得志的表露，并传达出与其将就出仕不如守住底线的决绝。因此，他才会对子路如此出仕并不十分满意，毕竟子路的以勇力治国的出发点与手段（方法）跟孔子还是有相当的距离的，何况他还如此出言不逊。但他对冉求的富民，特别是对公西华的礼教就有相当的认可。也许这时的曾点看出了先生的心事，否则曾点的那种“道”家般的回归、田园式的无为而治又怎能得到先生的认可呢？其实孔子赞赏的就是这种生活场景里有礼治的影子在。

当然，这也不能说明孔子就会放弃出仕，这只能表明他在选择机会，看是否有合适的国君给他合适的位置罢了，否则我们又如何去理解他做大司寇时隳三都的改革雄心？如何理解他周游列国的劳顿奔波，甚至在卫国跟夫人南子都有过不得已的接触？孔子可谓性情中人，也许曾点所描述的并不是孔子自己所要的生活，却有孔子为政所追求的和谐社会情景。他的克己复礼实质就是要恢复他心中的礼仪之邦，这种理想的生活场景后来在子游为政武城时就有所表现——“子之武城，闻弦歌之声”(17·4)。孔子由此兴奋地赞赏子游。

孔子不赞同子路的理由恐怕只有他俩可以心领神会。为何“晒之”？孔子点明了原因：“夸口”与“不让”是令孔子讨厌的，而子路似乎总会与此沾边；“直率”如果超越了限度，小则不逊，大则伤人害己。而冉求与公西华两个人言行都比较谨慎，对话言辞既表明了自己的抱负，也明示出自身之不足，理性沉稳明显胜过子路。因此，孔子对此还是比较认可他俩的。在孔子看来，治国理政不是在于国大国小，而是在于格局，在于理念，在于礼度，要有“王道”的境界。

颜渊篇第十二

本篇主要记录孔子与弟子的对话，重在从仁的外延的角度以现实生活形态具体形象地阐述了什么是仁，进而明确人人可以为仁。孔子在阐明什么是仁人君子的同时，列举出君子的种种表现，把抽象的思想生活化、具象化，使读者可感可为。在与季康子及诸弟子讨论如何为政的过程中，孔子既阐述了他的仁政思想，又突出了他的因材施教的教育原则，还表现出他的以启发、诱导为主导的教学理念，为后人留下了一份宝贵的教育遗产。

12·1　颜渊问仁。子曰："克己复礼为仁(1)。一日克己复礼，天下归仁(2)焉。为仁由己，而由人乎哉？"

颜渊曰："请问其目。"子曰："非礼勿视，非礼勿听，非礼勿言，非礼勿动。"

颜渊曰："回虽不敏，请事斯语矣。"

【注释】

(1) 克己复礼——克，犹"尅"，约束、抑制义。复礼，礼在外，反之己身而践之。克己复礼，犹约我以礼。(2) 归仁——称仁。朱熹《集注》谓"归犹与也"，也为此意。钱穆："言天下于此归仁，原义当谓苟能一日克己复礼，即在此处，便见天下尽归入我之仁心中。人心之仁，温然爱人，恪然敬人。"

【译文】

颜渊（向孔子）问仁德。孔子道："克制自己，使自己的言语行动都合于礼，就是仁。一旦这些都做到了，天下的人都会称许你是仁人。实践仁德，全凭自己，还会任凭别人吗？"

颜渊道："请问行动的纲领。"孔子道："不合礼的事不看，不合礼的话不听，不合礼的话不说，不合礼的事不做。"

颜渊道："我虽然迟钝，请（让我也来）实行您这些话吧。"

【赏读】

颜回问仁，先生如何才能把这个内在、抽象的仁清晰地讲解给弟子听呢？孔子指出，人内在的仁，其外在的表现形式就是言行上的"礼"，即礼是一个人内在仁的外在表现。一个人，如果内心世界有了仁，就会以他外在的合乎礼的言行表现出来；反之，人们看到他所表现出来的言行合乎礼，就看出这个人的内心有仁。如果人人向善，全天下的人都恢复到内心有仁、外行有礼状态，那么天下就是仁人的天下，天下自然就能恢复到周初的时代，这就是孔子对仁礼的伟大构想！这里的关键是：仁是从内心出发、从自身开始的，重在克己。以现代语境而言，就是要求每个人从心出发，要先内心有仁，然后以礼贯穿于生活的言行之中。其实，克己复礼在此就是一个人内心仁的修炼。

颜回要身体力行，先生从大方向上给予指点，即从人最基本的生活层面去做。孔子讲的“四勿”，看似再平常不过，谁都懂这个道理，谁都可以做，但事实上又有谁能够百分之百做到？“慎独”一词告诉人们自我约束非常重要！“勿”意味着什么？“勿”就是一丁点儿也不能有、不能做，就是要做一个纯粹的人。从目视到耳听，从言谈举止到处事方式，都得照此标准去做。这些看起来简单好做的事，真的做起来并不容易。人如果真正做到了，离君子就不会远了。

仁就是这么简单，每个人每天都可以问问自己“视、听、言、行”非礼乎？看看现实中的一些公众人物，从扬名四海到威信扫地，原因何在？不外于他们一些令人恶心的“非礼”言行。因此，在当下物欲横流、名利熏心的社会环境里，我们虽然不必如颜渊般“安贫乐道”，但是能自觉对照“四勿”的镜子，不断反省检讨自己，就不至于误入歧途！

12·2　仲弓问仁。子曰：“出门如见大宾[(1)]，使民如承大祭[(2)]。己所不欲，勿施于人。在邦无怨，在家无怨。”

仲弓曰：“雍虽不敏，请事斯语矣。”

【注释】

（1）大宾——公侯之宾。（2）大祭——禘郊之属。

【译文】

仲弓问仁德。孔子道：“出门（工作）好像去接待贵宾，役使百姓好像去承当大祀典，（都得严肃认真，小心谨慎。）自己不喜欢的事物，就不强加于别人。在邦国为诸侯做事没有怨恨，在卿大夫家做事也没有怨恨。”

仲弓道：“我虽然迟钝，请让我也去实行您这话吧。”

【赏读】

先生与颜回的对话是从个人内在修养方面交流如何做到仁，与仲弓的交流则是从外在行为表现方面强调一个人为人处世如何体现仁。为何一样的提问，对冉雍又是别样的答案？冉雍做过季氏私邑的长官，在孔门弟子中以德行著称。“雍也可使南面”是孔子对他德行的肯定，那么君子为政时在处理人事关系上如何做到“仁”呢？

任何一个人，一旦走出了家门（包括在家里上网），就是一个社会人。作为一个管理者，一走出门，就要如见贵宾那样慎重有礼地去履行职责；管理老百姓是施行天职，不能渎职，要如大祀典般严肃谨慎。君子的“仁心”要以“仁行”为手段，与人交往时，自己不喜欢做的事，不愿意接受的东西，决不会强加于人，即做到将心比心，理解对方，宽容他人，以仁爱拥抱生活。

12·3　司马牛[1]问仁。子曰：“仁者，其言也讱[2]。”曰：“其言也讱，斯谓之仁已乎？”子曰：“为之难，言之得无讱乎？”

【注释】

（1）司马牛——名耕，字子牛，为孔子弟子。（2）讱——意为“出言缓慢谨慎”。

【译文】

司马牛问仁德。孔子道：“仁人，他的言语迟缓。”

司马牛道：“言语迟缓，这就叫作仁了吗？”孔子道：“做起来很难的事，说话能够不迟缓吗？”

【赏读】

孔子所要传达的，就是仁人君子要慎言慎行。孔子为何回答司马牛“仁者，其言也讱”呢？大概司马牛“多言而躁”，孔子暗示他要改。更有意思的是，司马牛以“其言也讱，斯谓之仁已乎”反问先生，看来他是没有听出这弦外之音。孔子只好补充一句：仁“为之难”。意思是说，像你司马牛这样“多言而躁”,哪里能干得出仁事？

孔子的话针对性强且恰到好处。此话至少传达了两点：“为仁难”，仁者先做后说或做了也不说；司马牛言多而急躁，这与仁德之人的言行有距离，那为仁就从改正自身缺点开始。孔子说得委婉，点到为止，能启发人。这种与人交流的方式也体现出他的仁。当然，如果从司马牛当时因其兄桓魋之事而忧虑的角度看，孔子的话还有劝慰与鼓励之意，即没有必要因兄弟的原因而顾虑重重、过分急躁与焦虑。

12·4　司马牛问君子。子曰："君子不忧不惧。"曰："不忧不惧，斯谓之君子已乎?"子曰："内省不疚，夫何忧何惧?"

【译文】

司马牛问怎样去做一个君子。孔子道："君子不忧愁，不恐惧。"司马牛道："不忧愁，不恐惧，这样就可以称为君子了吗?"孔子道："自己问心无愧，那又忧愁什么、恐惧什么呢?"

【赏读】

对话语境可能与司马牛兄弟之间的事有关。"君子不忧不惧"，可见君子要高于常人。孔子说："君子坦荡荡，小人长戚戚。"（7·37）君子为何不忧不惧？因为君子"内省不疚"，思的是自我反省，做的是为他人着想，心里坦荡，没有非分之想。如此胸怀，何忧？何惧？

司马牛反问孔子"不忧不惧，斯谓之君子已乎"，说明他当时只是想到"不忧不惧"的表象，他的疑惑说明当时他还没有吃透孔子的话。何谓"无忧无惧"？"无忧"就是对自己言行过滤之后的"内省不疚"，即说出去的话都是可以负责的；"无惧"就是想到或看到了所谓的"惧"之后，心里并无"惧"感，并非一般意义上的"没有"。这个"无"是相对于一般"小人"意义上对"忧与惧"的"有"而言的君子之"无"。君子心存天下，做事坦荡，又何忧之有、何惧之有？你司马牛一个兄弟就让你"忧惧"若此，这是君子该有的吗？孔子是在鼓励他。

当然，君子也有"忧与惧"之时，但他们的忧是国家之忧、民族之忧，是先天下之忧而忧；他们惧的是天命难违、国君之昏、礼崩乐坏、心有余而力不足，而非简单的"勇者无惧"。孔子是这种忧惧，屈原是这种忧惧，杜甫是这种忧惧，范仲淹是这种忧惧！

12·5　司马牛忧曰："人皆有兄弟，我独亡[(1)]。"子夏曰："商闻之矣：死生有命，富贵在天。君子敬而无失，与人恭而有礼。四海之内，皆兄弟也——君子何患乎无兄弟也[(2)]?"

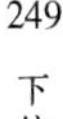
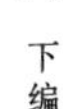

【注释】

（1）人皆有兄弟，我独亡——注释家一般都说这个司马牛就是宋国桓魋的兄弟。桓魋为人很坏，结果是谋反失败，他的几个兄弟也都跟着失败了，最后逃亡在外，死于道路（事见《左传·哀公十四年》）。只有司马牛不赞同他这些兄弟的行为。杨伯峻则认为，孔子的学生司马牛和宋国桓魋的弟弟司马牛可能是两个人。(2) 君子何患乎无兄弟也——此为“四海之内，皆兄弟也”的反问句式。直译就是：君子还对没有亲兄弟一事担心什么呢？子曰：“言忠信，行笃敬，虽蛮貊之邦，行矣。言不忠信，行不笃敬，虽州里，行乎哉？”(15·6) 所以子夏说“四海之内，皆兄弟也”。

【译文】

司马牛忧愁地说道：“别人都有好兄弟，单单我没有。”子夏道：“我听说过：死生听之命运，富贵由天安排。君子只是严肃认真地对待工作，不出差错，对待别人言辞神色恭谨，合乎礼节，全天下到处都是好兄弟——君子又何必担心没有好兄弟呢？”

【赏读】

司马牛讲的也许是狭义的兄弟，亲兄弟首先也得情义深厚、志向一致才好，但司马牛偏偏就有个不好的兄弟。据说，他的这位兄长差点把这伙受到宋景公欢迎的师徒给坑了。司马牛“多言而躁”，虽然孔子给他讲“内省不疚”，但其内心似乎总被一块石头压着。就算是亲兄弟，如果连最基本的情义都没有，只是整天为个人的政治野心进行秘密活动或为一些蝇头小利算计他人，那又亲在何处？还是子夏说得好，只要“敬而无失，与人恭而有礼。四海之内，皆兄弟也。”人能有这样的“兄弟”就不简单。

君子朋友遍天下，岂有“独亡”之叹？司马牛真需要反思。狭义的兄弟是父母给的，是天命，何必强求？但广义的兄弟，是情义与志趣上的，是自己的事。如果说自己没有兄弟，那为何他人愿意与你做兄弟？志不同，道不合，如何成为知己？这是不是要从自身去找原因？如果做到了“敬而无失”，谁不会乐意跟你做兄弟？忧惧过重，自省不足，又怎能与人相处融洽？这点特别值得现代独生子女的一代人借鉴。

12·6　子张问明。子曰：“浸润之谮[1]，肤受之愬[2]，不行焉，可谓明也已矣。浸润之谮，肤受之愬，不行焉，可谓远也已矣。”

【注释】

(1) 谮——说坏话诬陷人。(2) 愬——同“诉”，诽谤。

【译文】

子张问怎样才叫作见事明白。孔子道："点滴而来、日积月累的谗言和肌肤所受、急迫切身的诬告在你这里都行不通，那就可以说你看明白了。点滴而来、日积月累的谗言和肌肤所受、急迫切身的诬告在你这里都行不通，那也可以说你已看得远了。"

【赏读】

人要"明"不易，因为人是情感动物，对事物的观察往往会带上个人情感。人如果能做到就算身在此山中，亦识庐山真面目，那就是真"明"。然而，要达到这种境界，有世事洞明的理性，恐怕就得练就孙悟空般的火眼金睛、柳下惠坐怀不乱之真功。人要能明察秋毫，洞察或感受那种润物无声的渗透，该有何等"明了"！

"明"是什么？"明"能立马感受到煮青蛙的温水背后的冷酷；"明"能觉察出能耐背后的危机与笨拙内含的沉稳；"明"是听其一言就能感知萍水相逢者为人的敏锐；"明"是于乱中看到了治的升平，于治中看出了乱的涌动，有感知"一叶落知天下秋"的细腻。

人，其实最难明的是自己，因为人往往对自己用情最深，会"选择性"行事，很难自我否定，所以才会说"人贵有自知之明"。"明"从何来？"明"来自博学的知识能力储备与丰富的生活经验积累，来自人自身的冷静与自省，来自深思熟虑后的深刻。

现实中一些"精明"者，有的是出于贪婪，有的是出于明哲保身，有的是出于私情，然而一旦到了东窗事发之时，则悔之晚矣。"明"人竟落得个"不明"之实，岂不悲哉？

至于看得"远"，我想，只要什么事都想得透、看得明，眼光有足够的高度，明察秋毫而不被利益障眼，练就防微杜渐之功，自然就能看到远处。

12·7　子贡问政。子曰："足食，足兵[(1)]，民信之矣。"

子贡曰："必不得已而去，于斯三者何先？"曰："去兵。"

子贡曰："必不得已而去，于斯二者何先？"曰："去食。自古皆有死，民无信不立。"

【注释】

(1) 兵——在五经和《论语》《孟子》中，"兵"多指兵器，偶有释作兵士的，此有军备之意。

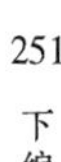
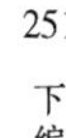

【译文】

子贡问怎样去治理政事。孔子道："使粮食充足，使军备充足，百姓对政府就有信心了。"

子贡道："如果迫不得已，在粮食、军备和人民的信心这三者之中一定要去掉一项，先去掉哪一项？"孔子道："去掉军备。"

子贡道："如果迫不得已，在粮食和人民的信心两者之中一定要再去掉一项，先去掉哪一项？"孔子道："去掉粮食。（没有粮食，不过死亡）自古以来谁都免不了死亡。但如果人民对政府缺乏信心，国家是站不起来的。"

【赏读】

治政要治人心，《论语》的本质就是治心。仁政最根本的就在于以民为本，给民以信心。如果百姓对政府完全没有信心，为政者就没了执政基础。仁政就是心政，人心齐，泰山移，得民心者得天下。而物质保障是民心恒久稳定的保证，安居方能安心。生存对百姓而言是第一位的，而生存的第一要素就是物质保障。民以食为天，粮食是人得以生存的必需。生存的另一要素就是安全保证。没有安全感的生存是痛苦的，而强军就可以用来保护百姓利益与安全，是防御外来入侵的重要保证。这与孔子之前提出的治政的三维（兵强、国富、礼法）（11·26）基本一致。

12·8 棘子成[1]曰："君子质而已矣，何以文为[2]？"子贡曰："惜乎，夫子之说君子也[3]！驷不及舌。文犹质也，质犹文也。虎豹之鞟[4]犹犬羊之鞟。"

【注释】

(1) 棘子成——卫国大夫。古代大夫都可被尊称为"夫子"，所以子贡这样称呼他。(2) 何以文为——对此句历来解说众多。因为"何以文为"几个字放在一起组成的结构从不同角度去理解确实很复杂。棘子成在句中强调"质"，而"文"可以不要。句子前部分"质"作动用，"文"亦应作动用，前后连贯，"何以"为介宾宾语前置，"为"作语气词，即释为"凭什么要文呢"。(3) 惜乎，夫子之说君子也——朱熹《集注》把它作两句读："惜乎！夫子之说，君子也。"意为："先生的话，是出自君子之口，可惜说错了。"杨伯峻以为"夫子之说君子也"为主语，其中"之"取独标志，"惜乎"为谓语，全句为倒装句。(4) 鞟——去掉毛的兽皮。

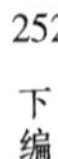

【译文】

棘子成道："君子只要有好的本质便够了，要那些文采（那些仪节、那些形式）干什么？"子贡道："先生这样地谈论君子，可惜说错了。一言既出，驷马难追。文采犹如本质，本质如同文采，（两者同等重要的）假若把虎豹和犬羊两类兽皮拔去有文采的毛，那这两类皮革就很少有区别了。"

【赏读】

子贡不愧为言语大师，一个"惜"字，不是把对方推到对立面，而是把对方拉到身旁，跟对方站在同一立场上来分析错在哪里，最后以形象化的语言表明了文与质的关系，使对方心悦诚服。

孔子说，"文质彬彬，然后君子"，可见君子是文与质二者达到中和且恰到好处。它可以包含以下几点：一是君子完整的人格应含有内与外、质与文两个面；二是质与文两个方面同等重要，偏向于任何一面都不能成为君子；三是两者之间互相影响着，并可以融合为完美的整体；"文"是"质"的一种外在自然表现，而"质"是"文"的内在根基。腹有诗书气自华，人的学问是根基，气质是花朵，气质与学问互为表里。同样，君子的"质与文"亦是相容互补的。可以说，一个人的本质，必然在他外在的行为中有所自然呈现，而非妄作。棘子成以为君子有质足够了，但必要的"文"真的可以不要吗？子贡讲得对，"虎豹之鞟犹犬羊之鞟"。而没有皮毛的老虎与犬又如何区别？

12·9　哀公问于有若曰："年饥，用不足，如之何？"

有若对曰："盍彻[1]乎？"

曰："二，吾犹不足，如之何其彻也？"

对曰："百姓足，君孰与不足？百姓不足，君孰与足？"

【注释】

（1）盍彻——盍，何不。彻，税田十取一为彻。

【译文】

鲁哀公向有若问道："年成不好，国家用度不够，应该怎么办？"

有若答道："为什么不实行十分抽一的税率呢？"

哀公道："十分抽二，我还不够，怎么能十分抽一呢？"

答道："如果百姓的用度够，您跟谁比会不够？如果百姓的用度不够，您又与谁比会够？"

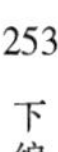

【赏读】

有若的对答体现了儒家的民本思想。民富，君不独贫；民贫，君不独富。国君的足与不足应以百姓的足与不足为参照。哀公年饥时想到的只是自身的不足，而没有看到百姓的不足。没有民足，何来国足？那么在饥荒的年份，如果国君的足是以百姓的不足为代价的，百姓就只有死路一条；如果国君能看到百姓的不足，体恤百姓，宁可以自身更多的不足来弥补百姓的不足，那何愁国力不强、民心不齐？哪个百姓不会念想到这样忧国忧民的国君？这样的国君又何愁不足呢？

12·10　子张问崇德[(1)]辨惑。子曰："主忠信，徙义[(2)]，崇德也。爱之欲其生，恶之欲其死。既欲其生，又欲其死，是惑也。'诚不以富，亦只以异[(3)]。'"

【注释】

(1) 崇德——行道而有得于心为德。崇德者，以德为崇，犹《中庸》言尊德性。(2) 徙义——闻义，徙己意以从之，犹言云迁善。主忠信则本立，徙义则日新，此为崇德之方。(3) 诚不以富，亦只以异——《诗经》的诗句，引在此很难解释。以，因。程颐说是"错简"（别章的文句，因为书页次序错了，误在此处），但无证据。钱穆说，应该在"齐景公有马千驷"（16·12）章内，文意连贯。

【译文】

子张问如何去尊崇品德，使迷惑明辨。孔子道："以忠诚信实为主，听闻道而依从之，这就是尊崇品德。爱一个人，希望他长寿；厌恶起来，恨不得他马上死去。既想他活得长寿，又想他短命死去，这便是迷惑。这样，的确对自己毫无好处，只是使人奇怪罢了。"

【赏读】

什么是崇德？忠信可以崇德，仁义可以崇德。至于"辨惑"，孔子却给了子张一个微妙的答复。对同一个人，爱时想他长命百岁，恨时却要他就地而毙，岂不令人困惑？人为何如此反复？是名、是利，还是情和欲？人对某些事惑与不惑，原因是各自处的位置不同，看问题和想问题的角度或层次不同。人，如果用情过重，贪欲太多，难道能看清事物的真相？又怎么从困惑中走出来？

12·11 齐景公[1]问政于孔子。孔子对曰："君君，臣臣，父父，子子。[2]"公曰："善哉！信如君不君，臣不臣，父不父，子不子，虽有粟，吾得而食诸？"

【注释】

（1）齐景公——姜姓，吕氏，名杵臼，齐灵公之子，齐庄公之弟。鲁昭公末年，孔子适齐，时齐大夫陈氏专政，而景公多内嬖，不立太子，故孔子答其如此。（2）君君，臣臣，父父，子子——每组词前一个为名词，后一个作动词，后面的否定句也是如此。

【译文】

齐景公向孔子问政治。孔子答道："君要像个君，臣要像个臣，父亲要像父亲，儿子要像儿子。"景公道："对呀！若真的是君不像君，臣不像臣，父不像父，子不像子，那即使有很多粮食，我又能吃得到这些吗？"

【赏读】

问话的人是齐景公，时齐大夫陈氏专政，齐景公亦贪图享乐，因此孔子才有如此答语。君、臣，父、子，代表社会各阶层成员的社会角色及社会关系。那么，君王如何为政？首先是建立社会秩序，让各种人处于相应的社会阶层，明确他们的社会地位与职责。其次是分工明确，让他们各司其职，各谋其政，各守其责。一句话来说，就是国君要让他们分别处在某个位置、做某件事，并要求他们把事做好。再其次是要赏罚分明，要有相应的办法，如果在其位不谋其政，或越位谋政，或退其位却恋其政，这就是乱政。作为每个社会个体的人，就是要明确自己是什么、要做什么、能做什么及如何做好。

如何才能保证社会秩序的稳定呢？这才是齐景公想要的答案。然而，社会层次过于固化及人的贤能的不确定性必然使社会各阶层矛盾激化。"家天下"仁政思想的建立应以明君自律为前提，摆在现实面前的问题是世袭制的王朝或诸侯怎能保证所有的国君都是"明君"？齐景公想要建立的社会秩序首先是要能满足自己，即便他本人是个明君，但他至少不是一个有着民本思想的国君。他没有去想如果国家无序百姓如何安身，却只想到百姓有了这么多物产要不要占为己有。这种为政的出发点恐怕离民本思想还有相当大的距离。

12·12 子曰："片言可以折狱[1]者，其由也与？"

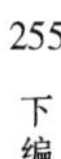

子路无宿诺[(2)]。

【注释】

(1) 片言可以折狱——“片言”古人也叫作“单辞”。打官司一定有原告和被告两方面的人，叫作两造。自古迄今从没有只根据一造的言辞来判决案件的。此言只不过表示子路为人诚实直率，别人不愿欺他罢了。(2) 子路无宿诺——子路急于践言，有诺不留。宿，留。唯其平日不轻然诺，语出必信，积久人皆信服，故可听其一语即以折狱。

【译文】

孔子说：“根据一方面的言语就可以判决案件的，大概只有仲由吧!”

子路从不拖延诺言。

【赏读】

这是孔子对子路的肯定，也许子路这种断案方式来自大家对他的认可。子路答应他人的事不会过夜，信用指数极高。至于子路可以依照一面之词去断案的事实，除了他做事公正与超强的判断力，就可能是他的个人魅力使人们为他的诚信所折服而不敢讲假话，或者讲了假话之后也没有好结果。我想，一个重大甚或人命关天的案子，子路不至于如此草率吧。此话只是特例，并非肯定子路的断案，只是以此强调子路的性格。

12·13　子曰：“听讼[(1)]，吾犹人也。必也使无讼乎!”

【注释】

(1) 听讼——孔子在鲁定公时，曾为大司寇，司寇为治理刑事的官，孔子这话可能是刚做司寇时所说。

【译文】

孔子说：“审理诉讼，我跟别人没有什么不同。一定要借助道德教化让人感到无讼可诉才好。”

【赏读】

一个案子法官判决了，如果一方心里有所不服，那么这个案子就不是审得最好的。矛盾不是用刀来宰割而是用情与理来化解的，调解永远比判决好。法官对案件进行调解，就是要达到不用宣判的最佳状态。这也只有做过判官的孔子才能讲出这番深刻的话来。

法治精神是一种契约精神，以法的名誉的审判是冷血的。只有达到“无讼”的调解才是有温度的，才能让审结的案子不留遗憾。这也是孔

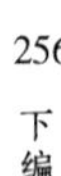

子仁政思想的一部分。依法判案只是治政的手段，客观而不预设结论是审判的立场与原则，而让诉讼双方的矛盾完全化解才是目的。

12·14　子张问政。子曰："居之无倦，行之以忠。"

【译文】

子张（向孔子）询问政治。孔子道："身居其位不要厌倦懈怠，要用忠心去推行政令。"

【赏读】

君子在其位，不仅要谋其政，还要不厌其烦、忠心耿耿地秉公执政。社会纷繁复杂，什么样的事都可能发生，什么样的人都可能遇上，办事不但要有才干，还要有预见，更要有耐心，要忠于职守。

12·15　子曰："博学于文，约之以礼，亦可以弗畔矣夫[(1)]！"

【注释】

(1) 见《雍也篇第六》（6·27）。

12·16　子曰："君子成人之美，不成人之恶。小人反是。"

【译文】

孔子说："君子总是成全别人的好事，不促成别人的坏事。小人却与此相反。"

【赏读】

君子利人，达己先达人。这就犹如集市上的贸易，自己得先把东西卖给他人，也就是要先为他人服务，之后才有机会买到别人的东西，获得他人的服务。君子成人之美，其实也是在成全自己。为政就要扮演好公仆角色，促进社会和谐稳定。

小人长戚戚，原因是小人对什么事都先想到自己，为了一己私利，可以置他人利益、国家利益、民族利益而不顾；为了一己之快，可以构陷他人，甚至置之于死地。小人看不得他人的进步与通达，一有机会就害人。小人从不做成人之美的事，拆台是他们的拿手戏。小人不但担心自己的奶酪，而且总惦记着他人的奶酪，即使自己的奶酪多得过期变质，也不会放过占人便宜的机会。

君子的快乐是以天下人之乐为快乐，小人的快乐是以自身的获利或他人的失落为快乐。君子会把快乐分享，小人会把快乐建立在他人的痛苦之上。君子有恻隐之心，小人只会幸灾乐祸，见不得他人幸福。

12·17　季康子问政于孔子。孔子对曰："政者，正也。子帅以正，孰敢不正[(1)]？"

【注释】

(1) 正——本章有三个"正"字。第一个"正"是形容词；第二个"正"是名词，"子帅以正"，即"子以正帅"；第三个"正"是动词。

【译文】

季康子向孔子问政治。孔子答道："'政'字的意思就是端正。您自己用端正作表率，(下面的人) 谁还敢不端正呢?"

【赏读】

一个国家的执政者必须端正，即人品正、思想正、行为正。正人先正己，上梁正下梁才不会歪。为政者自身不正，会行事没有正义感、办事总喜欢动歪点子、总喜欢用些投己所好者。因此，人只有自身正，才会行正事、用正人，才会远离小人。

孔子回答问话者，对人、对事语境明确，意思自然明了。孔子答复权臣季康子的问话，至少明确了三个方面的现实问题：一是下不正，二是上有不问之责，三是上有不正之嫌。既然季康子问上门来，说明他还是有想法的。虽然孔子对季康子的执政理念、执政手法、执政能力没有具体建议，但从根基上提醒了对方：自身"正"才是执政的关键。

12·18　季康子患盗，问于孔子。孔子对曰："苟子之不欲，虽赏之不窃。"

【译文】

季康子苦于盗贼太多，向孔子求教。孔子答道："假若您不贪求太多的财货，即使奖励偷抢，(他们) 也不会偷盗。"

【赏读】

贪婪的社会源于为政者的贪婪，恶的社会才会有更多的恶人存在。为政者的思想行为是引导社会风气的重要路径，孔子以"苟子之不欲"严正指出了"盗"的根源在于季康子本人。

季康子忧虑的盗贼出现，除了对一些品质低下者教化不足而为政者又以奢华为荣，直接的诱因可能是：百姓的日子过不下去，又没有其他生存之道；执政者贪婪，索要得太多，百姓家里自然就少；越是灾年，征用所占比例就越高，征税的难度也越大，百姓的日子也越难过，进而有人铤而走险。这就好比江水，越干旱的年份，整体水位就越低；上游截流得越厉害，中下游的水位就会越低，用水就越困难，生态破坏就会越严重。社会亦是如此，灾荒年份如果遇上一群贪婪的官吏，百姓的日子就没法过。如果执政者改变思路，还财物于民，民众富足得用不完，而执政者又以节用为表率，百姓贪念就少，何来盗贼？

百姓忧的不只是盗，更忧执政者的贪欲。如果全社会上至掌权者下至百姓都有过度的财欲、权欲、情欲，表面上看这些欲望似乎会刺激经济繁荣，但贪婪是个无底洞，不去适度节制，其结果就是自然资源与生态环境的严重破坏，社会秩序变得混乱不堪。社会各色人中，如果大贪成为野心家、小贪成了盗窃犯，势必会加剧社会的浮躁与动荡。社会和谐发展，欲就是动力发动机；社会崩溃式微，欲则是罪恶的根源与动乱的催化剂。这里的关键就是“度”和利的“取向”。要让社会良性发展，为政者就要倡导节欲，而且要从自身做起。

12·19　季康子[1]问政于孔子曰：“如杀无道，以就有道，何如？”孔子对曰：“子为政，焉用杀？子欲善而民善矣。君子之德风；小人之德草。草上之风，必偃[2]。”

【注释】

(1) 季康子——季孙斯（桓子）死于哀公三年秋七月，季孙肥（康子）随即袭位。(2) 草上之风，必偃——上，一作“尚”，加上。风加草上，草必为之仆倒，强调“民之化于上”。

【译文】

季康子向孔子请教政治，说道：“假若杀掉无道的坏人，来亲近有道的好人，怎么样？”孔子答道：“您治理政治，哪里需要杀戮？您想要把国家搞好，百姓就会好起来。上位人的政德好比风，老百姓的德行犹如草。风加在草上面吹，下面的草一定会随风而倒。”

【赏读】

为政者的表率是社会最好的教化。如果为政者真正能落实孔子的这句话，何愁社会不会和谐？野火烧不尽，春风吹又生，善如此，恶亦如此。季康子以为“恶”可以杀绝，那是妄想。善与恶是人性的两面，善

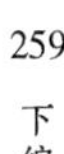
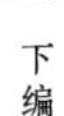

是人在社会中应发扬光大的社会属性，而恶是人在社会中应摒弃的动物属性。社会如果没有从根本上下功夫，严惩只在短时间有用，长期看那只会促成更大的恶暴发。总之，要让池子里的鸭毛变得干净，不是把脏鸭杀尽，而是要把池子里的水弄干净。

人性在于疏导，不完全在于阻遏。这就犹如河水，疏导可以滋润万物，阻遏只会摧毁家园。为政者从我做起，润物无声，何用杀戮？“君子之德风，小人之德草”，邪不压正，风吹过来，草自然顺风而动。如果上位的都是些恶人，社会就会有很多的小人得志，百姓受危害就不可避免。如果萧墙之内如战场，朝廷之外世风日下、豺狼当道，那岂能一杀了之？“战士军前半死生，美人帐下犹歌舞”，战事岂有不败之理？为政者的价值取向就是引导社会的风向标。

12·20　子张问：“士何如斯可谓之达矣？”子曰：“何哉，尔所谓达者(1)？”子张对曰：“在邦必闻，在家必闻。”子曰：“是闻也，非达也。夫达也者，质直而好义，察言而观色，虑(2)以下人。在邦必达，在家必达。夫闻也者，色取仁而行违，居之不疑(3)。在邦必闻，在家必闻。”

【注释】

(1) 何哉，尔所谓达者——此为倒装句。(2) 虑——一释为“用心委曲”，则“虑”后省略一“人”或“之”；一释为“犹每也”。(3) 居之不疑——居，处于，安于。安于此种伪善境地，更不自疑。

【译文】

子张问：“读书人怎样做才可以称得上达呢？”孔子道：“你所说的达，是什么意思啊？”子张答道：“在国君那里为臣一定有名望，在卿大夫那里为属臣一定有名望。”孔子道：“这是叫闻，不是叫达。那个‘达’呀，应是品质正直，遇事喜欢讲理义，善于分析别人的言语，观察别人的神情脸色，从内心愿意对他人作退让，并能放下身段。这种人，在国君那里为臣就能事事行得通，在卿大夫那里为属臣一定事事行得通。至于闻，表面上看似乎选择了仁德，实际行为却相背离，对自己以仁人身份自居也毫无疑惑。（这种人）在某一国内一定会骗取名望，要某一大夫家时也一定会骗取名望。”

【赏读】

子张为何会有此疑问？或许他困惑于现实为政之乱象。学而优则仕，

想必子张以为做官有了名望就自然通达。孔子可谓循循善诱、诲人不倦。他并不直接回答子张的问话，而是试探子张本人对“达”的理解，然后纠偏。孔子认为的通达是从思想品质、学识涵养上，以及从为人处世上。这样的人为官，处理事务就会事事通达。

一般而言，达能闻，而闻不一定就能达。闻有虚名，达则实至名归。如果真有好人善人闻而不达的话，那就是社会的问题；如果很多人是先闻而后达，那么这个社会也有问题，因为其先闻的本钱不知在哪里，而这个达就是伪达或恶达。达与闻的顺序颠倒，必然反映社会秩序的颠倒。达人也不是“秀”出来的，为政者一“秀”，就是“伪达”，此乃“色取仁而行违”却“居之不疑”也。

12·21　樊迟从游于舞雩之下(1)，曰：“敢问崇德，修慝(2)，辨惑。”子曰：“善哉问！先事后得，非崇德与？攻其恶，无攻人之恶，非修慝与？一朝之忿，忘其身，以及其亲，非惑与？”

【注释】

(1) 舞雩之下——舞雩之处，坛埠树木，故可游。或说，春秋鲁昭公逊齐之年，书上辛大雩，季辛又雩，传曰：“又雩者，非雩也，聚众以逐季氏也。”昭公欲逐季氏，终为季氏所逐，樊迟欲追究其所以败，遂于从游舞雩而发问，而言之又婉而隐，故孔子善之。(2) 修慝——修，治而去之。慝，恶念，恶之匿于心；另说通“匿”，隐藏。

【译文】

樊迟陪侍孔子在舞雩台下游逛，说道：“我冒昧地请问怎样使自己的品德提升，怎样消除他人对自己不露声色的怨恨，怎样辨别出哪种是糊涂事。”孔子道：“问得好啊！先去做事，然后才考虑收获，不就提高了品德吗？批判自己的过失，不要去攻击他人的过错，不就消除了无形的怨恨吗？因为偶然而抓住一朝的愤怒，便忘记他自己的生命安危，乃至忘记了自己的父母，不是糊涂了吗？”

【赏读】

孔子在此就是告诉樊迟如何以德处世和提升个人修养。德，就是做善事。遇到好事，先去做事，之后就会有所收获，有所体悟。收获，靠一点点地积累，积善成德，这就是崇德。平时看到行善的事就做，做多了境界就会不知不觉地提高。建德若偷，做善事的最佳方式就是不露声色，帮到人的心里去，而“色取仁而行违”则是伪善，并非崇德。

“称誉、诈伪以败恶人，谓之慝。”(《庄子·渔父》)人要消除怨恨，多靠反思自身的不足来纠正自己的错处，首先就会消除自身对他人可能带来的伤害。自己如果不去恶意指责他人的坏处，不去揭发他人的痛处，又哪里会招致怨恨？心态放平，凡事对己严格，多点反思，对人尊重，多些宽容，给予他人润物无声的关怀，又有谁会对你怨恨？

即使偶尔有些愤懑，就连自己的性命和父母都忘了，不理智，不冷静，做出糊涂事来了，哪里犯得着如此？人生在世，谁能事事通达而没有阻碍？惑”是什么？是感情用事，是不冷静、不理智，是出于愤怒而做出傻事。但凡遇事，要记住“冲动是魔鬼”的警示，而冷静处事最有效的方式就是时间。

12·22　樊迟问仁。子曰：“爱人。”问知。子曰：“知人。”

樊迟未达(1)。子曰：“举直错诸枉，能使枉者直(2)。”

樊迟退，见子夏曰：“乡(3)也吾见于夫子而问知，子曰，‘举直错诸枉，能使枉者直’，何谓也?”

子夏曰：“富哉言乎！舜有天下，选于众，举皋陶(4)，不仁者远(5)矣。汤(6)有天下，选于众，举伊尹(7)，不仁者远矣。”

【注释】

(1) 未达——已晓爱人之言，而未晓知人之方。(2) 举直错诸枉，能使枉者直——“举直”而“使枉者直”，属于仁；知道谁是直人而举他，属于智。所以“举直错诸枉”(2·19)为仁智之事，孔子屡言之。(3) 乡——同“向”。(4) 皋陶——舜的臣子。(5) 远——离开，逋逃。(6) 汤——卜辞作“唐”。商朝开国之君，名履（卜辞作“大乙”，而无“履”字)，伐夏桀而得天下。(7) 伊尹——汤的辅相。

【译文】

樊迟问如何做才算仁。孔子道：“爱人。”又问怎样才算智。孔子道：“善于了解人物。”

樊迟还是没有完全弄通。孔子道：“提拔正直的人，把他们放在邪恶人之上，就能够使邪恶人变正直。”

樊迟退了出来，看到子夏，说道：“之前，我去见老师并向他问智，先生说，‘提拔正直人，放他们在邪恶人之上，就能够使邪恶人变正直’，说的是什么意思?”

子夏道：“这句话的含义真是太丰富了！舜有了天下，从众人之中挑选贤者，把皋陶推举出来，坏人就会消失了。汤有了天下，从众人之中挑选人才，把伊尹提拔出来，坏人就没有了。”

【赏读】

樊迟与子夏悟性相差悬殊，但樊迟执着，就有成功的必然。爱人，得先知人，唯知人，方能真正懂得爱人。要成仁者，必先为智者。智者知人，知人则善任。明君治天下，不是说他本人要有天大的能耐，而是知人善任。人无完人，善任就是要把人的优点用到恰当的地方，让他的潜能得到最大的发挥。

而善任的极致就是“举直错诸枉，能使枉者直”。厉害吧，用“好人”施政，就可以让一大片的坏人要么变好，要么走人，反正坏人在此待不住。就一个国家而言，明君用贤能之臣，就让奸臣没有市场，让那些作奸犯科者无藏身之地，都得规规矩矩做人。孔子在此为社会用人机制提出了深刻的思考：治国治民先治吏，而好的用人制度就是“举直错诸枉”。

12·23　子贡问友。子曰：“忠告而善道之，不可则止，毋自辱焉。”

【译文】

子贡问（孔子）对待朋友的方法。孔子道：“忠心地劝告他，好好地引导他，如果他不听从，也就罢了，不要自找侮辱。”

【赏读】

孔子提醒子贡，有些人的领悟跟你不在一个档次。人站在二十层的楼梯上对着十层楼梯里的人说话，会有什么好的交流？待友应以“善”而又有“度”，过“度”就会适得其反。对友建言，诚心劝告，引导得当，这是忠，也是仁的表现。朋友明白你为他好，自然就听得进去。如果对方听不进去，以为你在帮他人说话或站着说话不腰疼，实际上是拒绝你，那你就不要再说，否则对方会怀疑你的动机。这时，让他自己去冷静思考也许会更有效。你如果一意孤行，就可能自取其辱，甚或两人反目成仇。

12·24　曾子曰：“君子以文会友[1]，以友辅仁。”

【注释】

（1）以文会友——文，礼乐文章。君子以讲习文章会友。

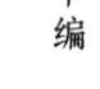

【译文】

曾子说："君子用礼乐文章来会聚朋友，又用朋友来帮助自己培养仁德，共进于仁道。"

【赏读】

君子，对礼乐文章有共同的话题，说明有共同的志趣。以文会友，本质上是以才会友、以心会友、以德会友、以思想会友。人以群分，人可以通过礼乐文章或学问交流走到一起，这样人就可以从友人身上学习到好品德与学问。朋友的一句话或一篇文章，有时足以点燃你的思想，提升你的境界，人生也就向前迈出一大步。人，结识一个朋友，犹如栽种一棵智慧树，等到果子成熟的季节，就能享受丰收的喜悦，品味果实的甜美。

子路篇第十三

本篇内容较为广泛，主要明确了以下几点：首先，为政者必备的素养是率先垂范、宽以待人、知人善任；其次，强调为政要名正言顺，身正才能令行；最后，为政者要有大格局，要学以致用。孔子指出，君子居家应节俭，不得过于奢侈，要善于正己、教民；国家要培养君子、士人与善人，如此才能御敌安邦。全篇主要阐述了孔子的政治主张与施政的具体方法。在与弟子的对话中，孔子还对仁人、士，特别是对君子与小人做了明确界定，指出社会治理可以通过对社会个体道德修养的提升与品格的完善形成和谐的社会环境，达到治理天下之效。

13·1　子路问政。子曰："先之劳之(1)。"请益。曰："无倦(2)。"

【注释】

(1) 先之劳之——先之，先于之；与下章"先有司"句式相同；之，其民；劳之，使之劳。

【译文】

子路问政治。孔子道："自己在百姓前面带头做事，然后让他们勤劳地工作。"子路请求再多指教一点。孔子又道："永远不要懈怠。"

【赏读】

如何为政？一个"先"字，强化了领导理念与领导艺术。先，就是表率与示范；就是思在前，忧在前，行在前，苦在前；就是有超前意识，能预见可能出现的情况与结果。子路直率，想到了自然会去做，"先之劳之"他都会这样做，并且能做到，但他的"思在先"恐怕会做得不够。子路心急，自然要再问，但孔子要他"无倦"。而"无倦"在于持续，而非功利与浮躁，这对率直、急性的子路来说就有些难。常言"贵在坚持"，品尝到甜头，预料到结果，坚持起来还容易些，但时间久了，既没尝到甜头，又看不到尽头，对急躁的"子路"而言就是考验。

13·2　仲弓为季氏宰，问政。子曰："先有司，赦小过，举贤才。"

曰："焉知贤才而举之?"子曰："举尔所知；尔所不知，人其舍诸[1]?"

【注释】

(1) 人其舍诸——其，岂。舍，抛弃。诸，兼词，之乎。

【译文】

仲弓做了季氏的总管，向孔子问政治。孔子道："给工作人员带头，不计较人家的小错误，提拔优秀人才。"

仲弓道："怎样去识别优秀人才并把他们提拔上来呢?"孔子道："提拔你所了解的；那些你所不了解的，别人难道会埋没他吗?"

【赏读】

"先有司"，孔子明告，为政要率先垂范；"赦小过"就是对下属的宽容，允许人家犯小错误。做领导的就要知人善任，领导不可能发现、用上全部的人才，但可以凭自身品德用好那些已知的贤才，贤才也自然就会靠近领导，从而被领导发现并任用。只要为政者真心用人，需要的贤人一定会为己所用，从而实现人才使用的良性循环。孔子以反诘语气，强调为政者自身修养的重要性。

13·3 子路曰："卫君[1]待子而为政，子将奚先?"

子曰："必也正名[2]乎!"

子路曰："有是哉，子之迂也[3]！奚其正?"

子曰："野哉，由也！君子于其所不知，盖阙如[4]也。名不正，则言不顺[5]；言不顺，则事不成；事不成，则礼乐不兴；礼乐不兴，则刑罚不中；刑罚不中，则民无所错[6]手足。故君子名之必可言也，言之必可行也[7]。君子于其言，无所苟而已矣。"

【注释】

(1) 卫君——卫出公辄。(2) 正名——《左传·成公二年》载有孔子的话："唯器（礼器）与名（名义、名分）不可以假人。"《论语》中有孔子"觚不觚"之叹。"觚"而不像"觚"，有其名，无其实，就是名不正。孔子对齐景公之问，说"君君，臣臣，父父，子子"，也就是正名。用"名分上的用语不当"来解释"名不正"，似乎更接近孔子原意。孔子所要纠正的，只是有关古代礼制、名分上的用语不当的现象。(3) 有是哉，子之迂也——此句与后文"野哉，由也"都是典型的倒装句。(4) 阙如——阙，空缺，缺然，欠缺。阙如，即空缺状态。(5) 言不顺——以子拒父，其言不顺。言之尚不顺，行之何能成事？事无可成，则礼乐不能兴。(6) 错——同“措”，安置。(7) 言之必可行也——既有父子之名，则不可言以子拒父。

【译文】

子路对孔子说：“卫君等着您去治理国政，您准备首先干什么？”

孔子道：“那一定是纠正名分上的用词不当罢！”

子路道：“您的迂腐，竟到如此地步！这个又何必要去纠正呢？”

孔子道：“仲由呀，你太鲁莽了！君子对于他自己不懂的，应该持保留态度。用词不当，言语就不能顺理成章；言语不顺理成章，工作就不可能搞好；工作搞不好，国家的礼乐制度也就举办不起来；礼乐制度举办不起来，刑罚也就不会得当；刑罚不得当，百姓就会（惶惶不安）连手脚都不晓得摆在哪里才好。所以君子用一个词，一定要正名才可以说得出来；说出来的话顺理成章，也自然就行得通。君子对于措辞说话，只是不能有马虎的地方罢了。”

【赏读】

孔子的政治思路可谓环环相扣。名正言顺，事才能办下去，才能办得好。方向对了，就可以避免用对的方法办错事。只有制度完善、程序合法，才会政治清明。而完备的制度，就必须先正名，确定职能部门的名称、性质与职责，明确各职能部门之间的职级关系与分工，让各个部门的人各司其职，各负其责。孔子看重周“礼”，即看重秩序，而只有正名，政治才能井然有序。

孔子强调正名，就是要明确为政者治政的合法性，而这个法理的外在形式主要是礼仪制度。“正名”就是要给具体的执政者定性、定职、定权、定行，明确其自身该做什么、有何职责、谁给予的职权、职权范围是什么、行为的性质是什么。该做与不该做的、能做与不能做的一清二楚，该管的、不该管的泾渭分明，以防多头管理或无人管理情况的发生。如此为政，方能按章行事，责任到位，赏罚分明。

13 · 4　樊迟请学稼[1]。子曰：“吾不如老农。”请学为圃[2]。曰：“吾不如老圃。”

樊迟出。子曰：“小人哉，樊须也！上好礼，则民莫敢不敬；上好义，则民莫敢不服；上好信，则民莫敢不用情。夫如是，则四方之民襁负[3]其子而至矣，焉用稼？”

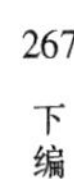

【注释】

(1) 学稼——种五谷为稼。樊迟学稼，或欲如神农、后稷以稼穑教民。(2) 为圃——圃，种蔬菜之地为圃。为圃，种菜。(3) 襁负——襁，负儿之衣，或背小孩的宽带子，为名词作状语。负，背负以行。

【译文】

樊迟请求学种庄稼。孔子道："我不如老农民。"又请求学种菜蔬。孔子道："我不如老菜农。"

樊迟退了出来。孔子道："樊迟真是小人！上位的人讲究礼节，百姓就没有人敢不尊敬；上位的人行为正当，百姓就没有人敢不服从；上位的人诚恳信实，百姓就没有人敢不以真心与实情来对上。政治能做得像这样，那么四方的百姓都会用襁褓背着他们的孩子来投奔，哪里还要自己种庄稼呢？"

【赏读】

孔子在此并非要贬低农民，只是认为樊迟问出此话，其小民意识强烈，不是一块为政的料。在孔子看来，为政者重在宏观治人，格局要大，而不是去做那些具体而微的琐事。当然，就现代意义说，为政者能懂得诸多生产知识，又何尝不是件好事，至少管理上不会出现"外行领导内行"的现象。

在孔子眼里，种庄稼只是一个普通农民的事。只要君王实行王道，百姓就会归附，因而为政者的职责就是帮助君王实施王道。

13·5　子曰："诵《诗》三百，授之以政，不达；使于四方，不能专对[(1)]。虽多，亦奚以为[(2)]？"

【注释】

(1) 专对——古代的使节，只接受使命，至于如何去交涉应对，只能随机应变、独立行事，不能事事请示或者早就在国内一切安排好，这叫"受命不受辞"，即"专对"。同时，春秋时代的外交酬酢和谈判多半背诵诗篇来代替语言，因此《诗经》是外交人才的必读书。(2) 亦奚以为——以，动词，用。为，表疑问语气，只跟"奚""何"诸字连用。

【译文】

孔子说："熟读《诗经》三百篇，把政治任务交给他，却办不通；叫他出使周边各国，又不能独立地去谈判酬酢。即使读得多，又有什么用处呢？"

【赏读】

孔子对孔鲤说："不学诗，无以言。"明确了学《诗经》的重要性。此章孔子主要是强调为政者不能只做"知识储备库"，而应把握使命、学以致用，在外交实践中要随机应变、灵活应用。《诗经》可以成为施政实践的工具，为政者在工作中可以利用它来推销自己的思想与主张，表达自己的政治立场，更好地完成本职工作。

13·6　子曰："其身正，不令而行；其身不正，虽令不从。"

【译文】

孔子说："为政者本身行为正当，不发命令，办事情也行得通。他本身行为不正当，即使三令五申，百姓也不会听从。"

【赏读】

为政者，"身正"尤为重要。身正，言行一致；身不正，动机不纯，言行不一。身正者说什么，百姓就知道他在想什么，也能知道他要做什么，自然就乐意听从他的安排，百姓又何须等待指令？"政者，正也。子帅以正，孰敢不正。"（12·17）名正，言正，身正，行正，自然通达。反之，为政者叫百姓做事，却唯利是图、朝令夕改，百姓自然不会相信为政者表面上说的那套，就算是被动地跟着做了，又有何用？

13·7　子曰："鲁卫之政，兄弟也。"

【译文】

孔子说："鲁国的政治和卫国的政治，像兄弟一般（相差不远）。"

【赏读】

如果只讲鲁与卫为兄弟，同为诸侯，当然在理，但孔子此话更多的意味是指两国之政像兄弟。那它们的政治是好的差不多还是坏的差不多呢？这恐怕就话里有话了。孔子重礼，在此最好从礼的角度看，鲁君被季氏控制着权力，君臣关系混乱；而卫国政治在孔子看来虽不是一塌糊涂，但女性治政也很不正常。卫灵公无道，但表面上还算尊重人才，至少没有拒绝孔子的造访，还说付给他在鲁相同的俸禄，但卫灵公没有摆正君臣关系，更没有让孔子施政的可能。而卫出公子父交恶，从礼上看就乱了天伦。依礼而言，两国都是违礼的；从政务上看，鲁、卫衰乱也确实差不多。

为什么孔子要把鲁、卫放在同一层面比较？首先，孔子了解鲁国，本为破落贵族，但自己凭实力官至大夫，做到大司寇；但隳三都失败后遭受排挤、打压。鲁君不明，加上重臣弄权，难以知人善任。孔子到卫国与卫国君臣相处，感觉卫国跟鲁国情况差不多，特别是卫灵公根本不理政事，只近美色，加上父子间的矛盾，所有这些都成了卫国的隐患。他感觉自己留在卫国不会有所作为，因而才有此番感慨。

13·8　子谓卫公子荆(1)："善居室(2)。始有，曰：'苟合(3)矣。'少有(4)，曰：'苟完矣。'富有，曰：'苟美矣。'"

【注释】

(1) 卫公子荆——卫国的公子，吴季札曾把他列为卫国的君子，见《左传·襄公二十九年》。(2) 居室——此为积蓄家用居家度日。"居"读为"奇货可居"之"居"。居室犹云治理家室。治家指人事，居室则指财务器物之经营。(3) 苟合——苟，将就或苟且。合，给或足。(4) 少有——稍增。

【译文】

孔子谈到卫国公子荆，说："他善于居家过日子。家里财货器用刚有一点时，便说：'差不多够了。'稍增一点时，又说：'差不多完备了。'再多有一些时，便说：'差不多富丽堂皇了。'"

【赏读】

知足与节俭是一种美德，也是人们获得幸福感的重要因素。公子荆为卫君子，孔子谈及公子荆是在卫国特定环境里的对话，并且孔子以与第三方的对话形式谈及公子，更多是想以他为标杆来对比当时的社会风气。

对话主题我们不得而知，但荆公子作为上位的君子，其生活态度、生活方式得到了孔子的肯定。据知，当时卫国士大夫奢靡成风，那么这里讲卫公子的"善于居家过日子的生活态度与方式"，就不单单是个褒赏问题，而应别有用意。君子的生活态度与方式对倡导节俭型社会具有示范引领之效，而节俭正是孔子所倡导的。

13·9　子适卫，冉有仆(1)。子曰："庶(2)矣哉！"冉有曰："既庶矣，又何加焉？"曰："富之。"曰："既富矣，又何加焉？"曰："教之(3)。"

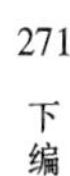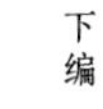

【注释】

(1) 仆——驾驭车马。其人则谓之仆夫。(2) 庶——众义，指卫国人口多。(3) 既富……教之——孔子主张“先富后教”。

【译文】

孔子到卫国，冉有替他驾车子。孔子道：“好稠密的人口！”冉有道：“（人口）已经众多了，又该做些什么呢？”孔子道：“使他们富裕起来。”冉有道：“已经富裕了，又该做些什么呢？”孔子道：“教化他们。”

【赏读】

师生的对话谈的是政治。在如何促进国家发展的策略上，孔子做了一番极富逻辑性的探讨。“庶矣”“富之”“教之”，首先明确“民”是国家主体，强调了人口的重要性，并对如何提升“民”的素质做出清晰的阐述。此观点应是儒家“民本”思想之源。

一个国家要强大，首先必须有人。富有创造性的人是社会发展的根本动力，有了人才会有一切。在当时的社会背景下，人口作为国家强大的标志是不可代替的。在古代，人口是战争胜负的一个重要因素。人口多，就要有足够的粮食养活他们。因此，发展农业生产就成为治政的重要一环。事实上，古代人口发展与粮食生产是相互影响的。

人口增加后，接下来就是要让百姓富起来。民众太穷了，社会就要出乱子，小则人口跑到别国，大则发生社会动荡。百姓富足了，有满足感，社会才会安定。但是，作为执政者，只做到以上两点还远远不够，还要提高他们的素质，教化他们。而让他们知礼的前提就是要让他们富起来。管仲说：“仓廪实而知礼节，衣食足而知荣辱。”解决了物质生活之后的教化才会有效，教化之后社会才能和谐，而且“善人教民七年，亦可以即戎矣”（13·29），即军队更有战斗力。这些观点，时至今日，还在启迪后人。

13·10　子曰：“苟有用我者，期月[(1)]而已可也，三年有成。”

【注释】

(1) 期月——期同“朞”(jī)，有些本子即作“朞”。期月，一周年。

【译文】

孔子说：“假若有用我主持国家政事的，一整年就差不多了，三年便会很有成绩。”

【赏读】

由此语既看到了孔子的自信，也看到了他的不满，更看到了他的无奈。孔子周游列国，一直在推销自己，虽然卫灵公给他开出过与其在鲁国相同的俸禄，但他不肯降低自己的标准。他有一套自己的政治理念、目标纲领及施政措施，但在动荡的春秋末期，很多国君相信武力更能显示国力，或者迫于周边国家的压力而不敢轻易采纳孔子的主张，以致孔子很难得到施展抱负的平台。孔子是个生不逢时的政治家，但又是个恰逢其时的思想家。他在政治上的执着与手段上的正义跟战国时苏秦、张仪们的权欲、功利与不择手段是没有可比性的，这也是孔子人格与思想的伟大所在。

13·11　子曰：“‘善人为邦百年，亦可以胜残去杀矣[1]。’诚哉是言也！”

【注释】

(1) 善人……去杀矣——依文意是孔子引用别人的话。胜残，化残暴之人使不为恶。去杀，不用刑罚战斗。

【译文】

孔子说：“‘善人治理国政连续到一百年，也可以克服残暴、免除虐杀了。’这句话真是说得对呀！”

【赏读】

孔子在肯定此话的背后，恐怕是在思考如何才能让善人有机会“为邦百年”？要实现这种愿景，关键还是要有如何推选“善人”并保证其有机会“为邦百年”的制度建设。孔子只是对他人言语产生强烈共鸣，但我们是否可以推测孔子认为自己就是这样一个“善人”呢？这样看来，此语就有了他的不遇之感。事实上，前章那句“苟有用我者，期月而已可也，三月有成”的感叹就可佐证。当然，孔子是不是还要表明“善人”文化——“王道”需要一个长时间的倡导与积淀？也许经过仁礼积淀的社会才会政治清明。

13·12　子曰：“如有王者，必世[1]而后仁。”

【注释】

(1) 世——三十年为一世。

【译文】

孔子说："假若有王者兴起，一定需要三十年才能使仁政大行天下。"

【赏读】

一句"如有王者"，就明示了当时没有愿意践行"王道"的国君。所谓"必世而后仁"，在孔子看来，实行王道首先是要仁德盛行，但依据当时国情与礼崩乐坏的社会状况，没有几十年的时间是办不到的，而要让社会恢复到"胜残去杀"的状态，恐怕就要"为邦百年"。

13·13　子曰："苟正其身矣，于从政乎何有？不能正其身，如正人何[(1)]？"

【注释】

(1) 如正人何——固定句式，怎么……呢。正，作使动，使……正。

【译文】

孔子说："假若使自己端正了，那对于治理国政会有什么困难呢？如果不能让自身端正，怎么能让别人端正呢？"

【赏读】

治正先得吏正，正人先得正己。治国主要是治人，人治好了，国才能治好。而在人治社会，尤其在人情社会里，为政者治人首先就是治自己，治亲朋，治身边的人。为政者"治正"最为有效的方法，就是正己，正亲朋，正身边的人。如果自身不正，凡事总搞特殊化，既不通情，也不达理，那么只要有点权力的下属，就会如法炮制。如此治政，又如何得以通达？

正己的最佳方式是什么？以制度设计限制权力，让权力在制度与民众监督下，以法治方式迫使为政者不得不正、不敢不正，才是解决"正其身"的最好办法。孔子明确"为政以正己"是前提，但没有给出具体的解决办法，以为"克己复礼"就可以。圣君治政光靠为政者的自律，而没有制度作保证，王道就会落空，这也是人治的局限。

13·14　冉子退朝[(1)]。子曰："何晏也？"对曰："有政。"子曰："其事也。如有政，虽不吾以[(2)]，吾其与闻之[(3)]。"

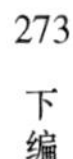
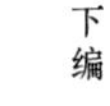

【注释】

(1) 退朝——冉有当时在季氏家作宰，“退朝”谓在季氏家退私朝。(2) 不吾以——否定句宾语前置，即不以吾。以，用。(3) 吾其与闻之——其，语气副词，还是。与，参与。《左传·哀公十一年》曾有记载，季氏以用田赋的事征求孔子意见，并且说“子为国老，待子而行”，可见孔子“如有政，吾其与闻之”这话是有根据的，只是冉有不明白“政”和“事”的分别，一时用词不当。

【译文】

冉有从办公的地方回来。孔子道：“为什么（今天）回得这么晚呢？”冉有答道：“有政务。”孔子道：“那只是事务罢了。若有政务，虽然不用我了，我还是参与了会知道的。”

【赏读】

按道理冉有讲的也是实话，但孔子以为国君真有政务他会知道的，但孔子与冉有的主人似乎有一层隔膜。冉有此时是季氏的家臣，而非国君之臣，却说“有政”。孔子“隳三都”就是要削弱他们的势力。既是家臣，何论“政事”？权臣把国家大事放在家里与家臣讨论，有违大“礼”，而恰恰是冉有的“有政”触痛了孔子的神经。季氏专权且多有僭越，这是孔子难以接受的。孔子必须正名：这不是政事，而是家事罢了。

从孔子为政事与家事正名一事我们可以看出一个政治家的高度与敏感！从为政角度对师生两人作比较可以看出，孔子就是一个社会顶层制度的设计者，而冉有只能算个制度与政策的忠实执行者而已。

13·15　定公问：“一言而可以兴邦，有诸?”孔子对曰：“言不可以若是其几也[1]。人之言曰：‘为君难，为臣不易。’如知为君之难也，不几乎一言而兴邦乎?”

曰：“一言而丧邦，有诸?”孔子对曰：“言不可以若是其几也。人之言曰：‘予无乐乎为君，唯其言而莫予违也。[2]’如其善而莫之违也，不亦善乎？如不善而莫之违也，不几乎一言而丧邦乎?”

【注释】

(1) 其几也——其，还是，应该。还是差不多、应该差不多吧。下文“不几乎”是不就近似么、不就接近之意。(2) 唯其言而莫予违也——其，自己。莫予违，否定句宾语前置，没有谁违背我。

【译文】

鲁定公问："一句话可以用来兴盛国家，有这事吗？"孔子答道："说话不可以如此简单机械，还是差不多有这个意思吧。大家常说：'做君上很难，做臣子不易。'假若知道做君上的艰难，（自然会谨慎认真地去干，）不近乎一句话便兴盛国家吗？"

定公又道："一句话丧失国家，有这事吗？"孔子答道："说话不可以如此简单机械，还是差不多有这个意思吧。大家常说：'我对做国君没有别的快乐，只是我说话并没有人违抗我。'假若说的话正确而没有人违抗，不也好吗？假若说的话不正确却没有人违抗，不近乎一句话便丧失国家吗？"

【赏读】

此章表明了君主专制的不足与做个明君的不易。既然如此，为何孔子还留恋？也许那时的他还想不出更好的体制，只有圣君贤相以周礼来维护社会秩序是他的"理想国"吧，而问题的关键在于权威是在人身上，还是在政令本身。如果能做到政令与人分离，明确政令的神圣与权威，而非政令的制定者与执行者的绝对权威就行。

在此，孔子也把鲁定公的问话讲透了。答语透过表辞强调，在封建专制背景下，君臣、君民关系中君王的绝对权力决定其一言一行都要慎之又慎。这正是人治的症结所在。

13·16　叶公问政。子曰："近者说，远者来。"

【译文】

叶公问政治。孔子道："境内的人使他高兴，境外的人使他来投奔。"

【赏读】

让国内的人高兴，让国外的人来投奔，足以证明为政的影响力。这是孔子对仁政社会最简洁的描述。让国人富裕、幸福、有安全感，境外的人自然乐意来。一个国家管理得好不好，一是看它是否留得住人，二是看它外面的人想不想进来，以及能否进得来且留得住。如果这两点都做得好，说明这个地方的为政者成功地施行了王道。

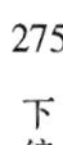
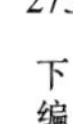

13·17　子夏为莒父[(1)]宰，问政。子曰："无[(2)]欲速，无见小利。欲速，则不达；见小利，则大事不成。"

【注释】

(1) 莒父——鲁国之一邑。(2) 无——通“毋”，不要，或止。

【译文】

子夏做了莒父的地方长官，问治政之道。孔子道：“不要图快，不要只看到小利。图快，就不能达到目的；只看到小利，就办不成大事。”

【赏读】

成大事，要有量的变化，要有时间的推移。事物都有其本身的发展规律，很多事不能做得太快太急。太快了，就可能变得粗糙，事情往往容易办砸，反而被拖得更慢，甚至会倒退。办大事，更多的时候就像糯米酿酒或孕妇生娃，要对其保有足够的时日。当然，也不是任何事任何时候都应如此。比如，战争对时间的把握就特别重要，那就要分秒必争，就是在君主专制下，也要接受“将在外，君令有所不受”特殊。因此，办事要讲求效率，但不能只追求速度第一。

一些人办事不是不想要大利，而是只看到眼前的小利，因为他没看到甚至根本看不到大利，或者经受不住眼前的小利的诱惑。还有一些人认为，大利是别人的或大家的，小利才是自家的，他们会因“小利”而弃“大利”，或者把个人的利当成大利，然后以国家之“大利”换自家的不义之“小利”。个人与单位的利，地方保护主义者的利，在人民利益、国家利益与民族利益面前理应为“小利”，这些只看“小利”的人又怎能办成大事？

13·18　叶公语孔子曰：“吾党有直躬[(1)]者，其父攘羊，而子证[(2)]之。”孔子曰：“吾党之直者异于是：父为子隐[(3)]，子为父隐。——直在其中[(4)]矣。”

【注释】

(1) 直躬——姓名不传，因其行直，故称直躬。(2) 证——《说文》云：“证，告也。”相当于“检举、揭发”。“证明”的“证”，古书一般用“征”。(3) 隐——掩藏。隐恶而扬善，亦人道。父为子隐，子为父隐，乃人之常情。(4) 直在其中——孔子伦理哲学的基础就在于孝和慈，因之说父子相隐，此乃人之常情而理寓其中，不求直而直之，直在其中。

【译文】

叶公告诉孔子道：“我那里有个坦白直率的人，他父亲偷了羊，他便告发。”孔子道：“我们那里坦白直率的人跟你们的这个不同：父亲替儿子隐瞒，儿子替父亲隐瞒——直率就在这里面了。”

【赏读】

这是典型的法理与伦理博弈的案例。孔子明告“天理大于法理”，现行法律规定“犯罪嫌疑人的亲人可以免除作证的义务”就是对它最好的注释。对叶公的话，孔子没有直接否定，但给沾沾自喜的他泼了一盆冷水。为什么孔子主张“父为子隐，子为父隐”？这里面有亲情、有伦理、有担当，这是“孝”与“慈”的外化。人一生下来就有了父子、母子这种天然的情缘关系。如果人人按叶公的说法行事，人性就会被扭曲，没人会说真话，也没人值得信赖，整个社会就会笼罩在一种人人自危的恐惧里。

当然，我们更要明确，“隐”不是帮助亲人去犯错，而是给至亲留下更多的机会与空间，是孝与慈的表现。改错者最关键的是要学会自尊、自爱、自醒。对情与法的理解，世界各国差异甚远，但就社会实践而言，冰冷的法律似乎远比温暖的伦理亲情来得便捷、有效，这是不是人性恶与善的挣扎。但是人们似乎从这个“隐”字里又能看到冰冷的法律下的一丝暖意。

此“隐”也并非“情大于法”“法寓于情”的范畴，但可以让人们去思考和谐社会更需要法与情的交融。现实告诉我们，法不光是惩罚人，也可以保护人；纠纷能调解总比判决好，这也是法的理念在人们心中有了变化的功劳，因为任何法律的判决必须兼顾社会正义与社会效益。

13·19　樊迟问仁。子曰：“居处恭，执事敬，与人忠。虽之[1]夷狄，不可弃也。”

【注释】

(1) 之——到。

【译文】

樊迟问仁。孔子道：“平日容貌态度端正庄严，工作起来严肃认真，为别人做事忠心诚实。这几种品德，即使到边远国家去，也是不能废弃的。”

【赏读】

平时生活态度严肃端庄，做事认真负责，与人交往忠诚可靠，这是仁人君子必备之品德，也是一个人提高生活品质与成就事业的基本保证。

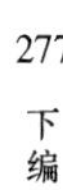
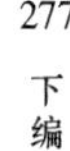

孔子认为，即使在荒蛮教化未开的边远他国，做人也应如此。

人有积极的生活态度，才会有好的生活质量，热爱自己的事业，才会成就一番事业。君子待人真诚，仁爱天下芸芸众生，即使远走他乡，只要仁在，留给他成就事业的空间就在。人走天下路，有理天下通；但如果为人不忠诚，态度不诚恳，做事不严谨，傲慢于天下，那就有理也会寸步难行。

13·20　子贡问曰："何如斯可谓之士矣?"子曰："行己有耻，使于四方，不辱君命，可谓士矣。"

曰："敢问其次。"曰："宗族称孝焉，乡党称弟焉。"

曰："敢问其次。"曰："言必信，行必果(1)，硁硁然小人哉(2)！——抑亦可以为次矣。"

曰："今之从政者何如?"子曰："噫！斗筲之人(3)，何足算也?"

【注释】

(1) 果——决，必行义。孟子说："大人者，言不必信，行不必果，唯义所在。"(2) 硁——小石坚硬貌。指人浅薄固执。不务求大义，而专自守于言行之必信必果，此见其识量之小，而才亦无足称，故称之曰小人。(3) 斗筲之人——斗是古代的量名。筲，古代的饭筐，能容五升。斗筲譬如度量和见识的狭小。"斗筲之人"也可为"车载斗量之人"，言其不足为奇。

【译文】

子贡问道："怎样才可以叫作'士'?"孔子道："自己行为能保持羞耻之心，出使外国，能不辱没君命，可以叫作'士'了。"

子贡道："请问次一等的。"孔子道："宗族称赞他孝顺父母，乡里称赞他恭敬尊长。"

子贡又道："请问再次一等的。"孔子道："言语一定信实，行为一定坚决，这是不问是非黑白而只管自己贯彻言行的小人呀，但也可以说是再次一等的'士'了。"

子贡道："现在的执政诸公怎么样?"孔子道："咳！这班器识狭小的人算得了什么呢?"

【赏读】

孔子借"士"之辩，言执政之"失"，即执政者连一个最底层的不问青红皂白而坚守己见的执拗之人都不如！士可杀，不可辱。孔子认为

"士"首先要有耻辱之心，这是为士的基础。具体而言，首先，上至不辱君命，诸侯面前不辱国、不辱君。其次，乡邻之间不辱祖宗，不辱宗亲。再其次，自己在人面前不食言，做个诚实守信的人。"士"本身也有高下之分、优劣之别，但最根本的是要有"尊严"。

孔子对当时为政者是否算得上"士"的回答，"至和中见至刚，于至婉中见至直"（钱穆），明示当时一些为政者甚至连"小人"都不如。什么样的君王就会用什么样的臣子，也就会有什么样的社会；而什么样的臣子就会用什么样的下属，也就会做出什么样的事来。有什么样的社会，百姓就会有什么样的生活。用孟子的话讲，如果为君不仁，所谓良臣其实就是助纣为虐、祸国殃民的"奸贼"。孔子认为，这些急功近利、一心算计他人的"贼"，哪里还算得上"知耻辱"的士，只不过是些奸佞乱臣罢了。社会"士族"阶层很重要，他们是维持社会正义与秩序的中坚力量，然而"士族"阶层一旦变味或者无法获取应有的上升渠道，社会上层就会被固化，社会治政就会乱象丛生。

13·21　子曰："不得中行而与之，必也狂狷[1]乎！狂者进取，狷者有所不为也。"

【注释】

（1）狂狷——《孟子·尽心下》："孟子曰：'孔子不得中道而与之，必也狂狷乎！狂者进取，狷者有所不为也。孔子岂不欲中道哉？不可必得，故思其次也。''何以谓之狂也？'曰：'其志嘐嘐然，曰：古之人！古之人！夷考其行而不掩焉者也。狂者又不可得，欲得不屑不洁之士而与之，是狷也，是又其次也。'"孟子说的中道，即中行。退能不为，进能行道，兼有二者之长。

【译文】

孔子说："（如果）不能够与言行合乎中庸的人交结在一起，那就一定要交到激进的人和狷介的人罢！激进者一意向前，狷介者也不肯干坏事。"

【赏读】

以什么样的人为友，依孔子的说法，首选为中庸者，其次为狂人，再者为狷介。交友要有底线，"无友不如己者"（1·8）讲的也是这个问题。

交友标准是贤于己者，要向"中庸"看齐。中庸之人行事境界最

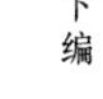

高，而“狂狷”者则有可取之处。孔子交友是让自己深入其中，并且以影响与被影响的关系而存在，点明与一般的人员接触与交流的区别。从“狂者进取”“狷者有所不为”上，孔子看到了他们可取的地方。除了他们是块好材料，还有他们可以影响他人的品格，因为他们骨子里有成为君子的要素。

13 · 22　子曰：“南人有言曰：‘人而无恒，不可以作巫医[(1)]。’善夫[(2)]！”

“不恒其德[(3)]，或承之羞。”子曰：“不占而已矣。”

【注释】

(1) 巫医——巫医在此是一词，不应分为卜筮的巫和治病的医两种。古代常以禳祷之术替人治疗，这种人便叫巫医。(2) 善夫——巫所以交鬼神，医所以托死生，无恒心之人何足任此。专一之业尚然，何论于广大之道，故孔子特取此言。(3) 不恒其德——这有两种意义：(甲) 不能持久，时作时辍；(乙) 没有一定的操守。

【译文】

孔子说：“南方人有句话说：‘人假若没有恒心，连巫医都做不了。’这句话讲得很对呀！”

(《易经 · 恒卦》的爻辞说：)“三心二意，翻云覆雨，总有人会招致羞耻（或羞耻承续其后）。”孔子又说：“（这话的意思是叫无恒心的人）不必去占卦罢了。”

【赏读】

孔子强调恒心、守恒的重要性。巫医靠祈神给病人治病，但在孔子看来，就是巫医也要有恒心在。一个人做事要守恒，一个人的操守更要守恒，否则除了事办不成，还会招致羞辱。

孔子说无恒心者不用去占卜，因为无恒心者就是去占卜也守不住。如果一个人没有恒心，不能坚守节操，本可做得了的事也做不了，甚至连最简单的事也毫无希望，只会招致羞辱。人的成功，最重要的因素是守恒，要耐得住寂寞，坐得了冷板凳。很多人与成功失之交臂，往往就失在此处。孔子本人做学问就是“一以贯之”(15 · 3)。其实，古今中外很多成功者就是在不遇与困惑中坚守，在诱惑与压制中坚守，甚至在非议、贫困、打击与屈辱中坚守，才有了他们最后的成功！

13·23　子曰："君子和而不同，小人同而不和[1]。"

【注释】

(1) 和，同——"和"与"同"是春秋时期的两个常用术语。"和"如五味的调和，八音的和谐，一定要有水、火、酱、醋各种不同的材料才能调和滋味，一定要有高下、长短、疾徐各种不同的声调才能使乐曲和谐。晏子说："君臣亦然。君所谓可，而有否焉，臣献其否以成其可；君所谓否，而有可焉，臣献其可以去其否。"因此，史伯也说："以他平他谓之和。""同"就不如此，用晏子的话说："君所谓可，据亦曰可；君所谓否，据亦曰否；若以水济水，谁能食之？若琴瑟之专一，谁能听之？'同'之不可也如是。"杨伯峻认为，这个"和"与"礼之用和为贵"的"和"有相通之处。总之，"同"如以水济水，以火济火，所嗜好同，则必互争。和为互补，同为相争，区别明显。

【译文】

孔子说："君子用自己的正确意见来纠正别人的错误意见，使一切都做到恰到好处，却不肯盲从附和。小人只是随意苟同，但不肯表示自己的不同意见。"

【赏读】

君子是大同小异，本质同而形式异，即和的本质追求是质的一致，"和"的根基是君子之德；君子能在一起，是求大同而存小异，是为共同的事业而把各自的不同放在对方需要并可以接受的范围之内，从而达到一种你中有我、我中有你的协调与相容的境界。君子又以其独立的个性品质，在协调中互补共存，形成一种整体的和谐，补充对方的不足，展示自身的优点，形成最优化的组合。一花独放、一枝独大是形"同"的不足，百花争春、春色满园才是质"和"的本色。

孔子讲君子"和而不同"，君子追求的道是同质的，即人生价值观、世界观是相同的，只是在具体的实践中有各自的不同。君子为何是"和"？"和"是因为有共同的大方向，即"道"的共同取向。君子做事，犹如在一块织锦上共同绣一只凤凰，每个人绣的具体部位不同，有的绣眼睛，有的绣嘴巴，有的绣翅膀，有的绣羽尾，但任何一个部位都很重要，整体上要形成和谐的统一。

小人考虑的是个人利益或小团伙利益，他们为了各自的利益而勾结在一起。他们可以结党营私，可以抢占山头。他们由于各怀心思，一旦达到了各自的目的，就会互相倾轧，置他人于死地而独吞胜利果实。

13·24　子贡问曰："乡人皆好之，何如？"子曰："未可也[1]。""乡人皆恶之，何如？"子曰："未可也；不如乡人之善者好之，其不善者恶之。"

【注释】

(1) 未可也——一乡之人，应有公论，但各自也会有自身的好恶。若一乡之人皆好之，便近乎好好先生，孔、孟叫他"乡愿"，或有同流合污之嫌。而一乡之人同恶之，或有乖世戾俗之嫌。因之孔子便说："众好之，必察焉；众恶之，必察焉。"（15·28）又说："唯仁者能好人，能恶人。"（4·3）这可以作为"善者好之，不善者恶之"的解释。

【译文】

子贡问道："全乡村的人都喜欢他，这个人怎么样？"孔子道："还不行。"子贡便又道："全乡村的人都厌恶他，这个人怎么样？"孔子道："也不行。比不上那种全乡村的好人都喜欢他、全乡村的坏人都厌恶他的人。"

【赏读】

孔子在此可谓一语中的：为政之道，不是一定要去讨好社会上每个人，而是要能让好人喜欢，让坏人不安。也就是说，贤德而有魄力与魅力的为政者只会让善者赞赏欢迎，恶者仇恨害怕。作为一个普通人，全乡人都讲他好或都讲他不好，那这个人就有问题，因为全乡的人中既有好人，也有坏人。人人都讲他好，那他就只是个好好先生；人人都讲他不好，都讨厌他，那这个人就坏到众叛亲离。

现实中，好好先生是一团和气者，是面子上做足了工作的机会主义者，也是精致的利己主义者；众叛亲离者身边连一个认同的人都没有，即使他自认为做了绝对的好事，也难以得到公众的认同。依孔子之见，只有善人认同、恶人痛恨的人，才是真正的好人，才是仁者。

为政者的行事不一定要得到所有人的认同，甚至不一定是形式上的多数人的认同，因为为政者要有超前意识，而乡人难以认识到。好好先生本质是自私的，没有是非观，关键时刻会在人背后捅刀子。而那种令所有人生厌者，必定有其让人生厌之处，这种人除了自私，还很偏执，往往成事不足败事有余。这两类人是君子求"和"的公敌，也是为政者最应提防的人。

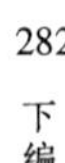

13·25　子曰："君子易事而难说[1]也。说之不以道，不说也[2]；

及其使人也，器之(3)。小人难事而易说也。说之虽不以道，说也；及其使人也，求备焉。”

【注释】

（1）易事而难说——易事，易与之共事。说，通“悦”，作使动。难说，犹云难讨他喜欢。（2）说之不以道，不说也——说之不以道，应为不以道使之说。（3）器之——君子贵重人才，因其材器所宜而使用之，故能恕人所不能。

【译文】

孔子说：“君子，在他手下做事很容易，讨他的欢喜却难。不用正当的方式而让他欢喜，他不会欢喜；等到他使用人的时候，却衡量个人的才德去分配任务。小人，在他手下做事很难，使他欢喜却容易。即使用不正当的方式去讨他的欢喜，他也会欢喜；等到他使用人的时候，便会百般挑剔，求全责备。”

【赏读】

君子重义，小人重利。君子“和而不同”，小人“同而不和”。小人格局小，就算官位再高，权力再大，也还是个小人，到什么位置上他都不会变。而君子在任何位置上都能平易近人，即使身受打压，人格魅力还在，追随的人也不在少数，而落井下石的小人也会出现，但其本人能坦然处之，等到恢复旧职，在用人上依然会不计前嫌尊重人才。

跟君子一起行事，只要脚踏实地、实事求是就行，也不用推销自己。君子只要跟你一交流，就知道你有多少能耐，如果认可你是个人才，内心自然喜欢。如果你有意迎奉，那他自然会认为你有所图谋。君子行事，知人善任，你能做的事，自然会要你去做；你做不了的事，叫你做又有何用？小人高高在上，底下做事的人很难伺候他。他不但挑你的毛病，还看不到你的优点。不管你用什么方法，只要让他高兴，他就喜欢；给他好处，他才给你机会。

13·26 子曰：“君子泰而不骄(1)，小人骄而不泰。”

【注释】

（1）泰，骄——泰，安舒。骄，矜肆。清儒李塨《论语传注》云：“君子无众寡，无小大，无敢慢，何其舒泰，而安得骄？小人矜己傲物，何其骄侈，而安得泰？”

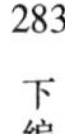

【译文】

孔子说："君子安详舒泰，却不骄傲凌人；小人骄傲凌人，却不安详舒泰。"

【赏读】

君子官再大，权再重，位尊而能谦逊，安详舒泰而不会盛气凌人，足显其慈祥与亲切，人皆敬仰之。小人一旦得势，总想一手遮天，目空一切，对事锱铢必较，睚眦必报；对人则顺我者昌，逆我者亡，以显其八面威风，高高在上。因此，得势的小人让人感受到的只有冷酷、压抑与恐怖，人们内心对他只有憎恶。

人有不骄而未能泰者，也有泰而失于骄者，但求不骄易，求能泰难。

13·27　子曰："刚、毅、木、讷近仁。"

【译文】

孔子说："刚强、果决、朴质，而言语不轻易出口，有这四种品德的人近于仁德之人。"

【赏读】

一个"近"字，明确了差距，又表明了希望。那希望在哪里？差距又在哪里？"刚、毅、木、讷"，从外在上看，与仁者的表现有极其相似的地方，这犹如大智若愚者。从本质上讲，"刚、毅、木、讷"与仁者的品德也有相通之处。这些特征本来就是仁者具备的，只是仁者还有更多的东西。也就是说，仁者都具备这些特征，而只有这四个特征的还够不上仁，但可以继续往仁的方向努力。

13·28　子路问曰："何如斯可谓之士矣？"子曰："切切偲偲[1]，怡怡[2]如也，可谓士矣。朋友切切偲偲，兄弟怡怡。"

【注释】

(1) 切切偲偲——互相责善的样子。(2) 怡怡——和顺的样子。

【译文】

子路问道："怎样才可以称为'士'呢？"孔子道："互相批评，和睦共处，可以叫作'士'了。朋友之间，互相批评；兄弟之间，和睦共处。"

【赏读】

这是“和而不同”的情景之一。朋友相互责善，是因为他们之间有着这种和谐关系与志趣一致，希望共同提高。这种关系的最高境界就是成为知己，从而有了“士为知己者死”“去留肝胆两昆仑”的境界。兄弟可以和睦共处，因为有孝悌之义，手足情深，也许情志上各有不同，但会求同存异。

13·29　子曰：“善人教民七年(1)，亦可以即戎(2)矣。”

【注释】

(1) 七年——古人约言数字，常举奇数。三载考绩，七年已逾再考，说明已很久了。(2) 即戎——即，就，前往。戎，兵事。民知亲其上、死其长，故可用之使就战阵。

【译文】

孔子说：“善人教导百姓达七年之久，也能够叫他们打仗了。”

【赏读】

善人教民什么？教给百姓仁、义、礼、智、信，讲求忠诚、勇毅，教他们六艺。让他们长期操练，一旦上战场，能够听从指挥，英勇善战。

13·30　子曰：“以不教民(1)战，是谓弃之。”

【注释】

(1) 不教民——未教之民。

【译文】

孔子道：“用未经受过训练的人临阵作战，这叫作掷弃不顾、糟蹋生命。”

【赏读】

让没有受过训练的人去打仗，那就是让他们去当炮灰，是对生命的冷漠与糟蹋。换个角度看，就是借刀杀人。当政者不仁不慈，不去善待民众、善待士卒，如此草菅人命，必然被百姓抛弃。

宪问篇第十四

本篇记录了孔子所强调的作为君子必备的某些品德——耻辱感、责任感、仁德心；明确了作为正人君子必备的条件和如何评价上位的君子及下位的小人；指出了君子如何看待自身，并对当时社会的各种现象表明了自己的态度与处世之道；指出了上位君子孝道的标杆作用；进一步阐明了儒家的义利观。

14·1　宪问[(1)]耻。子曰："邦有道，谷[(2)]；邦无道，谷，耻也。"

"克、伐、怨、欲不行[(3)]焉，可以为仁矣[(4)]？"子曰："可以为难矣[(5)]，仁则吾不知也。"

【注释】

(1) 宪问——宪，原思之名。本章直书其名，故疑是原宪自己的记录。(2) 谷——禄。(3) 不行——遏制，使不行于外。(4) 可以为仁矣——形式上为肯定句，实际应是疑问句。(5) 难矣——四者贼心，遏抑不发，非能根绝，此如贼藏于家，虽不发作，家终不安，故孔子谓之难。

【译文】

原宪问什么叫耻辱。孔子道："国家政治清明，应当出来做官领薪俸；国家政治黑暗，也去做官领薪俸，这就是耻辱。"

原宪又道："好胜、自夸、怨恨和贪心四种毛病都不曾有过，这可以说是仁人了吗？"孔子道："可以算是难能可贵的了，若说是仁人，那我还不能认同。"

【赏读】

原宪为何问耻？原宪出身贫寒并坚守不仕，安贫乐道。有次子贡拜访原宪，"原宪楮冠黎杖而应门，正冠则缨绝，振襟则肘见，纳履则踵决。子贡曰：'先生何病也！'原宪仰而应之曰：'宪闻之，无财之谓贫，学而不能行之谓病。宪，贫也，非病也。'"（《韩诗外传·卷一》）。也许原宪想向先生求证自己如此坚守是不是耻辱，或如何知耻辱。孔子告诉他，邦有道，当有为，邦无道，可独善其身。如果只知食禄，那才可耻。话虽然未点明"邦无道"，但"邦无道，谷，耻"已明示：在邦无道时出仕获取官俸是耻辱。孔子在认可原宪守贫的同时，也指出了社会的“无道”，而并非主张原宪“隐居”。隐只是在“邦无道”下的个人保全，否则他也不会说“天下有道，丘不与易也”（18·6）。

对原宪问到“克、伐、怨、欲不行焉”是否为仁，孔子认为只有这些还远远不够，只能说做得还不错。在孔子看来，只有仁心方可温、和、慈、善，仁不光要约束自身，还有很多修身之事可做。

14·2　子曰：“士而怀居[(1)]，不足以为士矣。”

【注释】

（1）怀居——怀，怀思，留恋。居，安居。

【译文】

孔子说：“读书人如果留恋安逸，便不配做读书人了。”

【赏读】

人，一旦满足于现状，就没有前进的动力，读书人自然不可贪求安逸，士就是要学而优则仕。

士也即有志之士，有怀抱则不应求“安”，就要胸怀天下。如果读书人只是为了能找到一份好工作，拿着体面的高薪，享受舒适安逸的生活，这就与士的追求背道而驰。那种把读书当作谋生手段的观念，跟以读书来修身、齐家、治国、平天下从而实现人生价值的思想是没法比的，倒与“书中自有黄金屋、颜如玉、千钟粟”的读书观有着惊人的相似。在孔子看来，“士”就是一个勤奋努力、以天下为己任、人生价值目标永远在路上的读书人。“读万卷书，行万里路”只是士的读书方式，“治国安邦，天下大同”才是他们的目的。

14·3　子曰：“邦有道，危[(1)]言危行；邦无道，危行言孙[(2)]。”

【注释】

（1）危——《礼记·缁衣》注：“危，高峻也。”意谓高于俗，但《广雅》云：“危，正也。”（2）孙——通“逊”。谦逊。

【译文】

孔子说：“国家政治清明，言语正直，行为正直；国家政治黑暗，行为正直，言语谦逊。”

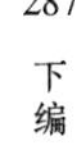
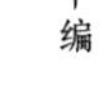

【赏读】

君子应如何应对“无道”之邦？孔子主张“邦无道”时“危行言孙”。但可否以正道直行、保持沉默？沉默，也算一种意愿的表达。孔子崇尚周礼，主张克己复礼于“无道之邦”，并以此作为君子的处世之道，以保全自己。然而，妥协也可能变成对无道者的放纵，所以孟子对“暴君”愤然反抗：此为“独夫”而非“人君”。

14·4　子曰：“有德者必有言，有言者不必有德。仁者必有勇，勇者不必有仁。”

【译文】

孔子说：“有道德的人一定有名言，但有名言的人不一定有道德。仁人一定勇敢，但勇敢的人不一定仁。”

【赏读】

常言“文如其人”，不管怎样，“文”还是可以反映人的某些侧面的。这个“文”并不就是指人的一两篇文字，而是要从总体上去把握。从逻辑关联上讲，“文如其人”可分成“人如其文”与“人未必如其文”两层，即做人比行文更难。孔子此语，可以从两点领悟：一是人留下来的话并非都是立德之言，留下话的人也不一定都是有德之人，只有有德之人才能留下立德之言；二是说得好不一定做得好，做比说更难。

我们平时从道理上都会讲人应该怎么做，但能坚持做、做得好的又有多少？说得好，更要做得好，才是真好。懂得大道，顺应天理，按道而行，方为德。有德之人，必有其悟，有其悟，必有其言，此言必为名言。而未达或未有德者之言，虽有其言，人却未必能践行其言。很多人不缺言，但缺德。宋之问就是唐代政界与诗坛里一个有才无德、有言无德的典型。

仁者，可以舍生取义。只要为仁，就会去追寻，当然有勇在。但勇者未必有仁，他可以是非智而勇，可以为怨而勇，可以为利而勇，而此勇皆非仁之勇。当仁不让，杀身成仁，只有为仁而勇，才是仁者之勇。可见，行为的动机比行为本身更值得人们思考。

14·5　南宫适(1)问于孔子曰：“羿(2)善射，奡(3)荡舟(4)，俱不得其死然。禹稷躬稼而有天下。”夫子不答。

南宫适出，子曰：“君子哉若人！尚德哉若人(5)！”

【注释】

(1) 南宫适——字子容，亦称南宫括（kuò），又称南容，为孔子弟子与侄女婿。(2) 羿——在古代传说中有三个羿，都是射箭能手。一为帝喾的射师，见于《说文》；二为唐尧时人，传说当时十个太阳同时出现，羿射落了九个，见《淮南子·本经训》；三为夏代有穷国的君主，见《左传·襄公四年》。这里所指的和《孟子·离娄篇》所载的"逢蒙学射于羿"的羿，据说都是夏代的羿。(3) 奡（ào）——古代传说中的人物，夏代寒浞的儿子。奡字又作"浇"。(4) 荡舟——顾炎武《日知录》云："古人以左右冲杀为荡。陈其锐卒，谓之跳荡；别帅谓之荡主。荡舟盖兼此义。"可译为用舟师冲锋陷阵。(5) 君子……尚德哉若人——南宫适托古代的事来问孔子，中心思想是当今尚力不尚德，但按之历史，尚力者不得善终，尚德者终有天下。因此孔子称赞他。

【译文】

南宫适向孔子问道："羿擅长射箭，奡擅长水战，都没有得到好的结局。禹和稷自己下地种田，却得到了天下。（怎样解释这些历史？）"孔子没有答复。

南宫适退了出来。孔子道："这个人，好一个君子！这个人，多么尊尚道德！"

【赏读】

南宫适是从"不得其死然"与"有天下"的对比中去思考用武力与"禹稷躬稼"的优劣，即刚折柔生。也就是说，以力得到的只是暂时的，只有以德获取的方可久远。孔子不答，却惊讶于南宫适对问题思考的深度。得天下不是靠力，而是靠德，能从这个角度去领悟道理的人不简单。因此，孔子感叹南容是个尊尚道德的君子，与孔子的王道主张吻合，必然让孔子与其产生思想共鸣。孔子闻其言便知其德，这与孔子敏锐的领悟力有关，也与他的王道德政有关。

14·6　子曰："君子而不仁者有矣夫，未有小人[1]而仁者也。"

【注释】

(1) 君子，小人——从文意看两者对应"有德之人"与"无德之人"。

【译文】

孔子说："君子之中不仁的人有的罢，小人之中却不会有仁人。"

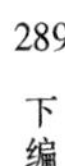
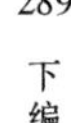

【赏读】

孔子认为“上位”的人有真君子，也有“不仁不义”的假君子，但“小人”之中不会有“仁”者。或者说，不管地位如何的“小人”物，因为他们重视生存，重视利，不可能达到仁者的境界，但我们不能由此就认为“小人物”中就没有善者、德者。孔子对“仁”人的界定要求高，他自己也讲未见“仁”人。按孔子的观点，社会上“君子”多，但真正的仁人君子难找。

事实上，道德上的君子与小人不能只从已有的社会地位来判断，而要从人的本质上看其是否有“仁”。“仁”不是由人的社会地位决定的，而是依据其内在价值标准与外在行为表现去判断。那地位低的“小人物”是不是也有真正的仁人君子呢？

14·7　子曰：“爱之，能勿劳乎(1)？忠焉，能勿诲乎？”

【注释】

(1) 能勿劳乎——《国语·鲁语下》说：“夫民劳则思，思则善心生；逸则淫，淫则忘善，忘善则恶心生。”可为“能勿劳乎”作注。劳，作使动。

【译文】

孔子说：“爱他，能不叫他劳苦吗？忠于他，能够不教诲他吗？”

【赏读】

“劳则思”，“思则善”，真正的爱护，最好的方法就是使之“劳”。“劳”，可“劳力”，也可“劳心”，是对人体力与心志的磨砺。有了“劳”的磨砺，人的体力、耐力、毅力、智力与品质都会有大的提升。有了“劳”的磨砺，人就会增强抗压能力、办事能力，劳之即爱之。

忠于人，是对他人的道义上的责任。孔子有“为人谋而不忠乎”(1·4)，忠就是给他人做事尽心竭力，“诲”就是忠的具体表现。

14·8　子曰：“为命(1)，裨谌(2)草创之，世叔(3)讨论(4)之，行人子羽(5)修饰(6)之，东里子产(7)润色之。”

【注释】

(1) 为命——《左传·襄公三十一年》云：“郑国将有诸侯之事，子产乃问四国之为于子羽，且使多为辞令，与裨谌乘以适野，使谋可否，而告冯简子使断之。事成，乃授子太叔使行之，以应对宾客，是以鲜有败事。”可与此文相参校。(2) 裨谌——郑国大夫。(3) 世叔——《左传》的子太叔（古代，太和世通用），名游吉。(4) 讨论——意义和今天的“讨论”不同，指一个人去研究而后提意见。(5) 行人子羽——行人，掌出使的官，即古代的外交官。子羽，公孙挥的字。(6) 修饰——修，修削。饰，增饰。此谓增损其字句，使辞命大意益臻允惬明显。(7) 东里子产——东里，地名，今在郑州市，子产所居。

【译文】

孔子说：“郑国外交辞令的创制，裨谌拟稿，世叔提意见，外交官子羽修改字句，东里的子产作文辞上的加工润色。”

【赏读】

一篇外交辞令，要经过不同层次的部门、有着不同文辞特色的人员过滤与增删，最终成文以应对宾客，当然“鲜有败事”。

在拟制外交辞令的过程中，从设计创作，到研究思考、修改完善，直到文辞的润色，各环节都很重要，因为各环节的重心不同，各环节的人都必须是这个方面的内行并且要尽心尽责去完成，这样做出来的事才会完美。总之，做事，首先思想上要重视，马虎不得。重视什么？重视程序，事情做得缜密，才可以达到预期效果；重视人事，做到精心选拔，量才为用，人尽其才，各司其职；重视管理，落实好每个环节，严禁走过堂。

14·9　或问子产。子曰：“惠人也。”

问子西(1)。曰：“彼哉！彼哉(2)！”

问管仲。曰：“人也(3)。夺伯氏(4)骈邑(5)三百，饭疏食，没齿(6)无怨言。”

【注释】

(1) 子西——此子西为郑国公孙夏，生当鲁襄公之世，为子产的同宗兄弟，子产便是继他而主持郑国政治的。齐鲁间人熟知此二人，故连带问及，本章与上为命章相承，皆论郑事，故此子西必为郑子西。(2) 彼哉彼哉——《公羊传·定公八年》记载阳虎谋杀季孙的事，说阳虎谋杀未成，在郊外休息，忽然望见公敛处父领着追兵而来，便道：“彼哉彼哉！”此为当时表示轻视的习惯语。(3) 人也——起下文，有人说“人”前脱一夫字；一说“人”当“仁”；又一说脱仁字，应为仁人也。

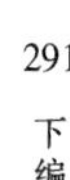

(4) 伯氏——齐国的大夫，皇侃《义疏》云：“伯氏名偃。”伯氏有罪，管仲为相，削夺其采邑。(5) 骈邑——地名。山东临朐县柳山寨有古城的城基，即春秋的骈邑。(6) 齿——年岁。

【译文】

有人向孔子问子产是怎样的人物。孔子道：“是宽厚慈惠于民的人。”

又问到子西。孔子道：“他呀，他呀！”

又问到管仲。孔子道：“他是人才。剥夺了伯氏骈邑三百户的采地，使伯氏只能吃粗粮，到死也没有怨恨的话。”

【赏读】

孔子的评价，言辞委婉，意味深长。孔子对子产的评价是“惠人之人”，对子西的评价是“不怎么的”，对管仲在处理人事上的能耐很是欣赏。

管仲之所以得到孔子的欣赏，不完全是因为他成就了齐桓公的霸业，而是看重他触动权贵利益还使之口服心服的能力。也就是说，管仲做到了很多改革家难以达到的效果，而“隳三都”恰恰是孔子心中的一道伤痕。改革是什么？改革是执政者为了更大的利益，特别是为了社会政权的稳定，对各个社会集团利益进行重大调整或重新分配。改革的最大亮点往往是要剥夺既得利益集团成员特别是当权者的既得利益，但这又谈何容易。然而，管仲不但做到了，而且让对方到死都没有怨言。这怎么不会让孔子赞叹不已！

14·10 子曰：“贫而无怨难，富而无骄易。”

【译文】

孔子说：“贫穷却没有怨恨，很难；富贵却不骄傲，倒容易做到。”

【赏读】

贫则活得不顺畅、不舒服，自然生怨。颜回贫，但其安贫乐道，这就有境界，但真正有几人能做到？而“富而无骄”为什么容易做到？至少能富起来的人聪慧且有一定的修养，对那些“取之有道”者而言，“不骄”就不是件难事。当然，有人能上升到“富而好施”的境界，就有仁在。假如让颜渊与子贡的境况互换，颜渊可以做到“好施”，子贡能做到无怨吗？

一个人的富跟时代、环境密切相关。人如果富得有涵养、有品位，知道财富源于社会，就不会骄，反而会有爱心，愿作慈善，懂得自己应该怎样去帮人，去回报社会。现实中，除了非法或非仁道地获取财富者，真正的富者，有的努力去表现自己，努力以财富去弥补财富之外的不足；有的坦然面对财富，并且会去思考如何让财富变得更有价值。前者往往有些自卑，后者则是双重富有。

14·11　子曰：“孟公绰[1]为赵魏老[2]则优[3]，不可以为滕、薛[4]大夫。”

【注释】

(1) 孟公绰——鲁国大夫，为孔子所尊敬的人。(2) 老——在古代，大夫的家臣称老，也称室老。赵、魏皆晋卿，所以称老。(3) 优——优裕，力有余裕。(4) 滕、薛——当时的小国，都在鲁国附近。

【译文】

孔子说：“孟公绰，若是叫他做晋国诸卿赵氏、魏氏的家臣，那是力有余裕的；却不可能让他去做滕、薛这样小国的大夫。”

【赏读】

“孟公绰不欲”（见下章），贤善不贪。孟公绰适合做赵魏的家臣，因为不贪之人清心寡欲，亦可能影响到他的主人，也不至于让主人去扩大其家业。因为一个忠善仁义之人，决不会跟乱臣一同作奸，何况从事务上讲，家大夫的事比诸侯国的事务总要简单些。但如果让他去做一个小国的大夫，就需要如管仲般的治政能力，需要有更多的国与国之间的谋略，甚至需要有寸土必争、寸权不让的对抗与气魄，这不是仅仅靠其个人的人格魅力就能解决问题的，而是需要以其精明的方略与他国政要斡旋，有时越弱小的国家越需要有魄力的政治家，而这些恐怕不是孟公绰的强项。

在孔子看来，家臣与大夫有本质的区别，需要具备的品质与能力素质也不尽相同。用人要人尽其才，有时又何止是大才不用呢？人才用得不好，犹如用斧头杀鸡。人才错位，可能就是一场悲剧。

14·12　子路问成人。子曰：“若臧武仲[1]之知，公绰之不欲，卞庄子[2]之勇，冉求之艺，文之以礼乐，亦可以为成人矣。”

曰：“今之成人者何必然？见利思义，见危授命，久要[3]不忘平生之言，亦可以为成人矣。”

【注释】

(1) 臧武仲——鲁大夫臧孙纥。他很聪明，逃到齐国之后，能预见齐庄公的被杀而设法辞去庄公给他的田。(2) 卞庄子——鲁国的勇士。有说为孟庄子。(3) 久要——要，通“约”，穷困。

【译文】

子路问怎样才算完人。孔子道：“像臧武仲那样有智慧，像孟公绰那样清心寡欲，像卞庄子那样勇敢，像冉求那样多才多艺，再用礼乐来让他提升修养，也可以说是完人了。”

（等了一会）又道：“现在完人为什么一定要这样？看见利益便能想起该得不该得的道义，遇到危险便肯献出生命，长久处于穷困日子却不忘记平日的诺言，也可以说是完人了。”

【赏读】

孔子心中的完人，即人格完备的人。人无完人，但可以朝完人的方向发展，按完人的标准去要求自己。孔子所指的完人，即仁人君子，现实中未必有如此完美的人。因此，孔子退一步降低标准，在孔子看来，如果能够在利面前想一下该不该得，做到“求之有道”；遇到危险能舍生取义；长久困顿却不忘承诺并坚守，也算得上是完人。也就是说，在动荡而变幻的社会环境中能守得住节操，不被利所诱惑，不为困顿逼迫而妥协的人，就很了不起，就可以称得上完人。孔子就是这样的人，所以弟子们都敬崇他。

14·13　子问公叔文子[(1)]于公明贾[(2)]曰：“信乎，夫子不言，不笑，不取乎？”

公明贾对曰：“以告者过也[(3)]。夫子时然后言，人不厌其言；乐然后笑，人不厌其笑；义然后取，人不厌其取。”

子曰：“其然？岂其然乎？”

【注释】

(1) 公叔文子——公叔氏，卫国大夫公孙拔，亦作公孙发（《左传》），谥号为贞惠文子，故称公叔文子，为卫献公的孙子。(2) 公明贾——卫人，姓公明，名贾；一说公明即公羊。(3) 以告者过也——为“以之告之者过也”省略。过，一说，过失，弄错；一说，过分。

【译文】

孔子向公明贾问到公叔文子，说：“他老人家不言语，不笑，不取，是真的吗？”

公明贾答道：“是把这话传给您的人弄错了。他老人家到了该说话的时候才说，别人就不会厌恶他的话；高兴了才笑，别人不会厌恶他的笑；按义理当取的才去取，别人不厌恶他的取得。”

孔子道：“真是如此吗？难道真的如此吗？”

【赏读】

生活中“时然后言”“乐然后笑”“义然后取”的人应该有，只是被常人忽略或不被人发现，但人真的要在“说、笑、取”等言谈举止各个方面恰如其分做到这种境界就很难，关键是这个“恰当的时候”究竟是个“什么时候”呢？这个境况的时、地、情形与氛围、对象等恐怕不是常人能把握得了的，也不能由“说、笑、取”的本人说了算。

孔子的话，不知道当时的他是出于赞叹还是疑惑。但这话只要是公叔文子以外的人传出来的，就可以肯定他是个了不起的人。孔子应是积极地看待公明贾的这句话的，因为孔子本人就是在追求这种境界，也许这是他内心得不到某种契合才有的感叹吧，因为社会的状况令他怀疑。即使公叔文做到了这些，各阶层的人能对他有这么高的认可吗？

也许现在很多贪官在监狱里反复念叨：为什么当时不该出面说，自己还是去说了呢？为什么当时不该收，自己最后还是收了呢？为什么自己不该索要，自己却以为理所当然呢？这还不是当时自己认为该说、该收、该要！在权力与利益面前，守得住嘴、收得住手是多么的不易。那么，人究竟在什么时候是适合说与取呢？我想把范仲淹的话略作改动就行：为天下人说而说，后天下人取而取，当你笑时，天下人就会跟着笑。

14·14　子曰：“臧武仲以防求为后于鲁⑴，虽曰不要⑵君，吾不信也。”

【注释】

(1) 臧武仲以防求为后于鲁——事见《左传·襄公二十三年》。防，臧武仲的封邑，离齐国边境很近。为后，犹立后。(2) 要——勒索、要挟。其请立后之辞甚逊，时人盖未有言其非者，孔子则谓得罪出奔，不应仍据己邑以请立后，此即一种要挟。

【译文】

孔子说：“臧武仲（逃到齐国之前）依仗着他的采邑防城替其子弟嗣向鲁君请求立其为鲁国卿大夫，即使有人说他不是要挟，我不相信。”

【赏读】

自己叛逃，还要鲁君给他的宗族后辈们留住封地，于情于理都讲不过去，唯一的理由就是臧武仲有底气控制这块地盘，包括强大的后盾——齐国。他已把他的智慧用到了极致，但已犯上了不义。孔子因礼不便直言而委婉地加以否定。

14·15 子曰：“晋文公[1]谲[2]而不正，齐桓公[1]正而不谲。”

【注释】

(1) 晋文公、齐桓公——晋文公名重耳，齐桓公名小白。齐桓、晋文是春秋时五霸中最有名声的两个霸主。(2) 谲——欺诈，玩弄权术阴谋。

【译文】

孔子说：“晋文公诡诈好耍手段，并且作风不正派；齐桓公作风正派，而且不用诡诈，不耍手段。”

【赏读】

孔子对两个霸主的评价泾渭分明，为什么？孔子是以仁德辨是非。要做超级大国的国君，霸气里要多些理气，而不能有太多的匪气，更不能有太多的邪气。孔子佩服的是在天下动荡时能尊王攘夷实现天下大统、社会安稳的国君，并不欣赏以武力与欺诈称霸天下的暴君。两霸主虽然都称霸于天下，但手段不同，境界不同，格局不同。作风正派，以威势而称霸天下的人，人们内心接受，敬畏臣服，就会近亲远附。在春秋末的动荡社会，也许孔子很希望遇上齐桓公这样的国君，先稳定天下，再恢复周礼！

14·16 子路曰：“桓公杀公子纠，召忽死之，管仲不死[1]。”曰：“未仁乎[2]？”子曰：“桓公九合[3]诸侯，不以兵车，管仲之力也。如其仁，如其仁。”

【注释】

(1) 管仲不死——齐桓公和公子纠都是齐襄公的弟弟。齐襄公无道，两人都怕受牵累，桓公便由鲍叔牙侍奉逃往莒国，公子纠也由管仲和召忽侍奉逃往鲁国。襄公被杀以后，桓公先入齐国，立为君，便兴兵伐鲁，逼迫鲁国杀了公子纠，召忽自杀以殉，管仲却因鲍叔牙进言做了

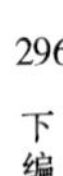

桓公的宰相。(2) 未仁乎——子路疑管仲忘主事仇，不得为仁。(3) 九合——齐桓公纠合诸侯说法不一。《左传》有十四次，《穀梁传》有十一次，《史记》有九次。这“九”字表示其多。

【译文】

子路道：“齐桓公杀了他哥哥公子纠，(公子纠的师傅) 召忽因此自杀，(但是他的另一师傅) 管仲活着。”接着又道：“管仲该不是有仁德的罢?”孔子道：“齐桓公多次主持诸侯间的盟会，并非凭仗兵车武力，这都是管仲的力量。这就是他的仁德，这就是他的仁德。”

【赏读】

仁为大仁，而非小义。桓公逼杀兄长，召忽死而管仲留，各有取舍，此所谓“去留肝胆两昆仑”，生死各得其所。以孔子的看法，不能由于召忽的仁义而否定管仲行为中的仁德，因为这里有各自的价值取向及层次的差异。

召忽是忠义于主人，而管仲是忠义于天下，仁义之大小一眼便明，何况事在公子纠死之后。经历“玄武之变”的魏徵不死，并不是他怕死，而是以他的赤胆忠心敢斥国君于大廷之上，之后成为唐太宗的一面“镜子”。“桓公九合诸侯，不以兵车”为管仲之仁，可谓“大仁”，因为桓公称霸避免了更大的生灵涂炭。孔子站在“以天下为己任”的高度审视管仲的行为，可谓境界之高。而孔子这种对管仲的分头评价的春秋笔法也被司马迁用在了撰写项羽身上。

14·17 子贡曰：“管仲非仁者与？桓公杀公子纠，不能死，又相之。”子曰：“管仲相桓公，霸诸侯，一匡天下(1)，民到于今受其赐。微(2)管仲，吾其被发左衽(3)矣。岂若匹夫匹妇之为谅(4)也，自经(5)于沟渎(6)而莫之知也？”

【注释】

(1) 一匡天下——一说，匡，正也。一匡天下，即一正天下，殊若不辞。一说，匡本饭器，转言器之四界。一匡天下，即匡天下为一。(2) 微——用假设句首，假若没有。(3) 被，衽——被，同“披”。衽，衣襟。编发左襟，为吏狱之俗。(4) 谅——诚信、小信。(5) 自经——自缢。(6) 沟渎——犹沟壑。

【译文】

子贡道：“管仲不是仁人罢？桓公杀掉了公子纠，他不但不以身殉

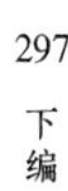

难，还去辅助桓公。”孔子道：“管仲辅相桓公，称霸诸侯，使天下一切得到匡正，人们到今天还得到他的好处。假若没有管仲，我们都会披散着头发，衣襟向左边开（沦为落后民族）了。难道要他像普通老百姓一样守着小节小信，自杀在山沟中还没有人知道他吗？”

【赏读】

弟子与孔子的对话，境界明显不同。子贡从小信小节上看，孔子从大信大节着眼。孔子评价人是站在历史的高度，以仁德于天下为标准，这就是格局。最大的仁就是仁于天下芸芸众生。最大的忠就是对自身信念的绝对忠诚与坚守！孔子就是抱着这样的信念守望并耕耘着他的人生。

管仲心中有仁于众生之大仁，有忠于自己的信念与追求。孔子看到的是管仲以仁于天下为己任而放弃小忠小义。如果他尽忠义于公子纠一人，就会错失天下之大仁义。事实上，管仲相之于桓公是在公子纠死后，并且当时管仲与公子纠也君臣之分未定，只不过为主仆关系，而且管仲事奉公子纠时也并非有二心，在其兄弟相争中也已尽力。难道他就没有比主仆之义更大的道义去做吗？事实上，管仲最后实现的就是匡定天下的大道。由此，我们在思考一场战争胜负成败之际，是否可以以人们对这场战争的厌恶程度来判定双方将军的功过呢？拿破仑率领法军从胜利走向失败，有没有战争性质变化的因素在？

参照孔子对子贡的回答，大人物与小人物的忠、信、仁、义标准有本质区别。那么，大人物、小人物仁义的本质区别又在哪里？仁义是否够大，就在于他的行为是否以天下为己任，是否关乎芸芸众生。孔子在此对管仲的评价明显跟他积极入世，以及周游列国努力匡正天下有关。

14·18　公叔文子之臣大夫[(1)]僎与文子同升诸公[(2)]。子闻之，曰：“可以为‘文’[(3)]矣。”

【注释】

(1) 臣大夫——家大夫。(2) 诸公——诸，用法同“于”；公，公朝。忘己推贤，孔子称之，谓有此美德宜“文”，美谥之。(3) 文——据《礼记·檀弓》，公叔文子实谥为贞惠文子。郑玄《注》：“不言‘贞惠’者？‘文’足以兼之。”

【译文】

公叔文子的家臣大夫僎（由于文子的推荐）和文子一道做了国家的大臣。孔子知道这事，便道：“这便可以谥为‘文’了。”

【赏读】

首先，公叔文子是个贤能的人，才能欣赏贤能的人；其次，公叔文子是个有气度魄力的人，允许自己的家臣可以超越自己；再其次，公叔文子绝对忠诚于国家，知道家大夫僎有能力，他不能屈才，更不能有负于国家（国君），因此不能私用。在孔子看来，从能、德、功三个方面，谥之以“文”，当之无愧。

14·19　子言卫灵公之无道也，康子曰：“夫如是，奚而不丧[(1)]？”孔子曰：“仲叔圉[(2)]治宾客，祝鮀治宗庙，王孙贾治军旅。夫如是，奚其丧？”

【注释】

(1) 奚而不丧——奚而，犹奚为。不丧，一谓不亡其国，一谓不失其位。(2) 仲叔圉——孔文子。

【译文】

孔子讲到卫灵公的昏乱无道，康子问道：“既然这样，为什么不败亡？”孔子道：“他有仲叔圉替他接待宾客，有祝鮀替他管理宗庙祭祀，又有王孙贾替他统率军队，像这样，怎么会败亡呢？”

【赏读】

昏君误国，但并不意味着王朝气数已尽；勤政兴邦，但王朝日薄西山，岂可力挽狂澜？一个王朝衰微，有它的气数，有它的必然，但有一个过程。因此，昏君误国不一定害己，更多的可能是害人；兴邦的可以延续一段国运，但王朝气数已尽，已无力回天，留给后人的只有叹息。唐明皇误国，但终究一班忠臣良将在，还有前朝及自己之前的根基在，然而“安史之乱”后的唐朝终归由盛而衰，江河日下。大宋王朝极力克服前朝军权旁落、藩镇割据等弊病，实行文官政治，维护了中央集权，经济文化也得以长足发展。然而，上天不给它一个和平发展的大空间，在辽与西夏之后，又有一个强大的金在生长，最后来了一班横扫亚欧大陆的成吉思汗弟子，把这个王朝蹂躏得体无完肤。明崇祯皇帝（朱由检）年轻有为，大铲阉党，勤政节俭，按理上天应该开恩，给他一些时日发展国家，但内忧外患，他并没有得到上苍的眷顾，最终国亡自缢，给后人留下了无限的惋惜与悲叹。

孔子讲卫灵公无道，但卫国不亡的气数在，因为有几个大臣帮他把住了卫国的命脉。但我们应该换个角度来看，卫灵公至少在用人方面还

是有他的可取之处。他还没有昏庸到乱政的程度，他能信任那几个能人就是明证。但他又让夫人南子掌权，这就加剧了南子与太子蒯聩的矛盾，最后给卫国埋下了祸根，这些都是由卫灵公的无道引起的。在此，我们足以看出孔子分析问题深刻而全面。

14·20　子曰："其言之不怍，则为之也难。"

【译文】

孔子说："那个人大言不惭，他做起来就不容易。"

【赏读】

话，一旦说大了，就难做到。人往往大言不惭，总想借机让上司认识、重用。比如，现在很多人写求职推介信时喜欢把自己包装成一个无所不能的职业天才，对自己的经历表述只能用"无所不用其极"来形容，而等到被录用要显真功夫的时候，就现出原形。

那过于寡言是不是就好呢？我看也未必。那些不善言辞的人，就要勇敢大胆地走到台前。而对有些人，说出一些"大话"来鞭策自身，逼着自己无路可退，也许更有利于成长。所谓的"大话"，要因人而异，只要话说出去对人、对己有益，自己做得到或者能让自己做下去，就不能算是大话，就值得肯定。

14·21　陈成子(1)弑简公(2)。孔子沐浴而朝(3)，告于哀公曰："陈恒弑其君，请讨之(4)。"公曰："告夫三子！"

孔子曰(5)："以吾从大夫之后，不敢不告也。君曰'告夫三子'者(6)！"

之三子告，不可。孔子曰："以吾从大夫之后，不敢不告也(7)。"

【注释】

(1) 陈成子——陈恒。(2) 简公——齐简公，名壬。(3) 孔子沐浴而朝——这时孔子已经告老还家，特为这事来朝见鲁君，郑重之，故先斋戒，沐浴始朝。(4) 请讨之——孔子请讨陈恒，主要因陈恒以臣弑君，依孔子的学说，非讨不可。(5) 孔子曰——这是孔子退朝后的话。(6) 君曰'告夫三子'者——深憾鲁君不能自命三家，而使己告之，曰"告夫三子者"，增一者字，无限愤慨尽在此一字见矣。(7) 以吾……不告也——孔子退自三家之后的话，此所谓知其不可而为之也。

【译文】

陈恒杀了齐简公。孔子斋戒沐浴而后朝见鲁哀公，向他报告道："陈恒杀了他的君主，请您出兵讨伐他。"哀公道："你向季孙、仲孙、孟孙三家去报告罢!"

孔子（退了出来,）道："因为我曾忝为大夫，不敢不来报告，但是君上对我说，'给那三家报告吧'那样的话!"

孔子又去向三家大臣报告，（他们）不肯出兵。孔子道："因为我曾忝为大夫，不敢不报告。"

【赏读】

孔子话里的事情关系复杂。陈恒弑齐君，本应由周室发动天下共诛之，然而周室已羸弱成傀儡。鲁与齐为兄弟国，从道义上理应出面讨伐之。孔子为鲁大夫，要把此事是非曲直告之鲁君。孔子郑重其事沐浴而朝，依礼而行。孔子知道，这个事会没有下文，因为鲁君没这个能耐，而三家又各怀心事，何况他们在鲁地位不正似陈恒在齐?

孔子"知其不可而为之"，他要以正义之名与大夫的身份跟鲁君讲明讨伐陈恒一事，结果自然是鲁君把皮球踢给了"三子"。也许鲁君不愿蹚这塘浑水，即使真想讨伐他也无力。他知道就是支持孔子也要看"三子"的脸色，而孔子明知会没有结果还是"告夫三子"，因为这是他的职责与礼之所在。

14·22　子路问事君。子曰："勿欺也，而犯之。(1)"

【注释】

(1) 勿欺也，而犯之——犯，谓犯颜谏诤。一说，犯颜谏诤即勿欺。一说，如言过其实，以求君之不听，虽出爱君之心，而所言近于欺。

【译文】

子路问怎样服侍人君。孔子道："不要（阳奉阴违地）欺骗他，却可以（当面）冒犯他。"

【赏读】

忠是臣侍君的职责。以谎言讨好君王只会让他受蒙蔽，而冒犯则是源于对执迷不悟的国君忠诚。

14·23　子曰："君子上达，小人下达(1)。"

【注释】

(1) 上达，下达——一说，上达达于道，下达达于器。如为农工商贾，虽小人之事，亦可各随其业，有守有达。若夫为恶与不义，此乃败类之小人，无所谓达也。一说，君子日进乎高明，小人日究乎污下，一念之歧，日分日远。

【译文】

孔子说："君子通达于仁义，小人通达于财利。"

【赏读】

"君子喻于义，小人喻于利。"（4·16）君子求"形而上"的仁义，小人则求"形而下"的财物。两类人向两极发展，"日分日远"，境界殊甚。

人，求上难，犹如爬山，要一步一步艰难地往上爬，得尽心竭力。君子好仁义，追求上进，犹如爬山，要有力量与毅力。人们看君子进步，是仰视。小人求利如下坡，有时似乎通达，然而一不小心就会滑入谷底，甚至粉身碎骨。因此，人求利勿贪，要取之有道，求利以义。

14·24 子曰："古之学者为己，今之学者为人(1)。"

【注释】

(1) 为己，为人——孔子所谓为己，殆指德行之科言；为人，指言语、政事、文学之科言。孔子非不主张学以为人，唯必有为己之本，乃可以达于为人之效。

【译文】

孔子说："古代求学的人，目的在精进自己的学问道德；如今求学的人，目的却在装饰自己给别人看。"

【赏读】

孔子主张复古，厚古薄今，批评当时的读书人功利太重、动机不纯。反观当今现实，经典阅读与快餐文化此消彼长，求学者纷纷误入功利的歧途，甚至连装点门面都不愿做，已活脱脱地为物欲而读，有的求学者甚或把灵魂都弄丢掉。

依孔子观点，求学问，修身、齐家；为政，治国、平天下。读书的目的究竟是要内修还是为了外饰？是为了提升自我修养，还是想为了博取他人好评？

人都有自己的价值观。首先，人需要一定的物质保障，为自己提供最基本的物质生活条件。其次，人要有精神需求，要享受实现自身价值的满足与快乐。任何一面的缺失都不完美，但在两者之间如何找到平衡点，则完全取决于人的价值取向，而读书是解决这个问题有效方式。

读书是为己、为人还是多项选择？每个人的答案恐怕不会相同，原因是每个人的平衡点的具体位置不同。宋代大儒张载提出读书是“为天地立心，为生民立命，为往圣继绝学，为万世开太平”，那么为己、为人就都是一回事；如果读书只是自私自利地为了自己的“黄金屋”、为了面子，那么为己、为人就都是一种没落。

14·25　蘧伯玉[1]使人于孔子。孔子与之坐而问焉，曰：“夫子何为？”对曰：“夫子欲寡其过[2]而未能也。”

使者出。子曰“使乎！使乎！”

【注释】

（1）蘧伯玉——卫国的大夫，名瑗。孔子在卫时，曾经住过他家。（2）寡其过——《庄子·则阳篇》说：“蘧伯玉行年六十而六十化，未尝不始于是之，而卒诎之以非也；或未知今之所谓是之非五十九非也（六十之是或为五十九之非）。”《淮南子·原道训》也说：“蘧伯玉年五十而知四十九年非。”大概这人是位求进甚急、善于改过的人。使者之言既得其实，又不卑不亢，所以孔子连声称赞。

【译文】

蘧伯玉派一位使者造访孔子。孔子给他座位，然后问道：“他老人家在干些什么？”使者答道：“他老人家想让他的过错减少些，却还没能做到。”

使者告辞出来了。孔子道：“好一位使者！好一位使者！”

【赏读】

首先，我们要明白蘧伯玉与孔子两人非同寻常的关系。孔子周游列国，在卫时间最长且两次住在蘧伯玉家，达九年之久。二人交情深厚，几乎无话不谈，而且蘧伯玉是个有名的谦谦君子。此章是一段孔子与蘧伯玉使者的精彩对话，双方话语彬彬有礼、含而不露，表意委婉而分明。蘧伯玉反思改过的修养令孔子敬佩，蘧伯玉的谦让也令孔子赞赏，但此处孔子赞赏的远不止这些，他觉得蘧伯玉派来的这个使者太厉害了，言辞几乎到了滴水不漏的境地。可见蘧伯玉的眼力与用人之高明。

蘧伯玉出于礼义，派人问候孔子。孔子礼待使者，这再正常不过。

但孔子问："你先生在做什么？"使者如何回答就大有学问了。是给主人吹捧一番，还是只说他的不足，或是实话实说些什么？孔子是一句问候，还是想探问一下老朋友的现状？话说得太实太详不好把握，又不能说假话，但还必须得说。于是，使者说出一句极有概括性的大实话：他老人家想让自己减少过错，却还没能做到。即他老人家一直在不断思过、修行，反思、检讨自己的每一天。这话既没有贬低自己的主人，又没有拔高自己的主人，实实在在，不卑不亢；既尊重孔子，也尊重主人，并且把孔子最关心的仁德礼义放在重要位置，而自己被主人派来问候先生，本身就是出于礼。看到使者言行，就看到了主人的为人，孔子能不大加赞赏？

14·26　子曰："不在其位，不谋其政。"
曾子曰："君子思不出其位。"

【译文】

孔子说："不处在那个职位，便不考虑它的政务。"

曾子说："君子所思虑的不超出自己当前的职位职责。"

【赏读】

君子为何"思不出其位"？因为"不在其位，不谋其政"，知止知为，那"思"的就是职分内的事。当然，这个分内的事，既与职分相关，也与自身相关，但都应对己无私利可图或无私利敢图。否则，就会犯下君子大忌。然而，某些为政者看到"在其位"而无利可图，便怠而不为。对于"不在其位"而有利可图的，就想方设法沾上边，尽可能地去分得一块蛋糕。结果就出现一些人对某些职位"该管的不管，不该管的偏要管"的乱象。这就叫君子之位，小人做派。

14·27　子曰："君子耻(1)其言而(2)过其行。"

【注释】

(1) 耻——意动，以……为耻。(2) 而——用法同"之"。

【译文】

孔子说："君子把自己说的话超过他做的事看成一种耻辱。"

【赏读】

"言过其行"意思就是说的比做的多，说得比做得好，这是自夸，也是自欺欺人。君子讲求少说多做，做事不求说得漂亮，只求做得实在，做得完美。君子当然会以之为耻。

14·28　子曰："君子道者三，我无能焉：仁者不忧，知者不惑，勇者不惧。"子贡曰："夫子自道也。"

【译文】

孔子说："君子行事遵循的原则有三个方面，但我还做不到：仁德的人不忧虑，智慧的人不迷惑，勇敢的人不惧怕。"子贡道："这是先生对自己追求的陈述呀。"

【赏读】

"不忧，不惑，不惧"，孔子认为这是君子行事的准则。孔子以为自己没做到，但子贡认为先生就是按此原则行事。那么，这师徒二人是不是有个说错了？其实不然。因为二个人的要求宽严不一。子贡认为先生做到了，是因为孔子确实是按此原则行事，以普通人的行为来衡量，孔子已做得很好，所以子贡才这么说。这从孔子受困于周游列国时的几次表现就足以证明。但孔子以君子的标准严于律己，自己觉得离这个标准还有相当的差距。因为君子的目标永远在路上，所以他感叹自己现在没做到。

14·29　子贡方人[(1)]。子曰："赐也贤乎哉？夫我则不暇。"

【注释】

(1) 方人——一说，方，声近通借，即谤。郑玄的《论语注》作"谤人"，云"谓言人之过恶"。一说，方，比方，比方人物，较其长短，犹言品评、批评。

【译文】

子贡讥评别人。孔子对他道："赐呀，（你自己）就够好了吗？那种事，我却没有这闲工夫。"

【赏读】

子贡为何讥评人？评论人家什么？子贡能说会道，也很聪慧，比他强的人当然不多。也许子贡对有些自以为不错的人看不惯，也许对人家不贤之处发点牢骚，也许是他自己正飘飘然，有对原宪发出"夫子岂病乎"的奚落。

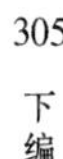

孔子听到子贡“方人”，当然会出面干预。人各有志，以“恕”待人才对。批评他人，不如反思自己。“见贤思齐焉，见不贤而内自省也。”（4·17）他人的错是自己最好的镜子，哪有时间去讥讽别人？反思自己做得怎样，真的比人家好吗？所以，与其讥评他人，不如对照自己，认真做好该做的事。先生师德为范，师法高妙，可谓德艺双馨。

14·30　子曰：“不患人之不己知，患其不能也。”

【译文】

孔子说：“不用担心别人不了解自己，只担心自己没有能力做。”

【赏读】

担心别人不了解自己，好像自己会错过机会，施展不了才华，得不到应有的发展，但是时机一旦来临，你准备得够充分吗？你如果只具备大众化的能力，又如何显示自己的不同？那个机会凭什么就要给你？你如果具备了他人所没有的能耐，一旦社会需要你，又何愁没有机会？与其去推销自己可怜的能力，不如静下心来，潜心练就非凡的能耐！

怨人，不如忧己。君子只有长能耐，才会有机会；只要有机会，就能做成功。

14·31　子曰：“不逆诈，不亿不信，抑亦先觉者，是贤乎！”

【译文】

孔子说：“不预先揭穿他人的欺诈，也不去无端地揣测别人的不诚实，也不应过于相信或不相信他人，却也能及早发觉问题，这样的人是一位贤者罢！”

【赏读】

“不逆诈，不亿不信”，首先是自己“不诈”，其次是“不亿不信”。常言“不要以小人之心，度君子之腹”。按现代语境，作为君子就是一要正直，二要理性，三要有批判存疑精神。君子本身就有股正气，有颗正心。有了正气、正心，身边之人一有“邪念”，是可以极早感觉的，因为和谐之本心，一遇到不和谐的，就会感到不适。而君子又在不断的反省中及时更正自身的不足，从而变得纯洁、诚实、成熟，对“邪恶”自然敏感。因此，君子不会唠叨“谁动了我的奶酪”，但谁有杂念搞小动作立马就可感觉。

“害人之心不可有，防人之心不可无”，这只是对小人物而言。如此处世，君子就难得坦荡，因为过度的自我保护会让自己得变战战兢兢。与其自我封闭，不如放眼世界，打开心扉，让自己变得自信、自在。

14·32　微生亩[1]谓孔子曰：“丘何为是[2]栖栖者与？无乃为佞乎？”孔子曰：“非敢为佞也，疾固也。”

【注释】

（1）微生亩——微生是姓，亩是名。（2）是——副词，如此地。

【译文】

微生亩对孔子道：“孔丘你为什么如此忙忙碌碌的呢？不就是要逞你自己的口才吗？”孔子道：“我不敢逞口才，只是讨厌那种顽固不通的人。”

【赏读】

微生亩直呼孔子为丘，可见他不尊重孔子且语含讽意。微生亩为何如此言语？他是个隐士，认为孔子周游列国，游说国君，不过是想讨好国君捞个官职。但孔子是为理想而奔走，也不会在乎微生亩的讥讽，只是强调自己并未也不会去谄媚哪个国君，只不过讨厌像微生亩你这样固执的人罢了。孔子也许在想，总会有某个国君采纳自己的主张，你微生亩的言论怎么能够动摇我的信念？

14·33　子曰：“骥不称其力，称其德也。”

【译文】

孔子说：“称千里马叫作骥，并不是赞美它的气力，而是赞美它的品质。”

【赏读】

为何更重视千里马的品质呢？因为千里马不光有日行千里的气力，更重要的是它能与人相互协调知性尽力而日行千里，日行千里是它执着于信念的结果。当然，强调马的知性尽力，并不是说不看重其日行千里之能。孔子是说：真正的人才应德才兼备，以德为先。

14·34　或曰：“以德报怨[1]，何如？”子曰：“何以报德？以直报怨，以德报德。”

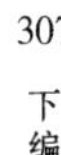

【注释】

(1) 以德报怨——“大小多少，报怨以德。”可能当时流行此语，后为《老子》作者所取。

【译文】

有人对孔子道：“拿恩惠来回报怨恨，怎么样？”孔子道：“凭什么来酬答恩惠呢？拿公平正直来回报怨恨，拿恩惠来酬答恩惠。”

【赏读】

究竟是“以德报怨”，还是“以直报怨”，主要看处理问题时这个“德”是放在哪个层面，是社会道德，还是圣人道德，抑或宇宙道德？作为积极入世者孔子明确“以直报怨”更应为社会所用。当然，人家讥讽你几句，你也大不可反讽对方，来一个“以怨报怨”。比如，给微生亩做点解释是可以的，也没有向他示意感谢的必要。孔子主张“以直报怨”。

何以报德？这是孔子对问话的质疑。凭什么以德报怨？那又拿什么来报德呢？“以德报怨，若为忠厚，然教人以伪，又导人于忍，否则将使人流于浮薄。既以德报所怨，则人之有德于我者，又将何以为报？岂怨亲平等，我心一无分别于其间。此非大伪，即是至忍，否则是浮薄无性情之真。”（钱穆）其实，在一个复杂的社会里，怨，什么时候都会有，这就需要考虑为何怨对方？这个怨有无误会？如果真有怨，还是要直面解决。以直报怨，直言直行，公平无私；以德报德，人有德于我，我必以德报之。然德不论厚薄，而在于心，否则就是以利偿利。

14·35　子曰：“莫我知也夫！”子贡曰：“何为其莫知子也？”子曰：“不怨天，不尤人，下学而上达[1]。知我者其[2]天乎！”

【注释】

(1) 下学而上达——皇侃《义疏》云：“下学，学人事；上达，达天命。我既学人事，人事有否有泰，故不尤人。上达天命，天命有穷有通，故我不怨天也。”天命我以行道，又命我以道之穷，这就是天命。“故圣人于人事能竭其忠，于天命能尽其信。”（钱穆）(2) 其——语气副词，前一个“还是”义，后一个“恐怕、应是”义。

【译文】

孔子叹道：“没有人了解我呀！”子贡道：“为什么还是没有人了解您呢？”孔子道：“不怨恨天，不责备人，学习一些平常的知识，却透彻了解很高深的道理。了解我的，恐怕只有天罢！”

【赏读】

前文也有过“人不知，而不愠”（1·1）与“居则曰：‘不吾知也’”（11·26），可见孔子师徒心中都有苦水。人知人或被人知都是件难事，但孔子为何会发出“莫我知也夫”的感叹？世人不了解他？国君不了解他？弟子们不了解他？也许这些都有，但更多的应是一个积极入世者的“不遇”于时的压抑与痛苦！作为“知命”于时的孔子，清醒地知道自己的结局。孔子之学，先知人，此为下学，渐达而至于知天，此谓上达。学至于知天，乃叹唯天知我。他的通达，如同懂得鸟语的人却无法让世人相信鸟语的世界，但他还是尽力把人事做得完美。

自古圣贤皆寂寞，这本不算什么怪事，关键是孔子积极入世，总想找到突破口，总想有个国君给他机会。他困惑于上天能给他这样的思想，又是如此勤奋不懈地寻求机会，但上天就是不给他施展抱负的平台！孔子以为这是天命，但又有谁知其心？也许他在想，谁能接过他的旗帜把他的思想传下去发扬光大，又有谁能够担当此任？也许，此时此刻孔子寂寞痛苦到了极点！

关键是，孔子的这个回答给了子贡。子贡虽然聪明，却没有颜回对先生的那种心领神会。孔子认为颜回有他人所没有的察人事知天理的领悟，而这一点是包括子贡在内的人所不能明白的。我想，孔子除了悲叹于那些隐者对他的不理解，还在悲叹于没找到志同道合的权臣，特别失落于没有找到愿意实行“王道”的国君吧！孔子此时的困惑痛苦，犹如一同乘坐在飞行于天空中机舱里的乘客，唯有他知道“空难”即将发生！

14·36　公伯寮(1)愬(2)子路于季孙。子服景伯(3)以告，曰：“夫子固有惑志于公伯寮(4)，吾力犹能肆诸市朝(5)。”

子曰：“道之将行也与，命也；道之将废也与，命也。(6)公伯寮其如命何！”

【注释】

（1）公伯寮——《史记·仲尼弟子列传》作“公伯僚”云“字子周”，鲁人。（2）愬——同“诉”，进谗言。（3）子服景伯——鲁大夫，子服氏，名何。景，谥。伯，字。（4）夫子固有惑志于公伯寮——夫子，指季孙，言其受惑于寮之谗言。固，本来。（5）肆诸市朝——古人把罪人之尸示众，或者于朝廷，或者于市集。肆，放纵，放倒。诸，兼词，之于。(6) 道之将……命也——若道将行，此是命，寮之诉终将不入。若寮之诉得行，是道将废，亦是命，与寮无关。孔子言此，以晓景伯，安子路，而警伯寮。

【译文】

公伯寮向季孙毁谤子路。子服景伯把这件事告诉孔子，并且说：“他老人家本来就被公伯寮迷惑，可是，我的力量还是能够使他横尸于街头或朝廷的。”

孔子道：“我的主张要实现吗？听之于命运吧；我的主张将永远不能实现吗？也听之于命运吧。公伯寮还能把我的命运怎样呢！”

【赏读】

孔子说话，除了在子路等率直的弟子面前会赤裸裸地表达，是比较隐含，不认可也多为委婉的否定。

为何子服景伯把公伯寮的毁谤告诉孔子？首先，子服景伯家族势力及其对鲁国政权巩固的作用决定了他在鲁国的地位；其次，他对季孙不满意，是季孙的对手；再者，不排除想跟孔子结成政治联盟。在此，孔子对子服景伯的人格是否定的。也许孔子误会子服景伯的意图，也许是孔子本身的君子人格所致。他认为子服景伯的言语与公伯寮性质一样。孔子应认识到子服景伯的多重目的，并想利用他的影响力来合作干“大事”。但是，孔子并没有因与子路的关系及对公伯寮的不满，忘了做人的本义。孔子不会再把知道的这件事往下做任何形式的发展，清者自清，也不用为子路担心什么。这就是孔子的人格魅力！

14·37　子曰：“贤者辟(1)世，其次辟地，其次辟色，其次辟言。”子曰：“作者七人(2)矣。”

【注释】

(1) 辟——同“避”。贤者避世，天下无道而隐，如伯夷、太公。避地，谓去乱国，适治邦。避色者，礼貌衰而去。避言者，有讳言而后去。(2) 七人——此七人，无主名，或指孔子以前人，或指孔子同时人。此乃孔子慨叹世乱，以指同时人为佳。《论语》记孔子所遇隐士，如长沮，桀溺，荷蓧丈人，石门晨门，荷蒉，仪封人，楚狂接舆，正好七人。

【译文】

孔子说：“贤德的人逃避恶浊社会而隐居，次一等的择地而处，再次一等的避免不好的脸色，再次一等的回避恶言。”

孔子又说：“起身而避去的人已有七位了。”

【赏读】

这七位是避世，还是避地，或者避色，抑或避言呢？估计这些情况都有。而且这些人在《论语》中都有所表现。那孔子是不是把自己也看成其中的一种呢？他那句我“非斯人之徒与而谁与？”（18·6）是有其态度倾向的。当然，即使他没有把自己归入其中，但他心里有没有对某种态度的认同呢？在“邦无道”的世间是不是主张避？“避色、避言”应该有吧，但孔子积极入世，如对“陈文子有马十乘，弃而违之，至于他邦”（5·19）持否定态度。

个人以为避色、避言，有时比避世、避地还难！因为前者有时必须直面，这恐怕正是孔子的内心话。避世、避地是不见不为，而避色、避言，既避且为。也许在孔子心里，这一苦衷只能向天发出感叹。避色、避言之人，犹如出淤泥而不染的荷花，令人敬仰。

孔子的这番言论，与孟子的“穷则独善其身，达则兼济天下”（《孟子·尽心上》）有一定的内在联系。也许，我们从中看到了积极入世的孔子还有一种天命不可违的使命感在。

14·38　子路宿于石门[1]。晨门曰：“奚自？”子路曰：“自孔氏。”曰：“是知其不可而为之者与？”

【注释】

(1) 石门——郑玄《论语注》云：“石门，鲁城外门也。”另说，曲阜凡十二门，其南第二门曰石门，乃外城门。

【译文】

子路在石门住了一宿，（第二天清早进城）守门人问道：“从哪儿来？”子路道：“从孔家来。”守门人说：“就是那位知道自己做不到却定要去做的人吗？”

【赏读】

晨门是个什么人？古人云：小隐于野，中隐于市，大隐于朝。这晨门应是孔子所言的那种避世避地之外的避于市朝者吧。晨门是“知其不可而不为”，那孔子“而为”，就真的是“知其不可”吗？孔子为道而为，至少认为是上天要他而非他要来传道的。否则，他周游列国，真的是想锻炼身体、体验生活呀。他就是要把王道推销出去，实践天下大同。

他虽然知道结局，知道天命不可违，但也知天命，天要他行道。他上达知命，既“知其不可”，也知“不可不为”。

孔子周游列国，仪封人视之为木铎，鲁城晨门却讥其知其“不可而为”之，但孔子是“知命而为”，知“世不可为”是命，知“不可不为于道”亦是命。孔子“下学上达”，令人为之一叹。一个人不知结局而努力为之，人称其勇；一个人知其结局还努力为之，人们除有悲壮之叹，就更有一种对殉道者的敬仰！

14·39　子击磬于卫，有荷蒉(1)而过孔氏之门者，曰：“有心哉，击磬乎(2)！”既而曰：“鄙哉，硁硁(3)乎！莫己知也，斯己而已矣(4)。深则厉，浅则揭(5)。”

子曰：“果哉！末之难矣。(6)”

【注释】

(1) 荷蒉——蒉，古代一种用草编的筐子，用于盛土。荷蒉，担着草筐。(2) 有心哉，击磬乎——此荷篑者亦一隐士。过孔子之门，闻乐而知心，亦非常人也。(3) 硁（kēng）——拟声词，敲打石头的声音。孔子击磬，其声坚确，荷蒉谓其不随世宜而通变，故曰“鄙哉”。(4) 莫己知也，斯己而已矣——人既莫己知，则守己即可，不必再有意于为人。(5) 深厉浅揭——两句见于《诗经·邶风·匏有苦叶》。厉亦作砅，履石渡水也。或厉，以衣涉水。谓水深，解衣持之，负戴以涉。这是个比喻。水深比喻社会非常黑暗，只得听之任之；水浅比喻黑暗的程度不深，还可以使自己不受沾染，便不妨撩起衣裳，免得濡湿。(6) 果哉！末之难矣——谓此荷蒉者果决于忘世，则亦无以难之。此“难”，诘难，拒斥、责难。

【译文】

孔子在卫国，一天正敲着磬，有一个挑着草筐子的汉子恰在孔子门前走过，便说：“这个磬敲得真有深意呀！”等一会又说道：“磬声硁硁的，这里感觉有些浅薄了吧，（它好像在说，没有人知道我呀！）没有人了解自己，就自己罢休好了。水深，索性闭着眼睛连着衣裳趟过去；水浅，不妨撩起衣裳独善其身地走过去。”

孔子道：“说得好决绝呀！最终还是无法诘难他了。”

【赏读】

这简直是一则寓言！孔子与荷蒉者的对白，就是一次心灵的对话与思想的交锋。然而，他们又把这些思想碰撞包裹在隐喻的语言外壳里。这个挑草筐的汉子，岂是等闲之辈？分明是个洞察时事的高人，隐士。要不，他怎么能听得出孔子的敲磬之声，并且还听出如此深刻的弦外之音？孔子虽然没有讲明他分析自己有何误解，但对汉子所讲的“水深索性连衣裳走过去，管不了那么多”也只能发出感叹。在孔子看来，社会霸道盛行，作乱者生灵涂炭，仁者真的能闭着眼睛趟过去吗？世人皆醉，我就不得不醉？在社会或许还可救药的时候，又真的能像他们一样“撩起衣裳走过去，做到洁身自好”就了事了吗？

14·40　子张曰：“《书》云：‘高宗谅阴[(1)]，三年不言。’何谓也？”子曰：“何必高宗，古之人皆然。君薨，百官总己[(2)]以听于冢宰[(3)]三年[(4)]。”

【注释】

(1) 高宗谅阴——高宗，商王武丁。谅阴，又作梁闇，天子居丧时所住的房子，又叫凶庐。一说，梁支脊而无楹柱，茅垂于地，从旁出入曰梁闇。后代僧人所居曰庵，即闇。(2) 总己——谓总摄己职。(3) 听于冢宰——听命于掌握政权的大臣。(4) 三年——子女之生，三年然后免于父母之怀抱，故父母卒，其子女能三年不忘于哀思，此为孝。

【译文】

子张道：“《尚书》说：‘殷高宗守孝，住在凶庐，三年不言语。’说的是什么意思？”孔子道：“哪里只是高宗，古人都是如此：国君去世，继位的君王这三年不问政事，各部门官员以听命于掌握政权的大臣来管理自身职责之内的事务。”

【赏读】

也许有人以为新君守孝三年，相国岂不乱权？其实，新君能如此孝道，那相国不亦是按先君旧制而行？这就是礼制。孔子欣赏并积极主张的就是看重孝道。有秩序就有稳定，有稳定就有发展。也许有人会说，天子日理万机，怎可三年不去干政？然而，“顾政权而丧人道，人道既丧，政权亦将不存”（钱穆），且不仁不孝之人，岂可守住天下？

14·41　子曰：“上好礼，则民易使也。”

【译文】

孔子说："若在上位的人遇事喜欢依礼而行，那么百姓就容易被指使。"

【赏读】

依礼而行就是正己。"君子之德风，小人之德草"（12·19），上位的人正，讲规矩讲秩序，老百姓自然会听，也乐意听。"容易受指使"那是因内心已接受。如果上位的人不正，做事不讲原则不讲规矩，朝令夕改，百姓无所适从，又如何能指使？

14·42　子路问君子。子曰："修己以敬。"

曰："如斯而已乎？"曰："修己以安人[1]。"

曰："如斯而已乎？"曰："修己以安百姓。修己以安百姓[2]，尧舜其犹病诸？"

【注释】

（1）人——这个"人"字显然是狭义的"人"（参见1·5注4），没有把"百姓"包括在内，下文中有"百姓"。（2）修己以安百姓——安人之人，指政府官员与己接触者而言。百姓，指与己不相接触的群众而言。不上者不修己，在下者无得安。这里的"修己以安百姓"就是"博施于民"。

【译文】

子路问怎样才能算是个君子。孔子道："修养自己来严肃认真地对待工作。"

子路道："这样就够了吗？"孔子道："修养自己来使上层人物安乐。"

子路道："这样就够了吗？"孔子道："修养自己来使所有老百姓安乐。修养自己来使所有老百姓安乐，尧与舜恐怕还担心没有完全做到这个呢！"

【赏读】

君子修己，那修己做什么？欲求百姓安天下太平，唯有自"修己以敬"始。孔子按从易到难把它切分成几个层次，其中把"做好本职工作"作为最基础的第一层；把对"人"，人即上层人物，放在第二层；把对"民"或"安民"放在最高层，也可以理解为从内到外、由少到多地扩展。这里就有礼在，即社会秩序。

依据两人对话语境，做个好官就必须在提升自己的品德修养、提升自身业务能力的基础上，首先，做到在其位谋其政，尽心尽责做好本职工作。其次，就是要让上级放心顺心，跟同事和谐相处，从而有利于工作的开展。最关键的是心中要有百姓，这是孔子民本思想的核心，而且百姓“安乐”才是最终检验工作的尺子。总之，就是既要做到对下负责，又做到对上负责，这才是对己负责。

14·43 原壤[1]夷俟[2]。子曰：“幼而不孙弟[3]，长而无述[4]焉，老而不死，是为贼[5]。”以杖叩其胫。

【注释】

（1）原壤——鲁人，孔子的老朋友。《礼记·檀弓》记载，说他母亲死了，孔子去帮助他治丧，他却站在棺材上唱起歌来了，孔子也只好装作没听见。（2）夷俟——夷，箕踞。臀坐地，前伸两脚，形如箕，叫箕踞。夷，足底着地，臀后重。竖膝在前，则曰踞，亦曰蹲。古时东方夷俗坐如此。俟，等待。（3）孙弟——同“逊悌”。（4）无述——无称述。（5）贼——苟且偷生。

【译文】

原壤两腿像八字一样张开着坐在地上蹲踞以待，不出迎，等着孔子。孔子骂道：“你幼小时候不懂礼节，长大了毫无建树，没有一件让人可圈可点的成绩可用来教导后辈，老了还在这白耗粮食，你这个人简直就是个害人精。”说完，用拐杖敲了敲他的小腿。

【赏读】

孔子在故友面前不含糊。我们还要注意孔子说话的背景，原壤属于道家信徒，与孔子的积极入世格格不入，但既然是朋友，该帮的还是要帮，该骂时也得骂。据说孔子料理他父亲的丧事时，他居然在一边唱歌，真是拿他没办法。此时，孔子看他如此不庄重地盘坐在那，便毫不留情地来了两句：你从小就不谦逊，不懂孝悌，到现在也一事无成，哪有这等厚脸皮的人！再者，年纪一大把还赖着日子干耗粮食，你这不就是害人吗？孔子不但骂而且还有动作，全段语言的动作化、个性化非常突出，情感也十分饱满，很值得体味。开头用“夷俟”二字，极绘其态；而全章一动一静突出表现了各自不同的性情，特别是孔子的一言一行，干脆利落，毫不含糊。

看来儒、道之论争还真有趣，“玩笑”幽默到这份上，说明两人关系非同一般。古代的大家还真有意思，思想观念差异如此之大，居然可以深入交往到这等程度，值得现代人们尊重与学习。

14·44　阙党[1]童子将命[2]。或问之曰："益者与[3]？"子曰："吾见其居于位[4]也。见其与先生并行[5]也。非求益者也，欲速成者也。"

【注释】

(1) 阙党——古者五百家为党，此党名为阙。一说，阙党即阙里，孔子旧里。(2) 将命——谓传达宾主之辞命。另说，孔子使此童子将命。此童子为其党之人，将命来孔子之门。(3) 益者与——问辞。益，长进义。问此童是否有长进之望。(4) 居于位——《礼记·玉藻》："童子无事则立主人之北，南面。"古礼，童子当隅坐，无席位。则"居于位"是不合当日礼节的。(5) 与先生并行——《礼记·曲礼》上篇说，"五年以长，则肩随之"("肩随"就是与之并行而稍后)，而童子的年龄相差甚远，依当日礼节，不能和成人并行。

【译文】

阙党的一个童子来向孔子传达信息。有人问孔子道："这小孩是肯求上进的人吗？"孔子道："我看见他（大模大样地）坐在位上，又看见他同长辈并肩而行。他不是个肯求上进的人，只是一个急于求成的人。"

【赏读】

阙里的孩子来向孔子传话，有的人就问孔子：这个孩子是块可造之才吗？结果，孔子指出此孩教养不足，不懂礼，难成大器。小孩没到年纪本来只能站，他却大模大样地坐着，而且走路跟长辈并肩而行，很不懂礼节。这样不谦逊的人，没有修身只会急于求成。其次，对长者没有敬畏心，沉不下心，学一点东西也是用来装门面，华而不实。孔子如伯乐相马，一下子就看到人的骨子里去。比较前后两章，"孔子于故旧，则严以诲之，于童子，乃宽以假之"。"而孔子平日一番轻松和悦之气象，亦随此可见。"但"若使此童子在孔子门，孔子安有不教，而听其自纵？"故上文不说"子使童子将命"，而说"阙党童子将命"。(钱穆)孔子把礼运用到了极致。

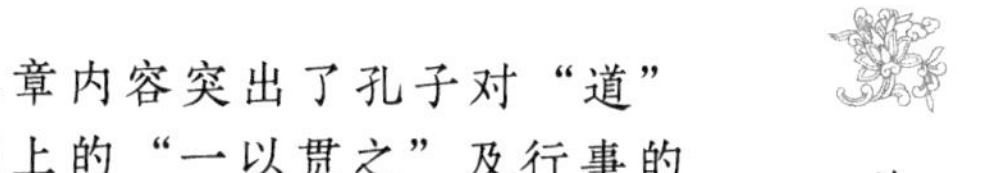

卫灵公篇第十五

本篇前三章内容突出了孔子对“道”的坚守、学问上的“一以贯之”及行事的底线思维，接着记录了孔子教导弟子的具体内容。全篇从学习方法、为政、为人处世、品德修行，特别是治政与修身的具体措施等方面较为全面地展示了孔子的治政理念、教育思想、教学方法及教学过程中的思考与困惑，凸显了孔子言传身教、为人以德的君子风范。

15·1　卫灵公问陈[(1)]于孔子。孔子对曰：“俎豆之事[(2)]，则尝闻之矣；军旅之事，未之学也。”明日遂行[(3)]。

【赏读】

(1) 问陈——陈，阵。问陈，谓兵阵军事。(2) 俎豆之事——俎豆，礼器。俎和豆都是古代盛肉食的器皿，行礼时用它，因之借以表示礼仪之事。

【译文】

卫灵公向孔子问军队陈列之法。孔子答道：“礼仪的事情，我曾经听到过；军队的事情，从来没学习过。”第二天便离开卫国。

【赏读】

春秋末，战火频仍。孔子想做“救火队长”，周游列国只是想找到合适的平台去落实。但卫灵公这时“问陈于孔子”，想火上浇油，以战争来保卫国家，两人显然属于话不投机半句多的那类。

较之于之后的苏秦、张仪，可以发现孔子的境界之高。苏秦与张仪只是把战争当机遇，游说就是谈生意，连横不行就合纵，只要给他们职位与财富，干什么都行。而此时的孔子是要救民于水火，最可贵的地方是孔子不将就、讲底线。道不同，不相为谋，孔子辞得委婉，走得决绝。如果真的“军旅之事，未之学也”，那他在齐鲁夹谷会盟时又怎能做到胜算在握呢？其实，孔子本来还是留有余地的，打仗的事不想干，但“俎豆之事”还行。可是，孔子抛出去的球卫灵公没有接，也就没了下文，孔子这才决意走人。

15·2　在陈绝粮，从者病，莫能兴。子路愠见[(1)]曰："君子亦有穷乎？"子曰："君子固穷[(2)]，小人穷斯滥矣。"

【注释】

(1) 子路愠见——愠见，一说心中愠意见于颜面；一说心怀愠意面见孔子。子路之愠，盖愠于君子而竟有道穷之时，更愠于孔子之道而竟亦有穷时。(2) 固穷——穷者，穷于道。固字，一说君子固有穷时；一说君子穷则益固。

【译文】

孔子在陈国断绝了粮食，跟随的人都饿病了，没有人能爬得起床。子路很不高兴地来见孔子，说道："君子也有穷到毫无办法的时候吗？"孔子道："君子固然穷，但还是能坚持着；小人一旦穷，就会无所不为了。"

【赏读】

真金不怕火炼，"时穷节乃见"（文天祥《正气歌》）。人不穷，哪知道谁才是真君子？君子"穷且益坚，不坠青云之志"。常言"天无绝人之路"，如果君子真的有那么一天，那是天命！孔子并不幸运，上天就是不给他机会，只是没人像他这般执着，他以他别样的执着与坚守，在炼狱的环境中成就了一位无冕之王。在子路看来，君子不会也不该窘迫到这山穷水尽的地步。但孔子换了个角度看问题：君子就是在遭遇困厄之时能够坚守，否则与小人如何区别，又哪里能找到真君子呢？

15·3　子曰："赐也，女以予为多学而识[(1)]之者与？"对曰："然，非与？"曰："非也，予一以贯之[(2)]。"

【注释】

(1) 多学而识——识，记义。孔子教弟子博学于文，弟子遂疑孔子当是多学而记识在心者，故孔子试以此为问。(2) 一以贯之——贯，穿义。一以贯之，如孔子言《诗》曰："《诗》三百，一言以蔽之，曰：'思无邪'。"（2·2）言礼曰："礼，与其奢也，宁俭。"（3·4）此等皆所谓一以贯之。钱穆先生认为，唯诗礼之上，犹有贯通此诗礼者。多学，即犹言下学；一贯，则上达矣。上达自下学来，一贯自多学来。非多学，则无可贯。子贡所重视的是孔子的博学多才，因之认为他是"多学而识之"；而孔子自己所重视的在于以忠恕之道贯穿于其整个学行之中。

【译文】

孔子道："赐！你以为我是多多地学习并能够记住的吗?"子贡答道："对呀，难道不是这样吗?"孔子道："不是的，我是在此多学中一直有个基本观念贯串着它。"

【赏读】

知识渊博有利于做学问，但知识只是学问的外壳或凭借，并不等于学问本身。知识多也可以成为"杂家"，而不一定是专家。子贡认为孔子博学多才有学问，是因孔子博闻强记。而在孔子看来，子贡只看到了表象，真正重要的还是人在学与行中要贯穿自己的思想理念，有个魂在。学知识，在于记，在于积累；做学问，在于学与思的结合，在于记与悟的融通，在于质疑与坚守的明辨。"一以贯之"是学问的准则与根本，那什么是"一以贯之"？这恐怕就不是单指专心学习这么简单，在专注之外，还要在触类旁通、领悟提升之后形成对事物不断抽象出来的一般看法，即有了规律性的认识（哲学思想），并且不断提升它的高度，拓展它的宽度，丰富它的内容，做到博后而专，专辅以博。

15·4　子曰："由！知德者鲜矣。"

【译文】

孔子对子路道："由！懂得'德'的人真少啊。"

【赏读】

"德必修于己而得于心，非己之实有之，则不能知其意味之深长，故知者鲜。"（钱穆）德是什么？德是仁者以自身社会身份，用仁心、依礼制实践一切社会活动的总和。不同的人，仁心可同，但身份不同的人在不同场合其德的呈现就不一定相同。在孔子看来，当时天下乱了规矩，社会礼崩乐坏，懂德的人本来就少，真正依仁礼修德行的人就更少。孔子到处碰壁，也能感受到社会环境已难容行德之人。

15·5　子曰："无为而治(1)者其舜也与？夫何为哉？恭己正南面(2)而已矣。

【注释】

（1）无为而治——舜何以能如此？一般儒者都以为他能"所任得其人，故优游而自逸也"（《三国志·吴书·楼玄传》）。如《大戴礼记·主言篇》云："昔者舜左禹而右皋陶，不下席而天下治。"（2）恭己正南面——恭以自守，南面莅朝，群贤分职，己只仰成。舜承尧后，又得贤，故尤不见其有为之迹。

【译文】

孔子说："自己从容安静而使天下太平的人大概只有舜吧？他做了些什么呢？只是庄严端正地坐朝就是了。"

【赏读】

老子以"无为"而"有为"，然后天下大治。孔子是如何看待"无为"的呢？孔子强调为政者的仁德，认为仁德比其他的更重要。舜"无为"而治，只是他自己未全身而动，而以心与禹皋相通，以其德让下臣各司其职，他依德而行，从而"不下席而天下治"。"无为"不是无作为，而是不干政，知人善任。以此推之，如果任何一级为政者都以此理念执政，这不就是"无为"而治吗？在社会公德的范围内，让百姓做他们喜欢的事，做能做的事，做有利于己的事，哪个百姓会不愿意呢？如果全天下的人都如此，那不就可以做到天下大治吗？

15·6　子张问行[(1)]。子曰："言忠信，行笃敬，虽蛮貊[(2)]之邦，行矣。言不忠信，行不笃敬，虽州里[(3)]，行乎哉？立则见其参于前[(4)]也，在舆则见其倚于衡也，夫然后行。"子张书诸绅[(5)]。

【注释】

（1）问行——犹问达。（2）蛮貊——蛮在南，貊在北，皆异族。（3）州里——《汉书》载："五家为邻，五邻为里，四里为族，五族为党，五党为州，五州为乡。"即五百户为党，一万二千五百户为乡。州里近处，文化风教相同；蛮貊远，文化风教相异。（4）参于前——参，训值；参于前，犹值于前。

【译文】

子张问如何才能使自己到处行得通。孔子道："言语忠诚实在，行为敦厚严肃，即使到了边远部族国家，也行得通。言语欺诈不实，行为刻薄轻浮，就是在本乡本土，能行得通吗？站立的时候，就（仿佛）看见"忠诚老实忠厚严肃"那些字立在我们面前；在车厢里，也（仿佛）看见它刻在车前的横木上；（时时刻刻记着它）这样之后才能使自己到处行得通。"子张把这些话写在大带上。

【赏读】

人在社会上最有价值的通行证，就是“忠信”与“笃敬”。此章实为孔子就近取譬、循循善诱之教。俗话说，有理走遍天下。依孔子言，此“理”为彼“礼”更恰当。一个人的骨子如何，在言谈举止上会有所表现。言于内心，方能心口如一，话语自然真诚；没有任何投机取巧之念，行为上就会踏实；对任何人、任何事怀有敬意，行为上就会周到。这样的人到任何地方去都是行得通的。“蛮荒之邦”与“乡里亲朋”即使有文化习俗的差异与情感的亲疏，但在为人处世上有其相通的情理在，就会得到对方认同。

15·7　子曰：“直哉史鱼[(1)]！邦有道，如矢[(2)]；邦无道，如矢。君子哉蘧伯玉[(3)]！邦有道，则仕；邦无道，则可卷而怀之。”

【注释】

(1) 史鱼——卫大夫史鰌，字子鱼。他临死时嘱咐儿子，不要“治丧正室”，以此劝告卫灵公进用蘧伯玉，斥退弥子瑕，古人称之“尸谏”。(2) 如矢——言其直，矢行直前，无迂回。(3) 蘧伯玉——蘧瑗，字伯玉，年五十，知四十九年之非。灵公与夫人南子夜坐，闻车声辚辚，至阙而止。南子曰：“此蘧伯玉也。”公曰：“何以知之？”南子曰：“礼，下公门，式路马，所以广敬也。君子不以冥冥堕行。伯玉，贤大夫也，敬以事上，此其人必不以暗昧废礼。”公使问之，果伯玉也。蘧伯玉与孔子一生为挚友。在周游列国的 14 年中，孔子在卫 10 年，两次住在蘧伯玉家，前后达 9 年。尤其是孔子第二次回到卫国，蘧伯玉已年高隐退，孔子再次在其家设帐授徒，二人更是无事不谈。

【译文】

孔子说：“好一个刚直不屈的史鱼！政治清明像箭一样挺直向前，政治黑暗也像箭一样挺直向前。好一个君子蘧伯玉！政治清明就出来做官，政治黑暗就可以把自己的本领收起来。”

【赏读】

首先，孔子肯定了史鱼与蘧伯玉两人的个性、人格、品德。其次，话语中暗示他们有直接或间接的某种联系。但卫君二臣在气节与处事的方式上又各有不同，在此孔子没有做出谁更高一筹的判断，皆满怀敬意，对史鱼赞赏有加，但恐怕更认同蘧伯玉的处世方式。如，孔子待人以礼，等待机会，但不降格以求。他婉拒卫灵公就是“卷而怀之”的表现。其实，史鱼式的人也很重要，从他的死谏中可以看到他的价值与卫国的希望，作用足以推动体制的变革。

对蘧伯玉，孔子至少回避了这些问题：邦为何有政治清明与政治黑暗（“有道”与“无道”）之分？是谁造成的局面？能否改变？谁能且如何改变？难道克己复礼能够解决一切？大厦已倾，楼将坍塌，不如保全或抢救一些有价值的东西。

15·8　子曰：“可与言而不与之言，失人；不可与言而与之言，失言。知者不失人，亦不失言。”

【译文】

孔子说：“可以同他谈，却不同他谈，这是错失人才；不可以同他谈，却同他谈，这是浪费言语。聪明人既不错失人才，也不浪费言语。”

【赏读】

“知者不失人，亦不失言”，不是讲智者不讲话，而是在恰当的地方、恰当的时间，遇到恰当的人，说恰当的话。察人是第一位的，不仅要能明察而知人善任，而且要不多讲一句话。这犹如“夫子不言，不笑，不取”（14·13）一样恰当。“不可与言”并不是真的不跟人家讲一句话，而是在听这个人讲话之后，或与这个人讲话之后，要立即明白这个人是个什么样的人、有没有交流下去的必要，即可为“不失言”。或者说，对有些人不能讲的话就不讲了，讲多了就要出问题。

“与之言”也有识人的一面，如果不与之言，又如何识人？也许这正是孔子识人的高明，但真要做到不浪费一句口舌，那真不容易。在“失人”与“失言”上，为了不“失人”，就有可能要“失言”，即为了“察人”而不得不讲一些之后等于无用的“废话”。

对孔子而言，为了获得机会，凡可与之言者，则尽可能言。而在言语过程中，可与之言则尽可能言，不可与之言则不言。比如当孔子回答卫灵公“俎豆之事，则尝闻之矣；军旅之事，未之学也”（15·1）之后，卫灵公没有回应，孔子就不再说话，而是选择离开。这就是“不失言”。但是，像对楚狂接舆那种欲与之言而不得，又如阳货那种不想见却因“归孔子豚”而不得不浪费口舌，以及在卫国为了获取施政机会与南子的交流，算不算能止则止的“废话”？对孔子而言，应算是“不失人”或“不失礼”之言吧。

15·9　子曰："志士仁人，无求生以害仁，有杀身以成仁。"

【译文】

孔子说："志士仁人，不会贪生怕死而损害仁德，只会勇于牺牲来成全仁德。"

【赏读】

义士可以舍生取义，仁人可以杀身成仁，这才是真正的志士仁人。有信仰的人，就有某种信念，更看重生命的价值。生命的价值，必须维护支撑自己的信仰。当人的生存或生命的延续需要以摧毁或颠覆自己的信仰来维持时，那么选择舍身就会成为坚守信仰者的必然。人守住信仰就守住了生命的支撑，那些坚守信仰而献出生命者，则实现了生命的价值，让生命更有意义。

15·10　子贡问为仁。子曰："工欲善其事，必先利其器。居是邦也，事其大夫之贤者，友其士[(1)]之仁者。"

【注释】

(1) 士——有时指有一定修养的人，如"士志于道"(4·9)之"士"；有时指有一定社会地位的人，如"使于四方，不辱君命，可谓士矣"之"士"(13·20)。此处与"大夫"并言，当官位置于下大夫者。

【译文】

子贡问怎样去培养仁德。孔子道："工匠想要使他的工作做得更好，一定先要让他的工具好用。我们住在这个国家里，就要敬奉那些大夫中的贤人，跟那些士人中的仁人结交。"

【赏读】

工人做事，首先得利其器。治身，治国，亦是如此。如果想有所作为，首先就要治身，即利其器——练就自己的品德，提升自己的能力，而提升就要磨砺自己。"仁德必于人群中磨砺熏陶而成。有其德而后可以善其事，犹工人之必有器以成业。"(钱穆)孔子主张"事其大夫之贤者"与"友其士之仁者"，就是提升自身才德的方法。而"无友不如己者"(1·8)，也是强调人要从高于自身品德修养的人身上来提升自我。

15·11　颜渊问为邦[(1)]。子曰："行夏之时[(2)]，乘殷之辂[(3)]，服周之冕[(4)]，乐则《韶》《舞》[(5)]。放郑声[(6)]，远佞人。郑声淫[(7)]，佞

人殆[8]。"

【注释】

(1) 为邦——为，创制义。从答语看，应指制作礼乐等。(2) 行夏之时——据记载，夏朝用的自然历，以建寅之月（旧历正月）为每年的第一月，春、夏、秋、冬合乎自然现象。古历法有夏正、殷正、周正之分。殷正以阴历十二月为正月。周朝则以建子之月（旧历十一月）为每年的第一月，而且以冬至日为元日。这个虽然在观测天象方面比以前进步，但实用起来却不及夏历方便于农业生产。孔子重民事，故主行夏时。(3) 乘殷之辂——辂，天子所乘车。周制有五辂：玉、金、象、革、木，并多文饰，唯木辂最质素。商代的车子，比周代的车子自然是朴质些。古人用器物，唯车最贵，孔子主张乘殷辂，尚质。(4) 服周之冕——冕，祭服所用之冠，其制后高前下，前后有旒。周代的礼帽自然又比以前的华美，孔子是不反对礼服的华美的，赞美禹"致美乎黻冕"，认为"周冕，虽华不为靡，虽贵不及奢"，孔子主服周冕。(5)《韶》《舞》——《韶》是舜时的音乐，舞通武，《武》周武王时的音乐。孔子言《韶》尽美又尽善，故言用《韶》《舞》。(6) 放郑声——郑声和郑诗不同。郑诗指其文辞，郑声指其乐曲。放，禁绝义。(7) 郑声淫——声过于乐曰淫。乐之五音十二律长短高下皆当有节。郑声靡曼幻眇，失中正和平之气，使听者导欲增悲，沉溺而忘返，故曰淫。(8) 佞人殆——殆，危殆义。佞人以口才变乱是非，与郑声皆易使人心惑，当加以放远禁绝。

【译文】

颜渊问怎样去治理国家。孔子道："用夏朝的历法，坐殷朝的车子，戴周朝的礼帽，音乐就用《韶》和《武》。舍弃郑国的乐曲，斥退小人。郑国的乐曲靡曼淫秽，小人危险。"

【赏读】

孔子曰："好古，敏以求之。"(7·20) 师生对话，"颜渊闻一知十，岂诚如或所疑，只是颁一历，乘一车，戴一冠，奏一乐而已乎？孔子尝曰：'如有用我者，吾其为东周乎？'"此告颜子，"正其平日梦见周公与我其为东周乎之理想抱负所在"。(钱穆) 不管观点有无偏差、选择是否有个人的喜好，孔子以实用、节俭、自然、美观作为治政取舍原则，至少给我们两点启示：一是恢复旧礼跟与时俱进并非矛盾，二是对古代的东西我们可以取其精华、去其糟粕。真正的改革家的主张，不论是尊古还是尚今，实际上都是顺应时代召唤。

孔子为何如此重视乐呢？其实，乐与人的情感思想关系极为重大，并影响一个国家的精神风貌，是精神文明的重要部分。乐可以反映人们的生活态度，也可以昭示一个邦国的未来。孔子想要恢复的就是三代的礼制。从积极角度看，“复古”只是他对现状不满的一种思辨。孔子复礼，其实也是有选择性地恢复周礼。

15·12 子曰：“人无远虑，必有近忧。”

【译文】

孔子说：“一个人没有长远的考虑，一定会有眼前的忧患。”

【赏读】

远与近是个时空概念，两者构成一定的辩证关系。而“人”在孔子眼里也是有一定社会地位与能力的人。凡事不做长远考虑，到头来就容易出问题。一个人不能行至远处，有可能是被近忧所困扰。反之，人无近忧，但一旦进入工作准备状态就会有远虑，即对工作如何保持与发展的思考。人皆有忧患，只是时空、对象与程度不同。人如果既无远虑亦无近忧，最终会失去其生存空间。人如此，国家亦然。

15·13 子曰：“已矣乎！吾未见好德如好色(1)者也。”

【注释】

(1) 好色——据《史记·孔子世家》，孔子“居卫月余，灵公与夫人（南子）同车，宦者雍渠参乘，出，使孔子为次乘，招摇市过之”。

【译文】

孔子说：“完了吧！我从没见过像喜欢美貌一样喜欢美德的人了。”

【赏读】

色偏向于感性，而德侧重于理性。色是什么？色是赏心的脸色与表情；色是悦目的容颜与体态；色是泛起人们自然欲望的情怀与情调；色是世间万物呈现在人们面前的多姿多彩的形态。德是什么？德是人顺应自然、遵循天理，通过修炼把“温、良、恭、俭、让”集于己身。行事有礼有节，决不泛滥。德不让色发生偏离，不让作为社会的人退回动物的方向。用弗洛伊德的精神分析法分析就是，色把“自我”拉回“本我”，德把“自我”推向“超我”。

孔子讲过“饮食男女，人之大欲存焉”，在此可以感受到孔子对人性的思考！人是动物属性与社会属性的综合体。人的延续与发展必须以食色为基础，而人要处于和谐的社会之中，又必须以道德来规范节制，形成共同遵守的秩序。孔子感叹人喜欢美色，而未见有如此喜欢美德的人，是有感于他个人的遭遇而发的。他感觉，在卫灵公眼里，君子远没有卫夫人南子与美貌的参乘宦官雍渠重要。“已矣乎”，他似乎在感叹人性的弱点已到了无可救药的地步。在此，他感叹的不只是人性，恐怕还有他自己在卫国的抱负的破灭及对卫国未来的担忧吧。

15·14　子曰：“臧文仲(1)其窃位者与！知柳下惠(2)之贤而不与立(3)也。”

【注释】

(1) 臧文仲——鲁国的大夫臧孙辰，历仕庄、闵、僖、文四朝。(2) 柳下惠——鲁国贤者，本名展获，字禽，又字季。“柳下”或其食邑，或其所居，因以为号；据《列女传》，“惠”是他妻子倡议给他的私谥。(3) 不与立——一说，不与并立于朝；一说，不给职位，立同“位”。

【译文】

孔子说：“臧文仲大概是个做了官却不管事的人，他明知柳下惠贤良，却不给他官位。”

【赏读】

孔子主张为政者应“在其位谋其政”，臧文仲为官是占着“茅坑”不干事，就是“窃位”。那如何才是“在其位谋其政”呢？对臧文仲而言，就应知人善任，他明知柳下惠贤能却不给他职位。为什么不用？孔子没说，恐怕多为嫉才或于己无益或政见不和而已。孔子听到“公叔文子之臣大夫僎与文子同升诸公”（14·18），就特别认可公叔文子，因为孔子欣赏他与臧文仲的不同——举荐贤能的下属。

知人却不用人，多半是怕被推举的人超越自己，打个人小算盘。有的把人才留给自己用，有了成绩还可以记在自己的功劳簿上；有的对人才不放心，认为不是一路人，对自己有害无益，提防着。而对政见不同者，估计会因“道不同不相为谋”而分道扬镳，甚或成为对头，自然要围追堵截，以防后患。

15·15　子曰：“躬自厚[1]而薄责于人，则远怨矣。”

【注释】

（1）躬自厚——本当作“躬自厚责”，此“责”承下文“薄责”之“责”而省略。“躬自”是一双音节的副词，亲身，亲自。

【译文】

孔子说：“多责备自己，而少责备他人，就可以远离他人的怨恨了。”

【赏读】

对于差错，要厚责己，薄责人，从自身找原因。对自己严，就是对自己的爱护，特别是当一个人处于上升得意的时期，这样做，既可以团结一大批人，培养出一批敢于担当的青年才俊，也可以在严格的要求中全面提升自身品德，增长自身才干。

15·16　子曰：“不曰‘如之何，如之何’者，吾末[1]如之何也已矣。

【注释】

（1）末——犹“无”。

【译文】

孔子说：“（一个人）不会想‘怎么办，怎么办’的，（对这种人）我也不知道该怎么办了。”

【赏读】

这是教育大家的理念，也是教育大家的困惑。不说“如之何”者，大致是：一、没有问题可提，缺乏对生活的热情，缺乏对社会的思考；二、对遇到的问题不感兴趣，总是放过去或绕着走；三、对问题（事物）的认识还没有到相当的深度，还未开窍，提出不出什么真问题来；四、对以前的认知没有质疑，没有产生新的看法等。孔子在此不是指责那些弟子多么地愚笨，而是在他看来，如果弟子没有积极主动地去思考某个问题，那么先生与弟子对这个问题讨论的时机就不成熟，就会启而不发，就没法讨论下去。

这里就有个人在学习程度、生活阅历、个性领悟力等方面的差异。对教育者而言，因材施教确实重要，但在启发与等待之间如何把握方面，孔子也有同样的困惑。

15·17　子曰："群居终日，言不及义，好行小慧，难矣哉!"

【译文】

孔子说："同大家整天泡在一块，说话的内容都不关联道义，只是喜欢卖弄些小聪明，这种人真难教呀!"

【赏读】

这类人脑子转得快，但没有恒守，有天生的优越感，很难被说服。看孔子说的话，有指责宰予的语气。当今现实，也不乏其人。

15·18　子曰："君子义以为质(1)，礼以行之，孙以出之(2)，信以成之。君子哉!"

【注释】

(1) 义以为质——"义以"犹言"以义"，后三处亦如此。质，实质，君子以义为其行事的本质。以下三处"之"，指义，也指事。(2) 孙以出之——孙，同"逊"。出，出言。

【译文】

孔子说："君子（对于事业），把义作为行事的实质，依照礼节推行它，用谦逊的言语表达它，用诚实的态度完成它。这才是位真君子呀!"

【赏读】

孔子在此对君子言行阐释得很完备。君子取得事业的成功，重视其处事行为规范。

君子做事，首先是行事以义为本，义是行事的意义或价值所在。其次做事要合乎礼节，规范而行，不要以为出发点好，就可以不按规则，更不能为了目的而不择手段。礼是秩序，在现代社会就是规则与程序，即办事要程序合法，要依法办事。再其次，事情想好了，规划设计得周全，也要谦逊地表达。这样做事才能得到大家的理解、支持与认可。最后，要诚实工作，万事马虎不得，在整个过程中踏踏实实地把事情的每部分都做好。只有这样，事情才会善始善终，有一个完美的结果。现实中那些急功近利、只看结果不问过程的功利主义的考核与评价，又往往会把人引入误区，贻害无穷。

15·19　子曰："君子病无能焉，不病人之不己知也。"

【译文】

孔子说："君子只惭愧自己没有能力，不怨恨别人不了解自己。"

【赏读】

人有能力，终究会被知人善任者发现；如果没有能力，那永远也没有被知的机会。在孔子看来，人的能耐是第一位的。然而，千里马常有，伯乐不常有。你若碰到个"坏"的时代，忧虑自身价值难以实现又有何用？还不如积蓄能量，为迎接一个新的时代而准备，也许下一个时代更需要你。因此，在能力与时局的问题上，要学会辩证地看待，不要过于纠结。与其怨天尤人，不如埋头努力。要记住，脱颖而出的往往是厚积薄发者。既然厚德方可载物，何不沉寂之时砥砺前行？

15·20　子曰："君子疾没世而名不称焉。"

【译文】

孔子说："君子最痛心于到死而声名不被他人称述传扬。"

【赏读】

这应是孔子本人的痛处。人生在世不过百年，死则与草木同朽，然人又有"不死"之名，如同繁星留存于人类历史的长河而化为永恒。在孔子看来，君子就是要留下一个好的名声，如天河里的一颗星。

人与动物的最大区别就是创造文明，留下自己的历史。个体的人，能为人类创造文明做些什么？作为个体的人的"身后名"，其实就是这个人的历史。一个正人君子不能传名，不仅是他个人的悲剧，也是社会与时代的悲剧。然而，在历史的长河中，"君子"被风浪打入泥沙，如孔子般痛心于被淹没在泥沙里，但等到了大浪淘沙的时刻，终会有它的灿烂。

15·21　子曰："君子求诸己，小人求诸人。"

【译文】

孔子说："（遇有问题）君子责求于自己，小人要求于他人。"

【赏读】

"求诸己"，即求之于己，这个"之"指什么呢？如果是说君子行事，"之"就是指"成事"；如果是说君子遇到问题，"之"就是解决问题的办法；如果是说君子想不朽，"之"就是如何获取身后之名。

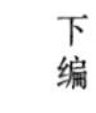

君子成事向自己责求，小人成事向他人要求，这是不是在贬损小人呢？应该不是。子曰：“君子怀德，小人怀土；君子怀刑，小人怀惠。”（4·11）、“君子喻于义，小人喻于利”（4·16）。君子与小人有地位高低、眼界阔窄、能力大小的不同，对成事的凭借态度上必然有所不同。君子做事，讲求依事理、依能力、按规矩、走程序、有礼节，处处严格要求自己，时时考虑合乎规范。君子做事，自然责求自己。小人办事，会从利出发，且能力有限，比较短视，会瞻前顾后，习惯于由上级来指导，希望得到他人的帮助，这种“小人”与现实中品德恶劣的真“小人”有质的区别。

15·22　子曰：“君子矜而不争，群而不党[(1)]。”

【注释】

(1) 群而不党——可从“周而不比”（2·14）与“和而不同”（13·23）两面理解。

【译文】

孔子说：“君子矜持庄重而不争执，合群协力却不拉帮结派。”

【赏读】

矜持而不争，是一种态度，也是一种风度。不争名，不争利，心中只为那份道义坚守。所以，君子遇阻会存留傲骨而守望远方。君子合群，信守社会秩序，以天下为己任，以共同的价值取向聚在一起，带着一种使命感与责任感前行；但是，他们不搞宗派，不结党营私。君子为了学问愿意跟人切磋，既保持独立，也包容他人，尊重个性，和而不同，但绝对不会为了个人名利去追随权力或依附于某个小集团。君子不党，小人却乐于结党营私，所以真君子往往遭受排斥。

孔子以理想的执政模式去设计君子政治，但是社会又没有筛选“君子”与“非君子”的机制。因此，现实往往很残酷，不会给君子更多的活动空间，如孔子般纯粹的君子在动荡的社会里是很难有所作为，因为羁绊的人事太多。

君子之群除了民众利益，没有明确的私利纽带，但往往为别的党派之争所困扰，乃至由于对方利用小人而受到打压，这种现象在自唐以来的党派之争中表现突出，像晚唐的李商隐、北宋的苏轼都是党派之争的受害者。尤其是苏轼，蔡京之流就是利用党争夹带个人私怨而对其横加迫害。

15·23　子曰："君子不以言举人，不以人废言。"

【译文】

孔子说："君子不因这个人话（说得好）便推举他，也不因此人（品德差或地位低）而鄙弃他的好话。"

【赏读】

人都喜欢听好话，但好听的话未必是真话，何况说得好更要做得好。有些人说得好，做得也好，这样的人言行一致，有言必行；有的人做好了也不说，慎言慎行。这样的人当然可以推举提拔委以重任，但手握重权者更要谨防那些投人所好、专说好话、光说不做的巧言令色者，这类人往往别有用心。

而孔子用"不以人废言"来告诫人们，要把言与人区分开来。明确小人物或品德差的人也可以说出有道理的话来，要从言语本身而非言者的身份来考量。《诗经》中的国风都是民间底层人的诗——民谣，但已成为《诗经》的精华。初唐宋之问的人品极差，但他的好诗也流传了下来。但文坛上，类似因人废言与因人禁文时有发生。在朋党之争与乌台诗案等政治事件中，苏、黄的诗文就遭受过禁毁。用胡适的话来讲，看一个社会的文明程度，只要看社会对异见的容忍程度。君子风度是社会修养与个人修养最直接的表现，也是社会文明的符号。

15·24　子贡问曰："有一言而可以终身行之者乎？"子曰："其恕(1)乎！己所不欲，勿施于人。"

【注释】

(1) 其恕——其，表推测。忠是"己欲立而立人，己欲达而达人"，有积极意义的道德，未必每个人都有条件来实行。恕只是"己所不欲，勿施于人"，则谁都可以在当下做，因此孔子在此言"恕"不言"忠"。

【译文】

子贡问道："有一个'词'，并可以终身奉行它的吗？"孔子道："应该是'恕'吧！自己不想要的任何事物，就不要强加给别人。"

【赏读】

朱熹有言：尽己谓之忠，推己谓之恕。忠是内敛的，责求于己；恕是外化的，推己及人。两者可以看成仁者为人处世的两面。一是在某些问题上自己愿意做、要做、能做的事，就应该允许或帮他人去做，这就是"忠"（达己先达人），即你尽力帮助别人去做他要做的事；一是对某些问题自己不想做、做不了或不能做的事，就不能要求对方去做，将心比心，容忍他人，这就是“恕”（己所不欲勿施于人）。通俗地说，就是人既要乐意助人，又要理解万岁。“忠”重在要求自身帮助他人，“恕”主要在于理解原谅他人。忠与恕都包括了内外两个方面：忠，对己诚实无愧，对人职守尽责；恕，对内自我反省，对外宽容理解。

此章孔子与子贡的对话，会有其针对性。孔子的答复与子贡要讲的话题差不多，但立足点有所不同，孔子更强调规范自己的行为（自律）：想要他人如何，先得自己如何。孔子此言不单是君子“终身可行之”的，应是天下人可“终身可能行之”的。

凡事，当换位思考，将心比心，就能理解他人，也能得到他人的理解，这样做事就能通融。人学会包容，容忍他人的不足，社会就会和谐得多。

15·25　子曰：“吾之于人也，谁毁谁誉？如有所誉者，其有所试矣。斯民也，三代之所以直道而行也。”

【译文】

孔子说：“我对于他人，诋毁了谁？称赞了谁？假若我有所称赞的话，一定是曾经考验过他的。（夏、商、周的）这人呀都是如此，三代以来全社会一向有依直道而行的人呀。”

【赏读】

孔子反问自己诋毁或赞誉过人没有。依其本人的言说，就是不曾轻易诋毁人，只是在回答别人问话时，依据一定的材料、史实或听说过的故事，表达出某种沉默的否定或不能肯定，够不上诋毁。而被孔子赞赏过的人，这里他讲得很清楚，是经过了他的考察与验证的。比如，对颜回、仲弓的品德。

孔子讲这话的用意在哪？其实，后面亮出了他的意图。三代得以直道而行，就是有这样的人，即依据自己的考验，去评判人（批判或赞赏）而不是随意听他人说了什么。当然，你不轻易相信他人的话，也就不会随意去评说他人。这样的话，直道而行的社会风气就会形成。“孔子作《春秋》不美虚美，不隐恶，褒贬予夺一如其实。”“善可先褒，恶不预诋。故孔子终于人无毁也。”（钱穆）理性地看，评价人不能只凭个人好恶或一时所见。如孔子对颜回被举报“偷”吃饭的事例，说明就算“亲眼”所见，也要考证一番。那现实中该如何看待他人对自身的诋毁与赞誉呢？这同样需要冷静与理性，即“举世誉之而不加劝，举世毁之而不加沮”（庄子）。孔子就是如此，不论是仪封人之誉，还是楚狂人之讥，皆“直道而行”。

15·26　子曰：“吾犹及史之阙文[1]也。有马者借人乘之[2]，今亡矣夫！”

【注释】

（1）史之阙文——一说，史官记载有疑阙；一说，史者掌书之吏，遇字不知，阙之待问，不妄以己意别写一字代之。（2）有马者借人乘之——一说，如子路车马与朋友共；一说，马不调良，借人服习之。借，犹藉。“史之阙文”和“有马借人乘之”，其间有什么关联，很难理解。包咸的《论语章句》和皇侃的《义疏》都把它们看成两件不相关的事。

【译文】

孔子说：“我还能够看到史书上有空阙存疑的地方。又有马的人（自己不会训练）先借给别人乘用，这种精神，今天没有了罢！”

【赏读】

前句应是孔子看古书时见到“阙文”而有所感慨。古人能把自己有疑的地方实事求是地放在那，而不作胡乱的臆断，让读者有机会去考证。《春秋》写得简约也许有此因由吧。后句也许是孔子赞赏时人将自己重要的财产让给他人使用的双赢做法。

15·27　子曰：“巧言乱德。小不忍[1]，则乱大谋。”

【注释】

（1）小不忍——“小不忍”，既可指不忍小愤怒，也可指不忍小仁小恩；既可指没有“蝮蛇螫手，壮士断腕”的勇气，也可指吝财不忍舍，以及见小利而贪。小事不能忍，如为人之仁不能忍其受，匹夫之勇不能忍其忿，足以乱大谋。

【译文】

孔子说：“花言巧语足以败坏道德。小事情不能忍耐，便会败坏大事乱了大谋。”

【赏读】

“巧言乱德”。首先，巧言乱了“言者”德，花言巧语者不是依德而

行而是依利而言，巧言即乱德。其次，巧言也乱了“听者”德，一些人喜欢听好话，结果有的听后就改变初衷，不按事物本身规律与社会规范行事或改变原有思路办事；再次，巧言还让人产生情感偏差，模糊人的是非判断，颠覆自身行为。其结果“乱”了思想观念，“乱”了秩序规则，“乱”了社会风气。巧言害人，害己，害社会。

“小不忍”，“小”是什么？它内容太多太杂。要忍的东西多。小怒，小怨；小仁，小义；小恩，小惠，可能都是用“巧言”包装过的“鱼饵”。做人要忍得痛，割得爱，这样就不会被感性牵着鼻子走。人如果在这些“小”的面前“忍”不住，就可能出大问题。“大谋”是什么？孔子讲，“道不同，不相为谋”。可见“谋”的是道，“大谋”当然就是“谋大道”。孔子绝不是阴谋家，也不是张仪般的政客，他所说的“大谋”应该是人生大规划。比如，他希望有管仲般的成功；比如，为国尽忠杀身成仁；比如，实现他的“仁政”与“王道”。

15·28　子曰：“众恶之，必察焉；众好之，必察焉。”

【译文】

孔子说：“大家厌恶他，一定要去考察；大家喜爱他，也一定要去考察。”

【赏读】

思想家孔子看到了不一样的善恶与美丑，令人叹服。个体对人事的评判一定会有其相对独立的标准。那么，如此不同评判的标准，对某个具体的被评判对象来说又如何能成为众“恶”或众“好”呢？如果真有这样的人，那这个人就绝非寻常之人。

“众恶众好，其人其事必属非常，故必加审察。”（钱穆）其实，只有不一般的视角与深度的思考，才会有不一般的认知，得出不一般的结论。我们既要考察被恶者与被好者，也要考察恶者与好者本身，找到“恶”与“好”的原因，做出自己的判断。人，应有是非曲直、善恶美丑的判断。没有亲自考察独立判断的事更应存疑。就如贿选村委会主任一样，“绝大多数”有时也会欺骗人的眼睛。如果这些人是些逐小利的“小人”，或者是被胁迫而违心地“好”或“恶”呢？如果被好者是治水的大禹，那众好就是必然。因此，“过滤”与“实察”才是解惑的清醒剂！

其实，新事物或新思想往往与当时主流意识有冲突，这些“新东西”如同哥白尼的日心说，有可能成为“众恶”，而那些被习惯了的约定俗成的陋习或旧观念，也可会成为“众好”。这就需要我们以存疑的态度看清这些“众恶”或“众好”当时究竟处于何种状态。预言家与守旧派，都可能让众人“恶”，乡愿与仁德的行善者，都可能让众人“好”，但如果不加分辨，你就无法看清他们的本质，难以得出正确的结论。

15·29　子曰：“人能弘道，非道弘人[(1)]。”

【注释】

(1) 非道弘人——道，指人道。道由人兴，亦由人行。非道弘人，很难落实。弘，廓大之义。

【译文】

孔子说：“人能够把道廓大，不是用道来廓大人。”

【赏读】

孔子在此也许想阐述人与道的关系及人对道的影响，强调人应努力去扩大道的影响力，让天下人致力于道，而不是说行道者能够通过传道来扩大自身的影响力或声誉。全句重在强调道的社会功效与人传道的重要。话中两个“人”字，前一个是一般意义上的人，即任何人，后一个则特指个体的人，即传道之人。意思是每个人都可以传道，因为只要你依道而为，你就在传道，你就能让道光大，个体的力量可以通过社会汇成洪流；但道不能成为传道者获取功名的工具或手段，即道不是用来宣传某个人、为某个人服务的。

孔子此“道”是指什么？这大道，应该是王道、仁道。他明确人是可以光大这个“道”的。即人可以认识王道、仁道并把它发扬光大，让天下人都认识并践行它。“非道弘人”，本意也许是说道不是用来弘人的，即人不可以用道来扩大自己的影响或作用，或者说人只有遵循道而并非“道”本身能让人成就什么。也就是说，有的人由于贤能有德，因而才让道光大，而非道本身能让人变得贤能高尚。人只有自身修养到了一定境界，才能识道传道。这是不是孔子对人与道的本质的思考而强调人要有“殉道”精神？所以，孔子说“朝闻道，夕死可矣”（4·8）。

15·30　子曰：“过而不改，是谓过矣。”

【译文】

孔子说："犯了错误却不改正，这个错误便真叫作错误了。"

【赏读】

犯错而改错的过程可以成为经验，这"改了的错"就是镜子，就是财富。犯了错却不改正，是愚笨，是无知，那就是真错；犯了错，不但不改，反而加以掩饰，甚至强词夺理，则是野蛮，是虚伪，是强权，那就是错上加错。

人非生而知之，人做事，就难免犯错，做事越多，出错概率越高。但君子与小人在出错后态度与处理方式上有质的不同。君子犯错，知错则改，敢于认错，勇于担当，错误也就越来越少。小人不知错，也不认错，文过饰非，推卸责任，往往小错演变成大患。

15·31　子曰："吾尝终日不食，终夜不寝，以思，无益，不如学也。"

【译文】

孔子说："我曾经整天不吃，整晚不睡，用来思考问题，没有好处，还不如去学习。"

【赏读】

孔子对学与思的辩证关系讲得非常清楚。荀子在《劝学》里阐述得更形象。终日思，不学就不得开窍，有些东西越想就越会钻进死胡同；学了，掌握了丰富的材料，经过他人新东西的启发，认识上就有新角度、新层次，人就像登上高山，便豁然开朗。因而，孔子说"思而不学则殆"。总之，"学"是为了解决"思"的疑问，而新疑又有新"思"，"思"就成了不断"学"的动力。事实上，伟大的思想者，也是伟大的学习者。

如今有些人往往功利地看待读书，要么是"书中自有黄金屋"，要么就"刘项从来不读书"，没有认识到读书本身就是一种学问，一种修行。很多人没有把读书当成生活的一部分，只是把读书看成谋生成事的手段。总之，今人读书，更多的是功利性与快餐式阅读，而以提升修养为主的自主性兴趣阅读更在少数。

15·32　子曰："君子谋道不谋食。耕也，馁在其中矣；学也，禄在其中[(1)]矣。君子忧道不忧贫。"

【注释】

(1) 禄在其中——可以结合“樊迟请学稼”(13·4)看。

【译文】

孔子说:“君子用心力于学术,不用心力于衣食。耕作,也常常饿着肚皮;学习,常常得到俸禄。君子只着急得不到道,不用担心得不到财。”

【赏读】

在一个急功近利的浮躁时代,孔子的话就更显得意味深长。君子安贫乐道,无所谓贫,自然不急,但道不成就会着急。君子爱财,但不合道之财,自然不求不取。君子不亲自耕种,是有更重要的事可做,即使去耕种,也可能挨饿;倒不如勤勉学习,学而有余,然后为政。当然,学习不一定要做官,但做好官一定有俸禄。人不是为吃米而活,但活着既要道,也要米。而君子努力学习,恰恰在得到“道”的同时,还能有必要生活保障。

15·33　子曰:“知及之[(1)],仁不能守之;虽得之,必失之。知及之,仁能守之。不庄以莅之,则民不敬。知及之,仁能守之,庄以莅之,动之不以礼,未善也。”

【注释】

(1) 知及之——“知及之”等句中的“之”究竟何指,原文未曾说出。以“不庄以莅之”“动之不以礼”诸句来看,似是小则指卿大夫士的禄位,大则指天下国家。

【译文】

孔子说:“聪明才智足以得到它,仁德不能保持它;即使得到了它,也一定会丧失它。聪明才智足以得到它,仁德能保持它;如果不用严肃态度来治理百姓,百姓也就不会认真(生活和工作)。聪明才智足以得到它,仁德能保持它,又能用严肃的态度来治理百姓;假若不用合理合法、合情合理的方法来动员百姓,也是不够好的。”

【赏读】

这个“之”,对追求不同的人而言当然会有所不同,在此,应是指上位君子的目标。孔子以治政为话题,那么这个“之”就可以泛指“天下”,也就是拥有“政权”。得到政权之后,能否保住,主要在“民心”。创业难,守业更难,守业就是要守住“民心”。如何守住?以孔子之言,

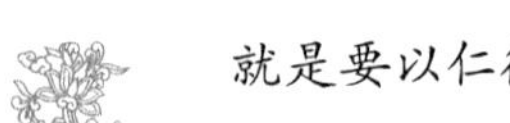

就是要以仁德、庄重、礼法来获得民心，守住天下。

15·34　子曰："君子不可小知而可大受也，小人不可大受而可小知也。"

【译文】

孔子道："君子（人们）不可以用小事情考验（或从小处去赏识）他，却可以接受重大任务；小人不可以接受重大任务，却可以用小事情考验他。"

【赏读】

"一事之能否，不足以尽君子之所蕴，故曰不可小知。任以天下之重而泰乎绰然其可任，故曰可大受。小人非无一才之长可资器使，但不可任以大事，能知人，然后能用人。"（钱穆）"君子喻于义，小人喻于利"（4·16）。君子坦荡荡，对小事与细节不很在意，大智若愚；小人长戚戚，也会有点小聪明，但有点小利就会惦记着。为政者，知人善任，且"知"是"任"的前提。所以，为政者行事，要因事因人而异。

君子是有贤德、有智慧的人，是仁义之士，可以与之共谋大事委以重任。如齐之管仲，郑之子产，赵之相如，燕之荆轲。如果让一个将军去做伙夫，他不一定能配合好厨师炒出好菜，但要他带兵打仗则屡建奇功。而小事可以让小人物去做，给他点小利就行，小人物生存是第一位的，能给一些看得见的实惠，就可以引领他们努力工作。但是，小人用错了地方就问题多多，他可以为一顿饭大笔一挥买来一批劣质钢材或过时的机器；一念之差为一点蝇头小利，可以把一个企业出手送人。

15·35　子曰："民之于仁也，甚于水火[1]。水火，吾见蹈而死者矣，未见蹈仁而死者也。"

【注释】

(1) 甚于水火——《孟子·尽心上》说："民非水火不生活。"

【译文】

孔子说："百姓对于仁德，比水火更急需。我看见过往水火里跳进去因而死掉的人，却从没有看见践行仁德而死了的人呀。"

【赏读】

人，有时真是不可思议。仁德比水火重要，但人可以蹈水火而死，

却不会以蹈水火的热情与勇毅去对待与践行仁德。为什么？水火与仁德是人追求目标的两极。水火是人的物质世界的代表，谁也离不开，它是人类生活高于动物的最基础的生存层面；仁德是人的精神世界的代表，也是人区别动物的高层次的道德层面，而这不是每个人都可以达到的境界。

此话为孔子理性直面现实的感性表达。人离不开水火，水是生命之源，火改变了人类生活与生存的条件，而仁礼能让人向更高级的境界发展。孔子洞见了人类社会与其他动物世界的本质区别。孔子感叹，有的人可以为财为情蹈水火而死，但不愿为国为民蹈仁而死。其实，人类社会是在进步，但作为个体的人退化到动物的自然属性也很容易。然而，杀身成仁者自古有之，难道孔子会视而不见？也许孔子是希望那些想成仁还没有成仁者，要像追求水火般奋不顾身地去求仁吧。

15·36　子曰："当[1]仁，不让于师。"

【注释】

（1）当——正值、正逢或面对。

【译文】

孔子说："面临仁德，就是对老师也不要谦让。"

【赏读】

仁者谦让于人，但在仁前或追求仁上，就不要谦让！就算在尊长面前，也应努力争先。求道当尊师，行道则不让于师。当仁不让，恰如见义勇为。

仁者，大仁大义之事要抢着做；大是大非之事要依仁礼而行。前者就是要抢在师长前面做仁义之事；后者就如亚里士多德名言："吾爱吾师，吾更爱真理。"仁义面前，即使是师长挡在前面，也要冲过去努力践行。特别是后一种"不让"，不仅需要赴汤蹈火的勇毅，往往可能背上叛逆者的污名，更显循仁之路的艰辛与悲壮。

15·37　子曰："君子贞[1]而不谅[2]。"

【注释】

（1）贞——贞者，存于己而不变。（2）谅——谅者，求信于人。朱骏声《说文通训定声》说这"谅"字假借为"勍"，犹固执也。贞自可信，不待于谅。孔子曰："言不必信，行不必果，义之与比。"义之与比，贞也。言必信，行必果，则匹夫之为谅。

【译文】

孔子说："君子只固守大信，却可以不拘执小信。"

【赏读】

"贞"与"谅"词义相对，贞注重实质，谅偏向于形式。贞是大信，即君子循道尊礼、守仁、重义，都是从治国安邦平天下而言。谅是小信，对君子而言，谅的只是小恩小惠小承诺。在大是大非面前，君子不会固执而抱残守缺，重大信犹如信陵君之客侯嬴：不报小礼，关键时刻却能以命相报。

对于仁人志士而言，忠于国家，忠于民族，忠于人民就是大信，忠于自己的信仰与信念就是大信，对芸芸众生的悲悯就是大信；而对某个具体的人物无原则的崇拜则是小信，为对方的小恩小惠总想找机会报答就是小信，特定条件下或迫于压力的承诺则是小信，而那些因小信不惜损害他人与民众利益，甚至是国家民族的利益，不但不是大信，反而是不仁不义，是犯罪，为君子所不齿。

15 · 38　子曰："事君，敬其事而后其食[(1)]。"

【注释】

(1) 而后其食——据宋晁公武《郡斋读书志》的记载，蜀石经《论语》作"而后食其禄"。后，作使动，使其食在后。

【译文】

孔子说："对待君上，严肃认真地做好工作，而要把那俸禄的事放在后面。"

【赏读】

现在人做事是先讲价做事，即先小人后君子。小人物为了生存，这做法对付那些刁滑的老板算是防诈的好办法。这算是小百姓的做法，无可非议。但一旦谈成了，你就不可再去省工、省料、省力，坑害东家，而应认真把事情做好，也不能再因考虑工钱高低之类的问题而影响工作质量。这里孔子讲的仁者事君之大事，讲求的是忠义贤良，要做的是关涉国家民生之命运，强调的是敬业尽职，俸禄都放在次要的位置。君子于国于民，鞠躬尽瘁，死而后已。

15·39 子曰："有教无类[1]。"

【注释】

(1) 无类——"自行束脩以上，吾未尝无诲焉"(7·7)，便是有教无类。

【译文】

孔子说："人人我都应该教育，没有（贫富、地域等）区别。"

【赏读】

孔子收徒，除了随意交点学费（束脩）作为拜师的凭证，并未明确标准。至于弟子的年龄、信仰、地区（国别)、文化程度、领悟能力、个人身份或出身、贫富、贵贱都不在参考范围，教学上一视同仁。弟子中，富的有冉有、子贡，穷的有颜渊、原思，贵的有孟懿子，贱的有冉雍，野的有子路，鲁的有曾参，愚的有高柴，孝的有闵损，智的有子夏，远的有子游，近的有侄子孔蔑，皆为孔门高足。故有东（南）郭惠子"夫子之门何其杂"之叹。至于教学过程中，弟子的基础与领悟力如何，那就得因材施教。总之，孔子以无差别地接收，又以有差别方法对学生进行教育，其核心就是有教无类与因材施教，很值得当代教育及管理工作者借鉴。

15·40 子曰："道不同，不相为谋。"

【译文】

孔子说："主张不同，不互相商议。"

【赏读】

主张不同，观点不一，很难有共同的方向与目标，运用的方法也不尽相同，话不投机半句多，又哪里会有相互商讨的交集？但君子因弘道而又必须有更多的担当，要求他们与不同主张的人沟通，从更大目标上去实现社会和谐。

君子主张和而不同，人与人之间也可以相互包容，就如孔子与原壤两人主张不同，却成了故友。道不同的人也可以做到相安无事，各自发展。这是社会多元发展的标志，也是社会文明提升之必需。

15·41 子曰："辞达[1]而已矣。"

【注释】

(1) 辞达——可以和“文胜质则史”(6·18) 参看。孔子不主张辞藻过于浮华。另说，辞指辞命，列国邦交，奉使者主要在传达使命，国情得达，即是不辱君命。

【译文】

孔子说：“言辞，足以达意便罢了。”

【赏读】

辞达，即语意通达，意思表达清楚明白。如果文章连最基本的通达都做不到，还一味地去追求所谓的华丽辞藻，甚至因辞害意，如此华而不实又有何用？达意是言辞的基本要求。孔子不主张讲话过于讲究文辞(文胜于质) 而害意，但孔子又有“言而无文，行而不远”(《左传·襄公二十二年》)，话说得准确，如果能再雅致一些，那又有何不好？其实，好文章都是文质兼美的。言辞重在简约与沟通的实际效果，立言则重在深邃的思想与优良的传播力。

15·42　师冕[1]见，及阶，子曰：“阶也。”及席，子曰：“席也。”皆坐，子告之曰：“某在斯，某在斯。”

师冕出。子张问曰：“与师言之道与？”子曰：“然，固相师之道也。”

【注释】

(1) 师冕——师，乐师。冕，乐师之名。古代乐官一般由盲人担任。

【译文】

师冕来见孔子，走到阶沿，孔子道：“这是阶沿啦。”走到坐席旁，孔子道：“这是坐席啦。”都坐定了，孔子告诉他说：“某人在这里，某人在这里。”

师冕告辞出来了。子张问道：“这是同盲人讲话的方式吗？”孔子道：“对呀。这本来就是帮助盲人的方式。”

【赏读】

此章可作为孔子主张“辞达”的例证，也是言辞生活应用要求的一种诠释，可谓大师行道返璞归真。一个鲜活的孔子形象，以其自身朴实、精到言语站立在读者面前。我们赞叹于孔子崇高品格，因为细微的言行彰显了他朴实而仁厚的君子之风。

盲人最大的困难就是行动不便。他人给他最好的帮助，就是做他的眼睛。盲人最需要的，也是旁人最应该做的。“阶也”“席也”“某在斯”，言语简单，却最有分量，最有精度，最有温度。在这里，看到了一个实实在在、真真切切的师长，是如何从细节上做好一件事。从孔子的言行中，我们知道了什么是行仁无小事。

仁道在哪？在生活的点滴中。对盲人言道，就要把自己放在盲人的位置上去思考问题，先帮助他们的实际需要，然后再来谈道。其实，这帮助盲人的过程本身就是行道的一部分，而这恰恰是常人容易忽视之处。

回到现实，我们如何做到大事从小处着手或小事从大处着想呢？如果为人民服务只停留在口头上，没有很好地把“人民”落到实处，比如“窗口”行业服务意识淡薄，就没有做好“大事化小”；如果把每天做的公务、老百姓的油盐酱醋当作鸡毛蒜皮的小事，就没有做好“小事从大处着想”。以孔子的言行参照，那就是群众生活无小事。用心、用眼看到大处，从中看出“仁”与“道”来，然后再要用言行落到小处、细处，看待群众的“生活”，就如孔子之于盲人的“阶”“席”。

季氏篇第十六

本篇前三章内容关涉鲁国当时政治秩序混乱，表明周礼已被严重破坏，孔子由此推出王朝无礼、无道必将衰微的社会规律，强调社会和谐稳定在于秩序有序与财富均平，否则，将分崩离析。之后的言论重在教导弟子，明确为人处世之原则，具体包括三友观、三乐观、三愆观等，强调个人修行德品与勤奋学习的重要性，告诫弟子越特殊的时期越要坚守，努力提升自我修养。最后一章明确称号要“以礼”正名。

16·1　季氏将伐颛臾[(1)]。冉有、季路见于孔子曰：“季氏将有事[(2)]于颛臾。”

孔子曰：“求！无乃尔是过与？[(3)]夫颛臾，昔者先王以为东蒙[(4)]主，且在邦域之中矣，是社稷之臣也。何以伐为？”

冉有曰：“夫子欲之，吾二臣者皆不欲也。”

孔子曰：“求！周任[(5)]有言曰：‘陈力就列，不能者止。’危而不持，颠而不扶，则将焉用彼相矣？且尔言过矣，虎兕出于柙[(6)]，龟玉毁于椟中，是谁之过与？”

冉有曰：“今夫颛臾，固而近于费[(7)]。今不取，后世必为子孙忧。”

孔子曰：“求！君子疾夫舍曰欲之而必为之辞。丘也闻有国有家者，不患寡（当作贫）而患不均，不患贫（当作寡）而患不安[(8)]。盖均无贫，和无寡，安无倾。夫如是，故远人不服，则修文德以来之。既来之，则安之。今由与求也，相夫子，远人不服，而不能来也；邦分崩离析，而不能守也；而谋动干戈于邦内。吾恐季孙之忧，不在颛臾，而在萧墙之内[(9)]也。”

【注释】

(1) 季氏将伐颛臾——季氏谓康子。颛臾，鲁国的附庸国，现山东省费县西北八十里有颛臾村。(2) 有事——有事，指用兵。(3) 无乃尔是过与——固定句式。无乃……与，即恐怕……吧。过，作动词。是，前置标志。尔是过，即过尔，责备你。(4) 东蒙——蒙山，在鲁东，因称东蒙。(5) 周任——古代的一位良史。(6) 虎兕出于柙——兕，野牛。柙，槛。(7) 费（bì）——鲁国季氏采邑，今山东费县西南七十里有费城。(8) 不患寡而患不均，不患贫而患不安——当作“不患贫而患不均，不患寡而患不安”，贫与均是从财富着眼，下文“均无贫”可证；寡和安是从人民着眼，下文“和无寡”可证。(9) 萧墙之内——萧墙是鲁君所用的屏风。人臣至此屏风，便会肃然起敬，所以叫作萧墙（萧字从肃得声）。“萧墙之内”代指鲁君。时季孙把持鲁政，和鲁君矛盾很大，也知道鲁君想收拾他以收回主权，因此怕颛臾凭借有利的地势起而帮助鲁国，于是要先下手为强，攻打颛臾。其后，哀公果欲以越伐鲁而去季氏。此话刺中了季孙的内心。

【译文】

季氏准备攻打颛臾。冉有、子路两人谒见孔子，说道：“季氏准备对颛臾用兵。”

孔子道：“冉求，这恐怕要责备你了吧？颛臾，上代的君王曾经授权他主持东蒙山的祭祀，而且它的国境早在我们最初被封时的疆土之中，这正是和鲁国同安危共存亡的藩属，凭什么要去攻打它呢？”

冉有道：“季孙要这么干，我们二人都不想。”

孔子道：“冉求！周任有句话说：‘先掂量自己的能力，再去任职；如果能力不行，就应该辞职。’譬如盲人遇到危险，不去扶持，将要摔倒了，不去搀扶，那还要用什么助手呢？况且你的话也说错了。老虎犀牛从槛里逃出来，龟壳美玉在匣子里被毁坏，这是谁的过失呢？”

冉有道：“颛臾，城墙坚固，而且离季孙的采邑费地很近。现今不把它拿下，往后一定会成为子孙后代的祸害。”

孔子道：“冉求！君子就讨厌那种不说自己想要去做，却一定要为此另找借口。我听说过：无论是诸侯还是大夫，不必着急财富不多，只是担心财富不均；不必着急人民太少，只是担心境内不安。倘若财富均平，便没有贫穷；境内和睦团结，就不会感觉人少；境内平安，则没有倾覆之危。正因为这样，所以，远方的人还有不归服的，就只有再修仁义礼乐来招致他们。已经让他们来了，就得使他们安心。如今仲由、冉求你俩辅助季孙，远方之人不归服，却不能招致们；国家到了分崩离析地步，却不能保全；却在国境内谋划用兵。我怕季孙担心的并不在颛臾，而是在萧墙之内的鲁君吧。”

【赏读】

我们应肯定冉有、子路对先生的绝对尊重，他们把这么重要的内部消息告诉老师，除了尊重，还有对先生的信任及听取意见之意图。此章

内容亮出了孔子几个鲜明的观点。冉有与子路的个性与心理状态，在对话中得以充分体现，而事件的性质也在师生的对话中明朗。孔子点明季氏攻打颛臾是错误的，而作为家臣的冉有与子路应“陈力就列，不能者止”，决不可助纣为虐，为自己的不轨（行事）找托词。忠信不是一切都要听从主人的话，真正的忠信是在主人做出错误的决定时要以身相谏。“君子贞而不谅”（15·37），讲求大信大义。

孔子在此提出了什么才是真正的国忧。一个强大的邻国也许会成为忧患，但真正的忧虑不是他国的强大，而是本国的稳定与凝聚力。如果国内有太多不稳定的因素，看似强大的国家，也可能分崩离析。而国家最不稳定的因素就是“不均”与“不和”。均，即缩小社会贫富差距，从而有利于社会的稳定，增强国民的凝聚力，从而消除“不和”。

孔子最后一句话，一针见血地指出季孙之忧在萧墙之内——“颛臾”可以借助有利地势来力挺鲁国，帮助鲁君铲除庞大的季氏集团。换个角度看，孔子明告两弟子，季孙攻打颛臾的政治动机与野心。

春秋末的历史告诉我们，任何王朝的不稳定都源于统治者内部形成了利益集团的纷争，即祸起萧墙。而当纷争的集团间形成了几股足够大的势力，便是社会动荡的开始，并且会把社会平民阶层的不稳定因素加以放大与利用，最后演变成一场残酷的政治斗争或军事冲突。

16·2　孔子曰：“天下有道，则礼乐征伐自天子出(1)；天下无道(2)，则礼乐征伐自诸侯出。自诸侯出，盖十世希不失(3)矣；自大夫出，五世希不失(4)矣；陪臣执国命，三世希不失(5)矣。天下有道，则政不在大夫。天下有道，则庶人不议。”

【注释】

(1) 礼乐征伐自天子出——古制，非天子不得变礼乐，专征伐，此乃大一统之道。自天子出，孔子认为尧、舜、禹、汤及西周都是如此的。(2) 天下无道——天下无道，则自齐桓公以后，周天子已无发号施令的力量了。(3) 十世希不失——齐自桓公称霸，历孝公、昭公、懿公、惠公、顷公、灵公、庄公、景公、悼公、简公十公，至简公而为陈恒所杀，孔子亲身见之；晋自文公称霸，历襄公、灵公、成公、景公、厉公、平公、昭公、顷公九公，六卿专权，也是孔子所亲见的。所以说“十世希不失”。(4) 五世希不失——鲁自季友专政，历文子、武子、平子、桓子而为阳虎所执，更是孔子所亲见的。所以说“五世希不失”。(5) 三世希不失——至于鲁季氏家臣南蒯、公山弗扰、阳虎之流都当身而败，不曾到过三世。当时各国家臣有专政的，孔子言“三世希不失”，盖宽言之。孔子这一段话可能是从考察历史，尤其是当日时事所得出的结论。逆理逆道愈甚，争斗愈甚，则失之愈甚，自然之势如此，非人力所能强。

【译文】

孔子说：“天下太平，制礼作乐及用兵都从天子那里做出的决定；天下混乱，制礼作乐及用兵便决定于诸侯。决定从诸侯出，大概传到十代，很少没有丢失权力的；决定从大夫出，传到五代，很少没有丢失权力的；若是大夫的家臣把持国家政权，传到三代很少没有丢失权力的。天下太平，国家的最高政治权力就不会掌握在大夫之手。天下太平，老百姓则不会议论政治。”

【赏读】

一个王朝，如果权力旁落到侯王或大夫手里，甚至落到大夫的家臣手里，那么，它的“无道”程度、动荡程度就会不断加剧，稳定就是一种奢望。假如朝廷出台一个惠民政策，到下面却变成郡县或一些部门或官吏的敛财工具，日子一久，社会就会出现诸多不稳定的因素，政府的信用就会大打折扣。北宋王安石的“青苗法”，最后演变成了官吏勒索百姓的“催命法”，又怎能怪司马光出来反对，苏轼写诗嘲讽？“无道”的王朝，再好的“经”传到下层都会被念歪。政令难出“大明宫”，政路与言路都被太监们挡住了，又哪里会有稳定之理？

16·3　孔子曰：“禄之去公室五世(1)矣，政逮于大夫四世(1)矣，故夫三桓(2)之子孙微矣。”

【注释】

(1) 五世、四世——自鲁君丧失政治权力到孔子说这段话的时候，经历了宣公、成公、襄公、昭公、定公五代；自季氏最初把持鲁国政治到孔子说这段话时，经历了文子、武子、平子、桓子四代。(2) 三桓——鲁国的三卿，仲孙（后改为孟孙）、叔孙、季孙都出于鲁桓公，故称“三桓”。此三家至定公时皆衰。

【译文】

孔子说：“爵禄赏罚之权离开了鲁君（不从鲁君出），已经五代了；政权落到了大夫之手，（从季氏来说）已经四代了，所以桓公的三房子孙现在也衰微了。”

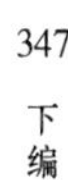
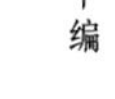

【赏读】

孔子说的就是古代政权的周期率。作为诸侯的鲁国，鲁君权力的丧失，已经有五代，即鲁国也衰微得差不多了；鲁国的权力被大夫控制了四代，即三桓的权力历经四代，也衰微得差不多了。周朝作为一个傀儡，自然差不多了，但为什么孔子不讲周朝已差不多了呢？他是不忍直说他所仰望的周朝，还是想借助于某位还未丧权的国君重整周礼，乘势而为，复兴一个伟大的东周时代？从他对管仲的赞赏来看，孔子对时局应有某种想法，只是在他眼里，很多国君只想当霸主，不想做“文王”罢了。

16·4 孔子曰：“益者三友，损者三友。友直，友谅(1)，友多闻，益矣。友便辟(2)，友善柔(3)，友便佞(4)，损矣。”

【注释】

(1) 谅——谅，信。(2) 便辟——谓习于威仪，致饰于外，内无真诚，与友谅之谅正相反。(3) 善柔——谓工于媚悦，与友直之直正相反。工媚悦者必不能守直道。(4) 便佞——巧言口辨，非有学问，与多闻正相反。便字或作谝，即巧言。

【译文】

孔子说：“有益的朋友三种，有害的朋友三种。同正直的人交友，同信实的人交友，同见闻广博的人交友，就有好处了。同仪态严肃当面恭维背面毁谤的人交友，同谄媚奉承的人交友，同夸夸其谈的人交友，就有害处了。”

【赏读】

近朱者赤，近墨者黑。交上正直、朴实，有见识的正人君子就是给自己找到了个人生导师；如果跟人前说好话、背后捅刀子的不学无识之辈粘在一起，那就是自毁前程。交友不慎、交错友酿成悲剧者大有人在，诸多因素中还是自己品性上存在缺陷，交友不是一两天，即使伪装得再深的人还是会有露馅的时候。人以群分，志趣相投方能交往，要不就是别有动机，各取所需。

人在落难之日或得意之时最难交友。人性有弱点，人落难，朋友就少，但患难见真情，这时倒能分辨出真、假朋友。然而，伸出援手的人都是好人吗？人在落难的时候也很容易把对方当作救命的稻草。如果对方是想借助于你去共同对付他的对手或死敌呢？你不又多了一个对头？如果他是出于你对他往后的政治前途而不是你的为人，并不是对你的价值取向的认同呢？在以后的人生路上，你是不是多了一份被挟持？他是不是要把对你的帮助转换成要求你的砝码？人生得意，也会失去一些朋友或淡化了自己的真朋友，因为此时想与你交友的人太多，眼花缭乱也就成为常态。也许那些曾经爱着你的真心帮助过你的朋友，被你现在得意得势之后前呼后拥态势所淹没。应该说，在穷困时支持、得意时指摘你的人才是你的益友。

16·5　孔子曰："益者三乐，损者三乐。乐节礼乐[(1)]，乐道人之善，乐多贤友[(2)]，益矣。乐骄乐[(3)]，乐佚游[(4)]，乐晏乐[(5)]，损矣。"

【注释】

(1) 乐节礼乐——前一个"乐"(lè)，意动用法，即以……为乐；后一个"乐"(yuè)，作名词，即音乐舞蹈文化。节，有节制。礼贵中，乐贵和，皆有节（度）。(2) 多贤友——友而贤，多多益善，以此为乐。(3) 骄乐——恣放自骄，不知节制。(4) 佚游——佚，同"逸"。惰佚游荡，出入不节。(5) 晏乐——沉溺于安逸的生活之乐。晏，安逸，安谧。一说，晏乐即宴乐，为古代宴饮而配的奏乐、舞曲。

【译文】

孔子说："有益的快乐有三种，有害的快乐有三种。以礼乐得到节制中和为快乐，以宣扬别人的好处为快乐，以交了不少贤能的朋友为快乐，便有好处了。以自骄放纵、不知节制为快乐，以游荡忘返、出入不节为快乐，以沉溺安逸、荒淫无度为快乐，便有害处了。"

【赏读】

可以说，一个人的喜好，以什么为乐，基本反映出他的人生价值取向，也决定着其事业的大小、成败。人们都深知乐中益损之道，然而，人的思想与价值观的变数，除与人相处的生活环境有关外，与人的动物性或者说"兽性"被约束的程度及人品的修炼程度关系甚大。事实证明，在特定的环境与权力自信面前，人的思想与价值观，往往还会发生蜕变。人的本性，除了遗传因素使其性格存在较大的差异，依照儒家观点就是都有一颗善的种子。然而，人一旦进入社会这个大染缸，终究会成为什么样的人，还真是个未知数。但是，一个人如果以"君子"作为人生追求的目标，就足以成为善良并快乐的人。

16·6　孔子曰："侍于君子有三愆：言未及之而言谓之躁，言及之

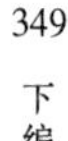

而不言谓之隐，未见颜色而言谓之瞽。”

【译文】

孔子说：“陪着君子说话容易犯三种过失：说话，还未到他该说话时却先说，叫作急躁；说话，到了该说话时，却不说，叫作隐瞒；不看看君子的脸色而贸然开口，叫作瞎了眼睛。”

【赏读】

跟君子说话，不该说话的时候说，是失礼；该说话时或必须说的话的不说，是失真，即失仁；不能说的话乱说，是失察。与君子说话为何容易“失言”？因为君子守“忠恕之道”。所以，跟人说话，什么时候说，说什么话，自己心里要清楚明白。这就是说话要遵循“中庸”之道：恰当——适人、适时、适境、适度。当然，这个理，多数人都懂，要真正做好很难。总之，说话要“慎言”，话说多了，过滤少了，就会出错；有些错是误会，有些错是伤害，有些错是致命。

16·7　孔子曰：“君子有三戒：少之时，血气未定，戒之在色；及其壮也，血气方刚，戒之在斗；及其老也，血气既衰，戒之在得[(1)]。”

【注释】

(1) 戒之在得——孔安国注：“得，贪得。”所贪者可能包括名誉、地位、财货等。

【译文】

孔子说：“君子有三件事情应该警惕戒备：年轻的时候，血气未定，便要警戒，莫迷恋女色；等到壮大了，血气正旺，便要警戒，莫好胜喜斗；等到年老了，血气已经衰弱，便要警戒，莫贪求无厌。”

【赏读】

孔子劝诫的针对性很强，依据人性的特点，强调人在不同年龄阶段必须保持相应的警惕。戒，其实就是一个“度”字。做任何事，如果没有控制好，一过度就泛滥，一泛滥就走到它的反面。从金钱到权力，从意气到美色，都是如此。

事实上，当“君子”已成为社会不合时宜的“傻瓜”时，而我宁愿相信，孔子所提倡的君子之风很有必要。孔子的君子三戒，今天仍然不为苛刻。否则，人在仕途，要么年少夭折，要么中路折戟，要么晚节不保，岂不痛哉？

16·8　孔子曰："君子有三畏：畏天命，畏大人(1)，畏圣人之言。小人不知天命而不畏也，狎大人，侮圣人之言。"

【注释】

(1) 大人——古代对于在高位的人叫"大人"。对于有道德的人也可叫"大人"。这里的"大人"是指在高位的人，而"圣人"则是指有道德的人。

【译文】

孔子说："君子敬畏的事有三件：敬畏天命，敬畏王公大人，敬畏圣人的言语。小人不懂得天命，因而不害怕它；亲狎王公大人，戏侮圣人的言语。"

【赏读】

君子为智者，知天命不可违，所以敬畏天命；君子知命懂礼，所以敬重王公大人，敬畏圣人言行。小人无知，不懂天命，则不畏惧；小人不懂礼仪，不懂尊卑规矩，奸诈犯上，毫无忌惮，没有敬畏之心，故敢戏侮大人；小人无耻无德，重利贪欲，缺仁少义，故敢戏辱圣人之言。人，有敬畏才会有底线，就不敢放纵。常言"头上三尺有神灵"，"人在做，天在看"，这都是人的敬畏心在。人有了这种敬畏心，做事就会反思，就会分是非，就会有约束，就会有选择，从而有所成就。

16·9　孔子曰："生而知之者上也，学而知之者次也；困而学之，又其次也；困而不学，民斯为下矣。"

【译文】

孔子说："生来就知道的是上等，学习然后知道的是次一等；实践中遇见困难，再去学它，又是再次一等；遇见困难而不去学它，老百姓就是这种最下等的了。"

【赏读】

"生而知之者"甚少，孔子说没见过，但并不否定这种天才的存在。"学而知之者"一般都会成才，大多如孔子般"敏而好学"。以上两类当属社会精英，多为国之栋梁。"困而学之"者是社会的大多数，可谓形形色色，其中不乏有几分聪明的，但在顺境中往往把握不住自己，禁不住诱惑，变得世俗，难成大事或功亏一篑。当然，也有部分人喜欢在社会风浪中"潇洒地走一回"，然而，当狂风巨浪把他们掀翻，使他们跌入谷底，被海水呛得死去活来后，才质疑自己的人生航向而幡然醒悟，转身知学，让自己的后半生可圈可点。最后那些“困而不学”者，有的确实想学也学不进，社会对他们也不能过于苛刻，能让他们跟着君子做事就行；但也有少数阿Q式的人物，他从不认为自己愚笨，但没想过要向谁学习，倒把所有的困顿归咎于上天对他的不公，不肯反思，倒想反天，一辈子毫无建树却怨天尤人，往往是“恶人”利用的对象。

孔子讲“民”在“智”上当属下等，话有些绝对，但他讲的“民”，是指一般意义上的百姓，即小人物，那些藏匿于百姓里面的隐者或从中走出去的精英应不在此列，这与“民可使由之”中的“民”概念基本一致。当然，我们主要是应读出他那个礼教文化时代这种对社会人群划分积极的意义。我们必须承认，人的领悟力的高低，道德品质的优劣，对学习态度的好差，都会影响着人的成就。

16·10　孔子曰：“君子有九思：视思明，听思聪，色思温，貌思恭，言思忠，事思敬，疑思问，忿思难，见得思义。”

【译文】

孔子说：“君子有九种考虑：看的时候，考虑看明白了没有；听的时候，考虑听清楚了没有；脸上的神色，考虑温和吗；容貌态度，考虑端庄谦恭吗；与人言语，考虑忠诚老实吗；对待工作，考虑严肃认真吗；遇到疑惑，考虑如何请教；将要发怒，考虑会有什么后患；看见能得的，考虑是否符合道义自己该得。”

【赏读】

九思可谓为人处世之准则。能这样行事，完全可以成为厚德君子。每个人遇事遇物，言谈举止，音容笑貌，以此为镜，谨言慎行，一定会减少差错与过失，避免羞辱与祸害，生活严谨而自在。从而，真正达到由必然王国到自由王国的人生境界。

当物竞天择的旋风席卷世界之时，人们面对资源的枯竭，贫富差距的不断扩大，不去反省，一觉醒来首先想到的还是“谁动了我的奶酪”，那么这个世界还有多少人会去“九思”？那些躺在“奶酪”旁的“世界警察”，还厚颜无耻地说“我是流氓我怕谁？”“君子爱财取之有道”成了他们的笑柄，他们以降低人格的野蛮方式来获取不义之得，岂不令人痛心？如此这般，再繁荣的经济也不过是“艳若桃花”“美如奶酪”的毒瘤。

16·11　孔子曰："见善如不及，见不善如探汤。吾见其人矣，吾闻其语矣。隐居以求其志，行义以达其道。吾闻其语矣，未见其人也。"

【译文】

孔子说："看见善良，努力追求，好像赶不上似的；遇见邪恶，使劲避开，好像要伸手到沸水里去。我看见了这样的人，也听到过这样的话。以避世隐居来求得保全他的意志，依义而行来贯彻他的主张。我听到过这样的话，却没有见到这样的人。"

【赏读】

孔子对前种做法给予积极的肯定，遇到善事积极而为，不想有半点耽搁，遇有丑恶之事，如手触沸水，退得坚决彻底，这种君子"积极入世，又独善其身"的行为不但可取而且可行。对后一种主张，孔子并不否定其本心，但孔子以"未见其人"传达了他的思考：此道真的按其说的做得到吗？也许隐居起来，独善其身可以，单就隐居而言，卷而怀之者就是如此。然而，把避世与行道两者统一起来，似乎很难。也许孔子本人就是想做那个在乱世中所追求两者统一的人，就是想以他的行动和思想去影响当局为政的那种人吧。

"行义以达其道"难。孔子有坚定的意志，而且以周游列国的行动努力去实现他的王道主张，然而困难重重。孔子在此除了感叹"达其道"没有见过，是不是在说这样做其实是很难呢？而他"知其不可而为之"，恐怕就是想做那个"达其道"的人吧，而且他自己也说过"是亦为政，奚其为为政？"（2·21）。

孟子后来有"穷则独善其身，达则兼济天下"之言，似乎有退而求其次的味道，比"行义以达其道"来得软一些。也许在孔子看来，"行义以达其道"，当时还是有这个"市场"吧，至少我们看到孔子"达其道"是没讲条件的，而且他自己一直在努力地践行着。至于中唐的白居易以一个"济"换掉"善"字，足见作为谏议大夫的诗人之豪情与怀抱。

16·12　齐景公有马千驷(1)，死之日，民无德而称焉。伯夷、叔齐饿于首阳(2)之下，民到于今称之。其斯之谓与(3)？

【注释】

（1）千驷——古代一般用四匹马驾一辆车，所以一驷就是四匹马。《左传·哀公八年》："鲍牧谓群公子曰：'使女有马千乘乎？'""千乘"

就是景公所遗留的“千驷”。鲍牧用此来诱劝群公子争夺君位，可见“千乘”是一笔相当富厚的私产。(2) 首阳——山名，现在何地，说法不一。(3) 其斯之谓与——这一章没有“子曰”字样，而且“其斯之谓与”的上面无所承受，程颐以为“诚不以富，亦只以异”（12·10）两句引文应放在此“其斯之谓与”之前，言人之所称不在富，富亦只是有异于人而已，不足称也，但无证据。

【译文】

齐景公有马四千匹，死了以后，谁都不觉得他有什么好行为可以称述。伯夷、叔齐两人饿死在首阳山下，到现在大家还称颂他。那就是这个意思吧！

【赏读】

伯夷、叔齐让国而饿，齐景公踞位而富，人们称道的是人的德而非财。末句的这个“斯”究竟是哪个意思呢？常言，金杯、银杯不如老百姓的口碑。对于一个人的盖棺定论，并不是以其生前财富的多寡和地位的尊卑来定，而是以其在百姓心目中的分量来衡定。

16·13　陈亢[(1)]问于伯鱼曰：“子亦有异闻乎？”

对曰：“未也。尝独立，鲤趋而过庭。曰：‘学诗乎？’对曰：‘未也。’‘不学诗，无以言。’鲤退而学诗。他日，又独立，鲤趋而过庭。曰：‘学礼乎？’对曰：‘未也。’‘不学礼，无以立。’鲤退而学礼。闻斯二者。”

陈亢退而喜曰：“问一得三，闻诗，闻礼，又闻君子之远其子也[(2)]。”

【注释】

(1) 陈亢（kāng）——即陈子禽。(2) 又闻君子之远其子也——“君子之远其子”中的之为取独标志。远，作动词，远离，避开，不亲近。

【译文】

陈亢向孔子的儿子伯鱼问道：“您在老师那儿，也得着与众不同的传授吗？”

答道：“没有。他曾经一个人站在庭中，我恭敬地走过。他问我道：‘学了诗经吗？’我说：‘没有。’他便道：‘不学诗经，就不会说话。’我退回便去学诗经。某天，他又一个人站在庭中，我又恭敬地走过。他问道：‘学了礼吗？’我答：‘没有。’他道：‘不学礼，便没有立足社会的凭借。’我退回便去学礼。只听到这两件。”

陈亢回去非常高兴地说：“我问一件事，知道了三件事。知道诗，知道礼，又知道君子对自己的儿子不偏爱。”

【赏读】

圣人之教，在于立人，指引方向，作人生点拨。君子讲求教学相长，互相切磋，共同进步。孔子对儿子并没有什么特别的教育，只是在引导之外，多点身教。也许这种“润物无声”的熏陶连他自己都没有觉察，这恐怕是陈亢三得之外的东西吧。

当然，陈亢能有三得之体悟，自有喜色，是很不错了。只是问伯鱼的动机不很纯净，又哪能有更深刻的领悟？他不能像颜回那样想到先生心里去。否则，就不会向伯鱼询问此问题了。总之，陈亢的问语略显功利、急躁与浮浅。

16·14　邦君之妻，君称之曰夫人，夫人自称曰小童；邦人称之曰君夫人，称诸(1)异邦曰寡小君；异邦人称之亦曰君夫人。(2)

【注释】

(1) 诸——兼词。(2) 此章可能也是孔子所言，却遗落了“子曰”两字。

【译文】

国君的妻子，国君称她为夫人，她自称为小童；国内的人称她为君夫人，但在外国人面前便称她为寡小君；外国人称她也为君夫人。

【赏读】

此为“礼”在日常生活与国家政治生活中所表现出来的一些细节。作为国君之妻，在秩序规则中必须做到君臣有序、内外有别。国君夫妻间与君臣之间礼节不同称谓不同；邦内、邦外礼节不同称谓不同。所有的称谓都含有其内在的礼仪文化，值得品味。称谓的不同，其实显出的是一个人在某一场合下双方的身份与关系的差异。

生活中称谓里面有亲情，有等级；有自豪，有敬意；有友好，有尊重。称谓的变化，意味着场合与身份的变化、双方关系以及情感表达的变化。而称谓变化之多，也足以表明当时礼仪文化的深厚与复杂。现代社会节奏快，该简则简，但作为礼仪之邦，不同场合下的礼节还是应该有所区分并严肃对待。

阳货篇第十七

本篇记录内容广泛，包括孔子对政治、礼乐、诗教、道德、人性等各个方面的思考，有的还涉及当时家臣执掌国政及叛乱情况，具有史料价值。全篇重在介绍孔子的道德教育思想与处世权变及“知其不可而为之”的积极入世态度，并对仁做出进一步解释，论及为父母守丧三年的问题，还谈及君子与小人之区别。孔子的言谈，既让读者明白他的政治观点、处世态度，也让读者领悟到他的教育思想及处理问题的仁礼原则，还让读者感受到他的亲切与坦诚。

17·1　阳货[(1)]欲见孔子，孔子不见，归孔子豚[(2)]。

孔子时其亡也，而往拜之。

遇诸涂。

谓孔子曰：“来！予与尔言。”曰[(3)]：“怀其宝而迷其邦，可谓仁乎？”曰：“不可。——好从事而亟[(4)]失时，可谓知乎？”曰：“不可。——日月逝矣，岁不我与。”

孔子曰：“诺；吾将仕矣[(5)]。”

【注释】

(1) 阳货——又叫阳虎，季氏的家臣。季氏几代一直把持鲁国的政治，阳货这时正把持季氏的权柄。最后因企图削除三桓而未成，逃往晋国。(2) 归孔子豚——归，同馈，赠送。当时，“大夫有赐于士，不得受于其家，则往拜其门”。阳货便利用这一礼俗，趁孔子不在家，送一个蒸熟了的小猪去。孔子也就趁阳货不在家才去登门拜谢。(3) 曰——自此以下的几个“曰”字，都是阳货的自我问答。(4) 亟——屡。(5) 吾将仕矣——孔子于阳虎当权之时，并未仕于阳虎。

【译文】

阳货想要孔子来拜会他，孔子不去，他便送孔子一头（蒸熟了的）小猪（使孔子到他家来道谢）。

孔子探听到他不在家的时候，前去拜谢。

孔子在路上碰到了他。

他叫唤孔子道："来，我跟你说。"（孔子走了过去）他又道："自己拥有一身的本领，却在国家的事情上糊里糊涂，可以叫作仁爱吗？"（孔子没吭声）他便接着道："不可以。——一个人喜欢做官，却屡屡错过机会，可以叫作聪明吗？"（孔子仍然没吭声）他又自己接口道："不可以。——光阴一天天过去，岁月不会再等你呀。"

孔子这才说道："好吧；我打算出来做官了。"

【赏读】

此章叙事曲折有致，文化内涵十分丰富。前部分生动、具体、形象地演绎着一场"礼尚往来"的陷阱与反陷阱的智斗。后部分，孔子与阳货二人又在语与不语中进行思想交锋，更是意味深长，特别是阳货以孔子之言攻孔子之行，很有咄咄逼人之势，几乎把孔子逼得毫无退路，政客嘴脸凸显，而读者也从中感受到孔子"将仕矣"的言外之意？

阳货是季氏的家臣，把持季家的权柄，且有夺权之野心。阳货认为孔子有才、有声望、有其政治抱负，可以利用孔子来实现政治野心。于是，阳货诱逼孔子上钩，而孔子也看穿了阳货的动机。孔子确实想出仕，但不可能跟阳货合作。孔子以沉默拒绝阳货，但阳货岂会善罢甘休？几番言与不言的思想交锋，可谓耐人寻味：

阳货想要孔子见他，说明利害关系，而孔子不想见。阳货知道孔子重礼，于是送给他一头熟小猪。孔子重视礼尚往来——来而不往非礼也。那么，他是不是一定要硬着头皮去见自己不想见的人呢？否。孔子选择阳货不在家的时候前往拜谢。按理故事到此打住吧。不，偏偏这时，二人在路上偶遇。也许阳货派探子打听到孔子来访后便匆匆赶回，也许这本身就是他设计好的"巧遇"。孔子此时当然没法回避，可见阳货技高一筹。然而，面对阳货的句句逼问，孔子以沉默来抗议对方的威逼。

"道不同，不相为谋"，孔子清楚跟阳货讲仁礼忠信是没有用的；但当阳货讲到"岁不我与"时，孔子还是有所触动吧；最后孔子甩出一句"吾将仕矣"，算是有个了结。然而，"将"字的时间究竟有多久？出仕服务对象究竟是谁？不得而知。事实证明，孔子不可能跟阳货合作。孔子五个字的答语，直而婉，简而明，信而深。孔子有他的底线。

17·2　子曰："性相近也，习相远也。"

【译文】

孔子说："人的性情本是相近，但因习染不同，便相距甚远。"

【赏读】

人，一出生，虽然存在智与力的差异，性情应基本一致。比如“饮食男女，人之大欲存焉”，即人性初始基本处于同一水平，只是因后天生存环境与教化的差异而有了事实上的千差万别。这犹如一粒树种，长成一棵树是基本属性，但某粒特定的种子与其他种子，在饱满程度、适应环境的能力上还是有点差异。当这些相近种子，有的落在土壤中正常生长，有的落在石缝中艰难生存，有的落在石板上只有枯死，有的落在污浊的水沟里发了霉，有的掉入干燥的臭泥里枝繁叶茂，这里就有境遇的不同，最终实现的价值不尽相同。

对人性的善与恶，孔子没有具体的看法，只是有倾向性地指出人欲本原的动物性。而孟子主张性善，所以要回归本善，保养善种，让善的胚芽长大；荀子主张性恶，所以讲求修正，弃恶纳善，惩恶扬善。但他们的共性就是重视后天环境对人的影响。其实，人的本性有善的基因，也有恶的元素。人最终成为什么样的人，有内因，也有外因。观照现实，有时善恶就在一念之间。因此，教化有其现实意义。

17·3　子曰：“唯上知与下愚(1)不移。”

【注释】

(1) 上知、下愚——《汉书·古今人表》说：“可与为善，不可与为恶，是谓上智。可与为恶，不可与为善，是谓下愚。”则是以其品质言。孙星衍《问字堂集》说：“上知谓生而知之，下愚谓困而不学。”则是兼以其知识与质量而言。孔子说过“生而知之者上也”（16·9），这里的“上知”可能是指“生而知之”者。

【译文】

孔子说：“只有上等的智者和下等的愚人是改变不了的。”

【赏读】

孔子明告，“性相近”而“习相远”，环境改变人并且会改变大部分人，只有上等的智者与下等的愚者才不能改变。但是，我们可以用“知其不可而为之”的精神努力改造社会环境，使之有利于人们的生活，有利于遏制人性的恶，有利于发掘人性的善。这样，对“下愚”者环境自然会有所改变。这是不是就相对地改变了“唤不醒”的“下愚”者呢？

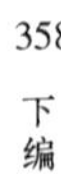

17·4　子之武城，闻弦歌之声。夫子莞尔而笑，曰：“割鸡焉用

牛刀[1]？”

子游对曰：“昔者偃也闻诸[2]夫子曰：‘君子学道则爱人，小人学道则易使也。’”

子曰：“二三子！偃之言是也。前言戏之耳。”

【注释】

(1) 割鸡焉用牛刀——一说，其治小邑，何必用礼乐之道。其实是极认可子游的治政。一说，子游之才而用于武城之小邑，有惋惜大材小用之意。(2) 诸——之于兼词。

【译文】

孔子到了（子游作县长的）武城，听到弹琴吟诗的声音。孔子微微笑着，说道：“宰鸡，何必用宰牛的刀？（治理这个小地方，用得着如此礼乐教化吗？）”

子游答道：“以前，我从老师那听到过这么句话，‘做官的学习了道，就会有仁爱之心；平民百姓学习了道，就容易听从使唤’。”

孔子便向弟子道：“你们（听着）！言偃这话是对的。我刚才那句话不过是跟他开玩笑罢了。”

【赏读】

在师道尊严面前，孔子轻松化解了一场尴尬，其真诚令人钦佩。在此读者看见了子游的认真与执着，也感触到孔子的智慧与胸怀。孔子“莞尔而笑”也好，说“割鸡焉用牛刀”也罢，表明孔子是个性情中人。此时此刻，孔子听到了武城的弦歌乐声，心里满怀欢喜，也很认可子游的能力，只不过认为如此小地方，动用这礼乐之道的大架势真有点浪费才华，言外之意就是如果言偃能在更大的地方一显身手，那将是一件鼓舞人心的事。话语只是说明孔子心里有更大的怀抱，在他看来礼乐教化是治国之本。

孔子早期与曾皙对话，就很欣赏曾皙“浴乎沂，风乎舞雩，咏而归”（11·26）的描绘。而当子游以先生的教诲对先生的说法提出异议时，孔子立即纠正自己的说法，肯定言偃的治政，自有君子风范。此番对话，把一个鲜活的真孔子——充满智慧、幽默风趣而又谦虚真诚的师长，呈现在读者面前。

17·5　公山弗扰[1]以费畔[2]，召，子欲往。

子路不说，曰：“末之也，已[3]，何必公山氏之之也[4]？”

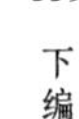

子曰："夫召我者，而岂徒哉[5]？如有用我者，吾其为东周乎[6]？"

【注释】

(1) 公山弗扰——公山弗扰，即公山不狃，季氏家臣。(2) 畔——以费畔，畔季氏也。毛奇龄说，"畔是谋逆"。(3) 末之也，已——末，没有地方。之，往。已，止。(4) 何必公山氏之之也——"何必之公山氏也"的倒装。"之之"，前"之"为前置标志，后"之"为"到、去"。(5) 而岂徒哉——徒，空。全句为"而岂徒召我哉"。(6) 吾其为东周乎——言兴周道于东方。

【译文】

公山弗扰凭借盘踞在费邑图谋造反，叫孔子去，孔子想去。

子路很不高兴，说道："没有地方去，便算了。为什么一定要去公山氏那呢？"

孔子道："那个叫我去的人，难道会白白召我去吗？假若有人用我，我将使周文王武王之道在东方复兴呀。"

【赏读】

孔子急需一个实现抱负、施展才能、治国平天下的平台。也许他想，最好有个国君能像齐桓公任用管仲那样任用他；万一没有的话，那只能转而求其次。如果某个权臣能用他的王道，以天下为己任，以恢复礼乐来安治天下百姓，走上复兴西周之路，有何不可？在孔子看来，时不我待，谁给他平台就是给他机会，以他的仁政王道治天下，哪怕是重新开创局面。"知其不可而为之"的孔子还想真诚地试一试。

其实，孔子即使去了，并不意味着他就会变质。他跟子路说过："不曰坚乎，磨而不磷；不曰白乎，涅而不缁。"(17·7) 他有原则与底线，而所谓的"以费畔"也只是后人记载，当时并未发生。孔子首先要确定"道同"，然后才是"相为谋"，而子路也许就没有去想这些。当然，从孔子的话语中，读者也能感受到孔子不为世用的愤懑，他多么希望有一个贤明的国君，用他的"王道"，哪怕是一年半载！他说过："苟有用我者，期月而已可也，三年有成。"(13·10) 也说过："吾岂匏瓜也哉？焉能系而不食？"(17·7) 甚至有"凤鸟不至，河不出图，吾已矣夫！"(9·9) 的悲叹。孔子这种强烈的济世愿望也许率直的子路体会不到。本质上，孔子并非一个腐朽统治政权的彻底维护者，"复古"只是他思变的表象，他想借助"复礼"去改变那个礼崩乐坏的现状。

17·6　子张问仁于孔子。孔子曰[1]："能行五者于天下为仁矣。"

"请问之。"曰："恭，宽，信，敏，惠。恭则不侮，宽则得众，信则人任焉，敏则有功，惠则足以使人。"

【注释】

(1) 孔子曰——本章有诸多可疑。《论语》记录孔子与君大夫问答始称孔子，对弟子问只称子。又此章孔子答语乃似答问政，与答问仁不类，或说此乃问仁政，然亦不当单云问仁。又孔子答子张，与《论语》其他答语不同。而此章及《尧曰》篇子张问政皆称问孔子，更为失体。

【译文】

子张向孔子问仁。孔子道："能够在天下实行五种品德，便是仁人了。"

子张道："请问哪五种？"孔子道："庄重，宽厚，诚实，勤敏，慈惠。庄重就不致遭受侮辱，宽厚会得到大众拥护，诚实会得到别人的任用，勤敏就会工作效率高、贡献大，慈惠就能够使唤人。"

【赏读】

谦恭庄重，谁还会侮辱你？宽厚待人，谁不喜欢？诚实做人，谁不乐意把事交给你？勤快做事善于动脑，什么事做不成？好事好东西与人分享，谁不乐意听从指派？这样的人为政，会治理不好？为政如此，为人亦必有所成。

17·7　佛肸[1]召，子欲往。

子路曰："昔者由也闻诸夫子曰：'亲于其身为不善者，君子不入也。'佛肸以中牟[2]畔，子之往也，如之何？"

子曰："然，有是言也。不曰坚乎，磨而不磷[3]；不曰白乎，涅而不缁[4]。吾岂匏瓜[5]也哉？焉能系而不食[6]？"

【注释】

(1) 佛肸（xī）——晋国赵简子攻打范中行，佛肸是范中行的家臣，为中牟的县长，因此依据中牟来抗拒赵简子。(2) 中牟——春秋时晋邑，故址当在今日河北省邢台和邯郸之间。(3) 磷——薄；不磷，不敝不伤。(4) 涅而不缁——涅，矾石，本是一种矿物，古人用作黑色染料，作动词，用涅去染。缁，黑色；不缁，没有被染黑之意。(5) 匏瓜——匏子，古有甘、苦两种，苦的不能吃，但因它比水轻，可以系于腰，用以泅渡。(6) 系而不食——匏瓜系于一处，人不食之。

【译文】

佛肸叫孔子（去任职），孔子打算去。

子路道："从前，我从老师那听过这句话，说：'亲自做坏事的人那里，是君子不去的。'如今，佛肸凭借盘踞中牟谋反，您却要去，当如何解释呢？"

孔子道："对，我说过这话。但不是说，最坚固的东西，磨也磨不薄么？不是说，最洁白的东西，用涅染也染不黑吗？我难道就是匏瓜吗？哪能只是被悬挂着而不让人吃食呢？"

【赏读】

孔子有他的追求与坚守，现实又让他特别孤独，也许这种孤独只有颜回能感受。孔子知命，王道是他一生的追求。他，在时不我待中必须找到施展抱负的舞台。

坚者，"磨而不磷"；白者，"涅而不缁"。在孔子看来，只要坚守底线完成天命，就是有人误解又算得了什么？事实上，孔子连"退而求其次"的机会都没有！他只好在困厄中去整理典籍，以讲学来传播他的思想，把理想托给未来！

17·8　子曰："由也！女闻六言[1]六蔽矣乎？"对曰："未也。"

"居！吾语女。好仁不好学，其蔽也愚[2]；好知不好学，其蔽也荡[3]；好信不好学，其蔽也贼[4]；好直不好学，共蔽也绞[5]；好勇不好学，其蔽也乱；好刚不好学，其蔽也狂[6]。"

【注释】

(1) 言——此言和"有一言而可以终身行之"(15·24)之言同，名曰言，实指德。一言，孔子拈出"恕"字；六言，孔子拈出"仁、知、信、直、勇、刚"六字。六言虽美，必好学深求之，乃能成德于己。(2) 愚——朱熹《集注》："愚若可陷可罔之类。"(3) 荡——放而无归，穷高极远而不知所止。(4) 贼——伤害。如尾生与女子期而死于梁下是也。(5) 绞——急切，如父攘羊，而子证之。(6) 狂——妄抵触人。

【译文】

孔子说："仲由，你听过有六种品德就可能有六种弊病吗？"子路答道："没有。"

孔子道："坐下！我告诉你。爱仁德，却不爱学问，那种弊病就是容

易被人愚弄；爱要聪明，却不爱学问，那种弊病就是放荡而无根基；爱诚实，却不爱学问，那种弊病就是（容易被人利用，反而）害了自己；爱直率，却不爱学问，那种弊病就是说话尖刻，刺痛人心；爱勇敢，却不爱学问，那种弊病就是捣乱闯祸，乃至犯上作乱；爱刚强，却不爱学问，那种弊病就是胆大妄为，跟人过不去。”

【赏读】

孔子教导子路，明确其优点，更指出其不足，尤其强调“学”的重要，可谓循循善诱。孔子正告：人行善，出发点好，做出来的事不一定好，好心办坏事终归是坏事。而消除问题的最好办法就是学。人不学，再好的品德，再好的本心，做事都容易停留在表面，或被人利用，或不能甄别真伪，或不能明辨是非，或不知轻重缓急，结果往往事与愿违。人只有学好，不断提升自己品德与才能，才可高屋建瓴看清本质。总之，善如果被恶利用，就会伤害社会；善人好学，不仅能保护自己，也保护了社会。

17·9　子曰：“小子何莫学夫诗？诗，可以兴，可以观，可以群，可以怨。迩之事父，远之事君；多识于鸟兽草木之名。”

【译文】

孔子说：“学生们为什么没人去研究《诗》？读《诗》，可以获得启发，提高人的想象力，可以观察社会现实与自然万物，可以思想与情感交流而合群相处，可以学到抒发不平讽刺时弊。从近处说，可以运用其中道理来侍奉父母；从远处讲，可以用它来侍奉君上；而且在学习过程中对大自然里的鸟兽草木的名称多有认识。”

【赏读】

孔子对鲤说“不学诗无以言”，就是强调学《诗》的重要性，因为当时的外交礼仪上的言辞主要引用《诗》句，而此章再次强调要学《诗》。《诗》可以让人感动，从而激发内心的善，催之生长。如情感的碰撞，有了生命的勃发；如一声春雷，万物复苏。《诗》可以“兴、观、群、怨”。兴是什么？就是读《诗》会激动，头脑发热有想法；就是学会联想与想象，有了由此及彼的领悟，拿起笔来就会思如泉涌，左右逢源。观是什么？观就是察看社会，认识世界，了解人生百态，感受人情冷暖。故学《诗》，达则群，穷则怨。群是什么？群就是学会与他人交流与合作，融入一个群体，提升自身组织能力，培养合作精神。《诗》

的功能就是能让志同道合者聚集在一起，干出一番事业。人，只有群，才能成为社会的人，才能显现其社会属性，实现人生价值。怨是什么？怨就是找到发泄自己感情的方法或突破口，找到讽谏社会中种种不良弊政的方式，《诗经·国风》里的诗熨平了多少旷夫怨女、游子佳人内心的波澜，平息了世间多少可能产生的动荡，疏通了多少被世俗阻塞的渠道。读《诗》之后的境界，如同黑夜里平息了台风的海面，展现给人们的只有清晨现出一缕阳光的安然。

至于从《诗》中学到侍奉父母、事奉君上的道理，那是孔子强调学诗的深远意义。“多识于鸟兽草木之名”，又何止于只学其“名”，我们还可以从山川草木的大自然中感悟世界万物之性情，提升个人之修养，融合于自然中。总之，学诗需要时间与量的积累，要像子贡那样“如切如磋，如琢如磨”（1·15），才会有子夏那种“礼后乎”（3·8）质的领悟。

17·10　子谓伯鱼曰：“女为《周南》《召南》(1)矣乎？人而不为《周南》《召南》，其犹正墙面而立(2)也与？”

【注释】

(1)《周南》《召南》——现存《诗经·国风》中。二南之诗，用于乡乐，众人合唱。(2)正墙面而立——朱熹云：“言即其至近之地，而一物无所见，一步不可行。”

【译文】

孔子对伯鱼说道：“你研究过《周南》和《召南》吗？人假若不研究《周南》和《召南》，那会像面正对着墙壁站着罢！”

【赏读】

“正墙面而立”，如“即其至近之地，而一物无所见，一步不可行”朱熹之言，点中了“不知《周南》《召南》之陋”的要害。这与孔子前章谈诗可以“兴、观、群、怨”一致；跟提醒伯鱼“不学诗无以言”也一个道理。《周南》《召南》诸家各自疑析，但《诗经·国风》里也确有此两章诗。依“犹正墙面而立”之言分析，重在强调不“治”此学之不足，足见《周南》《周召》在《诗》中的分量。但如果依“礼乐”而言，以此为乐名，理由也充分。比如孔子重礼乐，也很懂礼乐，而且下一章也是谈“礼乐”。

17·11　子曰：“礼云礼云，玉帛云乎哉？乐云乐云，钟鼓云乎哉？”

【译文】

孔子说：“礼呀，礼呀，仅是针对玉帛等礼物而说的吗？乐呀，乐呀，仅是针对钟鼓等乐器而说的吗？”

【赏读】

孔子以反问的方式强调“礼乐”更深刻的内涵与作用。礼不仅仅是玉帛，乐也不仅仅为钟鼓之器，这些只不过是“礼”“乐”的外壳而已。“玉帛，礼之所用。钟鼓，乐之所用。人必先有敬心而将之以玉帛，始为礼；必先有和气而发之以钟鼓，始为乐。遗其本，专事其末，无其内，徒求其外，则玉帛钟鼓不得为礼乐。”（钱穆）礼乐有其丰富的文化内涵，至少可以看到它的三大层次：一是最基本的物质层面，礼物与乐器本身；二是由其物质层面的礼物交换与互赠所带出的人与人之间的情感及关系，乐器所发出的音乐给人带来的情感表达与精神享受；三是由“礼乐”这种人与人间建立的关系所包含的社会文化的秩序与认同及复杂的社会属性，还有音乐本身所表现出来的社会节奏与和谐关系，并由此把礼乐引申为一种抽象出来的蕴含着社会秩序的文化符号，传达出各得其所、物尽其用、人尽其能、和谐统一、美美与共的社会气象与追求。

整个社会，人与人之间的各种社会交流及各自所处的社会层面、所担当的角色（分工）都可以直接或间接地从“礼乐”中得以呈现，而且礼乐还可以反作用于社会，促使社会各色人回归到自身的社会位置与角色之中。可以说，一个社会由表象到实质的状况，都可以从礼乐中感受到人们的生活状况，从礼乐中产生对社会的深度认识，同时也能让不同人群差异地感受到自身的存在。其实，一个社会，一个时代，“礼”与“乐”的物质性的表现，可以折射出这个社会、这个时代的人与人之间社会关系以及整个社会的精神文化层面的状况，这就是礼乐的本质。

17·12　子曰：“色厉而内荏，譬诸小人，其犹穿窬之盗[1]也与？”

【注释】

（1）穿窬（yú）之盗——窬，犹窦。盗，窃。

【译文】

孔子说：“脸色严厉，却内心怯弱，若把他们比作贪利的小人，那他们倒像个穿墙挖洞的小偷罢！”

【赏读】

做贼心虚，不仁不义者往往如此。为何有人作恶会色厉内荏，因为他内心还是觉得仁慈、善良与正义是对的，还有一块遮羞布不敢撕掉。就算是蒙面歹徒，至少内心对正义还是胆怯的。也就是说，这类人还有"良知"在，内心深处还是认同社会道德与秩序，还是想在白天或在正常的时间与环境中融入这个社会，甚至想在未来的某个时日金盆洗手。从某个角度看，这类人作恶的深浅不一，只要药到了位，还是有救的可能。

然而，最可恶的是那些强盗般地抢劫财物、绞杀人性，却站在道德的制高点，编造出种种高尚或正义理由的道德骗子。其实，他们不过是个不择手段、心狠手辣的"善人"而已。这类无耻之徒已不再是色厉内荏的小偷，而是面善心毒的蝎子了。社会中的小偷强盗令人痛恨，然而，这类比强盗还凶狠恶毒的假善人，还有可能被人们所拥戴，这才是社会的险恶与悲剧所在。

17·13　子曰："乡愿[(1)]，德之贼也。"

【注释】

(1) 乡愿——愿，孟子作"原"。《孟子·尽心下》对"乡愿"有段解释："何以是嘐嘐也？言不顾行，行不顾言，则曰：'古之人，古之人，行何为踽踽凉凉？生斯世也，为斯世也，善斯可矣。'阉然媚于世也者，是乡原也。"又说："非之无举也，刺之无刺也。同乎流俗，合乎污世。居之似忠信，行之似廉洁。众皆悦之，自以为是，而不可与入尧舜之道。故曰'德之贼'也。"

【译文】

孔子说："没有是非曲直的好好先生，是足以败坏道德的小人。"

【赏读】

乡愿，即世俗中的好好先生。此类人圆滑世故，言不由衷，别人听不到他一句真话。他媚世媚俗，媚权媚财；人家喜欢听什么，就讲什么话；怎样说对自己有利，就怎样说。这类人从来没有自己的观点，别人也找不到他的缺点，就是批判人或批评世俗风气，也能让人听出一片赞美的气息。这类人讲出来的话永远正确，似乎全是正能量，全是心灵鸡汤，而事实上不过都是些送给他人的迷魂药与麻醉剂。

17·14　子曰："道听而途说，德之弃也。"

【译文】

孔子说："在道路上听到传言又在路上四处传播，这是人品德中应该革除的作风。"

【赏读】

道听途说往往会以讹传讹。因此，人要慎言慎行。即使有依据的事实，也要分场合、看对象、知礼而说。明知假话却当真话讲，那就是别有用心。流言止于智者，如听到的是嘉言懿行则反思于心，这对自身就是一种修炼。

17·15　子曰："鄙夫可与事君也与哉？其未得之也，患得之（当作患不得之）(1)。既得之，患失之。苟患失之，无所不至(2)矣。"

【注释】

(1) 患得之——王符《潜夫论·爱日篇》云："孔子疾夫未之得也，患不得之；既得之，患失之者。"可见东汉人所据的本子有"不"字。《荀子·子道篇》说："孔子曰……小人者，其未得也，则忧不得；既已得之，又恐失之。"（《说苑·杂言篇》同）此虽是述意，"得"上也有"不"字。(2) 无所不至——言其将无所不为。

【译文】

孔子说："鄙夫，难道能同他共同侍君吗？当他没有得到职位时，生怕得不着；已经得着了，又担心失去。假若担心失去，那就会没有他做不出来的了。"

【赏读】

"人品大略可分为三类：有志于道德者，此为己之学；有志于功名者，此为人之学；有志于富贵者，即本章之所谓鄙夫，乃不可与共学之人。"（钱穆）孔子为何感叹，恐怕跟他身边曾经有过这等同事有关。现实中，有的人患得患失，处处设防或挖陷阱。能力比他强的他要压着用，别跑到自己前面去了，抢了自己的位置。能力比他弱的要保着用，这样，一来受惠于他的这类人会感恩戴德于他，自然好指挥，二来有利于自己坐稳位置，无后顾之忧；对方也会无原则地讨好自己。这类人，凡事首先考虑的就是得与失，为了位置他什么事都会去做或什么事都会不做。这样的人，私利永远是摆在第一，往往会因个人恩怨或蝇头小利，让君子蒙羞，使国家受损。

17·16　子曰："古者民有三疾[(1)]，今也或是之亡[(2)]也。古之狂也肆[(3)]，今之狂也荡；古之矜也廉[(4)]，今之矜也忿戾；古之愚也直[(5)]，今之愚也诈而已矣。"

【注释】

(1) 疾——疾，病义，此言人有偏短，指下文提到的狂、矜、愚。(2) 是之亡——亡是，没有它。(3) 狂也肆——狂者志愿高，每肆意自恣，不拘小节。(4) 廉——廉隅之廉，本义是器物的棱角，人的行为方正有威也叫"廉"。(5) 愚也直——愚者暗昧不明，直谓径行自遂，无所防戒。

【译文】

孔子说："古代的人们还有三种（可贵的）毛病。现在，或许都没有这些了。古代的狂人肆意直言，现在的狂人便放荡不羁了；古代矜持的人还有些神圣不可触犯的地方，现在矜持的人却只是一味恼羞成怒，无理取闹罢了；古代的愚人还直率，现在的愚人却只是欺诈耍手段罢了。"

【赏读】

孔子列举古人三种"毛病"，实指其可贵之处。也即古人"不足"的性格内都含有"可贵"的因素，但到春秋末就没有了。孔子指出世风日下，肆意直言的狂人变得放荡不羁；傲得有理、有节、有威仪的矜持者就变得恼羞成怒性情乖张、歇斯底里；直率的愚顽者把愚作为欺诈、获利的手段。

时代在变，人性也在变，有些形似上的东西却发生了质变。社会上本来有一些好东西（好思想、好品德、好行为），但当社会只给具有这些好品德的人精神上而非物质与地位上奖励的时候，某种人就会站出来贬损这些人，说他们不过是有些傻；然而，一旦被政府认可，让他们成为社会道德的标杆，并给他们一定的物质或地位奖励的时候，这种人也就努力地把自己打扮成"一类的标杆"。其结果是，这些钻营的冒牌货在社会上名利双收，货真价实的标杆备受冷遇。这就犹如大唐时，终南山本是修行者的避世胜地，结果却成了某些欺世盗名、沽名钓誉者的终南捷径。

17·17　子曰："巧言令色，鲜矣仁[(1)]。"

【注释】

(1) 见《学而篇》(1·3)。

17·18 子曰:“恶紫之夺朱[(1)]也,恶郑声之乱雅乐[(2)]也,恶利口之覆邦家者。”

【注释】

(1) 恶紫之夺朱——恶,厌恶,或作意动,对……感到厌恶。朱,正色。紫,间色。春秋时候,鲁桓公和齐桓公都喜欢穿紫色衣服。从《左传·哀公十七年》卫浑良夫“紫衣狐裘”而被罪的事情看来,那时的紫色可能已代替了朱色而变为诸侯衣服的正色了。之,取独标志。下同。(2) 郑声之乱雅乐——郑声,淫声。雅乐,正音。

【译文】

孔子说:“紫色夺去了大红色的光彩和地位,令人憎恶;郑国的淫乱之乐破坏了典雅的乐曲,令人憎恶;强嘴利舌可以颠覆国家的人,令人憎恶。”

【赏读】

孔子憎恶这三类人事。从恢复周礼角度看,克己复礼是他的行动指南。而第一类,是弄权称霸夺位,僭越破坏原有的社会秩序的人;第二类,是以淫乱之音摧毁人的意志,或消磨人的精神,或改变人的价值观,把音乐弄成了人的精神鸦片的人;第三类,是追名逐利的野心家或靠蛊惑人心的伎俩游说天下的政客。

17·19 子曰:“予欲无言。”子贡曰:“子如不言,则小子何述焉?”子曰:“天何言哉?四时行焉,百物生焉,天何言哉?”

【译文】

孔子说:“我想不说话了。”子贡道:“您假若不说话,那我们传述什么呢?”孔子道:“天说了什么呢?四季照样运行,百物照样生长,天说了什么呢?”

【赏读】

为什么孔子不想说,是慎言,还是不满,或者认为没有必要。但不想说,并不代表不做,行动足以代表他的思想,自己照样可以做自己想做、该做、能做的事。

大自然无言，但大自然的春夏秋冬的一切变化，都是它的语言。江河无言，鱼虾就是它的语言；上天无言，云雨雷电就是它的语言。如果人能把自然等同于人类自己看待，善待大自然的一切，用心去倾听去感受，难道真的会听不懂？只是有人熟视无睹，有人胆大妄为而已。为何一定要等到江河鱼尽，满天雾霾，山崩地裂，再来一声叹息？

17·20　孺悲(1)欲见孔子，孔子辞以疾(2)。将命者(3)出户，取瑟而歌，使之闻之。

【注释】

(1) 孺悲——鲁国人。《礼记·杂记》云：“恤由之丧，哀公使孺悲之孔子学士丧礼，《士丧礼》于是乎书。”此应为另一时事。(2) 辞以疾——《孟子·告子下》说：“教亦多术矣。予不屑之教诲也者，是亦教诲之而已矣。”孔子故意不接见孺悲，并使他知道，是否也是如此？(3) 将命者——传话的人。

【译文】

孺悲来，要会晤孔子，孔子以生病为托词拒绝接待。传话的人刚出房门，孔子便把瑟拿下来弹，并且唱着歌，故意使孺悲听到。

【赏读】

此语写出孔子别样的性情，值得玩味。孔子在待人接物上是重礼、慎言、慎行的。孺悲受鲁哀公之命来向孔子学习，孔子为何表现得如此不近人情，以“不言之教”教他？虽然孔子没有直接跟孺悲讲话，但他传出的信息，对孺悲的心理会产生巨大触动。孔子为何要采用如此做法？其一，孺悲曾是孔子的弟子，现在鲁哀公殿下干事，有较强的能力，但孔子清楚孺悲的不足，不教之教对他也许是最好的教育。其二，孺悲来的目的是学“士丧礼”。“士丧礼”为“士丧其父母，自始死至于既殡之礼”，比较繁杂，也很铺张。鲁君连“告朔”都不亲临，孔子认为哀公恐怕要的只是礼的形式罢了。

孺悲是鲁哀公叫他来的。可以揣测孔子要以非礼的方式表达不屑传礼予孺悲。原因不外于孔子对孺悲本人或鲁哀公有成见，或者对“士丧礼”本身有看法（孔子主张节俭，还是应慎重）。孔子重礼，对鲁哀公一国之君无礼不太可能，对孺悲的教训可能性最大。也许我们只有对此有了足够的了解，才可能看清孔子这一做法的动机，但有一点可以肯定，那就是孔子懂“士丧礼”而不肯面教孺悲，且必须明告他以警示其为人处事之不足。

17·21　宰我问："三年之丧，期已久矣。君子三年不为礼，礼必坏；三年不为乐，乐必崩。旧谷既没，新谷既升(1)，钻燧改火(2)，期(3)可已矣。"

子曰："食夫稻(4)，衣夫锦，于女安乎？"

曰："安。"

"女安，则为之！。夫君子之居丧，食旨不甘，闻乐不乐，居处不安(5)，故不为也。今女安，则为之！"

宰我出，子曰："予之不仁也！子生三年，然后免于父母之怀(6)。夫三年之丧，天下之通丧也，予也有三年之爱于其父母乎！"

【注释】

(1) 升——登。一年之期，旧谷已尽，新谷登收，时物皆变，丧期亦即此可止。(2) 钻燧改火——古代钻木取火，被钻的木，四季不同，所谓"春取榆柳之火，夏取枣杏之火，季夏取桑柘之火，秋取柞楢之火，冬取槐檀之火"（马融引《周书·月令篇》文）。一年一轮回，此为改火。(3) 期——同"朞"（jī），一周年。(4) 稻——古代北方以稷（小米）为主要粮食，水稻和粱（精细的小米）是珍品，而稻的耕种面积更小，所以这里特别提出它来和"锦"为对文。居丧者不食之，衣素用布，无彩饰。(5) 居处不安——古代孝子要"居倚庐，寝苫枕块"，就是住临时用草料木料搭成的凶庐，睡在用草编成的藁垫上，用土块做枕头。这里的"居处"是指平日的居住生活而言。(6) 免于父母之怀——子生未满三岁，常在父母怀抱中，故亲丧特以三年为断。

【译文】

宰我问道："父母去世，守孝三年，为期也太久了。君子有三年不去习礼仪，礼仪一定会废弃掉；三年不去奏音乐，音乐一定会失传。陈谷既已吃完了，新谷又已登场；打火用的燧木又经过了一个轮回，一年也就可以了。"

孔子道："（父母死了，不到三年）你便吃那个白米饭，穿那个花缎衣，你心里安不安呢？"

宰我道："安。"

孔子便抢着道："你安，你就去干吧。君子守孝，就是吃美味不晓得甜，听音乐不觉得快乐，住在家里不感到舒适，才不这样做。如今你既

然觉得心安，便这样做好了。”

宰我退了出来。孔子道：“宰予真不仁呀。儿女生下来，三年之后才能完全脱离父母的怀抱。替父母守孝三年，这是天下通行的丧礼。宰予（不愿意守孝三年）难道是没有从他父母那里得着三年怀抱的爱护吗？”

【赏读】

敬孝是感恩，守孝是缅怀。宰予不是讲不要守孝，而是讲守孝为期不需要三年那么长，并点明理由。从现代社会节奏而言，三年的社会的确会发生很多变化，为政者也许会错过很多可以实现理想的机会。在尽孝上，是不是可以考虑因人、因时、因事而异？要不要一刀切？在这个问题上，忠孝两全也不是完全没有解决的办法。

孔子认为守孝三年的依据是小孩三年才脱离父母的怀抱，从情分上讲是很有道理的，而宰我的那种诡辩式的对答，虽有道理，也确实令人生厌。孝不光是时间上的，还可以有形式上的变通。现代人们是否可用发展的眼光来看待“孝”，从而让尽孝在敬孝与守孝两阶段各有侧重呢？比如，父母健在时，重在生活上的照顾关心，感情上的交流，让他们感到幸福；而去世后，侧重于内心的怀念，祭日的追思，祭祀的周到，把先人的故事、先人有价值的遗物传递给后人。这样是不是更显孝的务实呢？张居正曾因守孝而被当朝百官的反对派指责，但他为了改革的继续最终选择了尽忠。孔子在文中也有“夫君子之居丧，食旨不甘，闻乐不乐，居处不安，故不为也”，依此而言，如果孝子能在丧服期内做那些与追思尽孝没有冲突的事务应该是可以的，也许还能以尽孝的方式摆脱部分哀伤。

人一旦没有了感恩之心，没有了孝悌之义，没有了敬畏之心，就会失去为人的本义，人生价值观就会被颠覆，人与动物的界限就会模糊。我们怀念逝去的亲人，并非只顾外在的形式，但必要的形式是必须保留的，因为形式是内容的载体。

17·22 子曰：“饱食终日，无所用心，难矣哉！不有博[1]弈者乎？为之，犹贤乎已[2]。”

【注释】

（1）博——古代的一种棋局。焦循《孟子正义》说：“盖弈但行棋，博以掷采（骰子）而后行棋。”（2）犹贤乎已——句法与意义和《墨子·法仪》的“犹逾（同愈）已”，《孟子·尽心上》的“犹愈于已”

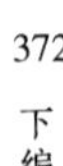

全同。乎，同于，表比较。已，止。

【译文】

孔子说："整天吃着饱饭，却没有用心做任何事，这真的不行呀！不是有掷采下弈的游戏吗？干干这个总比闲着不做好吧。"

【赏读】

人生要有目标，学习就有动力，无所事事，日子就难混下去。人吃饱了就得找点事做，做什么事认真去做，脑子就不会生锈。吃饱喝足却无心做事，那纯粹是为吃饭而活。人一旦没有了精神追求，就没有做事的动力，最后会连吃饭都觉得没有价值。

17·23　子路曰："君子尚勇乎？"子曰："君子义以为上，君子有勇而无义为乱，小人有勇而无义为盗。"

【译文】

子路问道："君子崇尚勇敢吗？"孔子道："君子认为义是最可尊贵的，君子只有勇，没有义，就会作乱造反；小人只有勇，没有义，就会做土匪强盗。"

【赏读】

勇与义是真君子身上的品质，但君子的品性是先义后勇。其一，义是君子身上必备的属性，而勇是因君子的仁义而派生的。即君子是有了仁义，而后会拥有勇。君子见义勇为，当仁不让。其二，上位的君子作为治政者，义可以阻止其权力膨胀，但只有勇而没有义，一旦有了足够的能量就很可能僭越或叛乱。没有地位的小人物，久处穷困，没有义就易生仇恨，一旦有了勇力，就容易仇富抢劫。勇是把双刃剑，关键要看什么人用来做什么。只有用义来约束它，方可成为良剑。

17·24　子贡曰："君子亦有恶乎？"子曰："有恶：恶称人之恶[(1)]者，恶居下流（流字衍文）而讪上[(2)]者，恶勇而无礼者，恶果敢而窒[(3)]者。"

曰："赐也亦有恶乎？""恶徼以为知[(4)]者，恶不孙以为勇者，恶讦以为直[(5)]者。"

【注释】

(1) 称人之恶——喜称扬人恶，可知无仁厚意。(2) 居下流而讪上——下流，根据惠栋的《九经古义》和冯登府的《论语异文考证》，证明了晚唐以前的本子没有这个“流”字。讪，谤毁。居下讪上，无忠敬之诚。(3) 窒——塞，不通。(4) 徼以为知——徼，抄袭。抄袭人说以为己知。(5) 讦以为直——攻击揭发人的隐私，非直而以之为直。

【译文】

子贡道：“君子也有憎恨的事吗？”孔子道：“有憎恨的事：憎恨一味传播别人的坏处的人，憎恨在下位而毁谤上级的人，憎恨勇敢却不懂礼节的人，憎恨勇于贯彻自己的主张，却顽固不通、执拗到底的人。”

孔子又道：“赐，你也有憎恶的事吗？”（子贡随即答道：）“我憎恨偷袭他人的成果，却作为自己功劳的聪明的人；憎恨毫不谦虚，却自以为勇敢的人；憎恨揭发别人隐私，却自以为直率的人。”

【赏读】

我们无从知晓对话的背景，但知道孔子言论是有针对性，并会点到为止地指出对方的不足；而子贡聪慧又很会说话，且有不少业绩。在孔子看来，自己所憎恶的都是些人性的不足、无德无礼、固执己见者的行为。但憎恶的不一定就自己没有，只是从他人身上感觉到后，“其不善者而改之”罢了。话语中，我们可以感受到孔子从内心憎恶人的某些行为，但不是要从言谈举止上来表现对他人的憎恶。他或许要依据这个人的身份、个性等选择某种恰当的方式来加以表达这个憎恶。否则，自己也可能会犯上这些令人厌恶的言行。

无礼的言行终归令人憎恶，但憎恶的方式也要有礼，否则，就是以恶憎恶。可见，孔子把“礼”运用到了极致。由此，联想到曾经公交车上传出的老人殴打不让座的年轻人的视频。如果那个老人换成孔子，那种情形就不会发生！然而，现实中，这种以“憎恶”的方式处理所“憎恶”的人或事又何止一个老人！

17·25　子曰：“唯女子与小人为难养(1)也，近之则不孙，远之则怨(2)。”

【注释】

(1) 唯女子与小人为难养——女子、小人指家中仆妾而言。妾视仆尤近，故女子在小人前。因其指仆妾，故称养。(2) 近之则不孙，远之则怨——待之近，则狎而不逊；远，则怨恨必作。故善御仆妾，亦齐家之事。

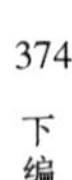

【译文】

孔子道："只有女子和小人是难得同他们共处的。亲近了，他们会无礼；疏远了，他们会怨恨。"

【赏读】

人与人之间相处，容易产生"亲不尊，熟生蔑"的现象。女子难养，可能是辞面上的话；小人难养是难识人，小人认利不认义，今天你给他小惠，便说你好，明天别人给他利，就可能讲别人好而讲你坏。因为与之难有深层的认知与交流，所以相处自然难以调和。女子与小人难养，恐怕在此孔子只是以君子身边的人打个比方，做个形象化的说明。

孔子在此应有其更深刻的理解或所指。女子不好说，不能单纯地认为孔子搞性别歧视，也许是对南子般的女子引起卫国公室内斗有感而发，也应该是针对那些需要与人处理政务或会干预政务的女子而言的，而非那些相夫教子如孔子之母般的女子，也许当时把一个宫廷弄得乌烟瘴气的卫夫人南子就是个典型。

对于小人，孔子的定义是"小人近于利"，跟小人相处，而各自处事的标准不一，麻烦自然就多。小人首先是利。亲近小人，给他了便宜，他就以为理所当然，不会感恩，也不懂自尊。疏远小人，他却不知反思，只会埋怨与仇恨；一旦有点隔阂，就会伺机报复。一点小利，就可以改变他的立场与行动；行事没有原则，没有底线。比如，有个好心人资助某学生，后来由于捐助者经济困难，又要供儿女上大学就停止捐助。结果受助学生来信说怎么可以拿捐助给他的钱留给自己儿女上大学呢？河南焦作董先生包子店乐善好施，每天给一些困难老人免费送几个肉包，兰老太一年到头每天早上都会来领。某个早晨她发现自己领的包子露了点馅，于是要求换一个。由于包子已被她摸过，店员没给她换，她就到蒸笼里来抢，服务员下意识地挪动了蒸笼，结果兰老太顺手拿起免费的包子砸向服务员。类似的情况，社会上时有发生。社会教化，任重道远！

17·26　子曰："年四十而见[1]恶焉，其终也已[2]。"

【注释】

（1）见——表被动。（2）其终也已——也，句中主谓间停顿。已，止。

【译文】

孔子说："到了四十岁还被人厌恶，他这一生也就完了。"

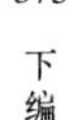

【赏读】

人到中年，人格基本定型，之后不会有大的改变。四十为不惑之年，一个人如果还会令人生厌，那就存在性格缺陷。人到了不惑之年还犯糊涂，那他这辈子还能做成什么事？人如果到了四十，还没有修炼好自己的品德，还会令人生厌，即使有点能耐，也很难得到他人的帮助，也就难以成事。

微子篇第十八

全篇记录了几位贤仁不得志，仁道不通，明确仁人君子在“邦无道”的困窘中归隐是无奈的选择，而孔子为政不为三桓所容，周游列国亦不被避世者理解，但他并未因此放弃或逃避，而是在底线内积极入世，身体力行，以“为政以言”来实现他的政治理想。全篇传达出孔子积极入世、知命而为、努力恢复周礼的态度，并以西周前期为例，希望明君选用贤才，重振繁荣。

18·1　微子(1)去之，箕子为之奴(2)，比干谏而死(3)。孔子曰：“殷有三仁(4)焉。”

【注释】

(1) 微子——名启，纣王的胞兄，出生时，他的母亲尚为帝乙之妾，其后才立为妻，然后生了纣，所以帝乙死后，纣得嗣立，而微子不得立。古书中唯《孟子·告子篇》认为微子是纣的叔父。(2) 箕子为之奴——箕子，纣王的叔父。纣王无道，他曾进谏而不听，便披发佯狂，降为奴隶。(3) 比干谏而死——比干也是纣的叔父，力谏纣王，纣王说，我听说圣人的心有七个孔，便剖开他的心而死。(4) 三仁——三人皆意在安民宁民，行虽不同，而其至诚恻怛，心存爱人则一，故同为仁人。

【译文】

(纣王昏乱残暴) 微子便离开了他，箕子做了他的奴隶，比干谏劝却被杀。孔子说：“殷商末年有三位仁人。”

【赏读】

仁者，本可成就一个明君或一个忠臣，但仁者偏逢暴君，只会凸显仁者的忠义与君王的残暴。三位仁者，是三位忠臣，都是纣王的族亲。为了江山社稷，他们忠心耿耿，并以各自的行为，表明自身的态度，表现各自的品格。虽然他们的遭遇不尽相同，但是他们的忠心一致。微子要消除纣王的疑心，也为了避免祸害，选择了远行；箕子进谏无用，佯狂是他无奈的退却；比干力谏，只有杀身成仁。如此暴君，注定了仁者

的悲剧。

碰上暴君，为臣的不作为，也许就是最好的作为；碰到一个不能作为的时代，不作为也可能是最好的作为。反之，你努力去执行一个完全错误的政令，其后果就会更为可怕，偏离真理也会越来越远。助纣为虐，只是延长暴政，加重的只有民众的苦难。

18·2　柳下惠为士师，三黜。人曰："子未可以去乎？"曰："直道而事人，焉往而不三黜？枉道而事人，何必去父母之邦？"

【译文】

柳下惠做法官，多次地被撤职。有人对他说："您不可以离开鲁国吗？"他道："正直地工作，到哪里去不会多次被撤职？不正直地工作，为什么一定要离开祖国呢？"

【赏读】

柳下惠名字的来历，就是对他本人（本名展获，字禽，食邑柳下，谥"惠"，故称"柳下惠"）最好的称颂。他坐怀不乱的故事为世人熟知，这与他"雌雄如一，随遇而安，与世无争"的人生态度有关。他为官"不羞污君，不卑小官"（《孟子·公孙丑上》）。因此，他的答语才如此淡定。

柳下惠的话，实在又在理，是一个忠诚与爱国者的肺腑之言，很有现实意义。人在仕途，你的严正行为可能打破了上司发财的梦，也可能阻断某个下级升迁的路。从柳下惠的处境，我们看到了一个时代的悲剧，因为个人的悲剧，往往是时代的缩影。避人避事难避世，你无法回避一个时代，避世也只是陶渊明的一个梦想。你不能适应这个时代，又真的可以逃避现实？当然，你也可以选择改变自己。然而，为了逢迎一个时代而改变自己，对个人而言是不是场人生悲剧？那句"你不能改变社会，就让社会改变你"的话会是柳下惠的人生哲学吗？柳下惠的三黜又说明了什么？其实，社会的每一小的进步，都是直道前行者努力的结果。

任何社会，人走直道都不会平坦，碰壁而浮沉或转弯就是常态。所以，与其埋怨，不如坦然。有些人的悲剧不可避免，只是形式会有所不同，因为性格决定命运。时代可以定格你的某几个坐标，但性格决定了你的全部人生。因此，时代的最大作用就是可以让你的人生之途有了跌宕起伏。

18·3 齐景公待孔子曰："若季氏，则吾不能；以季、孟之间待之(1)。"曰："吾老矣，不能用也。(2)"孔子行。

【注释】

(1) 以季、孟之间待之——鲁三卿，季氏最贵，齐景公以季氏孟氏之间待之，其礼亦甚隆矣。(2) 吾老矣，不能用也——此语，以私告其臣而孔子闻之。

【译文】

齐景公讲到对待孔子的打算时说："像鲁君对待季氏的那样对待孔子，那我做不到；我要用次于季氏而高于孟氏的待遇来对待他。"不久，又说道："我老了，没有什么作为了。"孔子便离开了齐国。

【赏读】

孔子到齐国本想获得管仲般的机会，但现实是他没有碰到鲍叔那样的引路人，也没有遇上齐桓公那样有雄心的国君。齐景公前一句话说明他确实有重用孔子的心，准备以尼田作为孔子的封地，并给予稍低于上卿的待遇。然而，后一句说明在遭到了以晏婴为首的齐国大夫们的反对后齐景公选择了放弃。这究竟是齐君之礼待不足以安圣人，还是近六十的齐景公真的不想干了？总之，只给历史留下了一个遗憾。也许孔子当时真的需要将就一下，而齐景公可以果断一点，那么，齐景公与孔子都可能会有一个历史性的转折。但历史不能假设，也许孔子感觉形势不利于他留下（据说有人要加害他），并且孔子为自己的设计施政方略又不可降低标准，何况人家景公后面还说出一句"吾老矣"呢？如果真留下来了，那他就不是孔子了。

人只要终极目标在心中，任何选择都没有错。时代不给你机会，历史会给你机会。孔子是这样走过来的，陶渊明是这样走过来的……孔子是不得志而坚守者的一面旗帜！

18·4 齐人归(1)女乐，季桓子(2)受之，三日不朝，孔子行。

【注释】

(1) 归——同"馈"。赠送。(2) 季桓子——季孙斯，鲁国定公以至哀公初年时的执政上卿，死于哀公三年（前492）。

【译文】

齐国送了许多歌姬舞女给鲁国，季桓子接受了，三天不问政事，孔子便离职走了。

【赏读】

孔子也许开始没看出季桓子的真性情，也许知道却还有所期待，但事实残酷地显现在眼前。孔子必须认真思考自己的去留。“道不同，不相为谋”（15·40），“邦无道，谷，耻也”（14·1），“邦无道，则可卷而怀之”（15·7），孔子毅然选择了离开。

国君昏庸，权臣无道，邦国岂能有道？离开就成为贤臣的必然。纣王属下的三贤（三仁者）结局，孔子非常清楚，所以他决定去找寻一个属于自己的地方。也许，这就是政治家加思想家的孔子与政客加商贾的投机者的区别。历史长卷中，人们看到更多的是政客与冒险家，而且动荡的时局更是“张仪”们的乐园，这就如同投机商碰上了他们最喜欢的波动甚大的市场。然而，时局动荡往往是政治家的坟墓，恰恰又是思想家的摇篮。春秋末期，作为政治家的孔子被扼杀了，但思想家的孔子更加灿烂。

18·5　楚狂接舆(1)歌而过孔子曰：“凤兮凤兮！何德之衰(2)？往者不可谏，来者犹可追(3)。已而，已而！今之从政者殆而！”

孔子下，欲与之言。趋而辟之，不得与之言。

【注释】

(1) 接舆——曹之升《四书摭余说》云：“《论语》所记隐士皆以其事名之。门者谓之‘晨门’，杖者谓之‘丈人’，津者谓之‘沮’‘溺’，接孔子之舆者谓之‘接舆’。”(2) 何德之衰——古传，世有道则凤鸟见，无道则隐。接舆以凤凰比孔子，世无道而不能隐，为德衰。(3) 犹可追——赶得上、来得及。

【译文】

楚国的狂人接舆唱着歌走到孔子的车旁，道：“凤凰呀，凤凰呀！怎么糟蹋的格调如此狼狈不堪？过去的不能再挽回，未来的还是可以来得及补救（归隐起来）。算了吧，算了吧！现在的执政者太危险了！”

孔子下车，想同他谈谈；他却赶快避开，孔子没法同他谈。

【赏读】

这是一段精彩的描述。寥寥数语，人物形象个性鲜明，情感丰富，人物语言极为个性化。叙述语言也极富张力，简洁中给人极大的想象空间；人物动作、心理、神态刻画入微精到，有丰富的表现力。狂人，就是狂人，对孔子的挑战性太强了。接舆“歌而过”，可以想象，当时狂人的表情与语气不乏对落魄者的幸灾乐祸与自鸣得意，而此时孔子内心又会有怎样的微妙变化？

狂人那番话，简直是对孔子的思想与行动的彻底否定。一个“叛逆”狂士，看到一个如此执着于积极入世的孔子，讲出一番过激的言论，也许可以理解；但他不容对方下车与之做一番交流，就有些过分。如此决绝，必然对孔子产生更大的杀伤力。此时此刻，悲怜、困窘、知其不可而为之的孔子内心世界作如何感想，也许只有天知！圣人，胸怀悲悯天下之心，以不可语而语之却不可得，仁厚的热心肠碰到一块冰冷的顽石，回音只有茫然若失。仁圣，往往是一位伟大孤独者！

18 · 6　长沮、桀溺耦而耕[(1)]，孔子过之，使子路问津焉。

长沮曰：“夫执舆[(2)]者为谁？”

子路曰：“为孔丘。”

曰：“是鲁孔丘与？”

曰：“是也。”

曰：“是知津矣。”

问于桀溺。

桀溺曰：“子为谁？”

曰：“为仲由。”

曰：“是鲁孔丘之徒与？”

对曰：“然。”

曰：“滔滔者天下皆是也，而谁以[(3)]易之？且而[(4)]与其从辟人之士[(5)]也，岂若从辟世之士哉？”耰[(6)]而不辍。

子路行以告。

夫子怃[(7)]然曰：“鸟兽不可与同群[(8)]，吾非斯人之徒与而谁与[(9)]？天下有道，丘不与易也[(10)]。”

【注释】

(1) 长沮、桀溺耦而耕——长溺、桀溺不是真姓名。耦耕是古代耕田的一种方法。春秋时代已经用牛耕田，由冉耕字伯牛、司马耕字子牛的现象可以看出，《国语·晋语》云“其子孙将耕于齐，宗庙之牺为畎亩之勤”，尤为确证。下文又说“耰而不辍”，则这耦耕未必是执耒。估计这个耦耕不过说二人做庄稼活罢了。(2) 执舆——执辔。本是子路做的，因子路已下车，所以孔子代为驾驭。(3) 以——与，和下文“不可

与同群”“斯人之徒与而谁与”“丘不与易也”中的诸“与”同义。(4) 而——同“尔”，指子路。(5) 辟人之士——指孔子；辟，同避。(6) 耰——播种之后，再以土覆之，摩而平之，使种入土，鸟不能啄。(7) 怃——怃，怃然，怅惘失意貌。(8) 鸟兽不可与同群——（人）不可与鸟兽同群。(9) 非斯人之徒与而谁与——与，与……同群；全句为两个介宾宾语前置反问句。孔子谓我自当与天下人同群，怎么可以隐居山林，那是与鸟兽同群呀。(10) 天下有道，丘不与易也——天下无道，故周游在外，求以易之。天下无道，故不能隐。其心之仁，既不忍于忘天下，亦不忍于必谓天下之终于无道。

【译文】

长沮、桀溺二人一同耕田，孔子在那儿经过，叫子路去问渡口。

长沮问子路道：“那位驾车子的是谁？”

子路道：“是孔丘。”

他又道：“是鲁国的那位孔丘吗？”

子路道：“是的。”

他便道：“他吗，那应当早晓得渡口在哪儿了。”

（子路又）去问桀溺。

桀溺道：“您是谁？”

子路道：“我是仲由。”

桀溺道：“您是鲁国孔丘的门徒吗？”

答道：“对的。”

他便道：“像洪水一样的坏东西全天下到处都如此，你们同谁去改变它呢？顾且，你与其跟着（孔丘那种）逃避坏人的人，哪里比得上跟着（我们这些）逃避整个世道的人呢？”说完，仍旧不停地干着他田里的农活。

子路回来后，把这些事告诉了孔子。

孔子怅然叹道：“（我们）既然不可以同飞禽走兽合群共处，若不同这人群打交道，哪又同哪个去打交道呢？如果天下太平，我就不会同你们一道来改变这社会了。”

【赏读】

孔子说：“贤者辟世，其次辟地，其次辟色，其次辟言。”(14·37) 他又说：“邦有道则仕，邦无道则隐。”“邦有道则仕，邦无道，则可卷而怀之。”(15·7)“邦无道则隐”属避世，如楚狂接舆，如长沮、桀溺、荷蓧丈人等；“卷而怀之”当属避地，如孔子，他仅仅是从鲁全身

而退，另就他途，执着于仁道的推行而“知其不可而为之”。全章对话精彩，个性化突出。两隐者，不屑于孔子积极入世，但如此隐居，社会真的到了动荡如水火时，他们那一亩三分地恐怕也保不住。

为什么孔子遭遇如此尴尬？也许这只是孔子周游列国诸多类似情形的一次特写。是不是孔子还没有看透这个动荡社会已无可救药？但孔子这种“知其不可而为之”的背后，又有多少“隐士”真知其心！避“人”之士的孔子，不愿放弃自己的主张与理想，他只是在等待；而避世之士，是“心死”之哀，他们对孔子的“知其不可而为”的行为不可思议。孔子的问津，也许是一次巧合，但“迷津”的孔子却招来两位隐者的反讽。孔子是“木铎”而知天命，但谁知其心？知命与使命感也许是支撑这位伟大的孤独者坚持下去的理由。这可是“长沮们”不会知道或不愿知道的。历史事实是，孔子最终成了圣人，而“长沮们”只是他成功路上的一个注脚。

18·7　子路从而后(1)，遇丈人，以杖荷蓧(2)。

子路问曰：“子见夫子乎？”

丈人曰：“四体不勤，五谷不分(3)。孰为夫子？”植其杖而芸(4)。

子路拱(5)而立。

止子路宿，杀鸡为黍(6)而食之，见其二子焉。

明日，子路行，以告。

子曰：“隐者也。”使子路反见之。至，则行矣。

子路曰(7)：“不仕无义。长幼之节，不可废也；君臣之义，如之何其废之？欲洁其身，而乱大伦。君子之仕也，行其义也。道之不行，已知之矣。(8)”

【注释】

(1) 从而后——子路从孔子行，相失而后。(2) 蓧——古代除田中草所用的工具。(3) 四体不勤，五谷不分——这两句，宋吕本中《紫微杂说》以至清朱彬《经传考证》、宋翔凤《论语发微》都说是丈人说自己。其余更多人主张说是丈人责子路。四体不及勤劳，五谷不分播种迟早，燥湿不能一一分辨。(4) 植其杖而芸——植，竖。芸，去田中除草。(5) 拱——叉手，古人以为敬。(6) 为黍——黍就是现在的黍子，也叫黄米。它比当时的主要食粮稷（小米）的收获量小，因此在一般人中也算是比较珍贵的主食。杀鸡做菜，为黍做饭，这在当时是很好的招

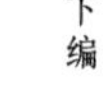

待。(7) 子路曰——此乃子路对其二子言。(8) 道之不行，已知之矣——虽知道不行，仍当出仕，所谓我尽我义。

【译文】

子路跟随着孔子，却远落在后面，碰到一个老者，用木杖挑着除草用的工具。

子路问道："您看见我的老师吗？"

老人道："四肢不劳动，五谷不认识，谁是你的老师？"说完，便扶着木杖锄草。

子路拱着手恭敬地站着。

他便让子路留下来，住在他家。杀鸡、做饭给子路吃，又叫他两个儿子出来拜见子路。

第二天，子路赶上了孔子，把这件事告诉给他。

孔子道："这是位隐士。"就叫子路回去再看看他。子路到那，他却走开了。

子路便道："不出来做官就断了君臣之义。长幼间的礼节关系，是不可以废弃的；那君臣间的忠义关系，怎么又可以丢掉呢？你原想洁身自好，却让这样的隐居忽视君臣间大的忠义关系。君子出来做官，是尽义之责。(至于) 我们的政治主张行不通，已经知道了。"

【赏读】

丈人以杖荷蓧，自食其力，是践行自己的人生价值观，也是一种人生选择，但丈人对积极入世的孔子持否定态度就没有不要，只要"不相为谋"而已。无道社会你选择避世，但社会还需要高人去拯救，可以为百姓少受苦尽力。你可以忍心政权的倾覆，但忍心芸芸众生的艰辛与痛苦？何况社会动荡到完全崩塌，平静的隐居生活难道就不会殃及？而长者"止子路宿，杀鸡为黍而食之，见其二子焉"，足见他是个仁者。

子路的话很有道理。人生大义比小节更重要，因为人生的价值最终要落在大义上。但是，你如果想要所有的智者如此这般，又怎么可能？事实上，即使他们真的积极入世，又有几人能像孔子这般坚韧？世上有人知命而为，也有人知命而不可为。多元的社会形态是个万花筒，有丈人的"出"，有孔子的"入"，才是社会发展的常态。也许，智者都是知命而为！只是有的以"不为"而"为"罢了。

18·8　逸[(1)]民：伯夷、叔齐、虞仲、夷逸、朱张、柳下惠、少

连[2]。子曰："不降其志，不辱其身，伯夷、叔齐与！"谓："柳下惠、少连，降志辱身[3]矣，言中伦，行中虑，其斯而已矣。"谓："虞仲、夷逸，隐居放言，身中清，废中权[4]。我则异于是，无可无不可[5]。"

【注释】

(1) 逸——同"佚"，遗佚于世。《论语》两用"逸民"，义都如此。(2) 虞仲、夷逸、朱张、少连——四人言行多已不可考。虞仲前人认为就是吴太伯之弟仲雍，不可信。夷逸见于《尸子》，有人劝他做官，他不肯。少连见于《礼记·杂记》，孔子说他善于守孝。(3) 降志辱身——柳下惠、少连并仕于鲁，柳下惠三黜不去，则已降志辱身矣。(4) 身中清，废中权——隐居独善，合乎道之清；放言自废，合乎道之权。身清犹孟子谓洁身，无行可举，故以身言；放言者，介之推曰："言，身之文也。身将隐，焉用文之？"谓放废其言也。(5) 无可无不可——孟子曰："孔子可以仕则仕，可以止则止，可以久则久，可以速则速。"

【译文】

古今被遗落的人才，有伯夷、叔齐、虞仲、夷逸、朱张、柳下惠、少连。孔子道："不动摇自己的意志，不辱没自己的身份，是伯夷、叔齐罢！"又说，"柳下惠、少连降低自己意志，屈辱自己身份了，可是言语合乎法度，行为经过思虑，那也不过如此罢了。"又说："虞仲、夷逸逃世隐居，放肆直言。行为廉洁，被废弃也是他的权变。我却和他们这些人有所不同，没有什么可以，也没有什么不可以。"

【赏读】

孔子此语是在思考人生价值，也在思考处世之道。他赞赏这些逸民，认可他们的行为，但也认为自己的做法有所不同。他不想完全退却做隐士，也不愿降格以求而辱没自身。他不言放弃，相信事在人为，这就是他的定力。这定力的内核，就是他的智慧、意志、才学与理想。

孔子思前朝或当世先贤仁人各种周遭，或难保其命，或降志辱身，或弃官隐居。他们都有君子之风，但结局难以令人满意。孔子知命，要走一条异路。他有定力，也很自信。其实，他最后也没有走通或走出一条异路来，因为他周游列国并不成功，只是所有的这些经历给了他更多的人生思考和生命的感悟。换个角度看，他又成功了，成了圣人。他的思想到现在还在发扬光大，甚至已漂洋过海。

孔子志向高远，胸怀宽广；看得真切，想得长久；忍得了痛苦，耐

得住寂寞。也许这是作为圣人本身就要经过那么多坎。孔子以恢复周礼之名而行“大同”“王道”“乐土”之理想，有其极强的超前性，他走了一条前人未走的路，因之而孤独，而寂寞。生时，他没有走出，死后却“涅槃”通天。生时，没有哪个国君反对他的主张，也没有正面对他进行过过激的政治迫害，但他在仕途上最终还是被遗弃。然而，他最大的成功就在于被遗弃后知命而为，一直在尝试着其他形式追寻他的理想，并且从未放弃他的底线，最终成就了一个卓越的思想家与教育家的孔子。

18·9　大师挚[1]适齐，亚饭干适楚，三饭缭适蔡，四饭缺适秦[2]，鼓方叔入于河，播鼗[3]武入于汉，少师阳、击磬襄入于海。

【注释】

(1) 大师挚——《泰伯篇第八》有“师挚之始”。(2) 亚饭——古代天子诸侯用饭都得奏乐，所以乐官有“亚饭、三饭、四饭”之名。(3) 播鼗（táo）——播，摇。鼗，长柄，鼓身两旁缀灵活小耳，俗称“拨浪鼓”。

【译文】

太师挚逃到了齐国，二饭乐师干逃到了楚国，三饭乐师缭逃到了蔡国，四饭乐师缺逃到了秦国，打鼓的方叔入居黄河之滨，摇小鼓的武入居汉水之涯，少师阳和击磬的襄住到了海边。

【赏读】

乐师散伙，意味着文化的衰败；人才流失，意味着王朝的式微。常言，树倒猢狲散。这段耐人寻味的陈述，要找到出处加以诠释颇为困难。乐师要走，肯定是有要走的理由，而从逃匿的角度看，恐怕更多的是政治动荡。也许君王用人制度、对音乐的爱好有变，也许君王就是一个暴君，也许宫殿已经倾覆，乐师们逃难已成必然。这局面正是礼崩乐坏的标志或缩影，也预示着周朝的土崩瓦解。

18·10　周公谓鲁公[1]曰：“君子不施[2]其亲，不使大臣怨乎不以[3]。故旧无大故，则不弃也。无求备于一人！”

【注释】

(1) 周公、鲁公——周公，周公旦，孔子心目中的圣人。鲁公是他的儿子伯禽。(2) 施——同“弛”，有的本子作“弛”。(3) 以——同

"用"，表被动。

【译文】

周公对鲁公说道："君子不怠慢他的亲族，不让大臣抱怨没被信用。老臣故人没有发生严重过失，就不要抛弃他。不要对某个人求全责备！"

【赏读】

这是一个国君对接班人的告诫，也是为君的原则。话语十分真诚，也适用于普通人之间的关系处理。辞面是要求接班者要关照族人，顾及故人，对臣民要和善、包容。字里行间含有儒家以自我为中心由近及远的仁爱思想，也有处世待人上的孝、忠、恕、义、信。话语是对接班者在政策延续性要求的含蓄表达，可谓谆谆教诲。

18·11　周有八士：伯达、伯适、仲突、仲忽、叔夜、叔夏、季随、季騧(1)。

【注释】

(1) 伯达等八人——此八人已经无可考。前人看见此八人两人一列，依伯、仲、叔、季排列，而且各自押韵，便说这是四对双生子。

【译文】

周朝有八个有教养的人：伯达、伯适、仲突、仲忽、叔夜、叔夏、季随、季騧。

【赏读】

一个王朝的兴盛与繁荣，除了需要一个圣明的君王，还要有一大批贤臣良士及良好的社会教化。周有八士，说出周朝前期繁盛的原因之一。挽留隐世之贤才，让他们尽忠于国家，也许是一个王朝得以赓续的重要因素。

子张篇第十九

全篇以孔子身后影响较大的五个弟子——子张、子夏、子游、曾子、子贡的言论为主，内容既有对君子士人学习、品行、立身行事的看法，也有同门间就某些问题的互评，还有弟子对孔子言论的追忆，特别是子贡对孔子尊崇与膜拜的美辞，有力地回击了反对者对先生的贬损，视为后起孔门公论，成为全篇之魁。言谈大概发生在孔子去世后，目的重在“述遗教以诱后学”，“同门相切磋，以其能发明圣义”（钱穆）。

19·1　子张曰：“士见危致命，见得思义，祭思敬，丧思哀，其可已矣。”

【译文】

子张说：“读书人看见危险，便肯豁出生命；看见有所得，便考虑是否合义该得；祭祀时候，考虑严肃恭敬；居丧时候，考虑悲痛哀伤。（读书人能做到的话）那也就可以了。”

【赏读】

读书人如何安身立命？子张言此，背景是不是孔子师徒曾困于陈时而有“见危”“见得”之三思？君子处事，“临危”“见得”有何表现？看到危险，面对获取，君子首先想到的是仁与义、忠与信。如果这个危险必须自己承担，那就要豁出命去；如果保全生命，有损于仁义忠信，就必须舍生取义，勇于担当。看到眼前的所得，要多考虑所得是否合乎道义，不该不合道义的所得坚决不能要。合道义的得，当然可以取，并且可以用之于己，更可以用之于人。君子讲求孝道，祭祀不严肃恭敬，心不在焉，那么，祭又有何用？心行一致，言显其诚，居丧最显孝道，悲痛、哀伤、思念、感怀，是对自己灵魂的最大救赎。而现实中祭祀，追思的成分少了，祈求的成分多了。祭祀又有多少敬在，灵魂又怎能洁净？

父母给自己带来生命，并养育了自己，每个人也成了生命与爱的接力者，从而有了生生不息。而生命的成长与延续又让人们在反思中有了

感恩之心，有了责任感，有了使命感，从而有了人生的价值。人是过客与流星，但更是历史上的一段承载、一环链接。生命的真谛就在于承接上一代给你的空间，又赋予你为下一代传递的使命；而你是一个自然物，更是一个社会人。生命的意义，就全部浓缩在这一时空里。

19·2　子张曰：“执德不弘[(1)]，信道不笃，焉能为有？焉能为亡[(2)]？”

【注释】

(1) 执德不弘——执，守义。弘，一说，“强”字，见章炳麟《广论语骈枝》；一说，大义。(2) 焉能为有，焉能为亡——疑为当时俗语。何晏《论语集解》云：“言无所轻重。”

【译文】

子张说：“对于道德，行为不坚强，信仰不忠实，（这种人）有他能怎样？没他又能怎样？”

【赏读】

恪守道德是作为一个人的重要品格，也是子张的重要主张。道是王道，道是规律，道是规则；德是人循道的行为，德也能显示人对道的忠诚度。人只有对道的绝对忠信，才能坚定不移地去走下去。对于道德，我们不能局限于形式与表象，更要从实质上去判断。人如果信的不是真正的道，就可能借强力的德伤害了道。伪道德的东西，有时披着道德的外衣，更具有迷惑性，反过来伤害着想追随真道的人。这就犹如一个以行善为手段的骗子，对真正行善者的伤害。历史告诉人们，一些忠实于道的人却成了野心家的工具或筹码，他们被蒙蔽而狂热地追逐假道，最终往往成了“道德”的殉葬品。由此看来，人首先要识道，懂道，然后才是信道，守道，否则，就会成为伪道士。

19·3　子夏之门人问交于子张。子张曰：“子夏云何？”

对曰：“子夏曰‘可者与之，其不可者拒之’。”

子张曰：“异乎吾所闻：君子尊贤而容众，嘉善而矜不能。我之大贤与，于人何所不容？我之不贤与，人将拒我，如之何其拒人也？”

【译文】

子夏的学生向子张问怎样交朋友。子张道：“子夏是怎么说的？”

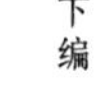

答道："子夏说，可以交的就去跟他交往，那些不可以交的人就拒绝他们。"

子张道："这与我听到的有所不同：君子尊敬贤人，也接纳普通人；鼓励好人，也怜悯无能的人。我是非常好的人吗，那对什么的人不能容纳呢？我是不好的人吗，别人要拒绝我，那我又怎能去拒绝别人呢？"

【赏读】

子夏交友的标准，有个人的主观性，标准较含糊而苛刻，这也许有个人的喜好、功利与价值观的因素在。子张的话，应该是道出了人的本质，这种交友理念就是对现代人而言也是先进的。从生活实际看，二人似乎都有点走极端，但格局大小一看便知。子张还有个很好的逻辑判断：你如果是一个好人，那就要能容纳包括坏人在内的所有人；如果你自己都算不上是个好人，那你同样会被人拒绝，又如何有条件去拒绝别人？如果按子夏的要求，以可与不可来选择，那么人还会有交友的空间吗？子张的境界更为高远，以此便知孔子为何曾告诫子夏："女为君子儒！无为小人儒！"（6·13）

人，首先是不同的个体，有优点也有缺点，还会不断变化。作为一个贤者，既可以向更贤能的人学习，也需要去接纳愚弱低能，乃至品德上需要教化的人。人处在任何位置上，都有交友与学习的必要，都可以在交往不同品格、不同能力的人中学习或帮助他人。交友要慎，但如果一定要交比自己贤能智慧的人，那贤能智慧的人，依此标准又能去交往谁呢？又怎么可以交往到贤于己的人呢？于情于理于事实而言，子张的话更合情理，而子夏的话更显功利，只能从狭义的，比如从品德等某些角度上理解。

人交友要慎，要有一般交往与深度交往的差别。你可以"见贤思齐"，也需要"见不贤而内自省"。孔子有"无友不如己者"（1·8）的话，这是针对特定的语境说的，这个"不如己"更多的是指品德上的不如己，而且"交"与"友"在人与人的交往语境中也质的不同。人处于下层或"久处约"时，此话作用更大，因为人可以努力向上者看齐。当处于高位时，人就越要往下看，只有向下看，才知道自己应该做些什么。所以，大胸怀者，才会大气魄地交友。

总之，大气魄方可成大器，一个人交友，要因人、因事、因地、因时而异。人只有把交友放在与社会责任相匹配的角度上，才会显出自己的担当而有益于社会的发展。

19·4　子夏曰："虽小道[(1)]，必有可观者焉；致远恐泥，是以君子不为也。"

【注释】

(1) 小道——如农、圃、医、卜等百家众技，擅一曲长，应一节之用者皆是。

【译文】

子夏说道："即使小技艺，一定有它可取的地方；但如果让它再走下去，恐怕就会妨碍远大事业，因此，君子不从事于这种技艺。"

【赏读】

子夏看问题能从个体、从自身、从小处着眼，但也能换个角度看到大处。思维中有精微，也有恢宏。然而，做小事情是不是就一定会妨碍大事业呢？也不一定，关键是人在做小事情的时候，心中要有大事业。其实，有时做小事情，也可能从中悟出大道理，有利于成大事，何况很多事只有质的不同，没有量的差异呢？烧开水也能发明蒸汽机呀。难道爱因斯坦拉小提琴会妨碍他搞科研？只要不让拉琴占用他太多的时间，反而有益于身心与科研，也许他在拉小提琴时，上天就给他如牛顿看到苹果掉下来般的灵感呢。人当然可以去做小事情，但需要从大角度去思考，不必拘泥于小事情小技艺本身，而进一步深入思考才对，就如庖丁解牛也可以悟出养生之道。这就犹如我们可以思考人不过是根芦苇，但又不妨碍去进一步思考人是根会思想的芦苇一样。

人在精微中，也许可以看到宇宙的光芒，道没有量的差别，只有质的不同。当然，人在什么位置就要做什么事，如果玩物丧志式地沉迷于小工艺，把全部精力用在小聪明上，那就会像明朝木匠皇帝熹宗朱由校那样，就是他的木工活做得再好，不仅影响了他的人生，而且影响了明王朝的大业。事实上，人如果过于学术专攻、精于机巧而没有注意大流，不把专攻放到一个更大的领域去思考，精微就可能变成束缚，反而有碍于大事业。

19·5　子夏曰："日知其所亡[(1)]，月无忘其所能[(2)]，可谓好学也已矣。"

【注释】

(1) 日知其所亡——此孔子博文之教。(2) 月无忘其所能——此孔子约礼之教。

【译文】

子夏说："每天去了解那些未知的，每月去复习那些不能忘了已经学会的，可以称得上好学了。"

【赏读】

人不仅要好学，而且要会学。作为一种学习方法，子夏的做法不简单。每天去学一些新东西，每月要把学到的东西巩固下来，那积累的东西一定就多。有了一定的知识与技能的积累，人探求新知的能力就会得到提升。

子夏强调知识积累与巩固的方法，这似乎更适用于当今的应试教育或入门学习。而孔子更强调温故知新，以及在教育中的启发与领悟，此法更适合有一定生活经验与较高禀赋的学者。人的学习目标（知识、技能、品德）不同，方法可以不同；学者天赋不同，方法不尽相同。

19·6　子夏曰："博学而笃志(1)，切问而近思，仁在其中矣(2)。"

【注释】

(1) 志——孔子曰："可与共学，未可与适道，未可与立。"故博学必继之以笃志，乃可以适道与立。(2) 仁在其中矣——学者所以学为人，所以尽人道。

【译文】

子夏说："广泛地学习，并坚守自己的志趣；恳切地发问，且多思考目前的问题，仁德就在这里面了。"

【赏读】

博学是学习方法，笃志是坚守目标，是关注度，是意志力。当然，广泛学习之后，可能兴趣有所改变，目标可做适当的调整，只要人生大方向不随意改变，目标就能实现。子夏注重学问，更着重当前。强调一以贯之，仁德便水到渠成。

19·7　子夏曰："百工居肆(1)以成其事，君子学以致其道。"

【注释】

(1) 肆——官府造作之处。（或说，市中陈列器物之所）百工居肆中以成其器物，君子之于道亦然。

【译文】

子夏说："各种工人居住于其制造场所来完成他们的工作，君子则用学习来获得那个道。"

【赏读】

百工成其事而居肆，那肆是手工作坊，也是人学手艺、揽活干、推销产品的地方。百工的生存之道，就是遵循市场规则。一个优秀的工人，肆是他学习技能的地方，也是他发展与成功的表现平台，当然也是他谋生获利的凭借。子夏以此作喻，强调君子学道亦当如此。

君子要实现其人生目标与价值，当然也要找到自己的"肆"，这个"肆"就是他为学为政之地。君子怎样才算获得成功？那就是得道。而学习（包括求学与实践活动）是得道的手段与路径。其实，百工与君子都要学，只不过百工以学技艺为主，而君子以学为人为政之道为主。依孔子之见，百工干活是为谋生、养家，重在财与利；君子是为修身、治国、平天下，重在功与德。用孟子的话就是百工治于人，君子治人。这里就有社会分工的不同，也有境界层次的差异，但学的方法与学习精神是相通的，所以韩愈在《师说》中也提出读书人要向百工学习。

19·8　子夏曰："小人之过也必文。"

【译文】

子夏说："小人犯错，一定会加以掩饰。"

【赏读】

小人物犯错会掩饰，因为"小人喻于利"，小人物更多的是会从物质层面去保护他的利益，减少损失，并非从精神层面去思考人格与尊严。现实中有些位尊权重者，也不过是"小人"一个。为什么？因为他们既重利，又喜欢掩饰，把权与利捆在一起。当然，饰者如果是帮他人饰过或饰过是为了他人，那就不是凡人所为。这里面除了是君子之风，还可能是政治家的谋略，也可能是野心家的伎俩。

19·9　子夏曰："君子有三变：望之俨然[(1)]，即之也温[(2)]，听其言也厉[(3)]。"

【注释】

（1）俨然——貌之庄。（2）温——色之和。（3）厉——辞之确。

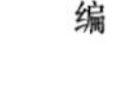

【译文】

子夏说："君子有三变：远远望着，庄严可畏；向他靠拢，温和可亲；听他的话，严厉不苟。"

【赏读】

君子有三变，并不是君子在变，而是人看君子的角度在变。庄重严肃，令人敬畏，为君子远望之态，即君子令人敬仰。这是来自君子的神韵之威，是其内在的品质外化所致。君子近观，接近他就如同贴着一盏温暖的铜炉，外在仁慈的神色让人倍感亲切与信赖，即君子会很有人情味。君子之言，语意深刻，字字珠玑，听着自然肃然起敬。

君子处世有五维：气度、温度、力度（深度）、广度与高度。依其五维我们要立体地看待君子：神态如何可察其气度，可看出君子的神韵与才华；情态如何可察其温度，可看出君子亲近温和，与民同乐；思考如何可察其力度，可看出君子对问题思考的角度与层次，与入木三分的剖析；见识如何可察其广度，听君子说话的关涉，可感受其开阔的视野与渊博的学问；思想如何可察其高度，可看出君子思考问题的深度、境界与远见卓识。

19·10　子夏曰："君子信而后劳其民；未信，则以为厉己也。信而后谏；未信，则以为谤己也。"

【译文】

子夏说："君子为政必须得到民众的信任，然后（才可以动员百姓）让百姓去做事；还没有取得信任，（让他们做事，他们）就会以为这是你在折磨他们。君子为政必须得到（君王）信任，然后才可以去进谏；没有取得信任，君上就会以为你是在诽谤他自己。"

【赏读】

子夏说得对，君子治民，怎么治？首先自己要有治民的前提，这个前提就是百姓拥戴你，信任你，仰视你，也就是要取得民众的信任。只有这样，他们才会认为你是对的，是为他们好，也乐意去做，并且觉得跟着你做事是一种荣誉。否则，你压着他们做，就是想从他们身上获取好处。他们不快乐，不愿做，也做不好。那么，作为为政者的第一要务就是要研究好如何让百姓信任你、仰望你、成为你为政的粉丝这个课题。至于为臣进谏，首先要取得君王的信任，让君王觉得臣子说的做的都是为君王好，为朝廷好。但问题是，臣子如何才能达到这种程度的信任呢？

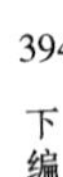

这就犹如唐太宗之于魏征，在人治的社会，恐怕只有一个“缘”字。所以，钱穆言此章“言事上使下，皆必诚意交孚而后可以有成。然亦有虽不信，不容不谏，如箕子、比干是也。亦有虽未信，不容不劳之，如子产为政，民欲杀之是也”。

19·11 子夏曰：“大德不逾闲(1)，小德出入可也。”

【注释】

(1) 闲——用来阻止物之出入的木栏类遮挡物。

【译文】

子夏说：“人的重大节操不能逾越界限，作风上的小节稍微有点偏差是可以的。”

【赏读】

大德是个人志节操守，是原则上的坚守。重大原则性的行为一旦越界，德就发生了质变。比如，汪精卫因权力之争，背叛民族，任何曲线救国的说辞，都无法改变其变节的实质。“时穷节乃见”，察看一个人的操守，只要在他本人困窘或朋友困窘之时，在他本人得志、得势或朋友得志、得势之时，在他生死存亡或重大的财利、功名面前取舍之时，去认真观察仔细揣度。小德，则是个人生活上的一些小事处理行为或方式，往往表现出为政者个人性格上的不拘小节，而这些方面有时反而让百姓感到真切实在，增加信赖。但是，也有一些看似细节的问题能反映大德行。比如，为官一方处理事务，只重结果，重得失，重效率，而轻承诺，轻民事，轻民意，轻过程，轻方法，就可能失大德。

19·12 子游曰：“子夏之门人小子，当洒扫应对进退，则可矣，抑末也。本之则无，如之何？”

子夏闻之，曰：“噫！言游过矣！君子之道，孰先传焉？孰后倦焉？譬诸草木，区以别矣。君子之道，焉可诬也？有始有卒者，其惟圣人乎！”

【译文】

子游道：“子夏的学生，叫他们做做打扫、接待客人、应对进退的工作，那是可以的；不过这只是末节罢了。分析一下他们的学术根子却没有，怎样可以呢？”

子夏听了这话，便道："咳！言游说错了！君子的学术，哪一项放在前传授呢？哪一项最后讲述呢？学术犹如草木，是用分门别类来加以区别的。君子的学术，怎么可以歪曲？（依照一定的次序去传授而）有始有终的，大概只有圣人罢！"

【赏读】

子游讲子夏的学生还很基础，离学道似乎还差很远，只是一些末节罢了。因此，只好让他们扫扫地、打打开水，做迎送客人等一些末端的事。如果只因学生素质不同，而实行有差别的教育，这样子游说还勉强可以，子游虽然礼仪教化做得风生水起，得到起孔子的认可，但在此针对子夏的学生如此这般说法，就显得有点刻薄，有些高高在上的味道。更何况子游把那些基础都看成"末节"，也只是他个人观点罢了。

子游指出这些学生现在做这些事，本身并没有错，但做这些事就是"末节"吗？探求学术不要基础呀，就是没有基础，那才更要让他们先在"末端"做事才对。难道待人接物不重要？这里面就没有学问？

子夏讲到君子求学，学术应有各自的差别。有些学问先学后学并没有明显区别，它们有相互影响、相互渗透、相互提升的关系，何必以严格的顺序来要求？事实也是如此，难道先生当年招收弟子也采取了分层教学？

道要不要按一定的层次、顺序学习与传授？要，并且有的还很有必要，但那只是按层次进行差别化教授不同层次的学问或不同领悟层级的学者罢了。但这并不能代表所有的学术，特别是同一层面上的学术都是如此。对不同的学术，子夏在后文中能够区别对待，并加以辩证地看待求术、求道，就很有道理。

此章亦凸显两个"文学"高手过招的语言风格。依据《论语》各篇中孔子与子游、子夏对话来看，子游回答先生"割鸡焉用牛刀"一语时，是用"昔者偃也闻诸夫子曰"直接把先生的话顶了回去；而子夏回答先生"绘事后素"一语时用"礼后乎"带着思考进一步探问。不论是二人对话，还是分别与先生对话，子游有点浮浅，自负，率性；而子夏显得深刻，细腻，温和。

19·13　子夏曰："仕而优则学(1)，学而优则仕。"

【注释】

(1) 仕而优则学——仕有余力则学，所以资其仕者益深。

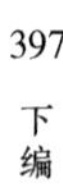

【译文】

子夏说："做官了，有余力便应去学习；学习了，有余力便宜去做官。"

【赏读】

依现代语境，此话前后是不是换个位置更合事理与逻辑？但子夏这样说肯定有他的道理，因为当时"出仕"有"先进"与"后进"的不同。孔子授学只是私学的开始，而在分封世袭的周朝，更多的君子（上位的人）是先有官而后学习的。子夏的话，前句是针对当时上位的"后进"（于礼）者说的。做官做好了该做的事，还有足够能力与闲暇就应当去提升自己的学问与品德。后句是针对当时士子"选进"（于礼）者说的。学得有足够的学问与品德，还有余力就要去做官而有所功业。学，是人终身学习的方法与理念；仕，是人追求的是理想与事业。据此，如果把价值实现作为人生目标的话，那么，学与仕就是获得成功、实现价值的手段与路径，只不过一个是内功，一个是凭借。

19·14 子游曰："丧致乎哀而止。"

【译文】

子游说："丧礼居丧，只要充分表现了他的悲哀也就够了。"

【赏读】

居丧，丧礼即守孝。居丧期，孝子当然要表现出哀思。生养之恩岂能忘记？只是要止于足以表达追思的哀痛。哀痛伤及自身，则对生者有害，对逝者无益，何况发肤皆父母所予。子游是依"礼"而言，但孔子说"礼，与其奢也，宁俭；丧，与其易也，宁戚"（3·4）则偏重情感。

19·15 子游曰："吾友张也为难能也，然而未仁。"

【译文】

子游说："我的朋友子张是难能可贵的了，然而，还不能做到仁。"

【赏读】

子游对子张评价也够直接。子张能在言语上认真严肃，对自身也严格要求，的确难能可贵，也许在率真的子游看来，内心有仁比外在的行更重要，过于注重外在形式就有可能会损害内在的仁。但是，必要的外在形式是行为内容的载体，难道外在的严于律己会害仁？也许子游看到

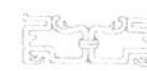

性情偏激的子张在哪个方面的行为所有不仁，或者子张的行为做得够好，只是与仁的要求还有距离。总之，以孔子诸多言语来衡量，一个人在某种行为上有仁的成分，也不能说他就是仁人。

19·16 曾子曰：“堂堂[1]乎张也，难与并为仁矣。”

【注释】

(1) 堂堂——《荀子·非十二子篇》云：“弟佗其冠，神禫其辞，禹行而舜趋，是子张氏之贱儒也。”这是对子张学派的具体描写。根据《论语》和后代儒家诸书，可以证明曾子的学问重在“正心诚意”，而子张则重在言语形貌，所以子游也批评子张“然而未仁”。堂堂有高大开广之貌。子游、曾子乃评子张为人，绝不仅言其仪容。

【译文】

曾子说：“子张的为人高得不可攀了，难以携带别人一同进入仁德。”

【赏读】

“堂堂”似乎是褒，但与子游一样，给他后面添了一个沉重的尾巴，更像是在贬子张。堂堂在此似乎有些高高在上，道貌岸然，不然，曾子怎么又来句“难与并为仁矣”呢？这不是明摆着说子张还未到仁吗？一个不能带人入仁者能算仁人吗？按说，仁重爱心，讲求忠恕，义、礼、智、信皆在。曾子是谨慎细微之人，在他看来，子张言语形貌过于拔高，这自然会与内心拉开距离，只能成为形式上的浅儒。

也许，子张有些露，太在意外在的形式，或内在的东西与同门师兄弟差异较大。总之，子游与曾子在看待子张的“仁”字上，看法基本一致，即未达“仁”。但区别又在哪里？我们可以从子张与先生之间一些言语及子张与子夏等人的言语中找出蛛丝来。也许这里面就有了学派之争的因素在。

19·17 曾子曰：“吾闻诸夫子：人未有自致者也，必也亲丧乎！”

【译文】

曾子说：“我从老师那听说过这话：（平常时候）人不可能自动地来充分抒发感情，（如果有）一定是在父母去世的时候罢！”

【赏读】

人最入情的时候，就是爱之深、恨之切的时刻。常言，男儿有泪不轻弹，只是未到伤心处。人的至痛是，幼年丧亲，中年丧偶，老年丧子。孔子的意思是人用情至深就在极度痛苦的时候。孔子幼年丧父，母亲是他唯一的依靠，也许这是对他的伟大母亲颜徵在去世（三十二岁）的伤痛表达，因为无论从情感上，还是人格上，或物质生活上，母亲对他的影响都是最深刻的。那时被族亲赶出家门的母子相依为命，正值少年期，母亲又离他而去，为了把母亲安葬到父亲一块也几经周折，孔子内心的伤痛不言而喻。

19·18　曾子曰："吾闻诸夫子：孟庄子(1)之孝也，其它可能也；其不改父之臣与父之政，是难能也。"

【注释】

(1) 孟庄子——鲁大夫孟献子仲孙蔑之子，名速。其父死于鲁襄公十九年（前554），本人死于鲁襄公二十三年（前550），相距仅四年。这一章可以和"三年无改于父之道，可谓孝矣"（1·11）结合着看。

【译文】

曾子说："我从老师那听说过这么句话：孟庄子的孝，别的方面，人都容易做到；而他不换掉他父亲的僚属和保留他父亲的政策制度，这点就难以做到。"

【赏读】

一朝天子一朝臣，这是历史告诉人们的基本事实。孟庄子的孝，孝到骨子里了。他把忠孝合二为一。孔子并没有对他的行为本身作判定，只是就孟庄子"孝"与他人作比较来突出孟庄子的本心。其实，权力交接与更替是改革出新的一个档口。孝就重在把这个班接好，而对于人事与政策，可以对父辈的本心不变，是留，是改，还是要点新气象。

19·19　孟氏使阳肤为士师(1)，问于曾子。曾子曰："上失其道，民散(2)久矣。如得其情，则哀矜而勿喜！"

【注释】

(1) 阳肤为士师——阳肤，曾子弟子。士师，典狱官。(2) 民散——谓民情乖离叛上。

【译文】

孟氏任命阳肤做治狱官，阳肤向曾子求教。曾子道："现今在上位的人不依规矩行事，百姓离心离德好长时间了。你假若能够审出罪犯的事实真情，便应该同情他，可怜他，切不要自鸣得意！"

【赏读】

以天下为己任，以哀怜天下之心行事，一定是仁者。孝子曾子真是个悲怜天下的人。下层百姓的错，很多时候是上层为政者的错或制度上的错。没有好的政令制度，没有好的执行者，哪里会有好的民众，这就是"邦无道"之恶。人，不管是善或者不善，如果把他们的行为放在阳光下，让人们天天看着，难道作恶的人就不怕"上天"报应。如果人所信赖的天都塌了，人们所信仰的上层为政者成了伪君子，他们就没有敬畏心，没有定力，没有归属感，就会成为一群没有灵魂的魔鬼游弋于这个世界。这才是可怕又可恶、可怜又可悲的事。

可怜之人，必有可恨之处；反之，可恨的罪犯，是不是也有可怜之处？如果有，那就是社会悲剧，而不仅仅是个人的悲剧。曾子除了有颗悲怜之心，更有看透社会的深刻！人道是，穷山恶水出刁民。其实，穷山恶水的背后就可能是恶政恶吏。孔子说"不仁者不可以久处约"（4·2），但社会制度的设置为什么会把"底层人物"逼至绝境，深陷"约"中？鲁迅曾用"哀其不幸，怨其不争"来表达对小人物的命运关切，我们是否可以进一步探究其"不幸""不争"的根源？难道仅仅是祥林嫂、阿Q们的错？一艘船的倾覆，难道仅仅怪罪倾覆前的船工与旅客错站了甲板的位置？当审判者与被审判者都到了可怜的境地，那么这个社会就是可怜的社会，也是可恶的社会。

19·20　子贡曰："纣[(1)]之不善，不如是之甚也。是以君子恶居下流[(2)]，天下之恶皆归焉。"

【注释】

(1) 纣——殷商最末之君，为周武王所伐，自焚而死。(2) 恶居下流——下流，地形卑下处，众水皆流而归之。喻人置身不善之地，则恶名皆归其身。

【译文】

子贡说："商纣的坏，不像现在传说的这么厉害。因此，君子憎恨居于下流，（一居下流）天下的什么坏名声都会集中在他身上了。"

【赏读】

人都憎恶坏名声，而人之所以憎恨处于下流的恶人，是因为处于下流的人已失去了主动权，包括施政权与话语权。其实，不管是历史事件，还是现实生活，成功的人似乎错的都是错得有价值、有道理，直接就是对的，而处于劣势的失败者，即使当时是对的，也成了他的错。这就不能不令人感叹那些曾经“失败在路上的末路英雄”。

常言，盛名之下，其实难副。那“恶名”之下，就符合事实吗？曹操的历史真实与文学形象就很能说明这个问题。如果让曹与吴的统治地盘互换一下或者没有北宋的“靖康之变”，甚或曹魏后来成为一个强盛的王朝，曹操的那段历史在《三国演义》中又将如何演绎？同理，如果一个处于下流的人做出超凡的善事，人们又会做出一番怎样的评说？纣王自焚，是否有所悔悟？崇祯自缢，是否表达了对上苍的不满与内心的不甘？难道他们仅仅是表达他们对先帝的惭愧？他们是否又得到了历史的真实评价？子贡的质疑值得肯定！

19·21　子贡曰：“君子之过也，如日月之食焉：过也，人皆见之；更也，人皆仰之[(1)]。”

【注释】

(1) 人皆仰之——如日月之蚀，人皆仰望，盼其即复光明，亦无害其本有之尊崇。

【译文】

子贡说：“君子犯过失，好比日蚀月蚀：犯错时，每个人都看得见；更改时，每个人都仰望着他。”

【赏读】

君子犯错如日蚀月蚀，因为君子在上位，坐在台面上谁都看得见，影响之大可想而知。犯错时人人看见，改错时也人人看见。犯错不知情，改过而不加掩饰，人们自然会仰视他，犹如盼望他恢复日月的光明。其实，人都可能犯错，但手中有权，不去掩饰就是有勇气与自信的表现。在人面前认错要有勇气，也要有胸怀，特别是那些能够容得下激烈批评的上位者，更要有大胸怀。

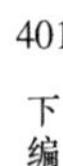

19·22　卫公孙朝[(1)]问于子贡曰：“仲尼焉学[(2)]？”子贡曰：“文武之道，未坠于地，在人[(3)]。贤者识其大者，不贤者识其小者。莫不有文

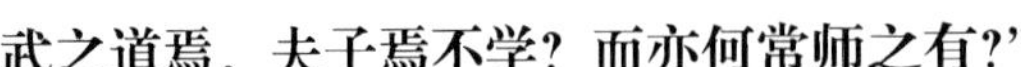
武之道焉。夫子焉不学？而亦何常师之有？”

【注释】

(1) 卫公孙朝——春秋时，鲁有成大夫公孙朝；楚有武城尹公孙朝；郑子产有弟公孙朝。记者故系“卫”以别之。(2) 仲尼焉学——尼，乃孔子卒后之谥。孔子卒，鲁哀公诔之，称之曰“尼父”。(3) 未坠于地，在人——历史已往之迹，虽若过而不留，但文化之大传，则仍在现社会，仍在人身。若国亡众灭，仅于古器物或文字记载考求而见之，则可谓坠地矣。

【译文】

卫国的公孙朝向子贡问道：“孔仲尼的学问是从哪里学来的？”子贡道：“周文王武王之道，并没有失传，散在人间。贤能的人便抓住关键，不贤能的人只抓些末节。没有地方没有文王武王之道。我的老师何处不学？又为什么一定要有固定的老师（专门来传授给他）呢？”

【赏读】

子贡明确表示先生的学问就是文王武王之道。文王武王之道散落于民间，至于孔子向哪位学，没有固定。圣人无常师。孔子云：三人行必有我师焉。子贡讲的是实话，多少创立新学说者，师从何来？师前人之学问，师民间之高手；悟大自然之真谛，思天地之大道。贤者看得清，看得远，能看到大处，悟大道；而庸者因其浅陋，只能看到繁枝末节，得其皮毛，甚或假象。学问无处不在，常言生活是最好的老师，这个生活应是人自身与他人及社会各层关系构成的生活总和。子贡可谓悟出了学问的真谛。

19·23　叔孙武叔(1)语大夫于朝，曰：“子贡贤于仲尼。”

子服景伯以告子贡。

子贡曰：“譬之宫墙(2)，赐之墙也及肩，窥见室家之好。夫子之墙数仞(3)，不得其门而入，不见宗庙之美，百官(4)之富(5)。得其门者或寡矣。夫子之云，不亦宜乎！”

【注释】

(1) 叔孙武叔——鲁大夫，名州仇。(2) 宫墙——宫，围障，如《礼记·丧大记》：“君为庐宫之。”“宫墙”当系一词，犹如今“围墙”。(3) 仞——七尺曰仞。(4) 官——一说为官府；一说为房舍，后引申为官职，此说见俞樾《群经平议》卷三及杨树达《积微居小学金石论丛》

卷一。(5) 富——言其充实，丰富多样。

【译文】

叔孙武叔在朝廷中对官员们说："子贡比他老师仲尼要强些。"

子服景伯便把这话告诉子贡。

子贡道："拿房屋的围墙作比喻吧：我家的围墙只有肩膀那么高，谁都可以探望到房屋的美好。我老师的围墙却有几丈高，找不到大门走进去，就看不到他那宗庙的雄伟辉煌，官府的纷繁富丽。能够找着它的大门的人大概很少了。那么，武叔他老人家说出这样的话，不也是很自然的吗？"

【赏读】

子贡聪慧，容不得他人损害先生形象，也很谦逊，有自知之明，不愧为孔门高足。

子贡这个比喻形象生动，也很有说服力。自己有才学，但自己的才学别人都看得见，先生的才学却深藏不露，别人看到的只是他的冰山一角。不得入其门，不能见其美。先生的学问高深莫测，一般人连门都找不到。言外之意，子贡自己也只是个入门者。在子贡看来，叔孙武就是个未入孔学之门者，说的话根本不能当真。

子贡此言令人深思：有些人是站在井里看世界，有些人是站在地上看世界，有些人是站在山头看世界，有些人是站在云端看世界。反思自己，我们又在怎样看世界？也许，人只有先看清自己所处的位置，才能准确把握自己处在什么层面，从而对自己所看到的世界有个较为清晰的认知。

子贡的言辞则委婉有度、柔中带刚。他不说对方错，而是讲对方看问题没有那种高度而不怪他。其实，这比直接讲人家的错更有力度，让对方难以反驳。而话语谦逊适度，毫无做作，以矮墙窥室作比来说明自己的学问还好，但就那么一点，让大家全都看得见，而对先生的学问则仰视赞叹，用"宫墙"与"宗庙"作比，一般人难以入门，看不到它究竟有多深。其实，子贡一直在推介他的先生。当然，客观上也把自己介绍出去了。这正是子贡的高明之处。

19·24　叔孙武叔毁仲尼。子贡曰："无以为(1)也！仲尼不可毁也。他人之贤者，丘陵也，犹可逾也；仲尼，日月也，无得而逾焉。人虽欲自绝，其何伤于日月乎？多见(2)其不知量也(3)。"

【注释】

(1) 无以为——不用为此，即不用这样做。以，用。(2) 多见——多，副词，只，适。见，表露，表现。(3) 不知量也——皇侃《义疏》解此句为“不知圣人之度量”，译文从朱熹《集注》。

【译文】

叔孙武叔毁谤仲尼。子贡道：“不要这样做，仲尼是毁谤不了的。别人的贤能，好比山丘，还可以超越过去；仲尼，简直是太阳和月亮，不可能被超越啊。有人纵是要自绝于太阳、月亮，那对太阳、月亮有什么损害呢？只是表现出他自不量力罢了。”

【赏读】

毁谤仲尼的叔孙武叔，人们只剩下他曾毁谤过孔子的故事而已，而被毁谤的孔夫子却成了圣人！子贡是个贤弟子，不仅捍卫了先生，而且由衷地敬仰赞美先生，并以敏锐的眼力看到了先生的影响力及他的未来。“仲尼不可毁也”掷地有声，话语何等坚定，何等自信与自豪！一般的贤人只是山丘，仲尼是太阳，是月亮，是不可比的。诋毁孔子那是自绝于圣人，一只乌鸦，岂能遮盖太阳的光芒？

19·25　陈子禽谓子贡曰：“子为恭也，仲尼岂贤于子乎？”

子贡曰：“君子一言以为知，一言以为不知，言不可不慎也。夫子之不可及也，犹天之不可阶而升也。夫子之得邦家者，所谓立之斯立，道之斯行(1)，绥之斯来，动之斯和。其生也荣，其死也哀，如之何其可及也？”

【注释】

(1) 立之斯立，道之斯行——立之斯立，扶而立之则皆立，即己欲立而立人。道之斯行，导之使行而皆行，即己欲达而达人。

【译文】

陈子禽对子贡道：“您是太客气、太谦让了罢，难道仲尼真的比您还贤能吗？”

子贡道：“高贵人物由一句话表现出他的智慧，也会由一句话表现出他的无知，所以说话不可不谨慎啊。他老人家，（别人）不可能赶得上，犹如青天不可以用阶梯爬上去。他老人家如果得国而为诸侯，或者得到采邑而为卿大夫的话，那正如我们所说的，一让百姓立足于社会，百姓就能立足于社会；一引导百姓，百姓就会前进；一安抚百姓，百姓就会

从远方来投靠；一动员百姓，百姓就会同心协力。他老人家，生得光荣，死得可惜，怎么能够赶得上啊？”

【赏读】

陈子禽说此话至少有诋毁孔子之嫌，抑或有奉承子贡之意。虽然此时孔子已逝，但要弟子自己去跟先生对比来评价老师，似乎有意要看他的笑话。这样来看，陈子禽人品是有问题。子贡聪明，也很贤德，心里不满，但话说得很有分寸，在理又显大气。话语柔中有刚，一语中的。

一个人有智，还是无知，一言语便见分晓。言外之意，对方不但犯错，而且无礼、无知。不是想贬低先生吗？那我给你讲，先生是什么？先生的学问贤德，你我能比吗？先生的学问比天高，我们用楼梯是爬不上去的。先生的贤德就如太阳与月亮，普照芸芸众生，人人仰之。得国则诸侯，得采邑则卿大夫。让百姓立足，百姓人人能立；引导百姓，何去何从；鼓动力、凝聚力，也是异乎寻常。所有这些，哪是我等可比？先生在子贡眼里，绝不是凡夫俗子，而是一尊神，是一颗照亮他内心的恒星。只有深入领会先生思想，进入先生内心世界的智者，才能有如此的领悟。可以说，子贡与陈子禽、叔孙武叔对孔子思想的讨论是没有共同语言的，他们完全不在同一语境。“‘高山仰止，景行行之（止）’，虽不能至，心向往之。”司马迁对孔子的赞美充分证明子贡的远见卓识。

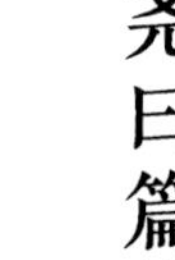

尧曰篇第二十

全篇“历叙尧、舜、禹、汤、武王所以治天下之大端，而又以孔子之言继之，自谨权量审法度以治天下，汉儒即以为是孔子之言，陈后王之法因说篇乃《论语》之后序”，而“孔子以文王周公道统自任，确已情见乎辞矣”。（钱穆）行文先叙尧禅让帝位给舜，舜禅让帝位给禹，即所谓三代的善政及圣君对上天之祷告，继之以孔子治理国家事务的基本原则。在此，把孔子言论并列于此，有意突出儒家学说之源之重。

20·1　尧曰：“咨！尔舜！天之历数[(1)]在尔躬，允执其中。四海困穷，天禄永终。”

舜亦以命禹。[(2)]

【注释】

(1) 历数——谓帝王相继之次第，犹岁时节气之先后。(2) 这一章的文字前后不相连贯，从宋朝苏轼以来便有许多人疑心它有脱落。

【译文】

尧（让位给舜的时候）说道：“啧啧！你这位舜！上天的大命已经落到你的身上了，诚实地保持着那中正之道罢！假若天下的百姓都陷于困苦贫穷，上天给你的禄位也会永远地终止了。”

舜（让位给禹的时候）也把尧命己之辞正告禹。

【赏读】

人心中一定要有天，特别是为政者，唯有如此，才会有使命感与责任感。人在做，天在看。过去的帝王也不过是“天子”而已。然而，天究竟是什么？以孟子之言，天以自然作声色，以百姓代行为。帝王作恶，百姓不拥戴，天就会发怒，就会以发生各种自然灾害明示，百姓就会起来反对。

为政者要成事，一要敬畏上天，二要慈悲为怀，三要担当天下，四要智慧贤能。为政贤能，既慎言慎行，又敢做能为，方可成事。用尧的话讲，就是一个圣君要让百姓摆脱贫困，过上满意的生活。

曰：“予小子履[1]敢用玄牡[2]，敢昭告于皇皇后帝：有罪不敢赦[3]。帝臣不蔽[4]，简在帝心[5]。朕躬有罪，无以万方[6]；万方有罪，罪在朕躬。”

【注释】

（1）予小子履——“予小子”和“予一人”都是上古帝王自称之词。从《史记·殷本纪》中知道汤名天乙，甲骨卜辞作“大乙”，相传汤又名履。（2）敢用玄牡——冒昧地以黑公牛为牺来祭告天下。（3）有罪不敢赦——所有有罪的人，汤自言不敢擅自赦免他们。（4）帝臣不蔽——《墨子·兼爱下篇》此句作“有善不敢蔽”。郑玄《注》此句云：“言天简阅其善恶也。”而《墨子·兼爱下篇》和《吕氏春秋·顺民篇》都说这是成汤战胜夏桀以后，遭逢大旱，向上天祈祷求雨之词。（5）简在帝心——由天帝的心来分辨、选择。简，选择。（6）无以万方——不要牵连万方。以，及、牵连。《国语·周语上》引汤誓“余一人有罪，无以万夫”和“朕躬有罪，无以万方”义近。

【译文】

（汤）说：“我履谨用黑色公牛作牺牲，明明白白地告于光明而伟大的天帝：有罪的人，（我）不敢擅自去赦免他。您的臣仆（的善恶），我也不隐瞒掩盖，您心里也早就明白的选择。若我本人有罪，就不要牵连天下万方；若天下万方有罪，罪就都归在我个人身上。”

【赏读】

汤对天帝祷告，其实是在明明白白地告诉全天下的人，可谓坦坦荡荡，心地无私，爱护众生，勇于担当。天子是天帝的仆人与忠臣，也是百姓的公仆，教化治民与自我担当并举。汤以“宁可天下人负我，我不负天下人”的胸怀治天下，何愁天下人不归心于他？

周有大赉[1]，善人是富[2]。“虽有周亲，不如仁人。百姓有过，在予一人。”[3]

【注释】

（1）赉——赐予。（2）善人是富——是，前置标志。富，作使动，使……富。（3）虽有周亲……一人——周武王封诸侯之辞，尤其像封姜太公于齐之辞。周，至。亲，近。

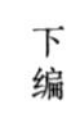

【译文】

周朝大封诸侯，使善人都富贵起来。“我虽然有至亲，却不如有仁德之人。百姓如果有罪过，应该由我来担承。”

【赏读】

敬善人，亲仁人，爱百姓；清醒地认识至亲与仁人的分界；愿意并勇于担当，实为治政者之典范。作为君王，意味着要承担更多的责任，分担更多的痛苦，这分明就是一个殉道者的角色。这是周朝能够拥有800年天下的根本，也是孔子极力主张仁政，恢复周礼的原因。

谨权量，审法度(1)，修废官(2)，四方之政行焉。兴灭国，继绝世(3)，举逸民，天下之民归心焉。

【注释】

(1) 谨权量，审法度——权就是量轻重的衡量，量就是容量，度就是长度。《史记·秦始皇本纪》和秦权、秦量的刻辞中都有“法度”一词，是指长度的分、寸、尺、丈、引而言。所以“谨权量，审法度”两句与“齐一度量衡”意同。(2) 废官——赵佑《四书温故录》云：“或有职而无其官，或有官而不举其职，皆曰废。”这以下都是孔子的话。从文章的风格来看，也和尧告舜、成汤求雨、武王封诸侯的文诰体不同。(3) 继绝世——谓贤人世绝不祀，为之立后，使仍得享祀也。

【译文】

检验并审定度量衡，修复已废弃的机关工作，全国的政令就都会通行。恢复被灭亡的国家，承续已断绝之后人，提拔被遗落乡野的贤才，天下的百姓就都会诚心依附。

【赏读】

得民心者得天下，何谓得民心，文中一系列的举措就可得民心。古人多以此语为孔子之言。文句大多为“恢复”之语，恢复一切旧有的秩序，让百姓回到之前的生活轨道上。这些可以算是孔子实施王道、恢复西周的较为具体的措施。有诸多值得肯定的地方，有些甚至为之后的秦王朝所吸纳。

所重：民、食、丧、祭。

【译文】

所重视的：人民、粮食、丧礼、祭祀。

【赏读】

此语意为君王仁者治天下要重视百姓、粮食、丧礼、祭祀。这四个方面与孟子的“仁政王道”的基本条件“养生丧死”相一致。所有这些就是突出百姓是社会的主体，重视人的生与死，彰显了儒学的民本思想，值得肯定。

宽则得众，信则民任焉（此五字衍文）[(1)]，敏则有功，公则说。

【注释】

(1) 信则民任焉——《汉石经》无此五字，《天文本校勘记》云：“皇本、唐本、津藩本、正平本均无此句。”此句可能因《阳货篇》“信则人任焉”而误增。

【译文】

（在上位的人能）宽厚就会得到民众的拥护，（能有信，民众便信任他）能勤敏就会有功绩，推行公平就会让百姓心悦诚服。

【赏读】

为政者如果能做到待人宽厚，做事勤快，处分公平，就会得到百姓拥戴，万事通达，有所建树。

20·2　子张问于孔子曰：“何如斯可以从政矣？”

子曰：“尊五美，屏[(1)]四恶，斯可以从政矣。”

子张曰：“何谓五美？”

子曰：“君子惠而不费，劳而不怨，欲而不贪[(2)]，泰而不骄，威而不猛。”

子张曰：“何谓惠而不费？”

子曰：“因民之所利而利之，斯不亦惠而不费乎？择可劳而劳之，又谁怨？欲仁而得仁，又焉贪？君子无众寡，无小大，无敢慢[(3)]，斯不亦泰而不骄乎？君子正其衣冠，尊其瞻视，俨然人望而畏之，斯不亦威而不猛乎？”

子张曰：“何谓四恶？”

子曰：“不教而杀谓之虐；不戒视成[(4)]谓之暴；慢令致期[(5)]谓之贼；犹之[(6)]与人也，出纳[(7)]之吝谓之有司[(8)]。”

【注释】

(1) 屏——屏除。(2) 欲而不贪——下文云："欲仁而得仁，又焉贪?" 可见此"欲"字是指欲仁欲义而言，贪者，有欲而常感不足。心所欲在仁，可常感满足，故谓之无贪。因之皇侃《义疏》云："欲仁义者为廉，欲财色者为贪。"(3) 无众寡，无小大，无敢慢——无论对众寡大小皆不敢慢。(4) 不戒视成——不先告诫而临时责其成功。(5) 慢令致期——先为教令，不叮咛申敕，而往后到期无许宽假，缓于前，急于后，误其民而必刑之，是有意贼害其民。(6) 犹之——王引之《经传释词》云："犹之与人，均之与人也。"(7) 出纳——偏义复词，出。(8) 有司——古代管事者之称，职务卑微，此处指"小家子气"。

【译文】

子张向孔子问道："怎样做就可以治理政事呢?"

孔子道："尊崇五种美德，排除四种恶政，这就可以治理政事了。"

子张道："五种美德是些什么?"

孔子道："君子给百姓以好处，而自己无所耗费；让百姓劳作，百姓却毫无怨恨；自己欲仁欲义，却又不贪恋物欲；安泰矜持却不骄傲；威严却不凶猛。"

子张道："怎样做才称得上给百姓以好处，自己却无所耗费呢?"

孔子道："就着百姓能得利益之处，因而诱导他们去获取利益，这也不就是给百姓以好处而自己没有什么耗费吗? 选择可以劳动的（适当时间、情况和人力）而去让他们劳动，又有谁会怨恨呢? 自己需要仁德便得到了仁德，又哪里是贪求什么呢? 无论人多人少，无论势力大小，君子都不敢怠慢他们，这不也是安泰矜持却不骄傲吗? 君子让自己的衣冠整齐，目不斜视，庄严地使人望而有所畏惧，这也不是威严却不凶猛吗?"

子张道："哪有什么叫作四种恶政呢?"

孔子道："不加教导便加以杀戮叫作虐；不加申诫便要成功叫作暴；虽已下令，但起先懈怠，不曾叮咛，突然限期一到，不做通融，似有意陷害，这叫作贼；同样是给人以财物，出手悭吝，小气得像个经管的有司，有失在上位的体制。"

【赏读】

为政以德，就是顺应百姓的意愿去施政，让百姓能按照自身的想法做事而达到治政目的，这是政德，也是美德。孔子认为君子给民好处而不损耗自己，让老百姓劳作，却不让他们心生怨恨；欲仁欲义却不贪念，安泰矜持不显骄傲，有威严却不凶猛。这就是老百姓心中理想的为政者形象，也是孔子实行王道的君子形象。这跟那些损民利己，劳民伤财，贪得无厌，骄奢淫逸，残暴凶狠的恶吏暴君形成了鲜明对比。再观照列举的四种“恶政”，联想某些部门的钓鱼执法或不作为与乱作为，现实意义依然强烈。

20·3　孔子曰：“不知命[1]，无以为君子也；不知礼[2]，无以立也；不知言[3]，无以知人也。”

【注释】

(1) 知命——知命，即知天。不知天之所以命生，则为小人。唯知命，乃知己之所当然。孔子之知其不可而为之，亦是其知命之学。(2) 不知礼——人不知礼，则耳目无所加，手足无所措，故曰：“无以立。”(3) 知言——善于分析别人的言语，辨其是非、善恶、得失。

【译文】

孔子说：“不懂得命运，就无法成为君子；不懂得礼节，就无法立足于社会；不懂得分辨人家的言语，就无法认识人的本质。”

【赏读】

知命则不混沌，就会有使命感，就知道人是如何走过来，要思考如何坚定地走下去，而且会少有困惑少走弯路。知礼让君子懂得如何活在当下，现时应该怎样做人，怎样建立人与人之间的关系，从而立足、通达于社会，有利于事业的成功。听话要听音。不知言，又如何能了解他人内心的真实世界？如何分辨出善恶美丑？如何能处理好人与人之间的关系？知言，方能知人；知人，方能用人。知言，不仅要知当下人之言，也要能知古人之言，还要能知大自然（天地）之言，进而道法自然，走近自由王国。